# ŒUVRES
## DE
# LOUIS RACINE.

TOME PREMIER.

---

PARIS.
LE NORMANT, IMPRIMEUR-LIBRAIRE,
RUE DES PRÊTRES SAINT-GERMAIN-L'AUXERROIS.
1808.

# ŒUVRES
## DE
# LOUIS RACINE.

# AVIS DE L'ÉDITEUR.

C'est la première fois que les Œuvres du fils du grand Racine paroissent en un seul Recueil. Les éditions partielles, presque toutes faites en Hollande, sont remplies de fautes tellement graves, que souvent elles dénaturent le sens, et quelquefois même rendent le texte absolument inintelligible. Cette édition, imprimée dans le même format que celle des Œuvres de J. Racine, avec les Commentaires de M. Geoffroy, que je publie en même temps, peut en être considérée comme la suite nécessaire. Le texte en a été revu avec soin sur les volumes chargés de notes marginales de la main même de Louis Racine, qui sont à la Bibliothèque Impériale, et d'après lesquelles devoit être faite l'édition générale de ses Œuvres. Ces notes nous ont fourni des changemens importans et des additions considérables, principalement dans les deux Epîtres sur l'âme des Bêtes.

J'ai pensé qu'il étoit inutile de faire entrer dans cette collection les Lettres de Jean Racine, quoiqu'elles aient été publiées par son fils, parce que ces Lettres se trouvent actuellement dans toutes les bonnes éditions des Œuvres de l'auteur d'Athalie. On ne trouvera dans cette collection que les ouvrages avoués et reconnus par l'auteur même. Ce devoir de tout éditeur m'a paru d'autant plus sacré dans cette circonstance, qu'on s'étoit permis, en 1784, de publier un Recueil intitulé : *Pièces fugitives de M. Racine fils, pour servir de suite à ses Œuvres*, dans lequel on n'a inséré que des vers aussi contraires aux principes constans de l'auteur du poëme de la Religion, qu'indignes de son talent. Tout y est apocryphe : tout, au contraire, est de la plus grande authenticité dans l'édition que j'offre au public; elle est de plus ornée du portrait de l'auteur, gravé par M. Saint-Aubin d'après le portrait original peint par Aved.

J'ai cru devoir mettre en tête de cet intéressant Recueil, l'Eloge de Louis Racine par M. Le Beau, prononcé à l'Académie des Inscriptions et Belles-Lettres.

Voici la distribution des volumes. J'ai suivi, autant qu'il a été possible, l'ordre dans lequel les ouvrages du même genre ont été publiés :

Tome Ier. Le Poëme de la Grâce, le Poëme de la Religion, les Odes saintes, les Pièces relatives au Poëme de la Religion.

Tome II. Poésies sur différens sujets; les Epîtres sur l'âme des Bêtes, l'Epître à M. de Valincour, l'Epître à J. B. Rousseau, les deux Epîtres sur l'Homme, les Réflexions sur la Poésie.

Tome III. Vie de Milton, Discours sur le Paradis

Perdu ; le Paradis Perdu, Livres I, II, III, IV, V et VI ; les Notes de ces six Livres.

Tome IV. Le Paradis Perdu, Livres VII, VIII, IX, X, XI et XII ; les Notes des six derniers Livres; Remarques d'Addisson sur le Paradis Perdu ; Discours sur le Poëme Epique.

Tome V. Les Mémoires sur la Vie de Jean Racine; la Lettre de le Franc de Pompignan à Louis Racine; Remarques sur les Tragédies de Jean Racine : *les Frères Ennemis*, *Alexandre*, *Andromaque*, *les Plaideurs*, *Britannicus*, *Bérénice* et *Bajazet*.

Tome VI. Remarques sur les Tragédies de Jean Racine : *Mithridate*, *Iphigénie*, *Phèdre*, *Esther* et *Athalie*; Additions aux Remarques sur Esther et Athalie ; Traité de la Poésie dramatique ancienne et moderne; Eclaircissemens sur la Fille Sauvage; Lettres.

# ÉLOGE
## DE LOUIS RACINE.

Louis Racine, second fils de Jean Racine et de Catherine de Romanet, fille d'un trésorier de France du bureau des finances d'Amiens, naquit le deuxième de novembre 1692. Les chefs-d'œuvre de son père sont pour lui autant de titres de la plus haute noblesse qui soit connue dans l'empire des lettres. Il a fait plus que ne font d'ordinaire les enfans des héros : il n'a pas démenti sa noble origine. L'Euripide de la France s'étoit dérobé au théâtre dans cet âge de maturité dans lequel une heureuse nature perfectionnée par l'étude et par la réflexion, sait enfanter les miracles de l'art. Fatigué de ces applaudissemens qui retentissent jusqu'au fond de l'âme, mais qui n'y produisent qu'une courte ivresse, il y avoit renoncé pour s'élever aux objets immortels. Les livres saints faisoient toute son étude, la morale chrétienne toutes ses règles, la bonne conscience toute sa joie; et

---

( Note de l'Editeur. ) Cet Eloge a été prononcé à l'Académie des Inscriptions et Belles-Lettres, dans la séance de Pâques 1763, par M. Lebeau, secrétaire perpétuel de cette Académie, et auteur de l'Histoire du Bas-Empire : il contient tous les faits connus de la vie de Louis Racine.

si le feu de cette belle poésie, dont il avoit été embrâsé, se rallumoit dans ses veines, ce n'étoit plus que pour lui impirer des chants sublimes en l'honneur de la religion. Son fils a suivi cet exemple : mêmes sentimens, mêmes études, mêmes vertus. Il étoit né avec une forte inclination pour le théâtre ; Britannicus, Mithridate, Iphigénie, Phèdre l'y appeloient, et lui présentoient des couronnes ; il sut résister à des attraits si puissans ; il se refusa au plaisir d'entrer dans une illustre carrière d'où son modèle s'étoit hâté de sortir ; et l'on peut dire que la vie de Louis Racine a été tout entière une continuation des dernières années de son père.

Il le perdit lorsqu'il ne le connoissoit encore que sous le nom de son père ; il avoit cependant déjà reçu de lui les premières semences de vertu. M. Racine, jusqu'au dernier soupir, s'étoit fait un devoir de lui former le cœur ; et lorsqu'atteint d'une maladie mortelle, il attendoit avec soumission aux décrets de la Providence, le moment qui devoit le séparer d'une famille chérie, ce fils, âgé de six ans, assis auprès de son lit, lui lisoit des livres de dévotion proportionnés à la portée d'un âge si tendre, et qui en instruisant le jeune enfant, nourrissoient l'humble piété de l'auteur d'Athalie. Ce bon père lui avoit assuré une excellente éducation, en le recommandant à M. Rollin, alors Principal du collége de Beauvais. Sa mère le mit de bonne heure entre les mains de cet habile maître, qui, par ses écrits, est devenu celui de toute la jeunesse française. Il eut encore l'avantage de recevoir les instructions et de voir de près les exemples de M. Mésenguy (1), un des plus vertueux et des plus savans ecclésiastiques du royaume. Ce fut sous des yeux si éclairés que Louis Racine fit ses études, et qu'il se fortifia dans les principes de la sagesse et du goût. Il faisoit des vers, mais il falloit se cacher de sa mère : restée veuve d'un des plus grands poètes de la France, avec un bien très-médiocre, elle n'étoit pas prévenue en faveur de la poésie ; elle redontoit les Muses comme des Sirènes, qui n'étoient euvironnées que de naufrages. Boileau lui-même, par une sorte de trahison, le détournoit de leur commerce : « Depuis que le monde est monde, lui di- » soit-il, on n'a point vu de grand poète fils d'un » grand poète ; et d'ailleurs, vous devez savoir » mieux que personne à quelle fortune cette gloire » peut conduire. » Ces remontrances furent inutiles : il falloit qu'un aiglon prît l'essor, et que le fils de Racine fît des vers.

Au sortir du collége, il étudia en droit et se fit recevoir avocat ; mais ne se sentant aucun goût pour cette profession, il prit l'habit ecclésiastique, et se retira chez les Pères de l'Oratoire de Notre-Dame des Vertus. Pendant les trois ans de séjour qu'il fit dans cette maison, il composa le poëme de la Grâce, par lequel, débutant comme son père avoit fini, il consacroit les prémices de son génie, et s'engageoit au service de la religion. Ce n'étoit pas la voie la plus courte, ni la plus aisée pour réussir au Par-

---

(1) Fr. Ph. Mésenguy, né à Beauvais en 1677, mort à Paris le 19 février 1763. Il a laissé plusieurs ouvrages, dont le plus connu est l'*Exposition de la Doctrine chrétienne*, en 6 vol. in-12. (Note de l'Ed.)

nasse; et cette entreprise hardie supposoit plus d'amour de la vérité, que de passion pour une réputation frivole. Quel essai pour un poète de son âge, d'abandonner les ruisseaux et l'émail des prairies, pour franchir un sentier étroit, escarpé, presque inaccessible et environné de ténèbres, où il falloit marcher avec précaution entre deux abymes! Il y marcha d'un pas ferme, à la lueur du flambeau de la foi; il sema de fleurs ces précipices. L'austère théologie s'embellit entre ses mains, et prit les brillantes couleurs de la poésie, sans rien perdre de sa sévère majesté.

La lecture de ce poëme qu'il ne put refuser à différentes personnes, l'ayant introduit dans le monde, il perdit le goût de la retraite, et quitta l'habit ecclésiastique. M. le chancelier d'Aguesseau étoit alors retiré à Fresnes; il avoit chéri le père; il fit venir le fils auprès de lui. L'exil du magistrat fut pour le poète une source de délices : il trouva dans un seul homme tout ce qu'il auroit cherché à la cour, où les jeunes poètes volent avec toute l'ardeur de leurs désirs. Il jouissoit en paix de ces plaisirs purs que lui procuroient la sagesse, le discernement délicat, l'esprit universel, l'imagination riche et féconde du maître de ce lieu enchanté. Il admiroit le doux éclat que répand sur la vertu une disgrâce qui n'exclud que les embarras et les inquiétudes de la vie, semblable à une de ces belles nuits si fraîches et si lumineuses, qui succèdent à un des jours brûlans de l'été. Lorsque M. d'Aguesseau fut rappelé, ils quittèrent tous deux en soupirant cette agréable retraite, qui avoit été pour le magistrat un séjour de repos et d'étude ; et pour le poète une école de science et de vertu.

La connoissance des langues savantes et de la belle antiquité, ouvroit à Louis Racine l'entrée de cette Académie. Il avoit encore un autre titre, qui, tout honorable qu'il étoit, n'auroit pas suffi s'il eût été seul. Son père avoit vu naître l'Académie des Belles-Lettres ; il fut un de ses premiers membres ; il partagea ses premiers travaux. Le fils fut reçu le 8 d'août 1719 ; et ce fut en considération de son père, autant que pour son mérite personnel, que sa place lui fut conservée, dans la longue absence à laquelle il fut obligé par l'état de ses affaires. Voici par quelles circonstances il se trouva, contre son gré, entraîné aux emplois de finance :

M. de Valincour aimoit tendrement notre académicien ; il engagea les amis qu'il avoit dans l'Académie française, à donner leur voix à Louis Racine pour une place qui vaquoit alors. L'ancien évêque de Fréjus, depuis cardinal de Fleury, informé des démarches du jeune poète, traversa son élection. Il le fit venir, et l'assura que c'étoit par amitié pour lui qu'il s'opposoit à ses désirs ; qu'il vouloit l'arracher à des occupations stériles, pour lui en procurer de plus utiles et de plus capables de relever sa fortune. En effet, Louis Racine étoit presque sans biens : le système avoit réduit à la moitié le peu que son père avoit laissé à cinq enfans, et le modique revenu dont jouissoit leur mère. Cette raison détermina de sages amis à lui conseiller d'accepter le parti que lui proposoit l'ancien évêque de Fréjus, qui, se déclarant son protecteur, entreprit de faire de lui un directeur des fermes. Il fallut obéir et partir pour la province en 1722, avec l'espérance que son Mécène, devenu si puissant, le retireroit bientôt d'un emploi très-contraire à son goût, dans lequel il ne portoit que la probité la plus scrupuleuse, l'assiduité, l'humanité, le désintéressement: qualités sans essor, et qui par des efforts hardis ou par une ingénieuse souplesse, ne savent jamais s'ouvrir des routes inconnues, et s'élancer hors de la sphère étroite qui les renferme !

Revêtu du titre d'inspecteur-général des fermes du Roi en Provence, il se rendit à Marseille, où sa réputation s'étoit déjà répandue. Le goût des belles-lettres est commun dans cette grande ville, et le commerce de l'esprit n'y est pas moins animé que celui des richesses du Levant. Sur cette côte de la Méditerranée, les dames ont beaucoup d'agrémens, de vivacité, de facilité de langage. Elles attendoient avec une extrême impatience le fils du grand Racine, grand poète lui-même. Dès le lendemain de son arrivée, elles se rendirent en bon nombre dans une maison où il devoit passer la soirée. Elles se préparoient à une conversation vive, enjouée, étincelante d'esprit; elles ne désespéroient pas même d'entendre quelque beau morceau de poésie. Par malheur pour elles, Louis Racine étoit distrait, accoutumé à s'entretenir lui-même, souvent seul au milieu d'une nombreuse compagnie : pendant deux heures de visite, il ne répondit jamais que oui et non, prenant même quelquefois l'un pour l'autre. Tout le cercle fut déconcerté; on doutoit que ce fût lui. De ce moment sa réputation tomba dans toute la province : on le regarda comme un homme ordinaire, et il ne s'en aperçut pas.

Voilà donc l'élève de Clio comptant, calculant, vérifiant des registres, dressant des rôles, enveloppé d'arrêts, de mémoires, de procès-verbaux entre lesquels se perdoient souvent son Homère et son Virgile ; passant successivement de Marseille à Salins, de Salins à Moulins, de Moulins à Lyon, de Lyon à Soissons. Pendant son séjour dans cette dernière ville, où il demeura quinze ans, il fut reçu à la Table de Marbre maître particulier des eaux et forêts du duché de Valois, dans l'apanage de M. le duc d'Orléans.

Des occupations si étrangères aux lettres n'étouffoient pas en lui l'amour de l'étude : il payoit son tribut à notre Académie, par les mémoires qu'il y venoit lire presque tous les ans ; et ce fut pendant l'exercice de ces divers emplois qu'il composa son poëme de la Religion, ses Epîtres sur l'homme et sur l'âme des bêtes, ses Odes, ses Réflexions sur la poésie, et les Mémoires de la vie de son père, dont il fit imprimer les Lettres, ainsi que celles de Boileau. Entre ces différens écrits, son poëme de la Religion mérite sans doute le premier rang : ouvrage immortel où la poésie se soutient par une force divine, sans emprunter les charmes du mensonge ; où la vérité, revêtue de sa propre parure, brille aux yeux sans les éblouir, enlève notre raison sans l'endormir par des songes enchanteurs ! Dieu, notre âme, la révélation, le Rédempteur, les mystères, la morale chrétienne, de quel vol le poète s'élève à la hauteur de tant d'objets sublimes ! Comment toujours le même, et toujours nouveau dans sa course continue et variée sans cesse, il nous promène de merveille en merveille ! Quelle vivacité, quelle vérité dans les peintures ! Quelle entente dans le choix et l'enchaînement des preuves, dont la lumière réfléchit de l'une sur l'autre ! Quel art dans le coloris ! C'est le pinceau de Virgile et d'Homère ; ou, pour parler plus juste, c'est la flamme qui embrâsa Moïse, David et les prophètes. Ce feu divin croissant toujours, le poète saisi d'enthousiasme dans les derniers vers de son poëme, nous transporte à la fin des temps : il nous montre les débris de l'univers qui s'écroule, les portes de l'Eternité qui s'ouvrent avec un bruit effrayant, et qui découvrent à notre vue les supplices des méchans et les récompenses des justes. Entre les beautés dont ce poëme est rempli, il a encore ce rare mérite, que le poète uniquement fixé sur son sujet, n'en détourne jamais les yeux pour se regarder lui-même, ni pour observer son lecteur : tous les ornemens naissent du fond de la matière. Il n'attendoit de couronnes que des mains de la Religion ; il étoit pénétré de cette maxime, par laquelle il termine le discours qui précède sa traduction du Paradis perdu : « Un poète qui » chante la religion dans la vue d'être récompensé » par les hommes, a mal choisi son sujet. »

M. Racine contribua aussi par ses avis et par une sage critique, à l'édition des Lettres de Rousseau ; il estimoit ce grand poète, il consultoit ses lumières, il gémissoit de ses malheurs. Sans s'ériger en juge d'une cause si souvent débattue, son cœur, ami des hommes, se plaisoit à les trouver innocens ; ami de la vertu, il l'embrassoit où elle se montroit, et ne cherchoit pas à la chicaner par des soupçons.

Tel étoit l'usage que M. Racine faisoit de son loisir, sans rien dérober des soins qu'il devoit à ses emplois. C'est ainsi que dans une sorte d'exil, il entretenoit son ancien commerce avec les lettres, et l'on pourroit bien lui appliquer ces paroles qu'Horace adresse au directeur des fermes d'Agrippa :

*Cùm tu, inter scabiem tantam et contagia lucri,*
*Nil parvum sapias et adhuc sublimia cures.* (1)

Aussi les Académies l'appeloient-elles de toutes parts : il fut associé à celles de Lyon, de Marseille, d'Angers et de Toulouse.

Commis de finance pendant vingt-quatre ans, jamais financier, puisqu'il n'eut jamais le moindre intérêt dans aucune affaire de finance, s'il se trouva enfin en état de se retirer d'un emploi où son protecteur l'avoit laissé, il en fut uniquement redevable à son mariage. Il avoit épousé à Lyon en 1728, mademoiselle Marie Presle, fille de M. Presle, secrétaire du roi. Cette alliance fut heureuse, plus encore par la conformité de vertu, et par la parfaite union des deux époux, que par la fortune de l'épouse, qui mit ensuite Louis Racine dans une situation plus commode.

Rendu à sa patrie et à l'Académie des Belles-Lettres, qu'il ne perdit jamais de vue, il se renferma tout entier dans ses occupations chéries. Il donna, en 1752, trois volumes, dont les deux premiers contiennent des remarques sur les tragédies de son

---

(1) Epist. XII, ad Iccium. (Note de l'Ed.)

père : il examine chaque pièce ; il en développe le plan, les caractères, la conduite, les beautés générales et celles de détail ; il s'en permet même la critique ; et se portant pour héritier des droits de l'auteur, il censure ce que son père auroit lui-même censuré, s'il eût daigné revoir ses ouvrages. Le troisième volume est un Traité de la poésie dramatique ancienne et moderne.

Il forma ensuite une entreprise plus difficile : c'étoit de rendre en français le Paradis perdu de Milton. Ce poëme avoit déjà dans notre langue une traduction admirée, dont Louis Racine reconnoissoit l'élégance ; (1) mais il avoit entendu, dit-il, plusieurs Anglais se plaindre de ce que le traducteur s'écartoit quelquefois de l'original, et avoit jeté des ornemens en quelques endroits, où ils auroient préféré la simplicité de Milton. Rolli, traducteur italien, avoit porté le même jugement. Louis Racine admiroit Milton : il le plaçoit au troisième rang entre les poètes épiques, au-dessous d'Homère et de Virgile. Après avoir fait une étude particulière de la langue anglaise, il entreprit d'en donner une nouvelle traduction, qu'il crut plus conforme à l'original. Il y ajouta des notes, la Vie de l'auteur et deux discours, l'un sur l'ouvrage même, l'autre sur le poëme épique en général. Il traduisit aussi les remarques d'Addisson. Il ne m'appartient pas de mettre en ba-

---

(1) Cette traduction est de Dupré de Saint-Maur. Elle est élégamment écrite, mais très-infidelle, et peut d'autant moins donner une idée juste du poëme de Milton, que le traducteur s'est permis des changemens et des retranchemens considérables. ( Note de l'Ed. )

lance le mérite des deux traductions : Milton est grand dans toutes les deux ; mais dans Louis Racine c'est une grandeur plus sombre et plus sauvage. Le poète anglais y conserve toute la fierté britannique, sans aucune complaisance pour les oreilles françaises.

Ce fut là le dernier fruit de ses veilles : peu de temps après l'édition de cet ouvrage, un accident funeste éteignit son ardeur pour l'étude, et versa sur ses jours un poison mortel. Il perdit ce qui lui étoit plus cher que la vie : il perdit un fils unique, qu'il avoit élevé avec le soin le plus tendre. Ce fils étoit le reste précieux d'un nom si cher aux lettres : il avoit été nourri dans leur sein ; il promettoit d'en être l'honneur. Son caractère doux, honnête, plein d'une aimable simplicité, retraçoit celui de son père et de son aïeul, et lui avoit dès sa jeunesse procuré un grand nombre d'amis. Etant en Espagne pour quelques affaires, il eut le malheur de se trouver à Cadix dans le temps de cet horrible tremblement de terre qui abyma Lisbonne et consterna toute l'Europe. Comme il passoit en chaise de poste le long du rivage, pour se rendre à la fête d'un mariage auquel il étoit invité, la mer se gonflant tout-à-coup, et s'élançant avec fureur bien au-delà de ses bornes naturelles, l'entraîna et l'engloutit dans ses eaux ; et ce même flot ensevelit toutes les joies et toutes les espérances de son père. Louis Racine plongé dans la plus amère douleur, put à peine survivre à cette affreuse nouvelle. Il abandonna ses études ; il vendit sa bibliothèque, et un recueil d'estampes qu'il avoit pris plaisir à rassembler ; il ne conserva que les livres saints, et ceux qui pouvoient entretenir en lui le goût de l'autre vie, après laquelle il soupiroit. Détaché de tous les amusemens, il n'eut pas besoin de renoncer aux spectacles ; il s'en étoit interdit l'entrée dès que son poëme de la Religion fut achevé. La conversation de quelques amis, les assemblées de notre Académie, un petit jardin qu'il avoit loué dans le faubourg Saint-Denis, où il alloit tous les jours dans la belle saison cultiver des fleurs et des plantes ; c'étoient là tous ses plaisirs. Il s'occupoit dans sa retraite à retoucher ses deux poëmes, dont il vient de paroître une édition nouvelle depuis sa mort, et à composer quelques ouvrages de piété qui n'ont pas encore été donnés au public.

Deux ans avant sa mort, il ressentit quelques atteintes d'apoplexie, et dès-lors il ne songea plus qu'à se préparer à bien mourir. Il parloit de sa mort prochaine comme d'un voyage, non pas avec cette indifférence aveugle qui s'honore du nom de philosophie, mais avec une résignation chrétienne. Il fut frappé du coup mortel sans être surpris, et termina sa vie dans les sentimens de la plus sincère piété, le 29 janvier de cette année (1763).

Il avoit eu un frère aîné, qui étoit mort long-temps avant lui (1) sans avoir été marié. Ce frère, dans sa jeunesse, avoit suivi en Hollande M. de Bonnac, notre ambassadeur, dont il étoit aimé, et dont il mérita toute la confiance. Peu de temps après son retour, il se défit de la charge de gentilhomme ordinaire qu'il avoit possédée après son père, et

---

(1) Le 31 janvier 1747. (Note de l'Ed.)

se retira de la cour pour se livrer entièrement à l'étude des belles-lettres. Il étoit homme de goût, de beaucoup d'esprit, et très-savant dans l'antiquité ; mais il s'est contenté de s'instruire lui-même sans rien mettre au jour.

Notre académicien eut aussi trois sœurs, dont deux sont mortes filles ; la troisième (1) s'est mariée, a laissé des enfans. Il laisse deux filles mariées, l'une avec M. de Neuville de Saint-Hery (2), la seconde avec M. d'Hariague.

Si la poésie a procuré de la gloire à Louis Racine, on peut dire aussi que ses mœurs ont fait honneur à la poésie. Des défauts qu'on reproche aux poètes, il n'eut que le plus léger de tous, la distraction. Hardi et quelquefois singulier dans ses opinions sur les matières purement indifférentes, il souffroit aisément la contradiction ; mais il ne se rendoit qu'à l'évidence, qu'il croyoit rarement rencontrer. Dans la dispute, la douceur du caractère faisoit en lui l'effet de la politesse. Aussi vrai dans sa conduite que simple dans le procédé, il ne connut ni le déguisement ni l'affectation ; sincèrement modeste, jamais il ne parloit de ses ouvrages ; il avouoit plus volontiers ce qu'il ignoroit, qu'il ne disoit ce qu'il savoit. Sans malice, sans jalousie, il ne voyoit guère que les bonnes qualités des hommes ; il aimoit à dire du bien et à en faire,

---

(1) Marie-Catherine Racine, mariée à P. C. Colin de Moramber, morte le 6 décembre 1751. (Note de l'Ed.)

(2) Anne Racine, mariée à L. G. Mirleau de Neuville de Saint-Hery des Radrets, morte à Blois le 1er novembre 1805. (Note de l'Ed.)

soulageant les malheureux, autant que lui permettoit sa fortune. Bon mari, bon père, ami tendre et officieux, citoyen zélé, il pensoit que les talens de l'esprit ne sont que l'ornement de l'humanité, et que c'est dans le cœur que réside tout ce que l'homme a de réalité et de consistance.

# LA GRÂCE,
## POËME.

# PRÉFACE.

Je puis à la tête de cet ouvrage avouer mes craintes, sans être soupçonné de cette fausse modestie si commune aux auteurs qui, dans leurs préfaces, affectent un langage plein de timidité, lorsqu'ils sont intérieurement pleins de confiance. Pour moi, je n'ai aucun sujet d'en avoir : je vais parler d'un mystère qui révolte l'amour-propre, et qui sera toujours l'écueil de notre raison. Je vais traiter une question sur laquelle on suit différens systèmes; et comme chacun soutient avec chaleur le parti qu'il a embrassé, je dois m'attendre à déplaire, malgré mes intentions, à ceux qui ont des sentimens contraires aux miens. Enfin j'écris en vers; et ceux qui, sans faire attention au théologien, ne regarderont en moi que le poète, examineront mes vers avec d'autant plus de sévérité, que mon nom seul semble annoncer que je ne mérite point d'indulgence.

Ce nom, loin qu'il prévienne en ma faveur, ne sert qu'à fournir des armes contre moi. La gloire des pères est un pesant fardeau pour les enfans, et l'on n'en a presque point vu soutenir ce fardeau dignement. Ce n'est point à moi à citer les passages d'Homère et d'Euripide qui l'assurent, et je citerai encore moins un proverbe très-commun chez les Grecs et les Latins. Il est vrai que ce proverbe semble confirmé par l'histoire. Rarement a-t-on vu ceux qui se sont rendus illustres, soit par les armes, soit par les lettres, laisser des successeurs dignes d'eux. Les fils des grands hommes ont presque tous dégénéré, peut-être parce qu'on les décourage, pour trop en attendre. On leur redemande des talens qu'ils ne sont pas obligés d'avoir, et l'on s'imagine qu'ils doivent représenter un bien qu'on ne reçoit jamais par droit d'héritage.

J'ai donc sujet d'appréhender qu'on ne me traite avec la même rigueur. Je pourrois y opposer quelques raisons; mais comme les lecteurs ne sont pas obligés d'écouter nos raisons, je n'alléguerai point la difficulté de la matière que je traite, dans laquelle il est impossible de ne pas sacrifier quelquefois la richesse d'une rime et la cadence d'un vers à l'exactitude du dogme. Je ne rapporterai pas non plus les motifs particuliers qui m'ont engagé à choisir une matière si épineuse; il me suffit de dire ici que la lecture de saint Prosper m'ayant inspiré l'envie de traiter comme lui, en vers, une question agitée depuis si long-temps, la hardiesse de l'entreprise engagea quelques personnes fort éclairées à m'encourager et à m'aider de leurs secours, qui m'étoient absolument nécessaires.

Né, pour ainsi dire, dans le sein des Muses, avec une grande inclination pour elles, et plus d'ardeur à les suivre que de talens, j'ai perdu, dès la plus tendre enfance, celui qui pouvoit m'instruire le mieux à leur commerce, et par l'autorité qu'il avoit sur moi, et par la longue habitude qu'il avoit avec elles. Je puis dire de Boileau ce qu'Ovide disoit en parlant de Virgile : *Virgilium vidi tantùm*. Je n'ai fait que le voir, et je n'étois pas en âge de mettre à profit la conversation d'un pareil maître. Ainsi, lorsque j'ai eu l'ambition d'entrer dans la carrière poétique, je me suis trouvé sans guide, et je me serois souvent égaré, sans les lumières que m'ont bien voulu accorder ces personnes

# PRÉFACE.

auprès desquelles ma muse a trouvé un accès aussi utile qu'honorable. Mon amour-propre n'a rien souffert en se soumettant à de pareils juges : j'ai corrigé avec docilité les fautes qu'ils ont reprises ; et s'il en reste encore beaucoup, elles n'ont point échappé à leur vue, mais je n'ai pas toujours été capable de suivre leurs avis.

Ces fautes, que je reconnois sans peine, n'intéressent que la poésie : je ne me suis permis aucune négligence pour celles qui pourroient intéresser la doctrine. J'ai eu la précaution la plus scrupuleuse pour ne rien laisser qui méritât une censure raisonnable ; et je me déclare toujours prêt à corriger ce qui pourra la mériter. Je parle d'une censure raisonnable ; car j'ose dire aussi qu'il seroit injuste de faire le procès à un poète comme à un théologien, et de vouloir rappeler tous ses mots à la précision de l'école. Ce n'est point ici un traité théologique, c'est un poëme ; ce n'est point aux docteurs que je parle, c'est au commun du monde. Il me suffit d'expliquer ce que tout le monde doit entendre et doit savoir. La poésie a cet avantage, qu'elle rend sensibles au peuple les vérités les plus abstraites, par les images sous lesquelles elle les présente, et que par sa mesure et son harmonie elle les imprime dans la mémoire. On lui raviroit un si beau privilége, si on la soumettoit à des lois rigoureuses qui la rendissent sèche et stérile.

J'ai souvent employé les termes de l'Ecriture Sainte et des Pères, et c'est en cela que consiste le mérite de mon travail : je ne prétends pas non plus en tirer comme poète une grande gloire. Je n'ai presque fait que traduire, et j'ai remarqué que les endroits qui ont été le mieux reçus, lorsque je les ai récités, étoient l'assemblage de plusieurs pensées des prophètes, rendues fidellement. Aussi faut-il avouer que l'Ecriture Sainte nous fournit les idées les plus nobles et les plus magnifiques, et qu'on ne trouve point ailleurs ce véritable sublime, qui charme tous les hommes, cet enthousiasme divin qui saisit l'âme, qui l'étonne et qui l'enlève.

Après avoir parlé de ce qui regarde le poète, venons au théologien, si ce titre peut me convenir, et rendons compte de la doctrine de ce poëme.

Un Etre tout-puissant, qui a tout fait, qui conserve tout, qui règne sur les esprits, comme sur les corps, de qui viennent toutes les lumières et toutes les vertus, et dont les décrets sont la règle de l'avenir, est une vérité dont nous sommes intérieurement convaincus, et qui est renfermée nécessairement dans l'idée que nous avons d'un Etre infini. La liberté de notre âme est encore une vérité qu'il n'est pas nécessaire de prouver. Nous en trouvons la preuve en nous-mêmes, et nous sentons que nous sommes plus libres de vouloir telle ou telle chose, que de remuer la main de tel ou tel côté. Ces deux vérités incontestables semblent cependant se contredire : ce qui ne nous doit pas surprendre, puisque même nous trouvons dans la géométrie des propositions, lesquelles, quoique certaines, nous paroissent cependant s'opposer les unes aux autres. Comment ne trouverons-nous pas ces difficultés lorsque nous parlons de Dieu et de l'âme ? Si nous ignorons ce que c'est que Dieu, ce que c'est que notre âme, et comment elle agit sur notre corps, pouvons-nous savoir comment Dieu agit sur elle ? L'opération d'un Dieu nous est inconnue ; celle de notre âme nous l'est aussi : comment donc pourrons-nous comprendre l'accord de deux opérations inconnues ? Lorsque dans la géométrie deux propositions qui semblent se contredire, sont également démontrées, nous ne doutons ni de l'une ni de l'autre. Lors donc que dans la religion deux vérités également certaines semblent se contredire, devons-nous pour cela hésiter ? Si notre raison n'a pas assez de lumière pour les accorder, qu'elle ait assez d'humilité pour les adorer toutes deux. « Il faut, dit Bossuet, » tenir fortement les deux bouts de la chaîne, quoiqu'on » ne voie pas toujours le milieu par où l'enchaînement » se continue. »

Puisque nous avons tant de peine à concilier la puissance divine et la liberté humaine, nous ne devons pas nous étonner d'entendre, sur cette question, parler les Païens d'une façon souvent contraire. Homère qui répète si souvent que rien n'arrive que par la volonté divine, fait dire à Achille : « Les Dieux donnent la victoire, mais » c'est à vous à modérer votre fierté et votre colère. » (Iliad. 10.) Achille est donc le maître de son cœur : et le même Homère dit dans l'Odyssée, liv. 23, « qu'il dépend » des Dieux de rendre insensée la personne la plus sage, » et de rendre sage la personne la plus insensée. » Horace demande aux Dieux de bonnes mœurs pour la jeunesse :

*Di probos mores docili juventæ,*

et le même Horace prétend qu'il ne doit demander aux Dieux que les biens de la santé et de la fortune ; que ceux de l'âme sont en sa disposition :

*Det vitam, det opes ; animum mi æquum ipse parabo.*

Les Païens ont été souvent jusqu'à faire les Dieux auteurs

des crimes, pour excuser leurs passions, dont ils prenoient la violence pour une force divine :

*Sua cuique Deus fit dira libido.*

Ils trouvoient fort commode, quand ils avoient commis quelque faute, de la rejeter sur les Dieux :

*Crimen erit Superis et me fecisse nocentem*,

dit Caton dans Lucain. Hélène, dans Homère, reproche à Vénus de l'avoir séduite; et dans Euripide, de l'aveu de Ménélas lui-même, elle ne lui a été infidelle que par obéissance aux Dieux. Malgré ce langage si commun chez les Païens, ils en tiennent un autre tout opposé, quand ils parlent en philosophes. Ils se laissoient tromper par ce faux raisonnement de notre amour-propre, que nous n'aurions point de mérite, si notre vertu étoit un don du ciel. C'est ce que Cicéron fait dire à un de ses interlocuteurs, dans le troisième livre de la Nature des Dieux : *In virtute rectè gloriamur, quod non contingeret, si id donum à Deo, non à nobis haberemus*. On trouve encore dans le même Cicéron, qu'on ne doit demander au ciel que les dons de la fortune ; mais que notre sagesse est en notre pouvoir : *Fortunam à Deo petendam, à seipso sumendam esse sapientiam*.

« En effet, disoit-il, quelqu'un s'est-il jamais avisé de remercier les Dieux d'être honnête homme ? » *Nam quis, quòd bonus vir esset, gratias Diis egit unquam?* Action de grâces qu'un Chrétien fait tous les jours. Ces deux langages si contraires et si communs chez les Païens, ont été bien rendus par Corneille dans son Œdipe. Il fait dire à Jocaste :

C'étoit là de mon fils la noire destinée :
Sa vie à ces forfaits par le ciel condamnée,

N'a pu se dégager de cet astre ennemi,
Ni de son ascendant s'échapper à demi.

Et Thésée par sa réponse détruit cet absurde opinion d'une force nécessitante :

Quoi, la nécessité des vertus et des vices,
D'un astre impérieux doit suivre les caprices,
Et Delphes, malgré nous, conduit nos actions
Au plus bizarre effet de ses prédictions ?
L'âme est donc tout esclave : une loi souveraine
Vers le bien ou le mal incessamment l'entraîne,
Et nous ne recevons ni crainte ni désir,
De cette liberté qui n'a rien à choisir ?
Attachés sans relâche à cet ordre sublime,
Vertueux sans mérite, et vicieux sans crime,
Qu'on massacre les rois, qu'on brise les autels,
C'est la faute des Dieux, et non pas des mortels ?
De toute la vertu sur la terre épandue,
Tout le prix à ces Dieux, toute la gloire est due ?
Ils agissent en nous quand nous pensons agir :
Alors qu'on délibère, on ne fait qu'obéir ;
Et notre volonté n'aime, hait, cherche, évite
Que suivant que d'en haut leur bras la précipite ?
D'un tel aveuglement daignez me dispenser.
Le ciel, juste à punir, juste à récompenser,
Pour rendre aux actions leur peine ou leur salaire,
Doit nous offrir son aide, et puis nous laisser faire.
N'enfonçons toutefois ni votre œil ni le mien
Dans ce profond abyme où nous ne voyons rien.

Ces vers admirables sont également vrais, excepté celui-ci :

Doit nous offrir son aide, et puis nous laisser faire,

qu'un Païen pouvoit bien dire, mais qu'un Chrétien n'a jamais dû penser. Aussi Corneille fait parler autrement un Chrétien dans Polyeucte. C'est ainsi qu'il dépeint le pouvoir de Dieu sur nous :

> Il est toujours tout juste et tout bon ; mais sa Grâce
> Ne descend pas toujours avec même efficace :
> Après certains momens que perdent nos longueurs,
> Elle quitte ces traits qui pénétrent les cœurs.
> Le nôtre s'endurcit, la repousse, l'égare ;
> Le bras qui la versoit en devient plus avare,
> Et cette sainte ardeur qui nous portoit au bien,
> Tombe plus rarement, ou n'opère plus rien.

Sur cette importante question les Chrétiens devroient toujours tenir le même langage, puisqu'ils doivent s'accorder sur les deux grandes vérités qu'on ne peut nier sans abandonner la foi et la raison, je veux dire sur la puissance de Dieu, et la liberté de l'homme ; car je ne parle point ici des hérétiques, dont les uns, de peur de détruire la liberté, ont nié la Grâce, et les autres, de peur de détruire la Grâce, ont nié la liberté. L'Eglise les condamne également, et reconnoît que nous faisons le bien et le mal librement, et que néanmoins nous ne faisons aucun bien que Dieu ne nous le fasse faire. C'est ce que nous sommes obligés de croire. Mais comme nous voulons aussi tâcher de le comprendre, nous avons cherché les moyens d'accorder la Grâce et la liberté. De là cette différence de langage entre nous, et cette contrariété de systèmes : contrariété qui devroit du moins ne point altérer l'union et la charité, puisqu'on doit convenir des deux vérités les plus importantes

Les maîtres dont mon intention est de suivre la doctrine, sont les deux grands maîtres que l'Eglise a particulièrement reconnus pour les docteurs de la Grâce, saint Augustin et saint Thomas, dont les principes sont appelés par Alexandre VII : *Tutissima certissimaque dogmata.*

Les disciples de ces deux docteurs, quoiqu'unis de cœur

entre eux, et quoiqu'ils ne forment, pour ainsi dire, qu'une même école, ne parlent pas toujours le même langage. Les uns s'expliquent par des termes qui nous semblent plus faciles à concevoir, et nous offrent des images plus sensibles. Les autres s'expliquent par des termes plus abstraits; mais leur système plus philosophique, et soutenu par un corps savant, est aujourd'hui plus généralement suivi. Je me fais gloire d'y être attaché; mais il ne m'est pas possible de mettre en vers ces termes philosophiques qui expliquent l'opération de Dieu sur sa créature. Il me suffit d'établir la souveraineté entière de celui qui fait tout en nous; et si je la dépeins souvent par des images conformes à ce que les Augustiniens appellent *la Délectation victorieuse*, je me sers souvent aussi d'expressions qui répondent à ce que les Thomistes appellent *la Prémotion physique :* ce qui se concilie aisément, puisque s'il est indubitable que Dieu nous conduit par amour, et remplace dans notre cœur par des attraits célestes, les attraits des biens sensuels, il paroît également indubitable que celui qui nous donne l'être, nous donne aussi la manière d'être; qu'il est le souverain moteur des cœurs; qu'il fait et notre volonté et notre liberté.

Il est vrai que j'admets, comme saint Augustin, une différence des deux états; mais je l'admets à l'exemple de M. Bossuet, que les Thomistes se glorifient d'avoir de leur parti. Et qui ne se glorifieroit pas de penser comme a pensé un évêque qui a été en même temps l'un des plus sublimes génies de la France, et l'une des plus grandes lumières de toute l'Eglise? Dans son Traité du Libre Arbitre, où il explique avec tant de clarté et de pré-

cision le système de la prémotion physique, qu'il paroît adopter, voici comme il explique aussi la différence des deux états, et l'attrait de la Grâce : « L'état d'innocence
» ne fait pas que la volonté de l'homme soit moins dé-
» pendante ; mais il faut considérer précisément les dis-
» positions qui sont changées par la maladie, et juger
» par-là de la nature du remède que Dieu y apporte.
» Le changement le plus essentiel que le péché ait fait à
» notre âme, c'est qu'un attrait indélibéré du plaisir sen-
» sible prévient tous les actes de notre volonté : c'est en
» cela que consiste notre langueur et notre foiblesse, dont
» nous ne serons jamais guéris, que Dieu ne nous ôte
» cet attrait sensible, ou du moins ne le modère par un
» autre acte indélibéré du plaisir intellectuel. Alors, si
» par la douceur du premier attrait notre âme est por-
» tée au bien sensible, par le moyen du second, elle
» sera rappelée à son véritable bien, et disposée à se ren-
» dre à celui de ces deux attraits qui sera supérieur. Elle
» n'avoit pas besoin, quand elle étoit saine, de cet at-
» trait prévenant, qui avant toute délibération de la
» volonté, l'incline au bien véritable, parce qu'elle ne
» sentoit pas cet autre attrait, qui avant toute délibé-
» ration l'incline toujours au bien apparent. Elle étoit
» née maîtresse absolue, connoissant parfaitement son
» bien, qui est Dieu, l'aimant librement, et se plai-
» sant d'autant plus dans cet amour, qu'il lui venoit de
» son propre choix ; mais ce choix, pour lui être pro-
» pre, n'en étoit pas moins de Dieu, de qui vient tout
» ce qui est propre à la créature. »

C'est ainsi que s'explique M. Bossuet dans cet excellent Traité, que je citerai quelquefois dans mes notes,

de même que je citerai aussi quelquefois le P. Bourdaloue, ce héros des orateurs chrétiens, qui a fait l'admiration de la ville et de la cour, en prêchant l'Evangile dans toute son étendue, et dans toute sa sévérité. On verra souvent ses principes conformes aux miens, parce que théologiens, philosophes, orateurs et poètes, doivent parler de même, quand ils parlent de la toute-puissance d'un Dieu sur sa créature. Le P. Mallebranche lui-même, quoiqu'opposé au système de la prémotion physique, ne peut s'empêcher de reconnoître dans son Traité de la Nature et de la Grâce, « qu'il n'y a que Dieu qui agisse
» immédiatement sur nos esprits, et qui produise en eux
» toutes les modifications dont ils sont capables ; et que
» l'âme n'est volonté, que par le mouvement que Dieu
» lui imprime sans cesse. »

Ce fameux ennemi de l'imagination, si souvent abusé par elle, opposoit en même temps aux Thomistes, la comparaison d'une pagode que son maître jette au feu, parce qu'elle n'a pas devant lui baissé la tête, qu'elle ne pouvoit baisser qu'au moyen du cordon que son maître devoit tirer. Cette comparaison n'a aucune justesse. Les Thomistes, ni aucuns bons théologiens, ne disent jamais qu'on soit damné pour avoir manqué de Grâce. On est puni de tel ou tel péché ; or ce n'est pas le défaut de Grâce qui est la cause immédiate du péché : c'est notre volonté déréglée qui nous le fait commettre.

Soyons donc toujours fortement persuadés, et de la puissance de Dieu, et de notre liberté. Ces deux vérités doivent être le fondement de notre vigilance et de notre humilité. Agissons comme pouvant tout, prions comme ne pouvant rien : c'est la conclusion qu'il faut tirer de la doctrine de saint Augustin et de saint Thomas, et que je souhaite qu'on tire de ce poëme.

Quelque attaché que je sois à ces deux grands docteurs, comme l'Eglise n'a point condamné tous ceux qui suivent d'autres maîtres, il ne nous est pas permis non plus de les condamner : aussi n'ai-je attaqué qu'un seul des écrivains modernes, mais sans employer ces termes qui ne conviennent qu'aux erreurs condamnées. Je me contente de faire voir que son système, trop conforme à notre amour-propre, est dangereux et contraire à la doctrine de l'antiquité ; mais en cela j'espère ne choquer personne, puisque personne aujourd'hui ne soutient sa doctrine telle qu'il la publia d'abord.

Eloigné de toute passion pour la dispute, à plus forte raison l'ai-je été de toute humeur satirique. Quoique par la malignité des hommes, les traits de satire contribuent infiniment au succès des écrits, et que les poètes soient plus enclins que les autres à railler, je n'ai point eu la tentation de gagner quelques avantages par une voie si souvent criminelle et toujours très-dangereuse. Il est permis aux gens de lettres de s'attaquer les uns les autres ; les guerres alors sont innocentes et utiles, pourvu qu'elles ne se fassent point avec animosité ; mais il n'est point permis dans les écrits de religion de choquer ouvertement ceux qui ne pensent pas comme nous, lorsque ce qu'ils pensent n'a point été déclaré contraire à la foi. La vérité doit toujours être défendue avec les armes de la charité ; et l'on s'oppose soi-même au progrès qu'elle peut faire, quand on l'annonce avec un ton d'aigreur. J'avoue qu'il m'étoit échappé d'abord quelques traits un peu mordans, mais la réflexion me les a fait retrancher ; et sacrifiant sans peine les intérêts de la poésie à ceux de la religion, j'ai mieux aimé affoiblir quelques vers, que d'y laisser des vivacités contraires à l'esprit de paix.

Quoique le dogme de la Grâce ait causé tant de disputes parmi les Chrétiens, je ne me suis appliqué qu'à celles que nous avons soutenues contre les hérétiques. Je n'ai point voulu réveiller le triste souvenir de nos troubles. Pourquoi parler de ce qu'il faudroit même oublier : *Si tam in nostra potestate esset oblivisci quàm tacere ?*

Qu'on s'attende donc à ne trouver principalement ici que les vérités dont il est nécessaire d'être instruit. Dans le premier chant, pour conduire à la nécessité de la Grâce, je dépeins l'innocence de l'homme et sa chute, l'état déplorable ou il fut réduit, quand il fut abandonné à lui-même, l'impuissance de la raison et de la loi pour le guérir, enfin la venue de Jésus-Christ, l'auteur et le dispensateur de la Grâce. J'établis dans le second chant la puissance et l'efficacité de cette Grâce, qui ne détruit point la liberté, puisqu'on y peut toujours résister. Dans le troisième chant j'étends la grande preuve de la puissance de cette Grâce, qui est le changement du cœur, malgré tous les combats des pécheurs; et je fais voir que ces combats détruisent le système de la Grâce versatile et de l'équilibre. Enfin, le quatrième chant renferme le mystère de la prédestination, qui nous apprend combien la Grâce est gratuite.

Voilà sans doute de grands et de nobles sujets : ils paroîtront peut-être peu susceptibles des ornemens de la poésie; cependant si j'ennuie en les traitant, la faute n'en doit être imputée qu'à moi seul. Plus les objets sont grands, plus la poésie est digne de les décrire. Puisqu'un de ses avantages est de savoir peindre noblement les plus petites choses, que doit-elle donc faire, quand elle nous entretient des grandeurs de Dieu, et des vérités de la religion ? Virgile nous apprend la peine qu'il trouvoit à relever par des expressions nobles, la foiblesse des sujets de ses Géorgiques :

*Verbis ea vincere magnum*
*Quàm sit, et angustis hunc addere rebus honorem.*

Cependant, puisqu'il y a réussi, et que dans une matière si peu agréable il sait toujours nous plaire, combien les hommes seroient-ils plus attentifs à un poète qui, avec le génie de Virgile, chanteroit des sujets plus nobles et plus intéressans que ne le sont les préceptes du labourage, ceux de la culture des arbres et du soin des animaux ?

# LA GRÂCE,
## POËME.

### CHANT PREMIER.

Ennemi du mensonge et de ces fictions
Qui nourrissent des cœurs les folles passions,
Je veux prendre aujourd'hui la vérité pour guide.
Par elle encouragé dans un âge timide,
De l'illustre Prosper j'ose suivre les pas :
Puissé-je comme lui confondre les ingrats !
   O vous qui ne cherchez que ces rimes impures,
Des plaisirs séduisans dangereuses peintures,
Sur mes chastes tableaux ne jetez pas les yeux ;
Fuyez: mes vers pour vous sont des vers ennuyeux ;
Des sons de la vertu votre oreille se lasse.
Profanes, loin d'ici, je vais chanter la GRACE.
   De l'humaine raison cette Grâce est l'écueil.
L'homme qui pour appui ne veut que son orgueil,
Ose opposer contre elle une audace insolente.
Ses plus chers défenseurs n'ont qu'une voix tremblante ;
Et contens de gémir, lorsque presque en tous lieux
Leurs cruels ennemis triomphent à leurs yeux,

Ils déplorent des jours où la foi refroidie,
Et de l'amour divin la chaleur attiédie,
Déjà des derniers temps, annoncent les malheurs.
Pour de si grands périls c'est trop peu que des pleurs :
Si la timidité fait taire les prophètes,
La colère ouvrira la bouche des poètes.

Oui, Seigneur, j'entreprends de lui prêter ma voix :
« Tout fidèle est soldat pour défendre tes droits. »
Si par ta Grâce ici je combats pour ta Grâce,
Rien ne peut ébranler ma généreuse audace,
Dussent les libertins déchirer mes écrits :
Trop heureux si pour toi je souffre des mépris !
Que ta bonté, grand Dieu, veuille m'en rendre digne :
De tes riches faveurs, faveur la plus insigne !
Pour en être honorés, tes saints ont fait des vœux,
Et moi j'en fais pour vivre et pour mourir comme eux.
Daigne donc agréer et soutenir mon zèle :
Tout foible que je suis, j'embrasse ta querelle.
La Grâce que je chante, est l'ineffable prix
Du sang que sur la terre a répandu ton fils.
Ce fils en qui tu mets toute ta complaisance ;
Ce fils, l'unique espoir de l'humaine impuissance,
A défendre sa cause approuve mon ardeur ;
Mais animant ma langue, échauffe aussi mon cœur :
Que je sente ce feu qui par toi seul s'allume,
Et que j'éprouve en moi ce que décrit ma plume ;
Non comme ces esprits tristement éclairés
Qui connoissent la route, et marchent égarés,
Toujours vuides d'amour, et remplis de lumière,
Ardens pour la dispute, et froids pour la prière.

A

# CHANT I.

A la voix du Seigneur l'univers enfanté,
Etaloit en tous lieux sa naissante beauté.
Le soleil commençoit ses routes ordonnées ;
Les ondes dans leur lit étoient emprisonnées ;
Déjà le tendre oiseau s'élevant dans les airs ,
Bénissoit son auteur par ses nouveaux concerts ;
Mais il manquoit encore un maître à tout l'ouvrage :
« Faisons l'homme, dit Dieu, faisons-le à notre image. »
Soudain pétri de boue, et d'un souffle animé,
Ce chef-d'œuvre connut qu'un Dieu l'avoit formé ;
La nature attentive aux besoins de son maître,
Lui présenta les fruits que son sein faisoit naître ,
Et l'univers soumis à cette aimable loi ,
Conspira tout entier au bonheur de son roi.
La fatigue, la faim, la soif, la maladie
Ne pouvoient altérer le repos de sa vie ;
La mort même n'osoit déranger ces ressorts
Que le souffle divin animoit dans son corps.
Il n'eut point à sortir d'une enfance ignorante ;
Il n'eut point à dompter une chair insolente.
L'ordre régnoit alors, tout étoit dans son lieu :
L'animal craignoit l'homme, et l'homme craignoit Dieu ;
Et dans l'homme, le corps respectueux, docile ,
A l'âme fournissoit un serviteur utile.

Charmé des saints attraits, de biens environné
Adam à son conseil vivoit abandonné.
Tout étoit juste en lui, sa force étoit entière :
Il pouvoit sans tomber poursuivre sa carrière,
Soutenu cependant du céleste secours,
Qui pour aller à Dieu le conduisoit toujours.

C

Non qu'en tous ses désirs par la Grâce entraînée
L'âme alors dût par elle être déterminée.
Ainsi sans le soleil l'œil qui ne peut rien voir,
A cet astre pourtant ne doit point son pouvoir.
Mais au divin secours en tout temps nécessaire,
Adam étoit toujours maître de se soustraire.
Ainsi le soleil brille, et par lui nous voyons ;
Mais nous pouvons fermer nos yeux à ses rayons.

 Tel fut l'homme innocent. Sa race fortunée
Des mêmes droits que lui devoit se voir ornée ;
Et conçu chastement, enfanté sans douleurs,
L'enfant ne se fût point annoncé par ses pleurs.
Nous n'eussions vu jamais une mère tremblante
Soutenir de son fils la marche chancelante,
Réchauffer son corps froid dans la dure saison,
Ni par les châtimens appeler sa raison.
Le Démon contre nous eût eu de foibles armes.
Hélas, ce souvenir produit de vaines larmes !
Que sert de regretter un état qui n'est plus,
Et de peindre un séjour dont nous fûmes exclus ?
Pleurons notre disgrâce, et parlons des misères
Que sur nous attira la chute de nos pères.

 Condamnés à la mort, destinés aux travaux,
Les travaux et la mort furent nos moindres maux.
Au corps, tyran cruel, notre âme assujettie,
Vers les terrestres biens languit appesantie.
De mensonge et d'erreur un voile ténébreux
Nous dérobe le jour qui doit nous rendre heureux.
La nature autrefois attentive à nous plaire,
Contre nous irritée, en tout nous est contraire.

La terre dans son sein resserre ses trésors :
Il faut les arracher; il faut par nos efforts
Lui ravir de ses biens la pénible récolte.
Contre son souverain l'animal se révolte :
Le maître de la terre appréhende les vers ;
L'insecte se fait craindre au roi de l'univers.
L'homme à la femme uni met au jour des coupables,
D'un père malheureux héritiers déplorables.
Aux solides avis l'enfant toujours rétif,
Par la seule menace y devient attentif.
De l'âge et des leçons sa raison secondée,
A peine du vrai Dieu lui retrace l'idée.
Hélas, à ces malheurs, par sa femme séduit,
Adam, le foible Adam, avec nous s'est réduit:
Son crime fut le nôtre, et le père infidelle
Rendit toute sa race à jamais criminelle !
Ainsi le tronc qui meurt voit mourir ses rameaux,
Et la source infectée, infecte ses ruisseaux.
L'homme depuis ce jour n'apporte à sa naissance
Que la pente au péché, l'erreur et l'ignorance.
Par l'amour des faux biens il remplit dans son cœur
Le vuide qu'y laissa l'amour du Créateur.
Dans son funeste sort d'autant plus déplorable,
Qu'il ignore le poids du fardeau qui l'accable;
Qu'il se plaît dans ses maux, et fuit la guérison;
Qu'il aime ses liens, et chérit sa prison.
A le voir pourroit-on croire son origine ?
« Est-ce là, dites-vous, cette image divine ? »
Sans doute. Le portrait n'est pas tout effacé:
Quelque coup de pinceau demeure encor tracé.

Malgré l'épaisse nuit sur l'homme répandue,
On découvre un rayon de sa gloire perdue.
C'est du haut de son trône un roi précipité,
Qui garde sur son front un trait de majesté.
Une secrète voix à toute heure lui crie
Que la terre n'est point son heureuse patrie ;
Qu'au ciel il doit attendre un état plus parfait.
Et lui-même ici-bas quand est-il satisfait !
Digne de posséder un bonheur plus solide,
Plein de biens et d'honneurs, il reste toujours vuide.
Il forme encor des vœux dans le sein du plaisir,
Il n'est jamais enfin qu'un éternel désir.

D'où lui vient sa grandeur ? D'où lui vient sa bassesse ?
Et pourquoi tant de force avec tant de foiblesse ?
Réveillez-vous, mortels dans la nuit absorbés,
Et connoissez du moins d'où vous êtes tombés.
Non, je ne suis point fait pour posséder la terre.
Quand ne serai-je plus avec moi-même en guerre ?
Qui me délivrera de ce corps de péché ?
Qui brisera la chaîne où je suis attaché ?
Mon cœur toujours rebelle, et contraire à lui-même,
Fait le mal qu'il déteste, et fuit le bien qu'il aime.
Je veux sortir du gouffre où je me vois jeté ;
Je veux..... Mais que me sert ma foible volonté ?
Légère, irrésolue, incertaine, aveuglée,
Et malgré son néant d'un fol orgueil enflée ;
Voulant tout entreprendre, et n'exécutant rien,
Capable de tout mal, impuissante à tout bien,
Compagne qui m'entraîne au vice que j'abhorre,
Et guide qui ne sert qu'à m'égarer encore.

Mais par ce guide seul autrefois éclairés,
Les superbes mortels se croyoient assurés.
Pour confondre à jamais cette altière sagesse,
Le ciel leur fit long-temps éprouver leur foiblesse.
A leurs sens il livra rois et peuples entiers,
Et les laissa marcher dans leurs propres sentiers.
La digue fut soudain rompue à tous les vices :
On ne vit plus partout que meurtres, injustices,
Débordemens impurs, brigandages affreux,
Et du crime honoré le règne ténébreux.
A de frivoles biens créés pour son usage,
L'homme osa follement présenter son hommage.
La bête eut des autels, le bois fut adoré;
Et tout fut, hors Dieu seul, comme Dieu révéré.
En soi-même traitant son culte de chimère,
Le foible philosophe imita le vulgaire.
« Cependant, direz-vous, la Grèce eut des Platons;
» L'Asie eut des Thalès, et Rome eut des Catons;
» Lucrèce estime plus son honneur que sa vie;
» Decius se dévoue au bien de sa patrie;
» Victime du serment aux ennemis juré,
» Regulus va chercher un supplice assuré. »
Rougis, lâche Chrétien : dans un siècle profane,
Plus vertueux que toi le Païen te condamne!
 Ah, du nom de vertu gardons-nous d'honorer
Des actions que Dieu dédaigna d'épurer!
Rome n'eut des vertus que la fausse apparence,
Et, vaine, elle reçut sa vaine récompense.
L'éclat de ses héros nous charme et nous séduit;
Mais d'un aride champ quel peut être le fruit?

Rien ne peut prospérer sur des terres ingrates.
Le désir de la gloire enfante les Socrates.
Du moindre des Romains l'estime et les regards
Soutiennent les Catons ainsi que les Césars.
Plaignons plutôt, plaignons ces peuples misérables,
Dont les justes n'étoient que de moindres coupables.

    Socrate, du vrai Dieu s'approchant de plus près,
Sembla de sa grandeur découvrir quelques traits.
Faut-il donc pour le voir, percer tant de nuages ?
Ah, qui de la nature admirant les ouvrages,
Frappé d'étonnement à ce premier regard,
Ira pour l'ouvrier soupçonner le hasard ?
De ce vil vermisseau j'entends la voix qui crie :
« Dieu m'a fait, Dieu m'a fait, Dieu m'a donné la vie. »
Tout parle à la raison, mais rien ne parle au cœur.
Le jour au jour suivant annonce son auteur.
Mais ce n'est qu'en l'aimant que Dieu veut qu'on l'adore;
Et l'hommage du cœur est le seul qui l'honore.
En vain le philosophe entrevoit la clarté :
Du chemin de la vie est-il moins écarté ?
Plus criminel encor que l'aveugle vulgaire,
Loin de rendre au Seigneur le culte nécessaire,
Il perd, vuide d'amour, tout le fruit de ses mœurs;
Son esprit s'évapore en de folles lueurs.
En différens sentiers les plus sages s'égarent;
Par des sectes sans nombre entr'eux ils se séparent.
La raison s'obscurcit, la simple vérité
Se perd dans les détours de la subtilité.

    Oui, grand Dieu, c'est en vain que l'humaine foiblesse
Sans toi veut se parer du nom de la sagesse :

Et quiconque usurpa ce titre audacieux
Fut de tant d'insensés le moins sage à tes yeux.
  Pour guérir la nature infirme et languissante,
Ainsi que la raison la loi fut impuissante,
La loi qui ne devant jamais briser les cœurs,
Sans la Grâce formoit des prévaricateurs ;
La loi qui du péché resserrant les entraves,
Au lieu de vrais enfans fit de lâches esclaves ;
La loi, joug importun, de la crainte instrument,
Ministère de mort, vain et foible élément.
Ainsi ne put jadis le bâton d'Elisée
Ressusciter l'enfant de la mère affligée :
Le prophète lui seul touché de son malheur,
Pouvoit dans ce corps froid ramener la chaleur.
Le juif portant toujours l'esprit de servitude,
A ses égaremens joignit l'ingratitude ;
La race de Jacob, le peuple si chéri,
Engraissé de bienfaits n'en fut point attendri.
  Cependant Dieu voulut dans ces temps déplorables,
Se former quelquefois des enfans véritables.
On vit avant Moïse, ainsi que sous la loi,
Des justes pleins d'amour et vivant de la foi.
La Grâce dont le jour ne brilloit pas encore,
Sur leur tête déjà répandoit son aurore.
L'arrêt de leur trépas fut dès-lors effacé
Dans le sang qui pour eux devoit être versé,
Et des fruits de ce sang ils furent les prémices.
Mais lorsque le Seigneur avec des yeux propices
Regardoit quelques-uns des neveux d'Israël,
Le reste abandonné fut toujours criminel.

Les prophètes en vain annonçoient leurs oracles,
Supplioient, menaçoient, prodiguoient les miracles.
Ce peuple, dont un voile obscurcissoit les yeux,
Murmurateur, volage, amateur de faux Dieux,
A ses prophètes sourd, à ses rois infidelle,
Porta toujours un cœur incirconcis, rebelle.

 Dans son temple, il est vrai, l'encens se consumoit;
Le sang des animaux à toute heure fumoit.
Vain encens, vœux perdus! Les taureaux, les génisses
Etoient pour les péchés d'impuissans sacrifices.
Dieu rejetant l'autel et le prêtre odieux,
Attendoit une hostie agréable à ses yeux.
Il falloit que la loi sur la pierre tracée
Fût par une autre loi dans les cœurs remplacée,
Il falloit que sur lui détournant tous les coups,
Le fils vînt se jeter entre son père et nous.
Sans lui nous périssions. Qu'une telle victime
Oblige le coupable à juger de son crime!
Quel énorme forfait, qui, pour être expié,
Demandoit tout le sang d'un Dieu sacrifié!

 Oui, l'homme après sa chute, au voyageur semblable,
Qu'attaqua des voleurs la rage impitoyable,
Percé de coups, laissé pour mort sur le chemin,
Et baigné de son sang, n'attendoit que sa fin.
Les prêtres de la loi, témoins de sa misère,
Ne lui pouvoient offrir une main salutaire.
Enfin dans nos malheurs un Dieu nous secourut.
Le ciel fondit en pluie, et le juste parut.

 O filles de Sion, tressaillez d'alégresse!
Du roi qui vient à vous célébrez la tendresse;

Il vient sécher vos pleurs et calmer vos soupirs.
Les justes de la loi, ces hommes de désirs,
De leur foi toujours vive auront la récompense.
Il vient, tout l'univers se lève à sa présence.
L'agneau saint, de son sang va sceller le traité
Qui nous réconcilie à son père irrité.
Chargé de nos forfaits, sur la croix il expire,
Et du temple aussitôt le voile se déchire.
Aux profanes regards le lieu saint fut livré :
Le Dieu qui l'habitoit s'en étoit retiré.
De ce temple fameux la gloire étoit passée ;
La vile synagogue alloit être chassée ;
Les temps étoient venus, où régnant dans les cœurs,
Dieu vouloit se former de vrais adorateurs,
Et donnant à son fils une épouse plus sainte,
Devoit répudier l'esclave de la crainte.
Mortels, qui jusqu'ici répandez tant de pleurs,
Tristes enfans d'Adam, bannissez vos douleurs.
Du sang de Jésus-Christ l'Eglise vient de naître :
La nuit est dissipée et le jour va paroître.
Il arrive ce jour si long-temps attendu,
Ce jour que de si loin Abraham avoit vu.
Le saint tant désiré, tant prédit par vos pères,
Vous annonce aujourd'hui la fin de vos misères.
Sortez, humains, sortez de la captivité :
Ce Dieu qui pour toujours vous rend la liberté,
Ne veut plus que son peuple en esclave le craigne ;
Sa Grâce et son amour vont commencer leur règne.

## CHANT SECOND.

Vous que la vérité remplit d'un chaste amour,
N'espérez point encor dans ce triste séjour,
Paisibles possesseurs, la goûter sans alarmes :
Chrétiens, souffrez pour elle, et prêtez-lui vos armes.
 L'Eglise à la douleur destinée ici-bas,
Prit naissance à la croix, et vit dans les combats.
Il faut que tout entier sur elle s'accomplisse
De son époux mourant le sanglant sacrifice.
 Contr'elle le Démon arma les empereurs :
Le fer brilla d'abord. Inutiles fureurs !
En vain on la déchire, en vain le sang l'inonde :
De ce sang humectée, elle en devient féconde.
L'empereur à la croix soumit son front païen,
Montra qu'on pouvoit être et César et chrétien.
Le prêtre d'Apollon renversa son idole,
Et Jupiter vaincu tomba du Capitole.
L'Eglise dans son sein voyoit naître la paix,
Quand la fière hérésie envenimant ses traits,
Aux enfans de la foi vint déclarer la guerre.
Plus d'une fois vaincue, enfin dans l'Angleterre
Elle appelle un vengeur; et fidèle à sa voix
Pélage de la Grâce ose attaquer les loix.
De notre liberté défenseur téméraire,
Au céleste pouvoir il prétend nous soustraire.
Hélas, que des humains les dehors sont trompeurs !
De Pélage long-temps on admira les mœurs.

## CHANT II.

Mais que sert qu'en public la vertu nous honore,
Si le ver de l'orgueil en secret nous dévore?
Pélage se démasque à l'univers surpris,
Et vient à Rome même infecter les esprits.
Le docteur pénitent, l'austère anachorète,
Qui croit toujours du ciel entendre la trompette,
Ce savant si fameux par tant d'écrits divers,
Qui du fond de sa grotte éclaire l'univers,
Jérôme vieux alors, ranime son courage;
Mais le seul Augustin devoit vaincre Pélage.
De ce grand défenseur le ciel ayant fait choix,
Lui mit la plume en main, le chargea de ses droits.
Augustin tonne, frappe et confond les rebelles.
Sa doctrine aujourd'hui guide encor les fidelles.
Rome, tout l'univers admire ses écrits,
Et M... lui seul en ignore le prix.
Disciple d'Augustin, et marchant sur sa trace,
Prosper s'unit à lui pour défendre la Grâce.
Il poursuivit l'erreur dans ses derniers détours,
Et contr'elle des vers emprunta le secours.
Les vers servent aux saints : la vive poésie
Fait triompher la foi, fait trembler l'hérésie.
Admirateur zélé de ces maîtres fameux,
Je mets toute ma gloire à marcher après eux.
Formé dans leurs écrits, et plein de leurs maximes,
Je les vais annoncer, n'y prêtant que mes rimes.
Augustin dans mes vers donne encor ses leçons.
Seigneur, c'est à tes saints à parler de tes dons!

 Aux forces que la Grâce inspire à la nature,
Des foiblesses de l'homme opposons la peinture.

Connoissons par nos maux la main qui nous guérit.
L'erreur et le mensonge assiègent notre esprit,
Et la nuit du péché nous couvrant de ses ombres,
Entre nous et le jour jette ses voiles sombres.
Notre cœur corrompu, plein de honteux désirs,
Ne reconnoît de lois que celles des plaisirs.
Le plaisir, il est vrai, juste dans sa naissance,
Par de sages transports servoit à l'innocence ;
Nos corps par cet attrait devoient se conserver,
Et nos âmes vers Dieu se devoient élever.
Mais notre âme aujourd'hui n'étant plus souveraine,
Aux seuls plaisirs des sens notre corps nous entraîne.
Des saintes voluptés le chaste sentiment
Se réveille avec peine et s'éteint aisément.

 A croître nos malheurs le Démon met sa joie ;
Lion terrible, il cherche à dévorer sa proie ;
Et transformant sa rage en funestes douceurs,
Souvent serpent subtil il coule sous les fleurs.
Ce tyran ténébreux de l'infernal abyme
Jouissoit autrefois de la clarté sublime.
L'orgueil le fit tomber dans l'éternelle nuit,
Et par ce même orgueil l'homme encor fut séduit,
Quand nos pères, à Dieu voulant être semblables,
Osèrent sur un fruit porter leurs mains coupables.

 L'orgueil depuis ce jour entra dans tous les cœurs :
Là de nos passions il nourrit les fureurs ;
Souvent il les étouffe ; et pour mieux nous surprendre,
Il se détruit soi-même, et renaît de sa cendre ;
Toujours contre la Grâce il veut nous révolter.
Pour mieux régner sur nous, cherchant à nous flatter,

Il relève nos droits, et notre indépendance ;
Et de nos intérêts embrassant la défense,
Nous répond follement que notre volonté
Peut rendre tout facile à notre liberté.
Mais comment exprimer avec quelles adresses
Ce monstre sait de l'homme épier les foiblesses?
Sans cesse parcourant toute condition,
Il répand en secret sa douce illusion :
Il console le roi que le trône emprisonne,
Et lui rend plus léger le poids de la couronne ;
Aux yeux des conquérans de la gloire enivrés
Il cache les périls dont ils sont entourés ;
Par lui le courtisan, du maître qu'il ennuie,
Soutient, lâche flatteur, les dédains qu'il essuie ;
C'est lui qui d'un prélat épris de la grandeur,
Ecarte les remords voltigeans sur son cœur;
C'est lui qui fait pâlir un savant sur un livre,
L'arrache aux voluptés où le monde se livre,
D'un esprit libertin lui souffle le poison,
Et plus haut que la foi fait parler la raison;
C'est lui qui des palais descend dans les chaumières,
Donne à la pauvreté des démarches altières ;
Lui seul nourrit un corps par le jeûne abattu ;
Il suit toujours le crime et souvent la vertu.

Parmi tant de périls, et contre tant d'alarmes
La Grâce seule a droit de nous donner des armes.
Du Démon rugissant elle écarte les coups,
Contre nos passions elle combat pour nous,
Grâce que suit toujours une prompte victoire,
Grâce, céleste don, notre appui, notre gloire,

Grâce qui pour charmer a de si doux attraits
Que notre liberté n'y résiste jamais,
Souffle du saint amour, par qui l'âme embrâsée
Suit et chérit la loi qui lui devient aisée !
Si cette voix n'appelle, en vain l'on veut marcher :
On s'éloigne du but dont on veut s'approcher.
Sans elle tout effort est un effort stérile,
Tout travail est oisif, toute course inutile.
Sans elle l'homme est mort ; mais dès qu'elle a parlé,
Dans la nuit du tombeau le mort est réveillé,
Et les liens rompus ne forment plus d'obstacle.
Par quel charme suprême arrive ce miracle ?

Dans le même moment, ô moment précieux,
La Grâce ouvre le cœur, et dessille les yeux !
L'homme aperçoit son bien, il sent qu'il est aimable.
Dieu se montre : le reste est pour lui méprisable.
Plaisir, bien, dignité, grandeur, tout lui déplaît :
Il voit à découvert le monde tel qu'il est,
Plein de peines, d'ennuis, de misères, de craintes,
Théâtre de douleurs, de remords et de plaintes.
Plus de repos pour lui dans cet horrible lieu :
Il le fuit, il l'abhorre, il vole vers son Dieu.
Pour ébranler sa foi le démon n'a plus d'armes,
La gloire est sans attraits, la volupté sans charmes.

Mais de tant d'ennemis quoiqu'il soit le vainqueur,
Si la Grâce un moment abandonne son cœur,
Le triomphe sera d'une courte durée.
Des dons qu'on a reçus la perte est assurée,
Si la Grâce à toute heure accordant son secours,
De ses premiers bienfaits ne prolonge le cours.

Sans cesse vit en nous l'ennemi domestique;
Ou captif indocile, ou vainqueur tyrannique.
Guerre continuelle : un vice terrassé
Par un vice plus fort est bientôt remplacé.
Au-dehors tout irrite, et tout allume encore
Ce feu qui, sans s'éteindre, au-dedans nous dévore.
Le monde qui l'attise, en tout lieu nous poursuit :
Son commerce corrompt, sa morale séduit ;
Il applaudit, il loue, et sa louange charme;
Il reprend, il condamne, et sa censure alarme.

   Parmi tant de dangers la Grâce est mon recours.
Amoureux de ses biens, je les cherche, j'y cours ;
Par des vœux enflammés mon âme les implore,
Et quand je les reçois, je les demande encore.
Dieu riche dans ses dons peut toujours accorder ;
L'homme plein de besoins doit toujours demander.
J'avance en sûreté, quand Dieu me veut conduire,
Et je tombe aussitôt que sa main se retire :
Tel que le foible enfant qui ne se soutient pas,
Si sa mère n'est plus attentive à ses pas.
Par ce triste abandon, la suprême sagesse
Fait aux saints quelquefois éprouver leur foiblesse.
David, l'heureux David, si chéri du Seigneur,
Ce prophète éclairé, ce roi selon son cœur,
Vaincu par une femme, est en paix dans le crime,
Et ne seroit jamais sorti de cet abyme,
Si le ciel n'eût pour lui rappelé sa bonté.
Au tranquille pécheur Nathan est député :
Sitôt que cette voix a frappé son oreille,
David se reconnoît : son œil s'ouvre, il s'éveille.

De son trône à l'instant, d'un saint regret touché,
Il se lève, et s'écrie : « Il est vrai, j'ai péché. »
Ainsi tombe, malgré ses sermens téméraires,
L'apôtre qui se croit plus ferme que ses frères :
Prêt à suivre son maître en prison, à la mort,
Nul obstacle à ses yeux ne paroît assez fort.
Il le croit, il le jure ; et l'ardeur qui l'enflamme
Tout-à-coup va s'éteindre à la voix d'une femme ;
Et même s'il gémit du plus grand des malheurs,
C'est aux regards divins qu'il doit ses justes pleurs.
Mais Pierre abandonné, qui renonce son maître,
Et devient à la fois ingrat, parjure, traître,
Ranimé de la Grâce ira devant les rois
Braver les chevalets, les flammes et les croix.

Que le juste à toute heure appréhende la chute :
S'il tombe cependant, qu'à lui seul il l'impute.
Oui, l'homme qu'une fois la Grâce a prévenu,
S'il n'est par elle encor conduit et soutenu,
*Ne peut*, à quelque bien que son âme s'applique.....
Mais à ce mot j'entends crier à l'hérétique :
« *Ne peut*, c'est là, dit-on, le Jansénisme pur.
» Dans ses expressions Luther est-il plus dur ?
» Ainsi la loi divine, à l'homme impraticable,
» Impose sans la Grâce un joug insurmontable.
» Ah, c'est là le premier des dogmes monstrueux,
» Juste objet de l'horreur d'un Chrétien vertueux ! »

Mais vous qui, transporté d'un zèle charitable,
Voulez me mettre au rang des noirs enfans du Diable,
Signalez par vos cris votre sainte douleur,
Telle est de vos pareils la chrétienne chaleur :

Tout

# CHANT II.

Tout ce qui leur déplaît leur devient hérésie.
Répondez-moi pourtant. Le Sauveur qui nous crie :
« O vous qui gémissez sous le faix des travaux,
» Accourez tous à moi je finirai vos maux ; »
Ne dit-il pas : « Sans moi vous ne pouvez rien faire ;
» Vous ne pouvez venir qu'attirés par mon père ? »
Vous allez, je le vois, avec subtilité,
Eluder de ces mots la sainte autorité.
Toutefois épargnez votre soin téméraire.
Je conviens avec vous que l'homme peut tout faire :
Oui, qu'il peut à toute heure obéir à la loi.
Mais vous devez aussi convenir avec moi,
Que nous ne mettrons point ce pouvoir en usage
Si notre volonté n'y joint pas son suffrage,
Elle qui pour le bien le refuse toujours,
Si Dieu pour la fléchir n'accorde son secours.
Nous voici donc d'accord. Ah, qu'un aveu sincère
Eût bientôt terminé cette dispute amère,
Quand de tous nos docteurs un mot troubla la paix !
O suffisant pouvoir, qui ne suffit jamais !

 Non, malgré ses efforts, la brebis égarée
Ne retrouvera point la demeure sacrée,
Si le tendre pasteur ne la prend dans ses bras,
Et jusqu'à son troupeau ne la rapporte pas.
Quand je sens pour le bien un désir véritable,
N'est-ce donc pas alors Dieu qui m'en rend capable !
Dieu seul fait tout en nous : c'est lui dont la bonté
Y forme tout désir et toute volonté.
La créature entière est soumise à son maître :
Nous devons la pensée à qui nous devons l'être.

En vain nous lui voudrons disputer notre cœur,
Il en sera toujours le souverain moteur.
Dieu commande, et dans l'homme il fait ce qu'il commande
Il donne le premier ce qu'il veut qu'on lui rende.
D'où vient donc cet orgueil si follement conçu ?
Quel bien possédons-nous que nous n'ayons reçu ?
Mère des bons desseins, principe de lumière,
La Grâce produit tout, et même la prière.
Quand nous courons vers elle, elle nous fait courir;
Quand pour elle un cœur s'ouvre, elle le vient ouvrir.
Elle forme nos vœux, et dans l'âme qui prie,
Par d'ineffables sons c'est l'esprit saint qui crie.
L'homme, quand sur lui seul il ose s'appuyer,
Est semblable au roseau qu'un souffle fait plier.
Tout croît et vit en Dieu : la foible créature
De sa main libérale attend la nourriture.
Aux pâturages gras il mène ses troupeaux;
Il les conduit lui-même à la source des eaux.
Pasteur rempli d'amour il adoucit leurs peines;
Il porte dans son sein les brebis qui sont pleines.
Soumettons-nous sans crainte à cette vérité :
La Grâce est le soutien de notre humilité.
Au Dieu qui nous conduit, mortels, rendez hommage.

N'allez pas toutefois, en détestant Pélage,
Dans un aveugle excès follement entraînés,
Vous croire des captifs malgré vous enchaînés;
Et du ciel oubliant la douceur infinie,
Changer son règne aimable en dure tyrannie.

L'impétueux Luther, qu'emportoient ses fureurs,
Joignit ce dogme impie à tant d'autres erreurs :

Affectant d'élever la Grâce et sa puissance,
Il voulut nous ravir la libre obéissance ;
Prétendit que contraint par les suprêmes lois,
L'homme marche toujours sans volonté, sans choix,
Vil esclave, chargé de chaînes invisibles.
Prêchant après Luther ces maximes horribles,
Calvin mit tout en feu : le fidèle trembla,
Et sur ses fondemens l'Eglise s'ébranla.
Pour rassurer alors la vérité troublée,
La sage et sainte Eglise, à Trente rassemblée,
Sans que jamais l'erreur y pût mêler son fiel,
Reçut, et nous rendit les réponses du ciel.
Défendons, en suivant ses dogmes respectables,
De notre liberté les droits inaltérables.

   Notre cœur n'est qu'amour, il ne cherche, il ne suit,
Qu'emporté par l'amour dont la loi le conduit.
Le plaisir est son maître : il suit sa douce pente,
Soit que le mal l'entraîne, ou que le bien l'enchante.
Il ne change de fin que lorsqu'un autre objet
Efface le premier par un plus doux attrait.
La Grâce qui l'arrache aux voluptés funestes
Lui donne l'avant-goût des voluptés célestes,
Le fait courir au bien qu'en elle il aperçoit,
Voir ce qu'il doit chérir, et chérir ce qu'il voit.
C'est par-là que la Grâce exerce son empire :
Elle-même est amour, par amour elle attire ;
Commandement toujours avec joie accepté ;
Ordre du souverain, qui rend la liberté ;
Charme qui sans effort brise tout autre charme ;
Vainqueur qui plaît encore au vaincu qu'il désarme.

Non que le Dieu puissant, qui sait nous enflammer,
Malgré nous toutefois nous force de l'aimer,
Ni qu'à suivre son ordre il veuille nous contraindre.
En cela pour nos droits nous n'avons rien à craindre :
La Grâce se plaît-elle à la gêne du cœur ?
Non, ses heureuses lois sont des lois de douceur.
Il est vrai qu'aussitôt qu'elle se fait entendre,
Un infaillible vœu se hâte de s'y rendre.
Mais faut-il s'étonner que cette aimable ardeur
Dissipe en un moment la plus longue froideur ?
Que du céleste feu cette vive étincelle
Embrâse tous les cœurs, n'en trouve aucun rebelle ?
Que cette douce chaîne enchaîne librement ?
Que cette voix obtienne un sûr consentement,
Sans qu'en elle jamais la moindre violence
Arrache cette entière et prompte obéissance ?
Le malade qui souffre et sent qu'il va mourir,
Repousse-t-il celui qui vient pour le guérir ?
Libre de rejeter un pain qu'on lui présente,
Le pauvre le ravit quand la faim le tourmente ;
Et maître de rester dans la captivité,
Toujours un malheureux court à la liberté.
Oui, j'y cours plein d'horreur pour ma première chaîne :
Mais celui qui la rompt, m'en inspire la haine.
Oui, j'y cours ; mais celui qui daigne me l'offrir,
Lui seul a mis en moi la force d'y courir.
Dans cet heureux moment qu'au Dieu qui l'environnne,
Pleine de ses attraits mon âme s'abandonne,
Et que par son amour, assiégé tant de fois,
A s'y rendre mon cœur détermine son choix ;

## CHANT II.

De tout ce que je fais je lui dois tout l'hommage.
Quand je choisis, mon choix est encor son ouvrage ;
Et par un dernier coup intimement porté,
Dans l'instant que je veux, il fait ma volonté,
Sans qu'à mon choix réel ce grand coup puisse nuire.
Dieu m'a fait libre : un Dieu peut-il faire et détruire ?
Non, Luther et Calvin assurent follement
Que la Grâce asservit à son commandement.
J'abhorre, je proscris cet horrible blasphême :
De mon sang, s'il le faut, j'en signe l'anathême.
Maître de tous ses pas, arbitre de son sort,
L'homme a devant ses yeux, et la vie et la mort.
C'est toujours librement que la Grâce l'entraîne :
Il peut lui résister, il peut briser sa chaîne.

Oui, je sens que je l'ai ce malheureux pouvoir ;
Et loin de m'en vanter, je gémis de l'avoir.
Avec un tel appui qu'aisément on succombe !
Ah, qui me donnera l'aile de la colombe ?
Loin de ce lieu d'horreur, de ce gouffre de maux,
J'irois, je volerois dans le sein du repos.
C'est là qu'une éternelle et douce violence
Nécessite des saints l'heureuse obéissance ;
C'est là que de son joug le cœur est enchanté ;
C'est là que sans regret l'on perd sa liberté.
Là de ce corps impur les âmes délivrées,
De la joie ineffable à sa source enivrées,
Et riches de ces biens que l'œil ne sauroit voir,
Ne demandent plus rien, n'ont plus rien à vouloir.
De ce royaume heureux Dieu bannit les alarmes,
Et des yeux de ses saints daigne essuyer les larmes.

C'est là qu'on n'entend plus ni plaintes, ni soupirs ;
Le cœur n'a plus alors ni craintes, ni désirs :
L'Eglise enfin triomphe; et brillante de gloire
Fait retentir le ciel des chants de sa victoire.
Elle chante, tandis qu'esclaves, désolés,
Nous gémissons encor sur la terre exilés.
Près de l'Euphrate assis nous pleurons sur ses rives.
Une juste douleur tient nos langues captives.
Et comment pourrions-nous, au milieu des méchans,
O céleste Sion, faire entendre tes chants ?
Hélas, nous nous taisons ! Nos lyres détendues
Languissent en silence aux saules suspendues.
Que mon exil est long ! O tranquille cité,
Sainte Jérusalem, ô chère Eternité,
Quand irai-je au torrent de ta volupté pure
Boire l'heureux oubli des peines que j'endure;
Quand irai-je goûter ton adorable paix ;
Quand verrai-je ce jour qui ne finit jamais ?

## CHANT TROISIEME.

Tel que brille l'éclair, qui touche au même instant,
Des portes de l'Aurore aux bornes du Couchant;
Tel que le trait fend l'air sans y marquer sa trace :
Tel et plus prompt encor part le coup de la Grâce.
Il renverse un rebelle aussitôt qu'il l'atteint;
D'un scélérat affreux un moment fait un saint.
Ce foudre inopiné, cette invisible flamme
Frappe, éclaire, saisit, embrâse toute l'âme.
Saintement pénétré d'un spectacle effrayant,
Rancé de ses plaisirs reconnoît le néant :
D'esclave il devient libre, à la cour il échappe,
Et fuit dans les déserts pour enfanter la Trappe.
Ainsi prompte à courir, lorsque nous nous perdons,
La Grâce quelquefois précipite ses dons.
Souvent à nous chercher moins ardente et moins vive,
Par des chemins cachés lentement elle arrive.
Elle n'est pas toujours ce tonnerre perçant,
Qui fend un cœur de pierre, et par un coup puissant
Abat Saul qu'emportoit une rage homicide,
Fait d'un persécuteur un apôtre intrépide,
Arrache Magdelaine à ses honteux projets,
Zachée à ses trésors, et Pierre à ses filets.
Quelquefois doux rayon, lumière tempérée,
Elle approche, et le cœur lui dispute l'entrée.
L'esclave dans ses fers quelque temps se débat,
Repousse quelques coups, prolonge le combat.

Oui, l'homme ose souvent, triste et funeste gloire,
Entre son maître et lui balancer la victoire !
Mais le maître poursuit son sujet obstiné ;
Et parle de plus près à ce cœur mutiné.
Tantôt par des remords il l'agite et le trouble ;
Tantôt par des attraits que sa bonté redouble,
Il amollit enfin cette longue rigueur,
Et le vaincu se jette aux pieds de son vainqueur.
 De la Grâce tel est l'aimable et saint empire :
Elle entraîne le cœur, et le cœur y conspire.
Nous marchons avec elle : ainsi nous méritons,
Et nous devons nommer nos mérites des dons.
Ainsi Dieu toujours maître, inspire, touche, éclaire,
Et l'homme toujours libre, agit et coopère.
 Augustin, de l'Eglise et l'organe et la voix,
De la céleste Grâce explique ainsi les lois.
Téméraire docteur, est-ce là ton langage ?
Honteux de reconnoître un si libre esclavage,
Par tes détours subtils, par tes systèmes vains
Tu prétends éluder les paroles des saints.
Hélas, de notre orgueil telle est l'horrible plaie :
Nous craignons d'obéir, et le joug nous effraie !
Voulant trop raisonner, nous nous égarons tous ;
Et de notre pouvoir défenseurs trop jaloux,
Nous usurpons du ciel les droits les plus augustes ;
Nous fixons son empire à des bornes injustes.
Mais que Dieu confondroit une telle fierté,
S'il nous abandonnoit à notre liberté !
« La Grâce, dites-vous, vous paroît la contraindre. »
Agréable péril ! Ah, risquons, sans rien craindre,

De trop donner à Dieu, de trop compter sur lui !
Quel espoir, quel honneur de l'avoir pour appui !
Laissons, laissons tout faire à celui qui nous aime.
Il sait mes intérêts beaucoup plus que moi-même.
Contre lui pour nos droits nous disputons en vain,
Trop heureux de pouvoir les remettre en sa main.
Eh, comment résister à cette main puissante ?
La molle et souple argile est moins obéissante,
Moins docile au potier qui la tourne à son gré,
Qu'un cœur au souffle heureux dont il est pénétré.
— Oui, c'est de ta bonté que je dois tout attendre,
J'en dépends; mais, Seigneur, ma gloire est d'en dépendre.
Tu me mènes, je vais; tu parles, j'obéis;
Tu te caches, je meurs; tu parois, je revis.
A moi-même livré, conduit par mon caprice
Je m'égare en aveugle, et cours au précipice.
Mes vices que je hais, je les tiens tous de moi;
Ce que j'ai de vertu, je l'ai reçu de toi.
De mes égaremens moi seul je suis coupable ;
De mes heureux retours je te suis redevable.
Les crimes que j'ai faits, tu me les a remis;
Et je te dois tous ceux que je n'ai point commis.

Qu'une telle doctrine est douce et consolante !
Elle remet la paix dans mon âme tremblante.
La Foi m'apprend d'abord à tout craindre de moi ;
L'Espérance bientôt vient ranimer ma foi.
« Par vos foibles efforts, il est vrai, me dit-elle,
» Vous ne suivrez jamais la voix qui vous appelle.
» De cruels ennemis, hélas, environné,
» Vous êtes à leurs traits sans cesse abandonné.

» Mais vous avez au ciel un père qui vous aime,
» Un père, c'est le nom qu'il s'est donné lui-même;
» Rassurez-vous : son fils lui sera toujours cher.
» Périsse l'insensé qui prend un bras de chair.
» L'âme sage et fidelle à son Dieu se confie,
» Et peut tout en celui qui seul la fortifie. »
 Le M...., aidé par un autre secours,
Ne sera point ému d'un semblable discours.
A ses ordres soumise, à ses désirs présente,
Et compagne assidue, ainsi qu'obéissante,
La Grâce, nous dit-il, vient offrir son appui.
Quand il veut, il s'en sert; l'usage en est à lui.
Dieu fournit l'instrument qui gagne la victoire;
Mais de s'en bien servir l'homme seul a la gloire.
Dogmes cachés long-temps aux humains aveuglés,
Et qui par M.... sont enfin dévoilés :
M.... qui pour nous plein d'un amour de père
Adoucit d'Augustin le dogme trop sévère,
Rend un calme flatteur à notre esprit troublé;
Décide, et parle en maître, où Paul avoit tremblé.
« Il n'est point, nous dit-il, de race favorite :
» Dieu sait de cet enfant quel sera le mérite;
» Dieu lit dans l'avenir ce qu'il doit être un jour,
» Et s'il se rendra digne ou de haine ou d'amour.
» La Grâce est une source en public exposée,
» Dont l'onde est en tout temps par toute main puisée.
» Et lorsque pour agir nous faisons nos efforts,
» Dieu nous doit aussitôt ouvrir tous ses trésors. »
 Dans l'Espagne où d'abord ces maximes parurent,
La vérité trembla, les écoles s'émurent,

## CHANT III.

Et du saint si fameux par ses rares écrits
Les disciples savans élevèrent leurs cris.
Pour ramener la paix dans l'Eglise troublée,
Le pontife appela la fameuse assemblée,
Où Lemos défenseur des célestes secours,
Du mensonge hardi perçant tous les détours,
Débrouilla, confondit la doctrine nouvelle.
Clément alloit lancer son tonnerre sur elle.
Il vous rendoit vainqueurs, disciples d'Augustin ;
Mais sa mort vous priva d'un triomphe certain.
Assis au même trône, et plein d'un même zèle,
Paul fit dresser l'arrêt qu'attendoit tout fidèle.
L'humble école espéra, sa rivale craignit;
Mais dans le Vatican le foudre s'éteignit.

De M.... qu'alors épargna l'anathème,
Ne rejetons pas moins le dangereux système.
L'orgueil sera toujours prompt à le recevoir :
Il flatte la raison qui veut tout concevoir.
Le ciel à nos regards n'a plus rien d'invisible :
On perce de la foi le nuage terrible ;
Des mystères divins le voile est écarté.
Mais pour moi qui chéris leur sainte obscurité,
Je ramène le voile, et ne veux pas comprendre
Ce que l'homme doit croire, et ne doit point entendre.
Une mortelle main pourroit-elle arracher
Les sceaux qu'au livre saint Dieu voulut attacher ?
Toi seul, agneau puissant, ô victime adorable,
Toi seul, tu peux ouvrir le livre respectable.

Hélas, s'il étoit vrai qu'un serviteur heureux,
Ministre obéissant, vînt remplir tous mes vœux ;

Si je trouvois pour moi la Grâce toujours prête,
Que du ciel aisément je ferois la conquête !
Mais l'homme toutefois, chancelant, inégal,
Rencontre à tous ses pas quelqu'obstacle fatal.
A la plus douce paix un trouble affreux succède.
Il aimoit, il languit; il brûloit, il est tiède.
La joie et le chagrin, la froideur et l'amour,
De son cœur inconstant s'emparent tour-à-tour.
Après avoir long-temps couru dans la carrière,
Tout-à-coup il s'arrête et recule en arrière.
Toi donc, heureux mortel, arbitre souverain;
Toi qui trouves toujours la Grâce sous ta main,
Contre tant de malheurs montre ton privilége :
Fais connoître tes droits au Démon qui t'assiége.
Le chagrin te saisit, tu te sens agité;
Viens te rendre la joie et la tranquillité :
Etouffe ces dégoûts qui commencent à naître.
Il est temps, qu'attends-tu ? Commande, parle en maître.
Mais quoi, désir, effort, menace, tout est vain;
Et tu veux sans succès trancher du souverain!
Misérable, du moins reconnois ta misère,
L'orgueil t'avoit séduit; fais-en l'aveu sincère,
Et ressens le besoin d'un plus puissant secours :
Au Seigneur, sans rougir, tu peux avoir recours.
Va pleurer à ses pieds; implore, presse, crie;
Il se plaît à donner, mais il veut qu'on le prie.
Il faut ravir ses biens; et pour être accordé,
Sans cesse son appui doit être demandé.
Nous ne pouvons jamais lasser sa patience;
Il aime que nos cris lui fassent violence.

# CHANT III.

Si la Grâce à toute heure obéit à nos lois,
Faut-il pour l'obtenir l'appeler tant de fois ?
Et si nous avons tous la force salutaire,
Que sert-il de prier ? Nous devons tous nous taire.
Tendre Eglise, sur nous vous pleurez vainement :
Colombe, finissez ce long gémissement.
Ministres, essuyez vos larmes assidues;
Et retirez vos mains vers le ciel étendues.
Vous qui poussez vers Dieu des soupirs éternels,
Fidèles prosternés aux pieds de ses autels,
Pourquoi répandre ainsi des prières stériles ?
C'est à vous d'ordonner, vos cœurs vous sont dociles;
Vous-mêmes à vos maux donnez un prompt secours :
Vous pouvez tout. Mais quoi, vous soupirez toujours,
Et de tous vos efforts vous sentez l'impuissance !
Hélas, qui n'en a point la triste connoissance ?
Quel mortel à son gré dispose de son cœur ?

Si l'on en croit pourtant un système flatteur,
Pour le bien et le mal l'homme également libre
Conserve, quoi qu'il fasse, un constant équilibre.
Lorsque pour l'écarter des lois de son devoir,
Les passions sur lui redoublent leur pouvoir,
Aussitôt balançant le poids de la nature,
La Grâce de ses dons redouble la mesure.
L'homme les perd encor, et toujours libéral
Le ciel de nouveaux dons lui rend un nombre égal.
Dieu pour le criminel qui brave sa colère
Doit payer de ses biens un tribut nécessaire;
Mais en les dissipant on s'enrichit encor,
Et de Grâces sans nombre on amasse un trésor.

Pourquoi donc les pécheurs qui détestent leurs chaînes,
Pour s'en débarrasser trouvent-ils tant de peines ?
Ces plaisirs qu'avec joie ils ont long-temps suivis,
Sous leur règne cruel les tiennent asservis.
Ils voudroient s'affranchir d'un joug dont ils gémissent;
Mais hélas, chaque jour leurs forces s'affoiblissent,
Leurs fers se resserrant deviennent plus affreux,
Et toujours leur fardeau s'appesantit sur eux !
  Oui, de nos passions la trop longue habitude,
Malgré nous à la fin se change en servitude.
Pour connoître à quels maux ce mortel est livré,
Qui veut chasser l'amour de son cœur ulcéré,
Faisons taire un moment les saints dans cet ouvrage,
Et d'un voluptueux écoutons le langage :
« Infortuné captif, cesse donc de souffrir :
» Sauve-toi, guéris-toi. Mais comment te guérir ?
» Comment sortir sitôt d'un si rude esclavage ?
» O Dieux, si la clémence est votre heureux partage,
» Si vous jetez les yeux sur ceux qui vont mourir,
» Mes supplices cruels vous doivent attendrir !
» Grands Dieux, regardez-moi; détournez cette flamme
» Qui défend à la paix toute entrée en mon âme,
» Et consume mon corps par un cruel poison !
» Je ne t'implore, ô ciel, que pour ma guérison !
» Je ne demande pas que de celle que j'aime
» L'amour puisse répondre à mon amour extrême ;
» Mais si j'ai mérité quelque chose de toi,
» O ciel, rends-moi la vie ! O Dieux, guérissez-moi ! »
Ovide en criminel avouant tous ses crimes,
Nous en avoue aussi les peines légitimes:

## CHANT III.                                63

« Je hais ce que je suis : je ne m'aimai jamais,
» Cependant malgré moi je suis ce que je hais.
» Non, je ne puis sortir de mon état funeste.
» Qu'il est dur de porter un fardeau qu'on déteste ! »
Médée en succombant regrette sa pudeur,
Et se livre au transport que condamne son cœur.
Pour sauver les débris de sa vertu fragile,
Dans les bras de la mort Phèdre cherche un asile.

 Mais détournons nos yeux de ces tristes objets,
Et laissons les Païens en proie à leurs regrets.
Regardons un mortel que la Grâce divine
Fait sortir triomphant d'une guerre intestine :
Et du grand Augustin apprenons aujourd'hui
Ce que l'homme est sans Dieu, ce que Dieu peut sur lui.
« Ma fougueuse jeunesse, ardente pour les crimes
» Me fit courir d'abord d'abymes en abymes.
» Je vous fuyois, Seigneur, vous ne me quittiez pas ;
» Et la verge à la main, me suivant pas à pas,
» Par d'utiles dégoûts vous me rendiez amères
» Ces mêmes voluptés à tant d'autres si chères.
» Vous tonniez sur ma tête : à vos pressans avis
» Ma mère s'unissoit en pleurant sur son fils.
» Je n'entendois alors que le bruit de ma chaîne :
» Chaîne de passions qu'un misérable traîne.
» Ma mère par ses pleurs ne pouvoit m'ébranler,
» Et vous tonniez, grand Dieu, sans me faire trembler !
» Enfin de mes plaisirs l'ardeur fut amortie :
» Je revins à moi-même, et détestai ma vie.
» Je voyois le chemin, j'y voulois avancer ;
» Mais un funeste poids me faisoit balancer.

» J'avois trouvé, j'aimois cette perle si belle,
» Sans pouvoir me résoudre à tout vendre pour elle.
» Par deux puissans rivaux tour-à-tour attiré,
» J'étois de leurs combats au-dedans déchiré.
» Mon Dieu m'aimoit encore, et sa bonté suprême
» A mes tristes regards me présentoit moi-même.
» Hélas, qu'en ce moment je me trouvois affreux !
» Mais j'oubliois bientôt mon état malheureux :
» Un sommeil léthargique accabloit ma paupière.
» M'éveillant quelquefois je cherchois la lumière ;
» Et dès qu'un foible jour paroissoit se lever,
» Je refermois les yeux de peur de le trouver.
» Une voix me crioit : « Sors de cette demeure. »
» Et moi, je répondois : « Un moment, tout-à-l'heure. »
» Mais ce fatal moment ne pouvoit point finir,
» Et cette heure toujours différoit à venir.
» De mes premiers plaisirs la troupe enchanteresse
» Voltigeant près de moi me répétoit sans cesse :
» *Nous t'offrons tous nos biens, et tu veux nous quitter ?*
» *Sans nous, sans nos douceurs, qui peut se contenter ?*
» *Le Sage en nous cherchant trouve un secours facile ;*
» *Son corps et satisfait, et son âme est tranquille.*
» *Mortels, vivez heureux et profitez du temps ;*
» *Du torrent de la joie enivrez tous vos sens.*
» *Fuyez de la vertu l'importune tristesse ;*
» *Couchez-vous sur les fleurs, dormez dans la mollesse.*
» *Et toi que dès long-temps nos bienfaits ont charmé,*
» *Crois-tu donc qu'avec nous ton cœur accoutumé*
» *Puisse ainsi s'arracher aux délices qu'il aime ?*
» *Hélas, en nous gardant tu te perdras toi-même !*

Mais

» Mais devant moi l'aimable et douce Chasteté
» D'un air pur et serein, pleine de majesté,
» Me montrant ses amis de tout sexe et tout âge,
» Avec un ris moqueur me tenoit ce langage :
» *Tu m'aimes, je t'appelle, et tu n'oses venir.*
» *Foible et lâche Augustin, qui peut te retenir ?*
» *Ce que d'autres ont fait, ne le pourras-tu faire ?*
» *Incertain, chancelant, à toi-même contraire,*
» *Tu veux rompre tes fers, tu veux et ne veux plus.*
» *Ne fixeras-tu point tes pas irrésolus ?*
» *Regarde à mes côtés ces colombes fidelles :*
» *Pour voler jusqu'à moi Dieu leur donna des ailes.*
» *Ce Dieu t'ouvre son sein, jette-toi dans ses bras.*
» Hélas, je le savois, mais je n'y courois pas !
» Un jour enfin, lassé de cette vive guerre,
» Je pleurois, je criois, je m'agitois par terre,
» Quand tout-à-coup frappé d'un son venu des cieux,
» Et des mots du Saint Livre où je jetai les yeux,
» L'orage se calma, mes troubles s'appaisèrent.
» Par votre main, Seigneur, mes chaînes se brisèrent :
» Mon esprit ne fut plus vers la terre courbé :
» Je sortis de la fange où j'étois embourbé.
» Ma volonté changea : ce qui vous est contraire
» Me déplut, et j'aimai tout ce qui peut vous plaire.
» Ma mère qu'à vos pieds vous vîtes tant de fois
» Pleurer sur un ingrat, rebelle à votre voix,
» Ma tendre mère enfin sortit de ses alarmes,
» Et retrouva vivant le fils de tant de larmes.
» Je connus bien alors que votre joug est doux.
» Non, Seigneur, il n'est rien qui soit semblable à vous.

» Dès ici-bas ma bouche unie avec les Anges
» Ne se lassera point de chanter vos louanges.
» Je n'aimerai que vous : vous serez désormais
» Ma gloire, mon salut, mon asile, ma paix.
» O loi sainte, ô loi chère, ô douceur éternelle,
» Ineffable grandeur, beauté toujours nouvelle,
» Vérité qui trop tard avez su me charmer,
» Hélas, que j'ai perdu de temps sans vous aimer! »

## CHANT QUATRIÈME.

Redoublons, s'il se peut, l'ardeur qui nous anime ;
Elevons notre voix sur un ton plus sublime :
Osons du Dieu vivant célébrer la grandeur ;
Osons de ses desseins montrer la profondeur :
Desseins toujours cachés, secrets impénétrables,
Jugemens éternels, et lois irrévocables,
Lois terribles d'un Dieu qui voit dans l'avenir
Ceux qu'il veut couronner, et ceux qu'il veut punir !
Des siècles à ses yeux qu'est-ce que l'étendue ?
Tous les siècles entiers sont un jour à sa vue :
L'avenir est pour lui l'ordre de ses arrêts.
Il lit nos volontés dans ses propres décrets.
Mystère ténébreux, qui pourra le comprendre ?
Mais, Seigneur, devant toi tout l'homme n'est que cendre.
Sans les examiner, qu'il reçoive tes lois.
O Dieu de vérité, quand tu parles, je crois :
De ma fière raison j'arrête l'insolence ;
Loin de t'interroger, je t'adore en silence.
Je crois tes dogmes saints, quoiqu'ils me soient voilés.
Je les chante : mortels, écoutez, et tremblez.

De nos fragiles corps Dieu conserve la vie :
Lui seul répand le jour dans notre âme obscurcie :
Par lui nos cœurs glacés s'enflamment pour le bien.
Mortels, vous devez tout à qui ne vous doit rien.
Vous ne tenez jamais que de sa bonté pure,
Et les dons de la Grâce, et ceux de la nature.

A ses moindres faveurs quel droit prétendez-vous ?
Du livre des vivans il peut vous rayer tous.
Fils ingrats, fils pécheurs, victimes du supplice,
Nous naissons tous marqués au sceau de sa justice.
Depuis le jour qu'Adam mérita son courroux,
Les feux toujours brûlans sont allumés pour nous.
Sous lui, sous ses enfans héritiers de son crime,
La même chute, hélas, ouvrit le même abyme !
Pour un crime pareil si l'ange est condamné,
Pourquoi l'homme après lui sera-t-il épargné ?
Tous deux de la révolte également coupables
Devoient tous deux s'attendre à des peines semblables.
Sans espoir de retour les Anges rejetés
Dans les feux éternels sont tous précipités.
Des humains en deux parts Dieu sépare la masse :
Il choisit, il rejette, il fait justice et grâce.
Qui se plaindra, quand tous méritent l'abandon ?
Tous coupables, qui peut espérer le pardon ?
Qui lui plut, fut choisi : de la masse proscrite
Sa bonté sépara la race favorite ;
Et pour ce petit nombre agréable à ses yeux,
Il ouvrit de ses dons les trésors précieux.
C'est ce nombre si cher, ce céleste héritage
Qu'il réserve à son fils pour auguste apanage.
Chef de tous les élus, Jésus-Christ par son sang,
Lui-même élu par grâce a mérité ce rang.
« Cher et petit troupeau que m'a donné mon père,
» Bannis toute frayeur, dit ce Dieu tutélaire :
» Je connois mes brebis, je suis toujours leurs pas ;
» Et l'ennemi cruel ne les ravira pas ;

» Sur les tendres agneaux que le ciel me confie,
» Sans relâche attentif, je réponds de leur vie. »
  Les hommes par ce choix qui partage leur sort,
Sont tous devant celui qui ne fait aucun tort:
Les uns vases d'honneurs, objets de sa tendresse,
Connus, prédestinés, enfans de la promesse ;
Les autres malheureux, inconnus, réprouvés,
Vases d'ignominie, aux flammes réservés.
  Qu'ici sans murmurer la raison s'humilie.
Dieu permet notre mort ou nous donne la vie :
Ne lui demandons point compte de ses décrets.
Qui pourra d'injustice accuser ses arrêts ?
L'homme, ce vil amas de boue et de poussière,
Soutiendroit-il jamais l'éclat de sa lumière ?
Ce Dieu d'un seul regard confond toute grandeur:
Des astres devant lui s'éclipse la splendeur ;
Prosterné près du trône où sa gloire étincelle,
Le Chérubin tremblant se couvre de son aile.
Rentrez dans le néant, mortels audacieux.
Il vole sur les vents, il s'assied sur les cieux.
Il a dit à la mer : « Brise-toi sur ta rive ; »
Et dans son lit étroit la mer reste captive.
Les foudres vont porter ses ordres confiés,
Et les nuages sont la poudre de ses pieds.
C'est ce Dieu qui d'un mot éleva nos montagnes,
Suspendit le soleil, étendit nos campagnes ;
Qui pèse l'univers dans le creux de sa main.
Notre globe à ses yeux est semblable à ce grain
Dont le poids fait à peine incliner la balance.
Il souffle, et de la mer tarit le gouffre immense.

Nos vœux et nos encens sont dus à son pouvoir.
Cependant quel honneur en peut-il recevoir ?
Quel bien lui revient-il de nos foibles hommages ?
Lui seul il est la fin, il s'aime en ses ouvrages.
Qu'a-t-il besoin de nous ? D'un œil indifférent,
Il regarde tranquille et l'être et le néant.
Il touche, il endurcit, il punit, il pardonne,
Il éclaire, il aveugle, il condamne, il couronne.
S'il ne veut plus de moi, je tombe, je péris ;
S'il veut m'aimer encor, je respire, je vis.
Ce qu'il veut, il l'ordonne, et son ordre suprême
N'a pour toute raison que sa volonté même.
Qui suis-je pour oser murmurer de mon sort,
Moi conçu dans le crime, esclave de la mort ?
Quoi, le vase pétri d'une matière vile
Dira-t-il au potier : « Pourquoi suis-je d'argile ? »
Des salutaires eaux un enfant est lavé,
Par une prompte mort un autre en est privé.
Dieu rejette Esaü, dont il aime le frère.
Par quel titre inconnu Jacob lui peut-il plaire ?
O sage profondeur ! O sublimes secrets !
J'adore un Dieu caché : je tremble, et je me tais.

 Ce Dieu, dans ses desseins terrible et toujours sage,
Qui ne changeant jamais, change tout son ouvrage,
Pour ceux mêmes souvent qu'il avoit rendus bons,
Arrête tout-à-coup la source de ses dons.
Dans cette obscure nuit l'astre si nécessaire,
La foi, quand il le veut, s'éteint ou nous éclaire.
Ce premier des présens qu'il fait aux malheureux ,
Leur ouvre le chemin quand il a pitié d'eux.

## CHANT IV.

Que de peuples, hélas, que de vastes contrées
A leur aveuglement sont encore livrées,
Assises loin du jour dans l'ombre de la mort !
Nous plus heureux, craignons leur déplorable sort :
Le précieux flambeau qui s'allume par grâce,
Aux ingrats enlevé, souvent change de place.
Par le sang des martyrs autrefois humecté,
L'Orient, du mensonge est partout infecté.
Cette île, de Chrétiens féconde pépinière,
L'Angleterre, où jadis brilla tant de lumière,
Recevant aujourd'hui toutes religions,
N'est plus qu'un triste amas de folles visions.
Hélas, tous nos voisins plongés dans la disgrâce
Semblent nous préparer au coup qui nous menace !
Partout autour de moi quand je tourne les yeux,
Je pâlis et n'y vois que le courroux des cieux.
Dans les glaces du Nord l'hérésie allumée
Y répand en fureur son épaisse fumée.
Là domine Luther ; ici règne Calvin ;
Et souvent où la foi répand son jour divin,
La Superstition, fille de l'Ignorance,
Prend de la Piété la trompeuse apparence.
    Oui, nous sommes, Seigneur, tes peuples les plus chers :
Tu fais luire sur nous tes rayons les plus clairs.
Vérité toujours pure, ô doctrine éternelle,
La France est aujourd'hui ton royaume fidelle !
Ah, nos crimes enfin à leur comble montés,
Du ciel lent à punir lasseront les bontés !
Puisse-t-il être faux ce funeste présage !
Mais, hélas, de nos mœurs l'affreux libertinage

A celui de l'esprit pourra nous attirer !
Déjà notre raison ose tout pénétrer :
Celui dont les bienfaits préviennent nos prières,
Du salut à son gré dispense les lumières.
Il confond l'orgueilleux qui cherche à tout savoir ;
Il aveugle celui qui demande à tout voir.
Pour les sages du monde il voile ses mystères :
Il refuse à leurs yeux les clartés salutaires,
Tandis qu'il les révèle à ces humbles esprits,
A ces timides cœurs de son amour nourris,
Qui méprisent l'amas des sciences frivoles,
Et tremblent de frayeur à ses moindres paroles.
Un mot eût pu changer les sages Antonins ;
Mais ce mot n'est donné qu'aux heureux Constantins.
Dieu laisse sans pitié Caton dans la nuit sombre,
Qui cherchant la vertu n'en embrasse que l'ombre.
 Mais plus terrible encore il prévoit tous nos pas,
Et vient frapper des cœurs qui ne s'ouvriront pas ;
Il verse ses faveurs sur une âme infidelle,
Que l'abus de ses dons rendra plus criminelle.
Jérusalem le chasse, et rejette sa paix :
Son ingrate Sion refuse ses bienfaits,
Et l'on eût vu par lui Tyr et Sidon touchées,
Pleurer sur le cilice et la cendre couchées.
Au grand jour, il est vrai, jour terrible et vengeur,
Sidon sera traitée avec moins de rigueur.
Le serviteur rebelle aux ordres de son maître,
Plus puni que celui qui meurt sans le connoître,
De tous les biens reçus rend compte au Dieu jaloux ;
Mais l'arrêt de Sidon en devient-il plus doux ?

Tremblons jusqu'à la fin. Si l'on ne persévère,
Jamais de ses travaux on n'obtient le salaire :
Jusqu'au dernier instant il faut toujours courir.
Près d'atteindre le terme on peut encor périr.
L'austère pénitent, le pâle solitaire,
Couché sur le cilice, et blanchi sous la haire,
Par un souffle d'orgueil, un impur mouvement,
Un désir avoué, perd tout en un moment ;
Tandis que pénétré d'un remords efficace,
Vieilli dans les forfaits un brigand prend sa place.
A la vigne du maître appelé le dernier,
Il n'arrive qu'au soir, et reçoit le denier.

 Quelquefois par l'effet d'une bonté profonde,
Où le vice abonda la Grâce surabonde ;
Mais quelquefois aussi par un triste retour,
Un cœur où la vertu fit long-temps son séjour,
Las de sa liberté rentre dans l'esclavage,
Et dans l'abyme affreux plus avant se r'engage.
Le dernier coup porté rend le combat certain,
Et pour être vainqueur tout dépend de la fin.
La couronne est placée au bout de la carrière :
Il faut, pour la ravir, fournir la course entière.
De l'Eglise au berceau l'illustre défenseur,
Et des foibles Chrétiens le sévère censeur,
Le soutien de la foi, la gloire de l'Afrique,
Tertullien s'égare et périt hérétique.
Pour les enfans ingrats quels regrets superflus
Lorsque de ton festin, grand Dieu, tu les exclus !
Quel désespoir pour eux quand ta voix qui les chasse,
Appelle l'étranger pour s'asseoir à leur place !

Souvent il est fatal de vivre trop long-temps:
Osius sur la terre avoit brillé cent ans,
Fléau des Arriens en détours si fertiles,
Le père des pasteurs, le maître des conciles.
La mort à ses travaux alloit rendre le prix,
Lorsque las d'un exil où sa foi l'avoit mis,
Il ranime une main par vingt lustres glacée,
Pour signer de Sirmich la formule insensée.
A tout craindre de nous sa chute nous instruit.
Redoublons notre course, et prévenant la nuit,
Hâtons-nous de jouir du jour qui nous éclaire.
  « Mais que sert de courir, répond un téméraire,
» Qui m'oppose un discours tant de fois répété ?
» Dans le ciel, me dit-il, mon sort est arrêté.
» Pourquoi venez-vous donc, discoureur inutile,
» M'animer aux travaux d'une course stérile ?
» Au livre des élus si mon nom est gravé,
» Tout crime par la Grâce en moi sera lavé.
» Si le ciel en courroux me destine à la peine,
» Pour chercher la vertu ma diligence est vaine.
» C'en est fait, je veux vivre au gré de mes désirs :
» J'attendrai mon arrêt dans le sein des plaisirs. »
  Détestable pensée ! Affreuse conséquence !
Ainsi vous vous jugez vous-même par avance.
Dans le trouble où vous jette un douteux avenir,
Ignorant votre arrêt vous l'osez prévenir.
La porte du bonheur en vain vous est ouverte,
Vous-même vous voulez assurer votre perte.
Le suivez-vous en tout, ce vain raisonnement ?
Sans doute Dieu connoît votre dernier moment,

Et votre heure fatale au ciel déjà réglée
Jamais par vos efforts ne sera reculée.
Pourquoi donc dans les maux qui menacent vos jours,
De l'art des médecins cherchez-vous le secours ?
De leurs soins assidus que devez-vous attendre ?
Votre course est fixée, ils ne peuvent l'étendre.
Ah, malgré ces raisons, la crainte de mourir
A des secours douteux vous force de courir !
Où sont donc pour le ciel les efforts que vous faites ?
Pourquoi n'y point courir, insensés que vous êtes ?
J'ignore comme vous quel sort m'est réservé ;
Mais pour me consoler vivrai-je en réprouvé ?
Non, pour mourir en saint, c'est en saint qu'il faut vivre.
Je me crois des élus, je m'anime à les suivre ;
Si mon sort est douteux, je le rendrai certain.
Je travaille, je cours, et ne cours pas en vain.
Des maîtres le plus doux, des pères le plus tendre
Dieu m'appelle, et me dit qu'à lui je puis prétendre ;
Que je suis son enfant ; qu'il veut me rendre heureux.
De mon esprit j'écarte un trouble dangereux ;
Et loin que mon arrêt m'inquiète et m'alarme,
J'espère tout d'un Dieu dont la bonté me charme.
J'envisage les biens que me fait son amour
Comme un gage de ceux qu'il veut me faire un jour.
Pourquoi de ses faveurs comblé dès ma naissance,
Former pour l'avenir un soupçon qui l'offense ?
Non, j'y consens, qu'il soit seul maître de mon sort.
Il m'aime : du pécheur il ne veut point la mort ;
Il pardonne, il invite au retour salutaire
Celui qui s'accumule un trésor de colère.

A toute heure aux méchans il prodigue ses dons;
Son soleil luit sur eux ainsi que sur les bons;
Il punit à regret; et ce n'est qu'en partie
Qu'il frappe sur l'ingrat que son courroux châtie.
C'est à vous, c'est à moi que le ciel est promis:
C'est pour nous qu'à la mort il a livré son fils.
 Oui, Dieu veut le salut de tous tant que nous sommes:
Jésus-Christ a versé son sang pour tous les hommes.
Que celui qui périt, ne s'en prenne qu'à soi.
Malheureux Israël, ta perte vient de toi.
Vous craignez du Seigneur les arrêts formidables,
Cependant vous perdez ses momens favorables;
Et lorsqu'il vient à vous, vous lui fermez vos cœurs.
Hélas, combien de fois vous offrant ses faveurs
Vous a-t-il ranimés par des Grâces nouvelles?
Et que n'a-t-il point fait? Un oiseau sous ses ailes
Rassemble ses petits trop foibles pour voler:
C'est ainsi qu'en son sein il veut vous rassembler.
Les maux que vous souffrez, c'est lui qui les envoie;
Par tendresse pour vous il trouble votre joie
De vos plaisirs honteux il veut vous détacher;
Au monde malgré vous il veut vous arracher.
Cependant de ce monde esclaves volontaires,
Vous rejetez toujours ses rigueurs salutaires.
 « Mais pourquoi, direz-vous, ce Dieu de charité,
» Montre-t-il dans son choix tant de sévérité?
» Si lui seul à ses dons peut nous rendre fidelles,
» S'il veut notre salut, pourquoi tant de rebelles?
» Entre tant d'appelés, pourquoi si peu d'élus?
» Leur foible nombre échappe à nos regards confus,

» Les épis épargnés par la main qui moissonne,
» Ces restes que le maître aux glaneurs abandonne,
» Et les grappes que laisse un vendageur soigneux,
» Image des élus, sont aussi rares qu'eux.
» Nous ne voyons en Dieu que justice et colère :
» Est-ce ainsi qu'il nous aime ? Est-ce ainsi qu'il est père ?
» Nous tremblons.... » C'est assez, unissons notre foi:
Je tremble comme vous, espérez comme moi.
Il est père, il est Dieu : je crains le Dieu terrible;
Mais je chéris le père à mes malheurs sensible.
Sans peine devant lui soumettant mon esprit,
Je crois ce qu'il révèle, et fais ce qu'il prescrit.
Je laisse murmurer ma raison orgueilleuse;
Je sais que sa lumière est souvent périlleuse;
Je me livre à la foi, je marche à sa clarté.
Celui qu'elle conduit n'est jamais écarté.
Je ne puis de la Grâce atteindre le mystère:
Mais Dieu parle, il suffit, c'est à l'homme à se taire.

 Lorsque voulant sonder ses terribles décrets,
Nous portons jusqu'au ciel nos regards indiscrets;
Quand nous osons percer le voile respectable
Dont se couvre à nos yeux ce Dieu si redoutable,
Sa gloire nous opprime : éblouis, aveuglés,
Du poids de sa grandeur nous sommes accablés.
Ah, respectons celui qui veut être invisible,
Et craignons d'irriter sa majesté terrible!
Mais la sainte frayeur que l'homme en doit avoir
C'est de toi seul, grand Dieu, qu'il la peut recevoir:
Apprends-nous à t'aimer, apprends-nous à te craindre.
De tes desseins cachés est-ce à nous de nous plaindre?

Détourne loin de nous cet esprit curieux
Qui rend l'homme insolent, si coupable à tes yeux.
Adoucis la fierté de ceux qui sont rebelles ;
Daigne affermir encor ceux qui te sont fidelles ;
Donne-nous ces secours que tu nous as promis ;
Donne la Grâce enfin, même à ses ennemis.

**FIN.**

# NOTES
## DU POËME DE LA GRACE.

### CHANT PREMIER.

*Page* 33, *vers* 11, 12, *etc.*

La nature attentive aux besoins de son maître,
Lui présente les fruits, etc.

« L'homme né pour le commandement, dit M. Bossuet
» dans ses Elévations, commandoit aux animaux et à son
» corps, à ses sens intérieurs et extérieurs, et à son imagina-
» tion. Telle étoit la puissance de l'âme créée à l'image de
» Dieu : elle tenoit tout dans la soumission et le respect. »

*Même page, vers* 22.

L'animal craignoit l'homme, et l'homme craignoit Dieu ;

« Qu'est devenu cet empire que nous avions sur les ani-
» maux, ajoute M. Bossuet ? On n'en voit plus qu'un petit
» reste, comme un foible mémorial de notre ancienne puis-
» sance, et un débris malheureux de notre fortune passée. »

*Même page, vers* 26.

Adam à son conseil vivoit abandonné.

Pour bien entendre cette différence des deux états, qu'admet
saint Augustin, il faut lire le passage de M. Bossuet que j'ai
rapporté dans ma préface. Ce même M. Bossuet, dans ses
Elévations, explique ainsi la manière dont les Anges ont per-
sévéré dans leur libre arbitre : « Leur volonté dans un parfait
» équilibre, donnoit seule, pour ainsi parler, le coup de
» l'élection ; et leur choix que la Grâce aidoit, mais qu'elle
» ne déterminoit pas, sortoit comme de lui-même, par sa
» propre et seule détermination. Tel étoit le libre arbitre
» parfaitement saint. »

*Page* 34, *vers* 2.

L'âme alors dut par elle (la Grâce) être déterminée.

*Tale erat adjutorium, quod desereret cùm vellet, et in*

*quo permaneret si vellet, non quod fieret ut vellet.* « Le
» secours de la Grâce donné à Adam innocent, étoit tel qu'il
» pouvoit ne point s'en servir, lorsqu'il le vouloit, et s'en
» servir s'il le vouloit; mais il n'étoit pas tel qu'il le fît vou-
» loir. » S. Aug. de Corr. et Gratia. C. XI, n. 31.

*Même page, vers 7.*

Ainsi le soleil brille, et par lui nous voyons;

*Sicut oculus corporis etiam plenissimè sanus, nisi candore lucis non potest cernere; sic et homo etiam perfectissimè justificatus, nisi æternâ luce adjuvetur, non potest rectè vivere.* « Comme les yeux du corps les plus sains et les mieux
» organisés, ne peuvent voir qu'avec le secours de la lumière
» créée; de même l'homme le plus parfaitement justifié ne
» peut vivre dans la justice qu'avec le secours de la lumière
» éternelle. » Id. de Nat. et Grat. C. XXVI.

*Même page, vers 23.*

Condamnés à la mort, destinés aux travaux, etc.

« Enfans de la révolte, la révolte est la première chose
» qui passe en nous avec le sang : dès notre origine nos sens
» sont rebelles. Toutes les passions nous dominent tour à tour,
» et souvent toutes ensemble et même les plus contraires.
» Tout le bien jusqu'au moindre nous est difficile ; tout le
» mal, quelque grand qu'il soit, a des attraits pour nous. »
Bossuet, Elevat.

*Page 35, vers 1.*

La terre dans son sein resserre ses trésors : etc.

« La terre si féconde dans son origine, maintenant, si elle
» est laissée à son naturel, n'est fertile qu'en mauvaises herbes :
» elle se hérisse d'épines, nous menace de tous côtés, et semble
» nous vouloir refuser la liberté du passage. On ne peut mar-
» cher sur elle sans combat...... Homme, voilà ta vie : éter-
» nellement tourmenter la terre, ou plutôt te tourmenter
» toi-même en la cultivant, jusqu'à ce que tu ailles toi-même
» pourrir dans son sein. O repos affreux ! O triste fin d'un
» continuel travail ! » Bossuet, ibid.

## NOTES.

*Même page, vers* 14.

Adam, le foible Adam, avec nous s'est réduit :
Son crime fut le nôtre, etc.

Corruit, et cuncti simul in genitore cadente
Corruimus ; transcurrit enim virosa per omnes
Peccati ebrietas.

« Adam notre premier père est tombé, et nous a entraînés
» dans l'abyme où il s'est précipité ; car depuis sa chute le
» venin du péché et de la concupiscence se communique à
» tous les hommes. » S. Prosp. III. Part. c. 17.

*Même page, vers* 23.

Dans son funeste sort d'autant plus déplorable, etc.

« Cet état malheureux de l'âme asservie sous la pesanteur
» du corps, a fait penser aux philosophes, que nos âmes
» étoient attachées à ce corps comme à un cadavre ; et ils ne
» pouvoient concevoir qu'un tel supplice se pût trouver dans
» un monde gouverné par un Dieu juste, sans quelque péché
» précédent. De dures expériences firent connoître à ces phi-
» losophes le joug pesant des enfans d'Adam : sans en savoir
» la cause, ils en sentoient les effets. » M. Bossuet, Elevat.

*Page* 56, *vers* 3.

C'est du haut de son trône un roi précipité,

« L'homme est si grand, dit M. Pascal, que sa grandeur
» paroît mieux en ce qu'il se connoît misérable. Ce sont mi-
» sères de grand seigneur, misères d'un roi dépossédé. »

*Même page, vers* 21 *et* 22.

Mon cœur toujours rebelle, et contraire à lui-même,
Fait le mal qu'il déteste, et fuit le bien qu'il aime.

*Non enim quod volo bonum hoc facio, sed quod nolo malum hoc ago... Infelix ego homo, quis me liberabit de corpore mortis hujus ?* « Je ne fais pas le bien que je veux,
» et je fais au contraire le mal que je ne veux pas... Malheu-
» reux que je suis, qui me délivrera de ce corps de mort ? »
S Paul aux Romains, c. VII. vers. 19. 24. Cette vérité a été

connue des Païens. Il est dit dans Xénophon : « Si je n'avois
» qu'une âme, elle n'aimeroit pas ensemble et le bien et le
» mal. J'en ai donc deux : quand la bonne est la plus forte,
» je fais le bien ; quand la mauvaise a l'avantage, mes actions
» sont vicieuses. »

*Page 37, vers 24.*

Plus vertueux que toi le Païen te condamne !

L'action d'un Païen, quoique bonne en soi, ne pouvoit être agréable à Dieu, puisque n'ayant pas Dieu pour fin, elle étoit gâtée dans son origine. Un mauvais arbre ne peut produire de bons fruits. *Non potest arbor mala bonos fructus facere.* Matth. c. vii, vers. 18.

*Même page, vers 27.*

Rome n'eut des vertus que la fausse apparence,

Les actions même qui sont bonnes de leur nature, si elles ne naissent pas de la semence d'une foi véritable, sont des péchés qui rendent coupables ceux qui les font.

Omne etenim probitatis opus, nisi semine veræ
Exoritur fidei, peccatum est, inque reatum
Vertitur.     S. Prosper. Part. II. c. 16.

Saint Augustin dit que les Romains, pour récompense de leurs actions vertueuses, reçurent leur grandeur humaine, l'empire du monde ; récompense aussi vaine que leurs désirs : *Receperunt mercedem vani vanam.*

Les deux motifs des actions d'un Romain étoient, suivant Virgile, l'amour de la patrie, et la passion pour la gloire: *Amor patriæ, laudumque immensa cupido.*

Le père Bourdaloue, dans son sermon sur l'état du péché, prouve admirablement, que quelque chose que fasse l'homme en cet état, son péché en détruit tout le mérite devant Dieu, qui rejette les plus belles actions quand elles sont corrompues dans le motif. « Elles n'ont point, dit-il, le germe de vie qui
» les rend méritoires. Dieu est la vie de l'âme : ainsi l'âme
» séparée de Dieu, ne peut opérer que des actions de mort. »

# NOTES.

*Page 38, vers 6.*

Dont les *justes* n'étoient que de moindres coupables.

Le surnom de Juste fut donné à Aristide.

*Même page, vers 7.*

Socrate, du vrai Dieu s'approchant de plus près,

Les grandeurs visibles de Dieu dans ses créatures, ont fait connoître ses grandeurs invisibles; mais tous les philosophes, comme dit saint Paul, ont retenu la vérité dans l'injustice, et ont refusé à Dieu le culte qu'ils savoient bien qu'on lui devoit. Toute leur sagesse s'est évanouie : ils n'avoient pas été choisis pour être la lumière du monde ; *Non hos elegit Dominus.*

*Même page, vers 17.*

Mais ce n'est qu'en l'aimant que Dieu veut qu'on l'adore ;

*Quis veraciter laudat, nisi qui sinceriter amat ? Pietas cultus Dei est, nec colitur nisi amando.* « Qui est-ce qui » loue véritablement le Seigneur, si ce n'est celui qui l'aime » sincèrement ?.... La piété n'est autre chose que le culte de » Dieu; et on ne lui rend ce culte qu'en l'aimant. » S. Aug. Epist. 140.

*Page 39, vers 1 et 2.*

Et quiconque usurpa ce titre audacieux
Fut de tant d'insensés le moins sage à tes yeux.

*Cùm cognovissent Deum, non sicut Deum glorificaverunt, aut gratias egerunt, sed evanuerunt in cogitationibus suis.... dicentes enim se esse sapientes, stulti facti sunt.* « Ayant » connu Dieu, ils ne l'ont point glorifié comme Dieu, et ne » lui ont point rendu grâces; mais ils se sont égarés dans leurs » vains raisonnemens.... et ces hommes qui se disoient sages, » sont devenus fous. » S. Paul aux Rom. 1.

*Page 39, vers 3 et 4.*

Pour guérir la nature infirme et languissante,
Ainsi que la raison la loi fut impuissante,

Toutes les expressions dont je me sers, en parlant de la loi, sont prises de saint Paul. *Lex propter transgressiones posita...; cùm venisset mandatum, peccatum revixit.... ministratio mortis... egena et infirma elementa.* L'Eglise chante ces paroles dans une hymne de Santeuil :

> Insculpta saxo lex vetus,
> Præcepta, non vires dabat ;
> Inscripta cordi lex nova,
> Quidquid jubet, dat exequi.

« La loi ancienne gravée sur la pierre donnoit les pré-
» ceptes, sans donner la force de les accomplir ; la loi nou-
» velle gravée dans le cœur, fait exécuter tout ce qu'elle
» commande. »

*Même page, vers* 11 *et* 12.

Ainsi ne put jadis le bâton d'Elisée
Ressusciter l'enfant de la mère affligée :

*Venit ipse Elisæus, jam figuram portans Domini, qui servum suum cum baculo, tanquam cum lege præmiserat... fecit Dominus quod non fecit baculus ; fecit Gratia quod non fecit littera.* « Elisée vint lui-même figurant Jésus-Christ :
» il avoit envoyé devant lui son serviteur avec un bâton, qui
» étoit l'image de la loi.... le maître fit ce que le serviteur
» n'avoit pu faire ; la Grâce fit ce que la lettre n'avoit pas
» fait. » S. Aug. Serm. 1. in Ps. 70.

*Même page, vers* 15.

Le Juif portant toujours l'esprit de servitude,

*Vetus homo in timore est, novus in amore. Ita enim duo Testamenta discernimus, vetus et novum, quæ in allegoriâ dicit Apostolus in Abrahæ filiis figurari, uno de ancillâ, altero de liberâ, quæ sunt, inquit, duo Testamenta. Servitus enim pertinet ad timorem, libertas ad amorem.* « Le carac-
» tère du vieil homme est la crainte, et celui de l'homme
» nouveau est le saint amour. Ce sont là les caractères des
» deux Testamens, l'ancien et le nouveau, figurés, selon
» saint Paul, par les deux enfans qu'eut Abraham, l'un de
» l'esclave, et l'autre de la femme libre. Car la crainte est

» l'apanage de l'esclavage, et l'amour est celui de la li-
» berté. » S. Aug. Tom. 10. pag. 157.

*Même page, vers 23.*

La Grâce dont le jour ne brilloit pas encore,

*Eadem namque fides et nostra, et illorum ; quoniam hoc illi crediderunt futurum, quod et nos credimus factum.... nondum nomine, reipsâ fuerunt Christiani.* « La foi des
» justes de l'ancien Testament, est la même foi que la nôtre,
» puisque ce qu'ils ont cru comme devant se faire, nous le
» croyons comme déjà fait... s'ils n'ont pas été Chrétiens de
» nom, ils l'ont été en effet. » S. Aug. Tom. 11. Epist. 190.

*Page 40, vers 1.*

Les prophètes en vain annonçoient leurs oracles !

Tant de promesses, de menaces, de châtimens, de récompenses, de miracles, de prophéties, enfin tant de bienfaits pour un peuple qui n'en profite point, nous prouvent l'insuffisance des remèdes extérieurs, et la nécessité de la Grâce.

*Page 41, vers 13 et 14.*

Les temps étoient venus, où régnant dans les cœurs
Dieu vouloit se former de vrais adorateurs,

*Reliquit priùs Deus hominem in libertate arbitrii, in lege naturali, ut sic vires naturæ suæ cognosceret : ubi cùm deficeret, legem accepit ; quâ datâ morbus invaluit, non legis sed naturæ vitio, ut ita cognitâ suâ infirmitate, clamaret ad medicum, et gratiæ quæreret auxilium.* « Dieu
» d'abord abandonna l'homme à son libre arbitre sous la
» loi de nature, afin qu'en cet état il fît comme l'essai de
» ses forces. L'homme s'étant trouvé trop foible, reçut la
» loi : alors sa maladie augmenta, non par la faute de la loi,
» mais par la corruption de la nature humaine ; et par une
» triste expérience de sa foiblesse, il apprit à recourir au
» médecin, et à chercher le secours de la Grâce. » S. Thom.
3. Part. quæst. 1. art. 5.

## CHANT SECOND.

*Page 42, vers 5.*

L'Eglise à la douleur destinée ici-bas, etc.

*Ab ipso Abel, quem primum justum ipsius frater occidit, et deinceps usque in finem hujus sæculi, inter persecutiones mundi, et consolationes Dei, peregrinando procurrit Ecclesia.* « Depuis Abel, le premier juste égorgé par son frère,
» jusqu'à la fin des siècles, l'Eglise s'avance vers la patrie cé-
» leste parmi les persécutions du monde, et les consolations
» de Dieu. » S. Aug. de Civ. Dei. Liv. XVIII. c. 51.

*Même page, vers 8.*

De son époux mourant le sanglant sacrifice.

*Adimpleo ea quæ desunt passionum Christi, in carne mea, pro corpore ejus, quod est Ecclesia.* « J'accomplis
» dans ma chair ce qui reste à souffrir à Jésus-Christ, en
» souffrant pour son corps, qui est l'Eglise. » S. Paul aux Colloss. 1. 24.

*Même page, vers 22.*

Pélage de la Grâce ose attaquer les loix.

Pélage né en Angleterre, étoit moine; il vint à Rome à la fin du quatrième siècle, et il y eut long-temps la réputation d'un homme de vertu et de piété. Il commença en 400 à débiter ses erreurs, qui consistent en trois points principaux : 1°. Qu'il n'y a point de péché originel. 2°. Que l'homme peut se porter au bien sans le secours de la Grâce, qui est donnée à proportion qu'on la mérite. 3°. Que l'homme peut parvenir à un état de perfection dans lequel il n'est plus sujet aux passions, ni au péché. Par une profession de foi captieuse il surprit le pape Zosime, qui depuis reconnut qu'il avoit été trompé, et condamna Pélage.

*Page 43, vers 5.*

Le docteur pénitent, l'austère anachorète,

Saint Jérôme, fameux par sa vaste érudition, et par sa vie

austère, écrivit contre Pélage, et mourut peu de temps après.

*Même page, vers 11.*

De ce grand défenseur le ciel ayant fait choix,

L'Eglise a eu toujours une singulière vénération pour saint Augustin, qu'elle a regardé comme le docteur de la Grâce. Les conciles et les papes se sont souvent servis de ses termes pour former leurs décisions.

*Même page, vers 16.*

Et M... lui seul en ignore le prix. *

* Louis Molina, né à Cuença dans la nouvelle Castille, d'une famille noble, entra chez les Jésuites en 1553, à l'âge de 18 ans. Il fit ses études à Coimbre, et enseigna pendant vingt ans la théologie dans l'université d'Ebora, avec succès : il mourut à Madrid, le 12 octobre 1600, à 65 ans. Ses principaux ouvrages sont : 1°. des *Commentaires* sur la première partie de la Somme de saint Thomas, en latin; 2°. un traité *de Justitiâ et Jure*; 3°. *de Concordiâ Gratiæ et liberi Arbitrii*. Molina en travaillant sur la Somme de saint Thomas, avoit cru trouver le moyen d'accorder le libre arbitre, avec la prescience de Dieu, la providence et la prédestination : il se flattoit que saint Augustin lui-même auroit approuvé son système. C'est ce système qui fit naître les disputes sur la Grâce, et qui partagea les Jésuites et les Dominicains en Thomistes et en Molinistes.
( Note de l'éd. )

*Même page, vers 18.*

Prosper s'unit à lui pour défendre la Grâce.

Saint Prosper, qui selon toutes les apparences, n'a jamais été que simple laïque, étoit d'Aquitaine. Il s'est acquis une grande réputation par son poëme contre les Ingrats, c'est-à-dire, contre les ennemis de la Grâce. « On s'étonne que ce
» Saint ait pu accorder la beauté de la versification avec les
» épines de sa matière, et que l'exactitude pour les dogmes
» de la foi y soit si régulièrement observée, malgré la con-
» trainte des vers et la liberté de l'esprit poétique. Les vérités
» sont représentées avec les ornemens naturels de la poésie,
» c'est-à-dire, avec une hardiesse également agréable et in-
» génieuse. » Cet éloge du poëme de saint Prosper est dans le Jugement des Savans, par M. Baillet.

*Même page, vers* 29.

Aux forces que la Grâce inspire à la nature, etc.

*Subintravit ignorantia rerum agendarum, et concupiscentia noxiarum, quibus comites subinferuntur error et dolor.*
« Nous naissons avec l'ignorance de ce que nous devons faire,
» et le désir de ce qui nous est nuisible : à leur suite viennent
» l'erreur et la douleur. » S. Aug. Ench. c. xiii.

*Page* 44, *vers* 1.

Connoissons par nos maux la main qui nous guérit.

*Omne malum hominis error, et infirmitas : aut nescis quid agas, et errando laberis ; aut scis quid agi debeat, et infirmitate superaris.* « Ce qui fait toute la maladie de l'homme,
» c'est l'erreur et la foiblesse : ou il ne sait ce qu'il doit faire,
» et il péche par erreur; ou il sait ce qu'il doit faire, et la foi-
» blesse le fait succomber. » S. Aug. Ench. c. xiii.

*Même page, vers* 15.

A croître nos malheurs le Démon met sa joie ;

« Les Démons, dit M. Bossuet, au lieu de la félicité dont
» ils jouissoient dans leur origine, n'ont plus que le plaisir
» obscur et malin que peuvent trouver des coupables à se
» faire des complices, et des malheureux à se donner des
» compagnons de leur disgrâce. »

*Même page, vers* 27 *et* 28.

Souvent il les étouffe; et pour mieux nous surprendre,
Il se détruit soi-même, et renaît de sa cendre ;

Rien n'est si beau que la peinture que M. de la Rochefoucault, dans ses Maximes, fait de l'amour-propre. « Il
» est, dit-il, dans tous les états de la vie, et dans toutes les
» conditions : il vit partout, il vit de tout, il vit de rien ;
» il s'accommode des choses et de leur privation ; il passe
» même dans le parti des gens qui lui font la guerre ; il entre
» dans leurs desseins; et ce qui est admirable, il se hait lui-
» même avec eux, il conjure sa perte ; il travaille même à sa

» ruine. Enfin il ne se soucie que d'être ; et pourvu qu'il soit,
» il veut bien être son ennemi. »

*Page 45, vers 24.*

Il suit toujours le crime et souvent la vertu.

Il a presque toujours quelque part à nos meilleures actions. Ce qui fait dire à saint Augustin : *Superbia et in recte factis animo insidiatur humano..... Ubi lætatus homo fuerit in aliquo bono opere se etiam superasse superbiam, ex ipsâ lætitiâ caput erigit et dicit : Ecce ego vivo ; quid triumphas ? Et ideò vivo, quia triumphas.* « L'orgueil est comme en em-
» buscade pour corrompre le cœur de l'homme dans le bien
» même qu'il fait.... Si l'on s'applaudit d'avoir vaincu l'or-
» gueil, il se prévaut de cette joie même, et s'écrie : Je vis
» dans ton cœur, pourquoi triomphes-tu ? Et j'y vis, parce
» que tu triomphes. » De Nat. et Grat. c. xxx.

C'est encore ce qui a fait dire à M. Pascal : « Ceux qui
» écrivent contre la gloire, veulent avoir la gloire d'avoir
» bien écrit : ceux qui le lisent veulent avoir la gloire de l'avoir
» lu ; et moi qui écris ceci, j'ai peut-être cette envie, et peut-
» être que ceux qui le liront, l'auront aussi. »

*Page 46, vers 3 et 4.*

Souffle du saint amour, par qui l'âme embrâsée<br>
Suit et chérit la loi qui lui devient aisée.

*Inspiratio dilectionis, ut cognita sancto amore faciamus.*
« La Grâce est une inspiration de l'amour divin, pour nous
» faire pratiquer par ce saint amour le bien que nous con-
» noissons. » S. Aug. Epist. ad. Bonif.

« C'est cette Grâce, dit le P. Bourdaloue, qui opère en
» nous et avec nous, tout ce que nous faisons pour Dieu, et
» qui nous donne par son efficace non-seulement le pouvoir,
» mais la volonté et l'action.... Son caractère est d'unir en-
» semble l'onction et la force, et de conduire les œuvres de
» Dieu avec autant de douceur que d'efficacité. »

*Même page, vers 8.*

Tout travail est oisif, toute course inutile.

       Et nisi donet
Quæ bona sunt, nihil efficiet bene cæca voluntas.
Hæc ut cujusquam studio affectuque petatur
Ipsa agit, et cunctis dux est venientibus ad se :
Perque ipsam nisi curratur, non itur ad ipsam.

« Le libre arbitre qui est aveugle, ne fera aucun bien, si
» la Grâce ne le lui fait faire, dit saint Prosper. Nul ne la
» désire et ne la cherche que par le désir et l'affection qu'elle
» inspire elle-même. C'est la Grâce qui conduit tous ceux
» qui la trouvent ; et si on ne marche par sa puissance, on
» ne va point vers elle. »

*Même page, vers 13 et 14.*

Dans le même moment, ô moment précieux,
La Grâce ouvre le cœur, et dessille les yeux !

*Gratia quæ occultè humanis cordibus divina largitate tribuitur, à nullo duro corde respuitur : ideo quippe tribuitur, ut cordis duritia primitùs auferatur.* « Il n'y a point de cœur,
» quelque dur qu'il soit, qui rejette cette Grâce, que Dieu
» par sa pure libéralité répand dans les âmes, parce que son
» premier effet, et pour lequel Dieu la donne, est d'ôter la
» dureté du cœur. » S. Aug. de Prædest. Sanct. c. VIII.

*Même page, vers 26.*

Si la Grâce un moment abandonne son cœur, etc.

Une doctrine qui nous enseigne l'empire souverain de Dieu sur notre volonté, et qui nous apprend à tout attendre de sa miséricorde, fonde dans nos cœurs l'amour, l'humilité et la reconnoissance.

*Page 47, vers 23.*

David, l'heureux David, si chéri du Seigneur,

*Per medicinalem providentiam David paululùm desertus est à rectore, ne per exitialem superbiam desereret ipse rectorem.* « Ce fut par une providence médicinale que le
» Seigneur abandonna David pour un peu de temps, de peur

» que par un funeste orgueil il n'abandonnât lui-même son
» divin conducteur. » S. Aug. de Cont. c. xiv.

*Page 48, vers 10.*

C'est aux regards divins qu'il doit ses justes pleurs.

*Nisi desertus non negaret; nisi respectus non fleret.* « Pierre
» n'auroit pas renoncé Jésus-Christ, s'il n'eût pas été aban-
» donné; et il n'auroit pas pleuré son péché, si Jésus-Christ
» n'avoit jeté sur lui un regard de miséricorde. » S. Aug.
Serm. 285.

*Même page, vers 15.*

Que le juste à toute heure appréhende la chute :

*Gratia nolentem prævenit, ut velit; volentem subsequitur,
ne frustrà velit.* « La Grâce prévient celui qui ne veut pas,
» afin qu'il veuille; elle accompagne et suit celui qui veut,
» afin qu'il ne veuille pas en vain. » *Idem.*

*Page 49, vers 5.*

Ne dit-il pas : « Sans moi vous ne pouvez rien faire ;

*Sine me nihil potestis facere... Nemo potest venire ad me,
nisi qui misit me traxerit eum.* « Sans moi vous ne pouvez
» rien faire... Personne ne peut venir à moi, si mon père qui
» m'a envoyé, ne l'attire. » Joan. 18.

*Même page, vers 10.*

Je conviens avec vous que l'homme peut tout faire :

*Deus impossibilia non jubet; sed jubendo monet, et facere
quod possis, et petere quod non possis; et adjuvat ut possis.*
« Dieu ne commande pas des choses impossibles; mais en
» commandant, il avertit, et de faire ce que l'on peut, et
» de demander ce que l'on ne peut ; et il aide afin qu'on
» puisse. » Concil. Trid. Sess. vi. c. 2.

*Même page, vers 11.*

Oui, qu'il peut à toute heure obéir à la loi.

*Certum est nos mandatum servare si volumus; sed quia*

*præparatur voluntas à Domino, ab illo petendum est, ut tantùm velimus, quantùm sufficit.* « Il est certain que nous observons les preceptes, si nous voulons. Mais comme c'est le Seigneur qui prépare la volonté, il faut lui demander que nous voulions autant qu'il faut pour faire ce que nous voulons. » S. Aug. de Grat. et liber. Arbit. cap. xvi.

### Page 50, vers 1.

#### En vain nous lui voudrons disputer notre cœur,

« Dieu est la cause universelle de tout ce qui est. Les façons d'être doivent venir nécessairement du premier Etre... Si le bon usage du libre arbitre ne venoit pas de lui, nous pourrions dire que nous nous ferions meilleurs que Dieu ne nous a faits, et que nous nous donnerions à nous-mêmes quelque chose qui vaut mieux que l'être; parce qu'il vaut mieux n'être point, que de ne pas user de son libre arbitre selon la loi de Dieu.

» A la réserve du péché, qui ne peut être attribué qu'à la créature, tout le reste de ce qu'elle a dans son fonds, dans sa liberté et dans ses actions, doit être attribué à Dieu. Et la volonté de Dieu qui fait tout, bien loin de rendre tout nécessaire, fait au contraire dans le nécessaire aussi bien que dans le libre, ce qui fait la différence de l'un et de l'autre. » M. Bossuet, Traité du libre Arbitre.

### Même page, vers 9.

#### Quand nous courons vers elle, elle nous fait courir;

*Da quod jubes, et jube quod vis.* S. August. Confess. *Certum est nos facere cùm facimus ; sed ille facit ut faciamus, præbendo vires efficacissimas voluntati, qui dixit : Faciam ut in justificationibus meis ambuletis.* « Donnez ce que vous commandez, et commandez ce que vous voulez.... Il est certain que nous agissons quand nous agissons; mais celui qui fait que nous agissons, parce qu'il donne des forces très-efficaces à notre volonté, c'est celui qui dit: Je vous ferai marcher dans la voie de mes préceptes. » *Id.* de Grat. et lib. Arb. c. xiv.

*Même page, vers* 11.

Elle forme nos vœux ; et dans l'âme qui prie,
Par d'ineffables sons c'est l'esprit saint qui crie.

« Dans la loi de Grâce, dit le P. Bourdaloue, Dieu nous
» donne de quoi accomplir ce qu'il nous commande ; disons
» mieux, Dieu lui-même accomplit en nous ce qu'il exige
» de nous. »

*Même page, vers* 29.

L'impétueux Luther qu'emportoient ses fureurs,

« Le Pélagianisme, dit encore le P. Bourdaloue, attribuant
» des forces à l'homme pour agir indépendamment de Dieu,
» sembloit rendre l'homme fervent. Le Calvinisme, pour
» élever la prédestination de Dieu, anéantissant le libre ar-
» bitre, humilioit l'homme en apparence, mais lui ôtoit la
» pratique des bonnes œuvres. L'Eglise tient le milieu entre
» ces deux extrémités : elle nous maintient dans l'humilité
» sans préjudice de la ferveur, et excite en nous la ferveur,
» sans intéresser l'humilité. »

*Page* 51, *vers* 15 *et* 16.

Notre cœur n'est qu'amour, il ne cherche, il ne suit,
Qu'emporté par l'amour dont la loi le conduit.

Les passions sont les mouvemens de l'âme pour s'unir aux objets qu'elle aime, ou se séparer de ceux qu'elle hait. Ainsi toutes les passions, quoiqu'elles aient des noms différens, se réduisent à une seule qui est l'amour. La haine pour un objet vient de l'amour qu'on a pour un autre ; le désir est l'amour d'un bien qu'on n'a pas ; la joie est le plaisir que cause un bien qu'on possède. Ainsi notre cœur n'est qu'amour. Et la Grâce étant le souffle du saint amour, fait que toutes nos passions, c'est-à-dire, tous les mouvemens de notre âme, ne tendent plus qu'à s'unir à l'objet qu'elle aime, c'est-à-dire, à Dieu.

*Même page, vers* 17.

Le plaisir est son maître : il suit sa douce pente,

*Quod ampliùs nos delectat, secundùm id operemur ne-*

*cesse est.* « Nous ne pouvons manquer d'agir selon ce qui
» nous plaît davantage. » S. Aug. in Epist. ad Gal. c. XLIX.

### Page 52, vers 4.

En cela pour nos droits nous n'avons rien à craindre :

La liberté consiste à pouvoir faire le contraire de ce qu'on fait, *facultas ad opposita*. Or quand la Grâce me détermine à faire le bien, je sens que j'ai toujours le pouvoir de faire le mal. Elle ne m'ôte donc jamais ma liberté.

### Même page, vers 9.

Mais faut-il s'étonner que cette aimable ardeur

*Non arbitreris istam asperam molestamque violentiam. Dulcis est, suavis est : ipsa suavitas te trahit.* « Ne vous fi-
» gurez rien de dur ni de fâcheux dans la sainte violence par
» laquelle Dieu nous attire à lui. Elle n'a rien que de doux,
» rien qui ne fasse plaisir : et c'est le plaisir même qui nous
» attire. » S. Aug. Serm. 131. c. 2.

### Page 53, vers 4.

Dans l'instant que je veux, il fait ma volonté,

La Grâce fait tout, et la volonté fait tout. La Grâce fait tout dans la volonté, et la volonté fait tout par la Grâce. Bern. de Grat. et Lib. Arb. c. XIV. num. 46.

### Même page, vers 6.

Dieu m'a fait libre : un Dieu peut-il faire et détruire ?

*Tunc efficimur verè liberi, cùm Deus nos fingit, id est, format et creat, non ut homines, quod jam fecit, sed ut boni homines simus, quod Gratia sua facit.* « Nous devenons vé-
» ritablement libres, lorsque Dieu nous forme et nous crée,
» non afin que nous soyons des hommes, puisque nous le
» sommes déjà, mais afin que nous soyons des hommes justes ;
» ce qui est l'ouvrage de sa Grâce. » S. Aug. Enchir. c. XIII.

# NOTES.

*Même page, vers* 15.

Oui, je sens que je l'ai ce malheureux pouvoir ;

« Voilà, dit M. Bossuet dans ses Elévations, un trait dé-
» fectueux dans ma liberté, qui est de pouvoir mal faire. Ce
» trait ne vient pas de Dieu, mais du néant dont je suis tiré. »

## CHANT TROISIEME.

*Page 55, vers 9 et 10.*

Saintement pénétré d'un spectacle effrayant
Rancé de ses plaisirs reconnoît le néant :

On attribue l'éclatante conversion de M. l'abbé de la Trappe à la vue du cercueil d'une dame qu'il aimoit. Allant voir cette dame sans savoir qu'elle étoit morte subitement, il trouva son cercueil à la porte.

*Même page, vers 21.*

Arrache Magdelaine à ses honteux projets,

Quoique les savans distinguent Marie-Magdelaine de la femme pécheresse, il est permis de parler en vers, suivant l'opinion commune.

*Page 56, vers 12.*

Et nous devons nommer nos mérites des dons.

« On a des mérites quand on est saint; mais la Grâce qui
» nous les donne, nous est donnée sans mérite. La récom-
» pense est due après la promesse; mais la promesse a été
» faite par pure bonté. La récompense est due aux bonnes
» œuvres; mais la Grâce qui n'est point due précède, afin qu'on
» les fasse. » M. Bossuet, Elev.

*Même page, vers 29.*

« La Grâce, dites-vous, vous paroît la contraindre. »

*Tutiores vivimus si totum Deo damus, non autem nos illi ex parte, et nobis ex parte committimus.* « Il est plus sûr
» pour nous de donner tout à Dieu que de dépendre en partie
» de lui et en partie de nous. » S. Aug. de dono Persev. c. vi.

*Page 57, vers 8.*

La molle et souple argile est moins obéissante,

*Ille qui in cœlo et in terra, omnia quæcumque voluit, fecit, etiam in cordibus hominum operatur.* « Celui qui a
» fait dans le ciel et sur la terre, tout ce qu'il a voulu, opère
» aussi

## NOTES.

» aussi tout ce qu'il veut dans le cœur des hommes. » S. Aug. de Grat. et lib. Arb. c. xxi.

*Mutans mentem atque reformans,*
*Vasque novum ex fracto fingens virtute creandi.*

« Quelquefois, dit saint Prosper, Dieu attire à lui les na-
» tions les plus farouches et les plus opposées à l'Evangile, en
» changeant le fond du cœur, en rétablissant l'âme et la re-
» nouvelant, *et en formant par une puissance de créateur et*
» *de souverain, un vase nouveau, de ce vase qui étoit brisé.* »
Part. II.

*Page 57, vers 12.*

J'en dépens ; mais, Seigneur, ma gloire est d'en dépendre ;

« L'état de notre être est d'être tout ce que Dieu veut que
» nous soyons. Il fait être homme ce qui est homme, corps
» ce qui est corps, pensée ce qui est pensée, passion ce qui
» est passion, action ce qui est action, nécessaire ce qui est
» nécessaire, libre ce qui est libre. » M. Bossuet, Traité du
lib. Arb.

*Même page, vers 17.*

Mes vices que je hais, je les tiens tous de moi ;

*Mea sola, non sunt nisi peccata.* « Je n'ai de moi que le
» péché, dit saint Augustin, Sermon sur le Ps. 70. » Et dans
ses Conf. liv. 2. c. vii. *Gratiæ tuæ deputo et quæcumque non
feci mala.... et omnia mihi demissa esse fateor, et quæ
mea sponte feci mala, et quæ te duce non feci.* « Je recon-
» nois que c'est votre Grâce, ô mon Dieu, qui m'a préservé
» de tout le mal que je n'ai point fait.... Je vous suis rede-
» vable, et du pardon que vous m'avez accordé pour les pé-
» chés que j'ai commis, et de la protection par laquelle vous
» m'avez garanti de ceux que j'aurois encore pu commettre. »

*Page 58, vers 7.*

Le M.... * aidé par un autre secours,

* Le Moliniste. ( Note de l'édit. )

*Page* 58, *vers* 11.

La Grâce, nous dit-il, vient offrir son appui.

La Grâce, suivant ce système, ne change pas le cœur : elle met seulement la volonté dans l'équilibre. Ce n'est pas Dieu qui donne l'inclination à la volonté, c'est l'homme. Suivant le système des Congruistes, Dieu épie le temps, le lieu, les circonstances où la volonté fera un bon usage de la Grâce.

*Même page, vers* 16 *et* 17.

Et qui par M.... * sont enfin dévoilés :
M... * qui pour nous plein d'un amour de père

* Molina.
* *Idem*. (Notes de l'édit.)

*Même page, vers* 21.

« Il n'est point, nous dit-il, de race favorite

Il admet une science moyenne par laquelle Dieu prévoit, avant aucun décret de sa volonté, le bon usage que nous ferons de notre liberté dans telles et telles circonstances.

*Page* 59, *vers* 4.

Le pontife appela la fameuse assemblée,

Les Dominiquains attaquèrent vivement le livre *de Concordiâ Gratiæ et Liberii Arbitri*, dès qu'il parut, et le déférèrent à l'Inquisition de Castille. La cause fut portée à Rome. Clément VIII établit la Congrégation, qui eut pour cette raison le titre *de Auxiliis*. Lemos, célèbre Dominiquain, s'y distingua. Après soixante-huit congrégations où Clément VIII présida, ce pape mourut. Léon XI lui succéda, et mourut peu de jours après. Paul V reprit l'examen de ces disputes, et après dix-sept congrégations fit dresser sa Bulle ; mais des raisons particulières l'empêchèrent de la publier.

*Même page, vers* 15.

De M... * qu'alors épargna l'anathème,

* Molina. (Note de l'édit.)

# NOTES.

*Page 69, vers 16.*

Ne rejetons pas moins le dangereux système.

Suivant ce système, la Grâce qui n'est pas efficace par elle-même, tire son efficacité des circonstances. Saül n'eût pas été converti si Dieu ne l'eût renversé dans le moment où il savoit que le cœur du persécuteur de son Eglise seroit disposé à se rendre.

*Page 60, vers 14.*

Fais connoître tes droits au Démon qui t'assiège.

Selon M....* Dieu a fait un pacte avec Jésus-Christ, par lequel il s'engage à donner sa Grâce à tous les hommes qui feront ce qui sera en eux par les forces de la nature. Combien l'homme s'égare quand il veut expliquer par sa raison seule, ce que notre raison ne peut comprendre! Suivant le système du P. Mallebranche, il est indigne de Dieu d'agir par des volontés particulières. Les Anges ont été la cause occasionnelle des miracles de l'ancienne loi; et l'âme de Jésus-Christ est la cause occasionnelle de la distribution de la Grâce. Cette âme, quoiqu'unie au Verbe, a des volontés que le Verbe ne lui fait point avoir, et elle ne connoît point le fond des cœurs : d'où il arrive qu'elle fait donner des Grâces sans savoir quels effets elles auront; et de même que la pluie, qui, en conséquence des lois générales, tombe sur des terres ensemencées où elle fait germer les fruits, tombe aussi sur des rochers stériles, la Grâce tombe sur des cœurs disposés à la recevoir, et sur d'autres où elle ne peut produire aucun effet. Exposer un pareil système, c'est le réfuter.

* Molina. ( Note de l'édit. )

*Page 61, vers 4.*

Que sert-il de prier? Nous devons tous nous taire.

*Quid stultius quàm orare ut facias, quod in potestate habeas!.... Qui orat non orat ut homo sit, quod est naturâ; neque orat ut habeat liberum arbitrium, quod jam accepit, cum crearetur ipsa natura; neque orat ut accipiat mandatum : sed planè orat ut faciat mandatum.... Ipsa igitur oratio, clarissima est Gratiæ testificatio.* « Quoi de plus insensé que

» d'avoir recours à la prière pour faire ce qui dépend de
» nous !.. Quand nous prions, nous ne prions point Dieu de
» nous faire hommes, puisque nous le sommes par la nature ;
» ni de nous donner le libre arbitre, puisque nous l'avons
» reçu dès le premier moment de notre être; ni de nous donner
» la loi, mais de nous la faire accomplir.... La prière même
» est donc une preuve très-authentique de la Grâce. » S. Aug.
epist. 177.

*Page 61, vers 17.*

Quel mortel à son gré dispose de son cœur ?

L'unique moyen d'accorder une contrariété apparente, qui attribue tantôt à nous, tantôt à Dieu, nos bonnes actions, est de reconnoître qu'elles sont de nous, à cause de notre libre arbitre qui les produit; et qu'elles sont de Dieu, à cause de sa Grâce, qui fait que notre libre arbitre les produit. « Dieu,
» dit saint Augustin, nous fait vouloir ce que nous aurions
» pu ne point vouloir. » *A Deo factum est ut vellent quod et nolle potuissent.*

*Page 62, vers 1.*

Pourquoi donc les pécheurs qui détestent leurs chaînes,

*Ex voluntate perversa facta est libido ; et dùm servitur libidini, facta est consuetudo ; et dum consuetudini non resistitur, facta est necessitas.* « Ma volonté, en se déréglant, est
» devenue *passion :* à force de suivre cette passion, elle s'est
» tournée en *habitude :* et faute de résister à cette habi-
» tude, elle est devenue *nécessité.* » S. Aug. Conf. lib. 8. c. v.

*Même page, vers 15.*

« Infortuné captif, cesse donc de souffrir : etc.

Ceci est imité de la 77e épigramme de Catulle.

Difficile est longum subitò deponere amorem :
    Difficile est, etc.
O Di, si vestrum est misereri, aut si quibus unquam
    Extremâ jam ipsâ in morte tulistis opem,
Me miserum aspicite ; et si vitam puriter egi
    Eripite hanc pestem, perniciemque mihi,
Quæ mihi subrepens imos ut torpor in artus
    Expulit ex omni pectore lætitias.

# NOTES.

### Page 63, vers 15.

« Ma fougueuse jeunesse, ardente pour les crimes

*Efferbui miser, sequens impetum fluxûs mei, relictâ te... Tu semper aderas, misericorditer sæviens, et amarissimis aspergens offensionibus omnes illicitas jucunditates meas, ut ita quærerem sine offensione jucundari.* S. Aug. Confess. Lib. 2. c. II. num. 5.

### Page 64, vers 6.

» A mes tristes regards me présentoit moi-même.

*Constituebas me antè faciem meam, ut viderem quàm turpis essem, quàm distortus et sordidus, maculosus et ulcerosus. Et videbam et horrebam, et quò à me fugerem non erat.... Sed dissimulabam et connivebam, et obliviscebar.* Confess. lib. 8. c. VII.

### Même page, vers 14.

» Et moi, je répondois : « Un moment, tout-à-l'heure. »

*Modò, ecce modò, sine paululùm. Sed modò et modò non habebant modum, et sine paululùm, in longum ibat.* Confess. lib. 8.

### Même page, vers 17.

» De mes premiers plaisirs la troupe enchanteresse

*Retinebant nugæ nugarum, et vanitates vanitatum antiquæ amicæ meæ, et succutiebant vestem meam carneam et submurmurabant : Dimittis nos, et à momento isto non erimus tecum in æternum, etc.* Idem, ibid. num. 26.

### Page 65, vers 1.

Mais devant moi l'aimable et douce Chasteté

*Casta dignitas continentiæ, serena et non dissolutè hilaris, honestè blandiens.* Confess. c. x. num. 27.

### Page 66, vers 7.

» Vérité qui trop tard avez su me charmer,

*Serò te amavi, pulchritudo tam antiqua, et tam nova, serò te amavi.* Confess. lib. 10. c. XXVII.

3

# NOTES.

## CHANT QUATRIÈME.

*Page 67, vers 6.*

Jugemens éternels, et lois irrévocables,

« L'ordre des choses humaines, dit M.* Bossuet, Traité
» du Libre Arbitre, est l'ordre des décrets divins. Dieu voit
» tout, ou dans son essence, ou dans ses décrets : il ne peut
» connoître que ce qu'il est, ou ce qu'il opère.

*Même page, vers 13.*

Mystère ténébreux, qui pourra le comprendre ?

On objectoit à saint Augustin qu'il étoit dangereux de parler
de la prédestination gratuite. « C'est-à-dire, répondoit-il, que
» nous craignons d'offenser par nos paroles, ceux qui ne
» sont pas en état d'entendre la vérité; et nous ne craignons
» pas que ceux qui sont en état de l'entendre, soient trompés
» par notre silence. » *Timemus ne, loquentibus nobis,
offendatur qui veritatem non potest capere; et non timemus,
ne tacentibus nobis, qui veritatem potest capere, falsitate
capiatur.*

*Page 68, vers 9 et 10.*

Pour un crime pareil si l'ange est condamné,
Pourquoi l'homme après lui sera-t-il épargné ?

*Universa massa pœnas debet, et si omnibus debitum
damnationis supplicium redderetur, non injustè redderetur.*
« La masse entière du genre humain mérite la punition; et
» quand Dieu livreroit tous les hommes au supplice de la
» damnation, ce seroit sans injustice de sa part. » De Nat.
et Grat. c. VII. « C'est, suivant saint Augustin dans le
» livre de la Prédestination, ce qui ne doit pas révolter un
» chrétien, persuadé que tous les hommes sont tombés par

» le péché d'un seul, dans une condamnation si juste, que
» quand Dieu n'en délivreroit aucun, on n'auroit aucun sujet
» de se plaindre. » *Omnes isse in condemnationem justissimam : ita ut nulla Dei esset justa reprehensio, etiamsi nullus indè liberaretur.* De Prædest. c. VIII.

### Page 68, vers 16.

Il choisit, il rejette, il fait justice et grâce.

*Elegit nos Deus, non quia per nos sancti futuri eramus; sed elegit, prædestinavitque, ut essemus.* « Dieu ne nous
» a pas choisis, parce que nous devions être saints; mais
» il nous a choisis et prédestinés, afin que nous fussions
» saints. De la Prédestin. c. XVIII.

### Même page, vers 25 et 26.

Chef de tous les élus, Jésus-Christ par son sang,
Lui-même élu par grâce a mérité ce rang.

*Sicut prædestinatus est ille unus, ut caput nostrum esset; ita multi prædestinati sumus, ut membra ejus essemus.*
« Comme Jésus-Christ a été prédestiné seul pour être
» notre chef, de même plusieurs d'entre les hommes ont été
» prédestinés pour être ses membres. »

### Même page, vers 27.

« Cher et petit troupeau que m'a donné mon père,

*Nolite timere, pusillus grex, quia complacuit patri vestro dare vobis regnum.* « Ne craignez point, petit trou-
» peau; car il a plu à votre père de vous donner son royaume. »
Luc. XII. 32.

*Oves meæ non peribunt in æternum, et non rapiet eas quisquam de manu mea.* « Mes brebis ne périront point à
» jamais, et nul ne me les arrachera d'entre les mains. »
Joan. x. 28.

## NOTES.

*Page 69, vers 5.*

Les uns vases d'honneur, objets de sa tendresse, etc.

« Qui peut se plaindre de Dieu, dit l'Apôtre, si voulant
» montrer sa colère, et faire connoître sa puissance, il sup-
» porte avec une patience extrême les vases de colère destinés
» à périr, afin de faire paroître les richesses de sa gloire sur
» les vases de miséricorde, qu'il a préparés pour la gloire ? »

*Même page, vers 9.*

Qu'ici sans murmurer la raison s'humilie.

*Sufficit scire homini quòd non sit iniquitas apud Deum. Jam quomodo ista dispenset, faciens alios secundùm meritum vasa iræ, alios secundùm gratiam vasa misericordiæ, quis cognovit sensum Domini, aut quis consiliarius ejus fuit?*
« Il suffit à l'homme de savoir qu'il n'y a point d'iniquité en
» Dieu. Et si vous demandez pourquoi il fait les uns des
» vases de colère selon qu'ils le méritent, et les autres des
» vases de miséricorde par sa grace, saint Paul vous répondra :
» Qui a connu les desseins de Dieu, ou qui est entré dans
» le secret de ses conseils ? » S. Aug. contra duas Epist. Pelagii, Lib. I. c. xx.

*Page 70, vers 6.*

Il regarde tranquille et l'être et le néant.

« Comme Dieu, dit M. Bossuet, Traité du libre Arbitre,
» possède lui-même tout son bien, et qu'il n'a besoin d'au-
» cun des êtres qu'il a faits, il n'est porté à les faire, ni à
» faire qu'ils soient de telle façon, que par sa seule volonté
» indépendante. »

*Même page, vers 17.*

Des salutaires eaux un enfant est lavé.

*Sed qui judicium arbitrii meritumque tueris...*
*Infantum discerne animos, et discere quales*
*Affectus, qualesque habeant hæc pectora motus....*

.... Pariter nequeunt bona vel mala velle,
Et tamen ex illis miseratrix Gratia quosdam
Eligit, et rursùm genitos baptismate transfert
In regnum æternum, multis in morte relictis.

« Vous qui faites dépendre les dons de Dieu des mérites de
» l'homme, de son choix et de son libre arbitre, dit saint
» Prosper, faites-nous voir ce choix et ces mérites dans les
» enfans, et dites-nous quels sont les mouvemens de leur
» volonté..... Tous également ne peuvent vouloir ni le bien ni
» le mal; et cependant Dieu par sa miséricorde et sa grâce
» en choisit quelques-uns qu'il fait renaître dans le saint
» baptême pour les placer dans sa gloire, pendant qu'il en
» laisse un grand nombre dans la mort. » Part. 3. c. x. 30.

*Page 70, vers 21.*

O sage profondeur! O sublimes secrets!

« *O altitudo!* Tous les Chrétiens, Bayle, Art. Arminius,
» doivent trouver dans ce mot de saint Paul un arrêt définitif,
» prononcé en dernier ressort et sans appel, touchant les
» disputes de la Grâce, et opposer cette forte digue aux inon-
» dations des raisonnemens. »

*Même page, vers 29 et 30.*

Ce premier des présens qu'il fait aux malheureux,
Leur ouvre le chemin quand il a pitié d'eux.

« Dans tous les principes de Théologie, dit le P. Bour-
» daloue, la première Grâce du salut est la lumière qui nous
» découvre les voies de Dieu, parce que pour agir, il faut
» connoître, et pour connoître, il faut être éclairé de Dieu. »

*Page 71, vers 5 et 6.*

Le précieux flambeau qui s'allume par grâce,
Aux ingrats enlevé, souvent change de place.

« Il y a de la part de Dieu, dit le P. Bourdaloue, des subs-

» titutions terribles : il abandonne les uns, il appelle les
» autres; il dépouille les uns, il enrichit les autres. Mystère
» de prédestination certain et incontestable! Mystère qui,
» tout rigoureux qu'il est, ne s'accomplit que selon les lois
» de la plus droite justice, et dans lequel Dieu découvre
» aussi tous les trésors de la miséricorde.... C'est ainsi que les
» anges rebelles ayant laissé par leur chute un grand vuide
» dans le ciel, Dieu leur a substitué les hommes.... Il substi-
» tue aussi un peuple à un autre peuple; et plaise au ciel que
» nous ne servions pas d'exemple à ceux qui viendront après
» nous, comme nous en servent ceux qui nous ont précé-
» dés! » Pensées du P. BOURDALOUE, au titre Substitutions.

*Page 71, vers 9, 10, 11 et 12.*

Cette île, de Chrétiens féconde pépinière,
L'Angleterre, où jadis brilla tant de lumière
Recevant aujourd'hui toutes religions,
N'est plus qu'un triste amas de folles visions.

Les Anabaptistes, les Trembleurs, les Indépendans, les Puritains, etc.

*Même page, vers 26, 27 et 28.*

La France est aujourd'hui ton royaume fidelle.
Ah, nos crimes enfin à leur comble montés,
Du ciel lent à punir lasseront les bontés!

Plus on est environné de lumières, plus on est souvent près de tomber dans les ténèbres, parce que Dieu nous punit de l'abus de ses Grâces. Jamais l'Afrique ne fut plus éclairée que du temps de saint Augustin; cependant la religion y fut presque éteinte par les Vandales. L'Egypte, la Palestine, la Syrie, malgré cette foule de saints anachorètes, furent ravagée par l'Arianisme, le Nestorianisme, l'Eutychianisme, etc.

*Page 72, vers 6.*

Il aveugle celui qui demande à tout voir.

« C'est une vérité incontestable, dit le P. Bourdaloue, ae

» Dieu aveugle quelquefois les hommes. De quelle manière
» s'accomplit une punition, en apparence si contraire à la
» sainteté de Dieu? C'est un secret de la prédestination, et
» de la réprobation des hommes, que nous devons révérer,
» mais qu'il ne nous appartient pas de pénétrer. »

*Page 72, vers 13.*

Un mot eût pu changer les sages Antonins ;

*Non volentis, neque currentis, sed miserantis est Dei, qui et parvulis quibus vult, etiam non volentibus neque currentibus subvenit.* « Tout dépend, dit saint Paul, non de celui
» qui veut, ni de celui qui court, mais de Dieu qui fait mi-
» séricorde, et qui l'accorde à qui il lui plaît d'entre les
» enfans, quoiqu'ils ne veuillent, ni ne courent. » S. Aug.
de dono Persev. c. xi.

*Même page, vers 19 et 20.*

Il verse ses faveurs sur une âme infidelle,
Que l'abus de ses dons rendra plus criminelle.

N'y auroit-il pas plus de bonté, nous dit notre raison, à ne point donner des Grâces, dont on doit abuser? Elle peut dire de même : N'y auroit-il pas eu plus de bonté à ne pas permettre la chute du premier homme? Puisque Dieu a jugé à propos de tirer le bien du mal, plutôt que de ne permettre aucun mal, réformons les idées de notre raison sur celles de la foi. En Dieu tout est incompréhensible pour nous : sa bonté, comme sa puissance.

*Page 73, vers 22.*

Il faut, pour la ravir, fournir la course entière.

*Asserimus donum Dei esse perseverantiam, quâ usque in finem perseveratur in Christo.* « Nous disons que la
» persévérance par laquelle nous demeurons unis à Jésus-

» Christ jusqu'à la fin, est un don de Dieu. » S. Aug. du don de la Persév. c. 1.

*Page 73, vers 26.*

**Tertullien s'égare et périt hérétique.**

Après avoir été le défenseur de la religion contre les Païens et contre les Hérétiques, Tertullien se sépara de l'Eglise, et embrassa la secte des Montanistes.

*Page 74, vers 2.*

**Osius sur la terre avoit brillé cent ans,**

Osius, évêque de Cordoue, que saint Athanase appelle le Père des Evêques, le Maître des Conciles, le grand Confesseur de Jésus-Christ, ne voulant pas favoriser les Ariens, fut exilé par Constantius. Il avoit alors plus de cent ans. Après avoir souffert pendant une année d'exil, beaucoup de mauvais traitemens, il succomba, et signa la formule de Sirmich, dressée par les Ariens. Il mourut peu de temps après.

*Même page, vers 12.*

« Mais que sert de courir répond un téméraire,

*Sunt qui proptereà vel non orant, vel frigidè orant. Num propter tales, hujus sententiæ veritas deserenda, aut ex Evangelio delenda putabitur?* « Il y en a qui frappés de cette
» parole de Jésus-Christ, que Dieu fait ce qu'il nous faut,
» avant que nous le lui demandions ; ou négligent de prier,
» ou ne prient qu'avec tiédeur. Faut-il, à cause de ces gens-
» là, renoncer à la vérité de la prescience de Dieu ou l'ef-
» facer de l'Evangile? » S. Aug. du don de la Persév. c. xvi.
Et dans le c. xix. le même docteur ajoute : « Saint Cyprien
» et saint Ambroise, qui ont relevé le prix et la force de la
» Grâce jusqu'à dire, l'un, qu'il n'y a rien dont nous puis-
» sions nous glorifier, parce qu'il n'y a rien qui vienne de

» nous; et l'autre, que notre cœur et nos pensées ne sont
» point en notre pouvoir, n'ont pas cessé pour cela d'em-
» ployer les exhortations et les corrections pour porter
» les hommes à l'observation des commandemens de Dieu.
» Et ils ne craignoient pas qu'on leur dît : Pourquoi nous ex-
» horter et nous reprendre, s'il est vrai que nous n'ayons rien
» de bon qui vienne de nous, et si notre cœur et nos pensées
» ne sont point en notre pouvoir? » *Cyprianus et Ambrosius
cùm sic prædicarent Dei Gratiam, ut unus eorum diceret :
In nullo gloriandum, quoniam nostrum nihil est; alter autem :
Non est in potestate nostrâ cor nostrum et nostræ cogita-
tiones, non tamen hortari et corripere destiterunt ut fierent
præcepta divina. Nec timuerunt ne diceretur eis : quid nos
hortamini; quid et corripitis si nihil boni habeamus quod sit
nostrum, si non est in potestate nostrâ cor nostrum ?*

### *Page 74, vers 23.*
#### Détestable pensée! Affreuse conséquence!

L'espérance et la crainte sont deux contre-poids qui soutiennent l'homme entre deux précipices, la présomption et
le désespoir. Il suffit pour espérer, de savoir que la miséricorde de Dieu est infinie; il suffit pour craindre, de savoir
que la persévérance est un don qu'il ne doit à personne.

### *Même page, vers 25 et 26.*
#### Dans le trouble où vous jette un douteux avenir,
#### Ignorant votre arrêt vous l'osez prévenir.

*Quid metuis, si in viâ ambulas? Tunc time si deseris viam.*
« Que craignez-vous si vous marchez dans le chemin? Vous
» n'avez à craindre qu'en abandonnant la voie qui mène à
» Dieu. » S. Aug. Serm. 142.

### *Page 75, vers 9.*
#### Où sont donc pour le ciel les efforts que vous faites?

« Dieu nous a prédestinés, dit le P. Bourdaloue, comme

» des créatures raisonnables, libres, capables de mériter, et
» qui doivent gagner le ciel par titre de conquête ou de ré-
» compense. »

*Page 75, vers 15 et 16.*

Si mon sort est douteux, je le rendrai certain.
Je travaille, je cours, et ne cours pas en vain.

M. de Nointel, ambassadeur à la Porte, avoit écrit à M. Arnauld touchant la manière dont les Turcs raisonnent sur la prédestination. M. Arnauld lui répond, Lettre 147 : « Le
» meilleur est de ne se point enfoncer sur ces matières qui
» sont impénétrables. Il est certain que tout ce qui arrive
» dans le monde est réglé par la providence de Dieu, et que
» le péché même, dont il n'est pas l'auteur, rentre dans cet
» ordre, parce qu'il n'arrive point qu'il ne le permette, et
» qu'il ne le permet que pour en tirer du bien..... Mais l'er-
» reur des Turcs est qu'ils séparent les moyens par lesquels
» les événemens arrivent, des événemens même ordonnés de
» Dieu : ce qui fait qu'ils croient qu'il ne sert de rien d'éviter
» les périls, parce que Dieu ayant réglé ce qui devoit arriver,
» il n'est pas en notre pouvoir de l'éviter. Mais Dieu ne l'ayant
» réglé qu'en attachant la cause aux effets, je fais bien de ne
» me pas exposer à la peste sans nécessité, parce que ne m'y
» exposant pas, je ne la gagnerai pas; et ne la gagnant pas,
» je n'en mourrai pas; et par-là je ne changerai pas l'ordre
» de la Providence; mais je me serai conduit d'une manière
» sage, et qui sera conforme à cet ordre. Après tout, néan-
» moins, il en faut toujours revenir là, qu'il y a quelque
» chose en tout cela qu'on ne sauroit comprendre. »

*Même page, vers 28.*

Il m'aime : du pécheur il ne veut point la mort;

*Misericors et miserator Dominus, in his quibus veniam dedit, in his quibus adhuc non dedit, longanimis, non damnans, sed expectans.... vocat te nunc, exhortatur te,*

*expectat donec respiciat, et tu tardas!* « Le Seigneur est
» plein de miséricorde à l'égard de ceux dont il a pardonné
» les péchés; il est patient à l'égard de ceux auxquels il ne les
» a pas encore pardonnés; il ne les condamne pas, mais il les
» attend, et par-là semble leur crier : Revenez à moi, et je
» reviendrai à vous.... Dieu vous appelle aujourd'hui; Dieu
» vous exhorte et attend que vous rentriez en vous-mêmes;
» et vous différez de le faire! » S. Aug.

### Page 76, vers 29.

Entre tant d'appelés, pourquoi si peu d'élus?

« On demande, dit le P. Bourdaloue, s'il est à propos que
» les prédicateurs prêchent dans la chaire la vérité du petit
» nombre des élus. J'aimerois autant qu'on demandât si l'on
» doit prêcher l'Evangile en chaire. Prêchons-le sans en rien
» retrancher, ni rien adoucir; prêchons-le dans toute son
» étendue, dans toute sa sévérité. Malheur à quiconque s'en
» scandalisera... S'il y en a quelques-uns que ce sujet déses-
» père, qui sont-ils? Ceux qui ne veulent pas bien leur salut.
» Tout bien examiné, il vaudroit mieux, si je l'ose dire,
» les désespérer ainsi pour quelque temps, que de les laisser
» dans leur aveuglement. » Pensées du P. Bourdaloue, Titre
du petit nombre des élus.

### Page 77, vers 7.

Nous tremblons..... C'est assez, unissons notre foi :

Qui tremble, croit, et qui croit, a le principe du salut.
Ainsi, la crainte même est un sujet d'espérance. Dans quelque
abyme que l'on soit, on en peut crier: *De profundis clamavi.*

### Page 78, vers 5 et 6.

Donne-nous ces secours que tu nous as promis;
Donne la Grâce enfin même à ses ennemis.

*Oremus, dilectissimi, oremus ut Deus Gratiæ det etiam
inimicis nostris, maximèque fratribus et dilectoribus nostris,
intelligere et confiteri, post ingentem et ineffabilem ruinam,
quâ in uno omnes cecidimus, neminem nisi Gratiâ Dei libe-*

*rari, eamque non secundùm merita accipientium, tanquam debitam reddi, sed tanquam veram gratiam, nullis meritis præcedentibus, gratis dari.* « Prions, mes très-chers frères,
» prions l'Auteur de la Grâce de faire que nos ennemis
» mêmes, et sur-tout nos amis et nos frères, comprennent
» et confessent que depuis cette grande et ineffable ruine où
» la chute d'un seul nous a tous précipités, nul n'est délivré
» que par la Grâce de Dieu, que cette Grâce n'est point
» donnée comme une dette et une récompense des mérites,
» mais qu'étant véritablement Grâce, elle se donne gratuite-
» ment, sans qu'aucun mérite la précède. »

FIN.

# LA RELIGION,

## POËME.

# PRÉFACE.

La raison qui me démontre avec tant de clarté l'existence d'un Dieu, me répond si obscurément lorsque je l'interroge sur la nature de mon âme, et garde un silence si profond quand je lui demande la cause des contrariétés qui sont en moi, qu'elle même me fait sentir la nécessité d'une révélation, et me force à la désirer. Je cherche parmi les différentes religions, celle dont cette révélation doit être le fondement. Par le premier de tous les livres, que me donne le premier de tous les peuples, et par la suite de l'histoire du monde, je trouve à la religion chrétienne tous les caractères de certitude que je souhaite. Plein d'admiration pour elle, je m'y soumettrois aussitôt, si je n'étois arrêté par l'obscurité de ses mystères et par la sévérité de sa morale. J'examine la foiblesse de mon esprit, et je reconnois que ma raison ne doit pas être ma seule lumière. J'examine mon cœur, et je reconnois que la morale chrétienne est conforme à ses besoins. J'embrasse avec joie une religion aussi aimable que respectable.

Tel est le plan de cet ouvrage, que j'ai conduit sur cette courte pensée de M. Pascal : « A ceux qui ont de
» la répugnance pour la religion, il faut commencer par
» leur montrer qu'elle n'est pas contraire à la raison, ensuite
» qu'elle est vénérable ; après, la rendre aimable,
» faire souhaiter qu'elle soit vraie, montrer qu'elle est
» vraie, et enfin qu'elle est aimable. »

Cette pensée est l'abrégé de tout ce poëme, dans lequel j'ai souvent fait usage des autres pensées du même auteur, aussi bien que des sublimes réflexions de M. de Meaux sur l'histoire universelle. En suivant ces deux grands maîtres, j'ai choisi les deux hommes qui ont écrit sur la religion de la manière la plus convaincante, la plus noble et la plus digne d'elle.

Quoique chaque chant contienne une matière différente, et fasse pour ainsi dire un poëme particulier, ils doivent tous cependant répondre au dessein général et être liés ensemble, de façon que le premier amène le second, celui-ci le troisième, et ainsi des autres.

### CHANT I.

La vérité fondamentale de toutes les autres vérités, est l'existence d'un Dieu. Elle fait le sujet du premier chant. J'en tire la preuve des merveilles de la nature et de l'harmonie de toutes ses parties, qui concourant à la même fin, font voir l'unité du dessein de l'ouvrier. Je montrerai dans la suite que cette même unité de dessein règne aussi dans l'établissement de la religion, parce que ces deux grands ouvrages ont le même auteur. L'idée que nous avons d'un Dieu me fournit la seconde preuve. Cette idée est commune à tous les hommes, qui n'ont couru après les fausses divinités, que parce qu'ils cherchoient la véritable. Ainsi l'idolatrie me fournit une nouvelle preuve. La dernière preuve est prise de notre conscience intérieure, et de la loi naturelle, qui avant toutes les autres lois, a toujours forcé les hommes à condamner l'injustice, et à admirer la vertu.

### CHANT II.

La nécessité de se bien connoître soi-même, pour bien connoître Dieu, conduit au second chant. J'imite le langage d'un homme, qui après avoir perdu ses premières années dans des études frivoles, veut faire la plus importante des études, qui est celle de soi-même. J'ouvre les yeux sur moi, et je suis étonné des contrariétés que j'y trouve. Que suis-je? Mon bonheur ne peut être ici-bas, puisque j'y dois rester si peu. Quand j'en sortirai, où irai-je? Mon âme est-elle immortelle? Ma raison m'en donne des assurances que je saisis avec joie; cependant, comme je crains que mon intérêt à croire une vérité si consolante ne m'en ait fait trop aisément recevoir les preuves, je veux m'instruire de ce que la raison a dit aux plus fameux philosophes de l'antiquité. Je les vois tous divisés entre eux par des systèmes qui ne m'expliquent rien. Platon me contente plus que les autres; mais quand je lui demande la cause de mes malheurs il se tait. Ces philosophes ont connu notre misère, et tous en ont ignoré la cause. Le silence de la raison m'alarme; mais lorsque je suis prêt à me désespérer, j'apprends que Dieu a parlé aux hommes. Quel est ce peuple dépositaire de sa parole? La raison qui m'a fait sentir la nécessité d'une révélation, m'anime à la chercher.

### CHANT III.

Cette recherche est la matière du troisième chant. Deux religions partagent presque toute la terre: la chrétienne et la mahométane. Mahomet, en avouant qu'il n'est venu qu'après Jesus-Christ, par cet aveu favorable aux Chrétiens me renvoie à eux. Les Chrétiens, pour me faire connoître l'antiquité de leur religion, me renvoient aux Juifs, et les Juifs me renvoient à leurs livres sacrés. Le misérable état de ce peuple, et son obstination à attendre un Messie, sont des preuves vivantes du livre qu'il conserve avec tant de soin, puisqu'il contient une claire prédiction de ce double événement. Ce livre m'explique l'énigme que la raison n'avoit pu pénétrer. Ce livre m'apprend ensuite l'histoire de la naissance du monde, et celle du peuple favorisé de Dieu. Tandis que tous les autres s'égarent dans l'idolatrie, l'idée pure d'un seul Etre infini reste chez ce peuple plus ignorant que les autres. Mais une protection visible le sauve du naufrage: Dieu le rappelle sans cesse à lui, ou par des miracles, ou par des prophètes. Je m'arrête à ces prophètes. Surpris de leurs prédictions, ainsi que des figures aussi claires que les prophéties, je reconnois un Dieu toujours occcupé de son grand ouvrage, qui tantôt nous le fait annoncer par des hommes qu'il inspire, et tantôt nous le fait envisager de loin dans des images si ressemblantes.

### CHANT IV.

La venue d'un libérateur tant de fois prédit et figuré, est le sujet du quatrième chant. L'enchaînement des révolutions des empires avec l'établissement de la religion chrétienne, en prouve la divinité. Son histoire est celle du monde, parce que Dieu, par l'unité de son dessein, rapporte tous les événemens à son grand ouvrage. La réunion de presque tous les empires à l'Empire Romain, si favorable au progrès de l'Évangile, conduit à la paix générale de la terre sous Auguste. Cette paix prépare les Païens au renouvellement des siècles prédit par leurs oracles, et les Juifs à la venue de ce Messie prédit par leurs prophètes. Dans cette attente générale, Jesus-Christ paroît, prouve sa mission par ses miracles et par sa doctrine. Le châtiment des Juifs prouve leur crime. Le rapide progrès de la religion, les Martyrs, et leurs miracles font tomber le paganisme en ruine; et il est entièrement aboli par les barbares que Dieu appelle du fond du Nord pour détruire Rome enivrée du sang chrétien, et former une Rome nouvelle, dont la grandeur, qu'elle conserve jusqu'aujourd'hui, sert encore de preuve à une religion déjà prouvée par tant de faits. Mais quelque admirable qu'elle soit par son histoire, elle semble par ses mystères et par sa morale révolter l'esprit et le cœur. Il me reste à parler à l'un et à l'autre.

### CHANT V.

Je tâche dans ce cinquième chant d'humilier cet esprit si fier. Les mystères, il est vrai, paroissent contredire la raison; mais la raison ne doit pas être notre seule lumière : par elle seule nous ne sommes qu'ignorance ; comment pourrions-nous lire dans le grand livre des secrets du ciel, puisque nous ne lisons presque rien dans le livre de la nature, qui semble ouvert à nos pieds? Qu'avons-nous appris depuis que nous l'étudions ? Quelques faits, jamais les causes primitives. La nature ne nous laisse jamais entrer dans son sanctuaire. Une histoire abrégée de nos progrès dans la physique en est la preuve. Le hasard qui nous a procuré quelques découvertes, nous a peu à peu guéris de nos anciennes erreurs. La raison a semblé établir son regne depuis Descartes et Newton ; mais tous deux, en nous montrant la grandeur de l'esprit humain, en ont aussi montré la foiblesse, puisqu'ils se sont égarés comme les autres, quand ils ont voulu passer les bornes que Dieu a prescrites à notre curiosité. L'homme peut-il seulement savoir la cause de la pesanteur? Sait-il comment se fait la digestion? Connoît-il la cause de la fiévre, et la vertu du quinquina? Tout est voilé pour lui dans la nature; mais il y met encore un nouveau voile, s'il éteint le flambeau de la religion. Pourra-t-il m'expliquer pourquoi il n'est qu'ignorance; pourquoi la terre est pleine de désordres et d'imperfections? Ou Dieu n'a pas voulu rendre son ouvrage plus parfait, ou il ne l'a pu. Des deux côtés le déiste trouve un abyme, tandis que moi, pour qui la foi lève un coin du voile, j'en vois assez pour n'être plus dans les ténèbres. La religion, en m'apprenant les causes de tous les désordres et de nos malheurs, m'apprend à mettre ces malheurs à profit, et me montre que notre ignorance, peine du péché, doit nous engager à ne pas perdre un temps si court dans des recherches inutiles. Une religion qui me répond plus clairement que la philosophie, et qui se suit avec tant d'ordre, ne peut être une invention humaine. Je n'ai plus de doute, et ma raison n'en trouve point la lumière contraire à la sienne; mais ces deux flambeaux se réunissent, et ne font qu'une clarté pour moi.

### CHANT VI.

Après avoir combattu les athées dans le premier chant, et les déistes dans les quatre suivans, j'attaque dans le dernier ceux qui ne sont incrédules que par lâcheté. Leur opposition à croire ne vient que de leur opposition à pratiquer : ils feroient à la religion le sacrifice de leurs lumières, si elle n'exigeoit pas encore le sacrifice des passions. Quand le cœur n'est point touché, l'esprit qui en est toujours la dupe, cherche des prétextes pour excuser sa révolte. C'est aussi le cœur que j'attaque, en montrant la conformité de la morale, de la raison, avec celle de la religion. La première a été connue des poètes, même les plus voluptueux, mais elle n'a point été pratiquée par les philosophes, même les plus sévères; au lieu que la morale de la religion a changé l'univers, parce qu'elle est fondée sur l'amour, qui rend tous les préceptes faciles. Cet amour qui a allumé la ferveur des premiers siècles, va toujours en s'affoiblissant, ainsi qu'il a été prédit. Quand il sera prêt à s'éteindre, Dieu viendra juger les hommes; et au dernier jour du monde sera consommé le grand ouvrage de la religion, qui commença le premier jour du monde.

Un sujet si vaste, si intéressant et si riche, n'a pas besoin, pour se soutenir, d'autres ornemens que de ceux qu'il fournit de son propre fonds. Je perdrois le respect que je dois à mon sujet, si je m'égarois en quelques fictions. Dans tout autre poëme didactique, elles pourroient trouver place de temps en temps pour délasser de la froideur des préceptes et des raisonnemens ; mais elles n'en peuvent trouver dans celui-ci. La religion est si grave, que la fiction la plus sage prend auprès d'elle un air de fable, qui ne peut s'allier avec la vérité.

C'est ce mélange monstrueux qu'on condamne avec raison dans le poëme de Sannazar : on se rebute d'entendre les merveilles saintes dans la bouche de Protée, le catalogue des Néréides qui environnent Jésus-Christ lorsqu'il marche sur les eaux; et l'on méprise les hommages que lui rend Neptune, lorsqu'à son aspect il baisse son trident. Cependant ce poëme qui coûta vingt ans de travail à l'auteur, lui attira des brefs honorables de deux souverains pontifes, dans l'un desquels Léon X remercie la Providence, qui a permis que l'Eglise trouvât un si grand défenseur que Sannazar, dans un temps où elle étoit attaquée par tant d'ennemis. *Divinâ factum Providentiâ ut divina Sponsa tot impiis oppugnatoribus laceratoribusque lacessita, talem tantumque nacta sit propugnatorem.* Non qu'un pape si éclairé pût approuver l'abus que le poète avoit fait des ornemens de la Fable, ni penser que le Jourdain, parlant de Jésus-Christ à ses nymphes, pût convertir les hérétiques et les incrédules, mais parce qu'on a toujours senti combien il étoit louable à un poète de consacrer son travail à des sujets utiles, et surtout à la gloire de la religion.

J'avoue qu'en renonçant aux beautés brillantes de la fiction, il faut peut-être renoncer aussi au titre de poète, et se contenter du rang de versificateur; mais comme l'utilité des hommes doit être le principal objet d'un écrivain sage, je serois assez récompensé de mon travail, si ma versification contribuoit à imprimer plus facilement dans la mémoire, des vérités qui intéressent tous les hommes. Quelquefois même la versification est gênée par la matière, qui ne permet pas qu'on se livre à toute son imagination, et dans laquelle on doit sacrifier, quand il le faut, les ornemens à la justesse du raisonnement.

Ce fut le seul amour de l'utilité publique, et non l'ambition de passer pour poète, qui engagea le célèbre Grotius à mettre d'abord en vers hollandais, quoique dans un style simple et à la portée du vulgaire, son excellent Traité de la Vérité de la Religion chrétienne, qu'il donna depuis en prose latine, et qui a été traduit en tant de langues. Il voulut fournir à ses compatriotes, que le commerce conduit parmi tant de nations, et par conséquent parmi tant d'opinions, un ouvrage dont la lecture servît à les affermir dans la foi, en même temps qu'elle les délasseroit pendant ces momens d'oisiveté que laisse une longue navigation. Et lorsqu'il osa mettre en vers un sujet pareil, il s'attendit à cette indulgence qu'on doit avoir pour les auteurs, qui suivant les paroles d'un ancien, dans une entreprise dont la difficulté ne les a point rebutés, ont préféré le désir d'être utiles, à l'ambition de plaire : (1) *Qui difficultatibus victis, utilitatem juvandi prætulerunt gratiæ placendi.*

C'est encore à l'exemple de cet homme illustre, que j'ai ajouté des notes, dont la plupart sont absolument nécessaires, ou pour développer les raisonnemens, ou pour autoriser les faits. J'établis presque tous ces faits sur le témoignage des écrivains païens, parce que les aveux de nos ennemis sont des preuves pour nous. Si je cite quelquefois les poètes et les philosophes profanes, c'est pour faire voir que sur des vérité si importantes, les plus grands génies de l'antiquité ont pensé comme nous, parce que la raison a tenu le même langage à tous ceux qui l'ont écoutée attentivement ; que loin d'être contraire à la religion, comme le croient ceux qui ne l'ont pas bien con-

---

(1) Pline, nat.

sultée, c'est elle au contraire qui nous en a fait sentir la nécessité; qui nous y conduit comme par la main, et qui entrant avec nous dans le temple, s'y prosterne, et écoute en silence.

# LA RELIGION,

## POËME.

### CHANT PREMIER.

La raison dans mes vers conduit l'homme à la foi.
C'est elle, qui portant son flambeau devant moi,
M'encourage à chercher mon appui véritable,
M'apprend à le connoître, et me le rend aimable.
Faux sages, faux savans, indociles esprits,
Un moment, fiers mortels, suspendez vos mépris.
La raison, dites-vous, doit être notre guide.
A tous mes pas aussi cette raison préside.
Sous la divine loi que vous osez braver,
C'est elle-même ici qui va me captiver,
Et parle à tous les cœurs, qu'elle invite à s'y rendre :
Vous donc qui la vantez, daignez du moins l'entendre.

Et vous qui du saint joug connoissez tout le prix,
C'est encore pour vous que ces vers sont écrits.
Celui que la grandeur remplit de son ivresse,
Relit avec plaisir ses titres de noblesse :
Ainsi le vrai Chrétien recueille avec ardeur
Les preuves de sa foi, titres de sa grandeur :
Doux trésor, qui d'une âme à ses biens attentive
Rend l'amour plus ardent, l'espérance plus vive !

Et qui de nous, hélas, n'a jamais chancelé ?
Le prophète lui-même est souvent ébranlé.
Il n'est point ici-bas de lumière sans ombres.
Dieu ne s'y montre à nous que sous des voiles sombres :
La colonne qui suit dans ce désert affreux,
Tourne aussi quelquefois son côté ténébreux.
Puissent mes heureux chants consoler le fidelle !
Et puissent-ils aussi confondre le rebelle !

L'hommage t'en est dû, je te l'offre, ô grand roi !
L'objet de mes travaux les rend dignes de toi.
Quand de l'impiété poursuivant l'insolence,
De la religion j'embrasse la défense,
Oserois-je tenter ces chemins non frayés,
Si tu n'étois l'appui de mes pas effrayés ?
Ton nom, roi très-chrétien, fils aîné d'une mère
Qui t'inspire un respect si tendre et si sincère ;
Ton nom seul me rassure, et, mieux que tous mes vers,
Confond les ennemis du maître que tu sers.

Et toi, de tous les cœurs la certaine espérance,
Et du bonheur public la seconde assurance,
Cher prince, en qui le ciel fait croître chaque jour
Les grâces et l'esprit, autant que notre amour ;
Dans le hardi projet de mon pénible ouvrage
Daigne au moins d'un regard animer mon courage.
C'est ta foi que je chante ; et ceux dont tu la tiens,
En furent de tous temps les augustes soutiens.
Oui, c'est un Dieu caché, que le Dieu qu'il faut croire.
Mais, tout caché qu'il est, pour révéler sa gloire
Quels témoins éclatans devant moi rassemblés !
Répondez, cieux et mers ; et vous, terre, parlez.

Quel bras peut vous suspendre, innombrables étoiles?
Nuit brillante, dis-nous qui t'a donné tes voiles?
O cieux, que de grandeur, et quelle majesté!
J'y reconnois un maître à qui rien n'a coûté,
Et qui dans nos déserts a semé la lumière,
Ainsi que dans nos champs il sème la poussière.
Toi qu'annonce l'aurore, admirable flambeau,
Astre toujours le même, astre toujours nouveau,
Par quel ordre, ô soleil, viens-tu du sein de l'onde
Nous rendre les rayons de ta clarté féconde?
Tous les jours je t'attends, tu reviens tous les jours:
Est-ce moi qui t'appelle et qui règle ton cours?
Et toi dont le courroux veut engloutir la terre,
Mer terrible, en ton lit quelle main te resserre?
Pour forcer ta prison tu fais de vains efforts:
La rage de tes flots expire sur tes bords.
Fais sentir ta vengeance à ceux dont l'avarice
Sur ton perfide sein va chercher son supplice.
Hélas, prêts à périr, t'adressent-ils leurs vœux?
Ils regardent le ciel, secours des malheureux.
La nature qui parle en ce péril extrême,
Leur fait lever les mains vers l'asile suprême:
Hommage que toujours rend un cœur effrayé
Au Dieu que jusqu'alors il avoit oublié.

 La voix de l'univers à ce Dieu me rappelle.
La terre le publie. « Est-ce moi, me dit-elle,
» Est-ce moi qui produis mes riches ornemens?
» C'est celui dont la main posa mes fondemens.
» Si je sers tes besoins, c'est lui qui me l'ordonne:
» Les présens qu'il me fait, c'est à toi qu'il les donne:

» Je me pare des fleurs qui tombent de sa main ;
» Il ne fait que l'ouvrir, et m'en remplit le sein.
» Pour consoler l'espoir du laboureur avide,
» C'est lui qui dans l'Egypte, où je suis trop aride,
» Veut qu'au moment prescrit, le Nil loin de ses bords
» Répandu sur ma plaine, y porte mes trésors.
» A de moindres objets tu peux le reconnoître :
» Contemple seulement l'arbre que je fais croître.
» Mon suc dans la racine à peine répandu,
» Du tronc qui le reçoit, à la branche est rendu :
» La feuille le demande, et la branche fidelle,
» Prodigue de son bien, le partage avec elle.
» De l'éclat de ses fruits justement enchanté,
» Ne méprise jamais ces plantes sans beauté,
» Troupe obscure et timide, humble et foible vulgaire.
» Si tu sais découvrir leur vertu salutaire,
» Elles pourront servir à prolonger tes jours.
» Et ne t'afflige pas si les leurs sont si courts :
» Toute plante en naissant déjà renferme en elle,
» D'enfans qui la suivront une race immortelle :
» Chacun de ces enfans, dans ma fécondité
» Trouve un gage nouveau de sa postérité. »
  Ainsi parle la terre, et charmé de l'entendre,
Quand je vois par ses nœuds que je ne puis comprendre,
Tant d'êtres différens l'un à l'autre enchaînés,
Vers une même fin constamment entraînés,
A l'ordre général conspirer tous ensemble,
Je reconnois partout la main qui les rassemble ;
Et d'un dessein si grand j'admire l'unité,
Non moins que la sagesse et la simplicité.

Mais

Mais pour toi que jamais ces miracles n'étonnent,
Stupide spectateur des biens qui t'environnent,
O toi qui follement fais ton Dieu du hasard,
Viens me développer ce nid qu'avec tant d'art,
Au même ordre toujours architecte fidelle,
A l'aide de son bec maçonne l'hirondelle !
Comment pour élever ce hardi bâtiment,
A-t-elle en le broyant arrondi son ciment ?
Et pourquoi ces oiseaux si remplis de prudence
Ont-ils de leurs enfans su prévoir la naissance ?
Que de berceaux pour eux aux arbres suspendus !
Sur le plus doux coton que de lits étendus !
Le père vole au loin, cherchant dans la campagne
Des vivres qu'il rapporte à sa tendre compagne ;
Et la tranquille mère attendant son secours,
Echauffe dans son sein le fruit de leurs amours.
Des ennemis souvent ils repoussent la rage,
Et dans de foibles corps s'allume un grand courage.
Si chèrement aimés leurs nourrissons un jour,
Aux fils qui naîtront d'eux rendront le même amour.
Quand des nouveaux zéphyrs l'haleine fortunée
Allumera pour eux le flambeau d'hymenée,
Fidellement unis par leurs tendres liens
Ils rempliront les airs de nouveaux citoyens :
Innombrable famille, où bientôt tant de frères
Ne reconnoîtront plus leurs aïeux ni leurs pères.
Ceux qui de nos hivers redoutant le courroux,
Vont se réfugier dans des climats plus doux,
Ne laisseront jamais la saison rigoureuse
Surprendre parmi nous leur troupe paresseuse.

Dans un sage conseil par les chefs assemblé,
Du départ général le grand jour est réglé ;
Il arrive : tout part ; le plus jeune peut-être
Demande, en regardant les lieux qui l'ont vu naître,
Quand viendra ce printemps par qui tant d'exilés
Dans les champs paternels se verront rappelés ?

 A nos yeux attentifs que le spectacle change :
Retournons sur la terre, où jusque dans la fange
L'insecte nous appelle, et certain de son prix
Ose nous demander raison de nos mépris.
De secrètes beautés quel amas innombrable !
Plus l'auteur s'est caché, plus il est admirable.
Quoiqu'un fier éléphant, malgré l'énorme tour
Qui de son vaste dos me cache le contour,
S'avance sans ployer sous ce poids qu'il méprise,
Je ne t'admire pas avec moins de surprise,
Toi qui vis dans la boue, et traînes ta prison,
Toi que souvent ma haine écrase avec raison,
Toi-même insecte impur, quand tu me développes
Les étonnans ressorts de tes longs télescopes,
Oui, toi, lorsqu'à mes yeux tu présentes les tiens
Qu'élèvent par degrés leurs mobiles soutiens.
C'est dans un foible objet, imperceptible ouvrage,
Que l'art de l'ouvrier me frappe davantage.
Dans un champ de blés mûrs, tout un peuple prudent
Rassemble pour l'Etat un trésor abondant.
Fatigués du butin qu'ils traînent avec peine,
De foibles voyageurs arrivent sans haleine
A leurs greniers publics, immenses souterrains,
Où par eux en monceaux sont élevés ces grains,

Dont le père commun de tous tant que nous sommes,
Nourrit également les fourmis et les hommes.
Et tous nourris par lui, nous passons sans retour,
Tandis qu'une chenille est rappelée au jour !
De l'empire de l'air cet habitant volage,
Qui porte à tant de fleurs son inconstant hommage,
Et leur ravit un suc qui n'étoit pas pour lui,
Chez ces frères rampans qu'il méprise aujourd'hui,
Sur la terre autrefois traînant sa vie obscure,
Sembloit vouloir cacher sa honteuse figure.
Mais les temps sont changés, sa mort fut un sommeil.
On le vit plein de gloire à son brillant réveil,
Laissant dans le tombeau sa dépouille grossière,
Par un sublime essor voler vers la lumière.
O ver, à qui je dois mes nobles vêtemens,
De tes travaux si courts que les fruits sont charmans !
N'est-ce donc que pour moi que tu reçois la vie ?
Ton ouvrage achevé, ta carrière est finie.
Tu laisses de ton art des héritiers nombreux,
Qui ne verront jamais leur père malheureux.
Je te plains, et j'ai dû parler de tes merveilles ;
Mais ce n'est qu'à Virgile à chanter les abeilles.

 Le roi pour qui sont faits tant de biens précieux,
L'homme élève un front noble, et regarde les cieux.
Ce front, vaste théâtre où l'âme se déploie,
Est tantôt éclairé des rayons de la joie,
Tantôt enveloppé du chagrin ténébreux.
L'amitié tendre et vive y fait briller ces feux,
Qu'en vain veut imiter dans son zèle perfide
La trahison, que suit l'envie au teint livide ;

Un mot y fait rougir la timide pudeur ;
Le mépris y réside, ainsi que la candeur,
Le modeste respect, l'imprudente colère,
La crainte et la pâleur, sa compagne ordinaire,
Qui dans tous les périls funestes à mes jours,
Plus prompte que ma voix appelle du secours.
A me servir aussi cette voix empressée,
Loin de moi quand je veux va porter ma pensée ;
Messagère de l'âme, interprète du cœur,
De la société je lui dois la douceur.
Quelle foule d'objets l'œil réunit ensemble !
Que de rayons épars ce cercle étroit rassemble !
Tout s'y peint tour-à-tour. Le mobile tableau
Frappe un nerf qui l'élève, et le porte au cerveau.
D'innombrables filets, ciel, quel tissu fragile !
Cependant ma mémoire en a fait son asile,
Et tient dans un dépôt fidèle et précieux,
Tout ce que m'ont appris mes oreilles, mes yeux ;
Elle y peut à toute heure et remettre et reprendre,
M'y garder mes trésors, exacte à me les rendre.
Là ces esprits subtils toujours prêts à partir
Attendent le signal qui les doit avertir ;
Mon âme les envoie ; et ministres dociles
Je les sens répandus dans mes membres agiles :
A peine ai-je parlé qu'ils sont accourus tous.
Invisibles sujets, quel chemin prenez-vous ?
Mais qui donne à mon sang cette ardeur salutaire ?
Sans mon ordre il nourrit ma chaleur nécessaire.
D'un mouvement égal il agite mon cœur ;
Dans ce centre fécond il forme sa liqueur ;

Il vient me réchauffer par sa rapide course ;
Plus tranquille et plus froid il remonte à sa source ;
Et toujours s'épuisant se ranime toujours.
Les portes des canaux destinés à son cours,
Ouvrent à son entrée une libre carrière,
Prêtes, s'il reculoit, d'opposer leur barrière.
Ce sang pur s'est formé d'un grossier aliment :
Changement que doit suivre un nouveau changement ;
Il s'épaissit en chair ; dans mes chairs qu'il arrose,
En ma propre substance il se métamorphose.
Est-ce moi qui préside au maintien de ces loix ;
Et pour les établir ai-je donné ma voix ?
Je les connois à peine. Une attentive adresse
Tous les jours m'en découvre et l'ordre et la sagesse.
De cet ordre secret reconnoissons l'auteur.
Fut-il jamais des lois sans un législateur ?
Stupide Impiété, quand pourras-tu comprendre
Que l'œil est fait pour voir, l'oreille pour entendre ?
Ces oreilles, ces yeux, celui qui les a faits
Est-il aveugle et sourd ? Que d'ouvrages parfaits,
Que de riches présens t'annoncent sa puissance !

 Où sont-ils ces objets de ma reconnoissance ?
Est-ce un coteau riant ? Est-ce un riche vallon ?
Hâtons-nous d'admirer : le cruel Aquilon
Va rassembler sur nous son terrible cortége,
Et la foudre et la pluie, et la grêle et la neige.
L'homme a perdu ses biens, la terre ses beautés.
Et plus loin qu'offre-t-elle à nos yeux attristés ?
Des antres, des volcans et des mers inutiles,
Des abymes sans fin, des montagnes stériles,

3

Des ronces, des rochers, des sables, des déserts.
Ici de ses poisons elle infecte les airs;
Là rugit le lion, où rampe la couleuvre.
De ce Dieu si puissant voilà donc le chef-d'œuvre !

Et tu crois, ô mortel, qu'à ton moindre soupçon,
Aux pieds du tribunal qu'érige ta raison,
Ton maître obéissant doit venir te répondre ?
Accusateur aveugle, un mot va te confondre.
Tu n'apperçois encor que le coin du tableau :
Le reste t'est caché sous un épais rideau ;
Et tu prétends déjà juger de tout l'ouvrage !
A ton profit, ingrat, je vois une main sage
Qui ramène ces maux dont tu te plains toujours.
Notre art, des poisons même emprunte du secours.
Mais pourquoi ces rochers, ces vents et ces orages ?
Daigne apprendre de moi leurs secrets avantages,
Et ne consulte plus tes yeux souvent trompeurs.

La mer, dont le soleil attire les vapeurs,
Par ces eaux qu'elle perd voit une mer nouvelle
Se former, s'élever et s'étendre sur elle.
De nuages légers cet amas précieux,
Que dispersent au loin les vents officieux,
Tantôt, féconde pluie, arrose nos campagnes,
Tantôt retombe en neige, et blanchit nos montagnes.
Sur ces rocs sourcilleux, de frimas couronnés,
Réservoirs des trésors qui nous sont destinés,
Les flots de l'Océan apportés goutte à goutte
Réunissent leur force et s'ouvrent une route.
Jusqu'au fond de leur sein lentement répandus,
Dans leurs veines errans, à leurs pieds descendus;

On les en voit enfin sortir à pas timides;
D'abord foibles ruisseaux, bientôt fleuves rapides.
Des racines des monts qu'Annibal sut franchir,
Indolent Ferrarois le Pô va t'enrichir.
Impétueux enfant de cette longue chaîne,
Le Rhône suit vers nous le penchant qui l'entraîne;
Et son frère emporté par un contraire choix,
Sorti du même sein va chercher d'autres loix.
Mais enfin terminant leurs courses vagabondes,
Leur antique séjour redemande leurs ondes :
Ils les rendent aux mers; le soleil les reprend :
Sur les monts, dans les champs l'Aquilon nous les rend.
Telle est de l'univers la constante harmonie.
De son empire heureux la discorde est bannie :
Tout conspire pour nous, les montagnes, les mers,
L'astre brillant du jour, les fiers tyrans des airs.
Puisse le même accord régner parmi les hommes !

 Reconnoissons du moins celui par qui nous sommes,
Celui qui fait tout vivre, et qui fait tout mouvoir.
S'il donne l'être à tout, l'a-t-il pu recevoir ?
Il précède les temps : qui dira sa naissance ?
Par lui l'homme, le ciel, la terre, tout commence,
Et lui seul infini n'a jamais commencé.

 Quelle main, quel pinceau dans mon âme a tracé
D'un objet infini l'image incomparable?
Ce n'est point à mes sens que j'en suis redevable.
Mes yeux n'ont jamais vu que des objets bornés,
Impuissans, malheureux, à la mort destinés.
Moi-même je me place en ce rang déplorable,
Et ne puis me cacher mon malheur véritable;

Mais d'un Être infini je me suis souvenu
Dès le premier instant que je me suis connu.
D'un maître souverain redoutant la puissance,
J'ai malgré ma fierté senti ma dépendance.
Qu'il est dur d'obéir et de s'humilier !
Notre orgueil cependant est contraint de plier :
Devant l'Être éternel tous les peuples s'abaissent ;
Toutes les nations en tremblant le confessent.
Quelle force invisible a soumis l'univers ?
L'homme a-t-il mis sa gloire à se forger des fers ?

 Oui, je trouve partout des respects unanimes,
Des temples, des autels, des prêtres, des victimes :
Le ciel reçut toujours nos vœux et notre encens.
Nous pouvons, je l'avoue, esclaves de nos sens,
De la Divinité défigurer l'image.
A des Dieux mugissans l'Egypte rend hommage ;
Mais dans ce bœuf impur qu'elle daigne honorer,
C'est un Dieu cependant qu'elle croit adorer.
L'esprit humain s'égare ; et follement crédules
Les peuples se sont fait des maîtres ridicules.
Ces maîtres toutefois par l'erreur encensés
Jamais impunément ne furent offensés :
On détesta Mézence ainsi que Salmonée,
Et l'horreur suit encor le nom de Capanée.
Un impie en tout temps fut un monstre odieux ;
Et quand pour me guérir de la crainte des Dieux,
Epicure en secret médite son système,
Aux pieds de Jupiter je l'apperçois lui-même.

 Surpris de son aveu, je l'entends en effet
Reconnoître un pouvoir dont l'homme est le jouet,

# CHANT I.

Un ennemi caché qui réduit en poussière
De toutes nos grandeurs la pompe la plus fière.
Peuples, rois, vous mourez, et vous villes aussi.
Là gît Lacédémone, Athènes fut ici.
Quels cadavres épars dans la Grèce déserte !
Et que vois-je partout ! La terre n'est couverte
Que de palais détruits, de trônes renversés,
Que de lauriers flétris, que de sceptres brisés.
Où sont, fière Memphis, tes merveilles divines ?
Le temps a dévoré jusques à tes ruines.
Que de riches tombeaux élevés en tous lieux,
Superbes monumens qui portent jusqu'aux cieux
Du néant des humains l'orgueilleux témoignage !
A ce pouvoir si craint tout mortel rend hommage.
Aux pieds de son idole un Barbare à genoux,
D'un être destructeur vient fléchir le courroux.
Etre altéré de sang, je te vais satisfaire,
Que cette autre victime appaise ta colère ;
J'arrose ton autel du sang de cet agneau.
N'en es-tu pas content ? Te faut-il un taureau ?
Faut-il une hécatombe à ta haine implacable ?
Pour mieux me remplacer, te faut-il mon semblable ?
Faut-il mon fils ? Je viens l'égorger devant toi.
De ce sang enivré, cruel, épargne-moi.

 Ces épaisses forêts qui couvrent les contrées
Par un vaste océan des nôtres séparées,
Renferme, dira-t-on, de tranquilles mortels,
Qui jamais à des Dieux n'ont élevé d'autels.
Quand d'obscurs voyageurs racontent ces nouvelles,
Croirai-je des témoins tant de fois infidelles.

Supposons cependant tous leurs rapports certains :
Comment opposerois-je au reste des humains
Un stupide sauvage errant à l'aventure,
A peine de nos traits conservant la figure ;
Un misérable peuple égaré dans les bois,
Sans maîtres, sans états, sans villes et sans lois ?
Qu'à bon droit, libertins, vous êtes méprisables,
Lorsque dans ces forêts vous cherchez vos semblables !

 Ces hommes toutefois à ce point abrutis,
Dans la nuit de leurs sens tristement engloutis,
Montrent quelques rayons d'une image divine,
Restes défigurés d'une illustre origine.
Il est une justice et des devoirs pour eux :
Du sang qui les unit ils connoissent les nœuds ;
Au plus barbare époux la tendre épouse est chère ;
Il chérit son enfant, il respecte son père.
La nature sur nous ne perd point tous ses droits.

 Mais ces droits que sont-ils ? D'imaginaires lois,
Quand d'un être vengeur j'ai secoué la crainte,
Ne peuvent sur mon âme établir leur contrainte.
C'est pour moi que je vis, je ne dois rien qu'à moi.
La vertu n'est qu'un nom, mon plaisir est ma loi.

 Ainsi parle l'impie, et lui-même est l'esclave
De la foi, de l'honneur, de la vertu qu'il brave ;
Dans ses honteux plaisirs, s'il cherche à se cacher,
Un éternel témoin les lui vient reprocher ;
Son juge est dans son cœur : tribunal où réside
Le censeur de l'ingrat, du traître, du perfide.
Par ses affreux complots nous a-t-il outragés ?
La peine suit de près, et nous sommes vengés.

De ses remords secrets triste et lente victime,
Jamais un criminel ne s'absout de son crime.
Sous des lambris dorés ce triste ambitieux
Vers le ciel sans pâlir n'ose lever les yeux.
Suspendu sur sa tête, un glaive redoutable
Rend fades tous les mets dont on couvre sa table.
Le cruel repentir est le premier bourreau
Qui dans un sein coupable enfonce le couteau.
Des chagrins dévorans attachés sur Tibère
La cour de ses flatteurs veut en vain le distraire.
Maître du monde entier, qui peut l'inquiéter ?
Quel juge sur la terre a-t-il à redouter ?
Cependant il se plaint, il gémit, et ses vices
Sont ses accusateurs, ses juges, ses supplices.
Toujours ivre de sang, et toujours altéré,
Enfin par ses forfaits au désespoir livré,
Lui-même étale aux yeux du sénat qu'il outrage,
De son cœur déchiré la déplorable image.
Il périt chaque jour consumé de regrets,
Tyran plus malheureux que ses tristes sujets.

    Ainsi de la vertu les lois sont éternelles.
Les peuples ni les rois ne peuvent rien contre elles:
Les Dieux que révéra notre stupidité,
N'obscurcirent jamais sa constante beauté;
Et les Romains enfans d'une impure déesse,
En dépit de Vénus, admirèrent Lucrèce.

    Je l'apporte en naissant, elle est écrite en moi
Cette loi qui m'instruit de tout ce que je doi
A mon père, à mon fils, à ma femme, à moi-même.
A toute heure je lis dans ce code suprême

La loi qui me défend le vol, la trahison,
Cette loi qui précède et Lycurgue et Solon.
Avant même que Rome eût gravé douze Tables,
Métius et Tarquin n'étoient pas moins coupables.
Je veux perdre un rival. Qui me retient le bras ?
Je le veux, je le puis, et je n'achève pas.
Je crains plus de mon cœur le sanglant témoignage,
Que la sévérité de tout l'aréopage.
La vertu qui n'admet que de sages plaisirs,
Semble d'un ton trop dur gourmander nos désirs ;
Mais quoique pour la suivre il coûte quelques larmes,
Tout austère qu'elle est, nous admirons ses charmes.
Jaloux de ses appas, dont il est le témoin,
Le vice, son rival, la respecte de loin.
Sous ses nobles couleurs souvent il se déguise
Pour consoler du moins l'âme qu'il a surprise.

 Adorable vertu, que tes divins attraits
Dans un cœur qui te perd laissent de longs regrets!
De celui qui te hait, ta vue est le supplice.
Parois : que le méchant te regarde, et frémisse.
La richesse, il est vrai, la fortune te fuit;
Mais la paix t'accompagne, et la gloire te suit.
Et perdant tout pour toi, l'heureux mortel qui t'aime,
Sans biens, sans dignités, se suffit à lui-même.
Mais lorsque nous voulons sans toi nous contenter,
Importune vertu, pourquoi nous tourmenter ?
Pourquoi par des remords nous rendre misérables ?
Qui t'a donné ce droit de punir les coupables ?
Laisse-nous en repos, cesse de nous charmer,
Et qu'il nous soit permis de ne te point aimer.

# CHANT I.

Non, tu seras toujours par ta seule présence
Ou notre désespoir, ou notre récompense.
 Qui te pourra, grand Dieu, méconnoître à ces traits?
Tu nous parles sans cesse ; et les hommes distraits
N'écoutent point la voix qui frappe leurs oreilles.
Tu fais briller partout tes dons et tes merveilles;
Mais sur la terre, hélas, admirant tes bienfaits,
Nos regards, jusqu'à toi ne remontent jamais :
Quelque maître nouveau sans cesse nous entraîne,
Et d'objets en objets notre âme se promène,
Tandis que de toi seul nous restons séparés!
Quel crime, quelle erreur nous a donc égarés?
Nos malheurs, ô mon Dieu, seroient-ils sans ressource?
Sondons leur profondeur, remontons à leur source.
Que l'homme maintenant se présente à mes yeux :
Quand je l'aurai connu, je te connoîtrai mieux.

## CHANT SECOND.

De tes lois dès l'enfance heureusement instruit,
Et par la foi, Seigneur, à la raison conduit,
Permets que dans mes vers, sous une feinte image,
J'ose pour un moment imiter le langage
D'un mortel qui vers toi, de troubles agité,
S'avance, et pas à pas cherche ta vérité.
  Quand je reçus la vie au milieu des alarmes,
Et qu'aux cris maternels répondant par mes larmes
J'entrai dans l'univers, escorté de douleurs,
J'y vins pour y marcher de malheurs en malheurs.
Je dois mes premiers jours à la femme étrangère
Qui me vendit son lait et son cœur mercenaire ;
Réchauffé dans son sein, dans ses bras caressé,
Et long-temps insensible à son zèle empressé
De mon retour enfin un souris fut le gage.
De ma foible raison je fis l'apprentissage.
Frappé du son des mots, attentif aux objets,
Je répétai les noms, je distinguai les traits.
Je connus, je nommai, je caressai mon père ;
J'écoutai tristement les avis de ma mère.
Un châtiment soudain réveilla ma langueur.
Des maîtres ennuyeux je craignis la rigueur :
Des siècles reculés l'un me contoit l'histoire ;
L'autre plus importun gravoit dans ma mémoire
D'un langage nouveau tous les barbares noms.
Le temps forma mon goût : pour fruits de ces leçons

## CHANT II.

D'Eschine j'admirai l'éloquente colère ;
Je sentis la douceur des mensonges d'Homère ;
De la triste Didon partageant les malheurs,
Son bûcher fut souvent arrosé de mes pleurs.
Je méprisai l'enfance et ses jeux insipides.
Mais ces amusemens étoient-ils plus solides ?
D'arides vérités quelquefois trop épris
J'espérois de Newton pénétrer les écrits.
Tantôt je poursuivois un stérile problème ;
De Descartes tantôt renversant le système,
D'autres mondes en l'air s'élevoient à mes frais.
Armide étoit moins prompte à bâtir un palais ;
Et d'un souffle détruits, malgré leur renommée,
Tous les vieux tourbillons s'exhaloient en fumée.
Par mon anatomie un rayon divisé,
En sept rayons égaux étoit subtilisé ;
Et voulant remonter à la couleur première,
J'osois à mon calcul soumettre la lumière.

Dans ces rêves flatteurs que j'ai perdu de jours !
Cherchant à tout savoir, et m'ignorant toujours,
Je n'avois point encor réfléchi sur moi-même.
Me reprochant enfin ma négligence extrême,
Je voulus me connoître : un espoir orgueilleux
Inspiroit à mon cœur ce projet périlleux.
Que de fois, ô fatale et triste connoissance,
Tu m'as fait regretter ma première ignorance !

Je me figure, hélas, le terrible réveil
D'un homme qui sortant des bras d'un long sommeil,
Se trouve transporté dans une île inconnue,
Qui n'offre que déserts et rochers à sa vue :

Tremblant il se soulève, et d'un œil égaré
Parcourt tous les objets dont il est entouré!
Il retombe aussitôt ; il se relève encore ;
Mais il n'ose avancer dans ces lieux qu'il ignore.
Telle fut ma terreur, sitôt qu'ouvrant les yeux,
Et rompant un sommeil peut-être officieux,
Je me regardai seul, sans appui, sans défense,
Egaré dans un coin de cet espace immense ;
Ver impur de la terre, et roi de l'univers,
Riche, et vuide de biens; libre, et chargé de fers.
Je ne suis que mensonge, erreur, incertitude ;
Et de la vérité je fais ma seule étude.
Tantôt le monde entier m'annonce à haute voix
Le maître que je cherche ; et déjà je le vois.
Tantôt le monde entier dans un profond silence
A mes regards errans n'est plus qu'un vuide immense.
O nature, pourquoi viens-tu troubler ma paix ?
Ou parle clairement, ou ne parle jamais.
Cessons d'interroger qui ne veut point répondre.
Si notre ambition ne sert qu'à nous confondre,
Bornons-nous à la terre, elle est faite pour nous.
 Mais non, tous ses plaisirs n'entraînent que dégoûts :
Aucun d'eux n'assouvit la soif qui me dévore :
Je désire, j'obtiens, et je désire encore.
Grand Dieu, donne-moi donc des biens dignes de toi ;
Ou donne-m'en du moins qui soient dignes moi !
Que d'orgueil ! C'est ainsi qu'à moi-même contraire,
Monstre de vanité, prodige de misère,
Je ne suis à la fois que néant et grandeur.
Mécontent des objets que poursuit mon ardeur,

Je

## CHANT II.

Je n'estime que moi : tout autre que moi-même,
Si je semble l'aimer, c'est pour moi que je l'aime.
Je me hais cependant, sitôt que je me voi ;
Je ne puis vivre seul : occupé loin de moi
Je n'aspire qu'à plaire à ceux que je méprise.
 Sans doute qu'à ces mots, des bords de la Tamise
Quelque abstrait raisonneur, qui ne se plaint de rien,
Dans son flegme anglican répondra : « *tout est bien.*
» Le grand ordonnateur dont le dessein si sage,
» De tant d'êtres divers ne forme qu'un ouvrage,
» Nous place à notre rang pour orner son tableau. »
Eh, quel triste ornement d'un spectacle si beau!
En me parlant ainsi, tu prouves bien toi-même
La grandeur du désordre, et ta misère extrême.
Quand tu soutiens que l'homme est si bien partagé,
Dans tes raisonnemens, que tout est dérangé !
Quoi, mes pleurs (n'est-ce pas un crime de le croire?)
D'un maître bienfaisant releveroient la gloire ?
Pour d'autres biens sans doute il nous a réservés :
Et tous ses grands desseins ne sont point achevés :
Oui, je l'ose espérer. Juste arbitre du monde,
De la solide paix source pure et féconde,
Être partout présent, quoique toujours caché,
Des maux de tes sujets quand seras-tu touché ?
Tendre père, témoin de nos longues alarmes,
Pourras-tu voir toujours tes enfans dans les larmes?
Non, non. Voilà de toi ce que j'ose penser :
Ta bonté quelque jour saura mieux nous placer.
Mais comment retrouver la gloire qui m'est due ?
Qui peut te rendre à moi, félicité perdue ?

Est-ce dans mes pareils que je dois te chercher?
Ils m'échappent : la mort me les vient arracher;
Et frappés avant moi, le tombeau les dévore;
J'irai bientôt les joindre; où vont-ils? Je l'ignore.
 Est-il vrai? N'est-ce point une agréable erreur,
Qui de la mort en moi vient adoucir l'horreur?
O Mort, est-il donc vrai que nos âmes heureuses
N'ont rien à redouter de tes fureurs affreuses,
Et qu'au moment cruel qui nous ravit le jour,
Tes victimes ne font que changer de séjour?
Quoi, même après l'instant où tes ailes funèbres
M'auront enseveli dans tes noires ténèbres,
Je vivrois! Doux espoir! Que j'aime à m'y livrer!
 « De quelle ambition tu te vas enivrer,
» Dit l'impie! Est-ce à toi, vaine et foible étincelle,
» Vapeur vile, d'attendre une gloire immortelle?
» Le hasard nous forma; le hasard nous détruit;
» Et nous disparoissons comme l'ombre qui fuit.
» Malheureux, attendez la fin de vos souffrances;
» Et vous, ambitieux, bornez vos espérances :
» La mort vient tout finir, et tout meurt avec nous.
» Pourquoi, lâches humains, pourquoi la craignez-vous'
» Qu'est-ce donc qu'un cercueil offre de si terrible?
» Une froide poussière, une cendre insensible.
» Là nous ne trouvons plus ni plaisir ni douleur.
» Un repos éternel est-il donc un malheur?
» Plongeons-nous sans effroi dans ce muet abyme,
» Où la vertu périt, aussi bien que le crime;
» Et suivant du plaisir l'aimable mouvement,
» Laissons-nous au tombeau conduire mollement. »

A ces mots insensés, le maître de Lucrèce,
Usurpant le grand nom d'ami de la sagesse,
Joint la subtilité de ses faux argumens;
Lucrèce de ses vers prête les ornemens.
De la noble harmonie indigne et triste usage !
Epicure avec lui m'adresse ce langage :

« Cet esprit, ô mortels, qui vous rend si jaloux,
» N'est qu'un feu qui s'allume et s'éteint avec nous.
» Quand par d'affreux sillons l'implacable vieillesse.
» A sur un front hideux imprimé la tristesse ;
» Que dans un corps courbé sous un amas de jours,
» Le sang comme à regret semble achever son cours ;
» Lorsqu'en des yeux couverts d'un lugubre nuage
» Il n'entre des objets qu'une infidelle image ;
» Qu'en débris chaque jour le corps tombe et périt,
» En ruines aussi je vois tomber l'esprit :
» L'âme mourante alors, flambeau sans nourriture,
» Jette par intervalle une lueur obscure.
» Triste destin de l'homme : il arrive au tombeau
» Plus foible, plus enfant qu'il ne l'est au berceau !
» La mort d'un coup fatal frappe enfin l'édifice :
» Dans un dernier soupir achevant son supplice,
» Lorsque vuide de sang le cœur reste glacé,
» Son âme s'évapore, et tout l'homme est passé. »

Sur la foi de tes chants, ô dangereux poète,
D'un maître trop fameux, trop fidelle interprète,
De mon heureux espoir désormais détrompé,
Je dois donc, du plaisir à toute heure occupé,
Consacrer les momens de ma course rapide,
A la Divinité que tu choisis pour guide :

Et la mère des jeux, des ris et des amours,
Doit ainsi qu'à tes vers présider à mes jours.
Si l'homme cependant au bout de sa carrière,
N'a plus que le néant pour attente dernière,
Comment puis-je goûter ces plaisirs peu flatteurs,
Du destin qui m'attend foibles consolateurs ?
Tu veux me rassurer, et tu me désespères.
Vivrai-je dans la joie, au milieu des misères,
Quand même je n'ai pas où reposer un cœur
Las de tout parcourir en cherchant son bonheur ?
Rois, sujets, tout se plaint ; et nos fleurs les plus belles
Renferment dans leur sein des épines cruelles ;
L'amertume secrète empoisonne toujours
L'onde qui nous paroît si claire dans son cours :
C'est le sincère aveu que me fait Epicure.
L'orateur du plaisir m'en apprend la nature.
J'abandonne ce maître. O raison, viens à moi :
Je veux seul méditer et m'instruire avec toi !

Je pense. La pensée, éclatante lumière,
Ne peut sortir du sein de l'épaisse matière.
J'entrevois ma grandeur. Ce corps lourd et grossier
N'est donc pas tout mon bien, n'est pas moi tout entier.
Quand je pense, chargé de cet emploi sublime,
Plus noble que mon corps, un autre être m'anime.
Je trouve donc qu'en moi, par d'admirables nœuds,
Deux êtres opposés sont réunis entr'eux :
De la chair et du sang, le corps, vil assemblage ;
L'âme, rayon de Dieu, son souffle, son image.
Ces deux êtres liés par des nœuds si secrets
Séparent rarement leurs plus chers intérêts :

Leurs plaisirs sont communs, aussi-bien que leurs peines.
L'âme, guide du corps, doit en tenir les rênes;
Mais par des maux cruels quand le corps est troublé,
De l'âme quelquefois l'empire est ébranlé.
Dans un vaisseau brisé, sans voile, sans cordage,
Triste jouet des vents, victime de leur rage,
Le pilote effrayé, moins maître que les flots,
Veut faire entendre en vain sa voix aux matelots,
Et lui-même avec eux s'abandonne à l'orage.
Il périt; mais le nôtre est exempt du naufrage.
Comment périroit-il? Le coup fatal au corps
Divise ses liens, dérange ses ressorts :
Un être simple et pur n'a rien qui se divise,
Et sur l'âme la mort ne trouve point de prise.
Que dis-je? Tous ces corps dans la terre engloutis,
Disparus à nos yeux sont-ils anéantis?
D'où nous vient du néant cette crainte bizarre?
Tout en sort, rien n'y rentre; et la nature avare,
Dans tous ses changemens ne perd jamais son bien.
Ton art, ni tes fourneaux n'anéantiront rien,
Toi, qui riche en fumée, ô sublime alchimiste,
Dans ton laboratoire invoques Trismégiste!
Tu peux filtrer, dissoudre, évaporer ce sel;
Mais celui qui l'a fait veut qu'il soit immortel.
Prétendras-tu toujours à l'honneur de produire,
Tandis que tu n'as pas le pouvoir de détruire?
Si du sel, ou du sable, un grain ne peut périr,
L'être qui pense en moi craindra-t-il de mourir?
Qu'est-ce donc que l'instant où l'on cesse de vivre?
L'instant où de ses fers une âme se délivre.

Le corps né de la poudre, à la poudre est rendu;
L'esprit retourne au ciel, dont il est descendu.
   Peut-on lui disputer sa naissance divine?
N'est-ce pas cet esprit plein de son origine,
Qui malgré son fardeau s'élève, prend l'essor,
A son premier séjour quelquefois vole encor,
Et revient tout chargé de richesses immenses?
Platon, combien de fois jusqu'au ciel tu t'élances!
Descartes, qui souvent m'y ravis avec toi;
Pascal, que sur la terre à peine j'aperçoi;
Vous qui nous remplissez de vos douces manies,
Poëtes enchanteurs, adorables génies;
Virgile, qui d'Homère appris à nous charmer,
Boileau, Corneille, et toi que je n'ose nommer,
Vos esprits n'étoient-ils qu'étincelles légères,
Que rapides clartés et vapeurs passagères?
   Que ne puis-je prétendre à votre illustre sort,
O vous, dont les grands noms sont exempts de la mort!
Eh pourquoi, dévoré par cette folle envie,
Vais-je étendre mes vœux au-delà de ma vie?
Par de brillans travaux je cherche à dissiper
Cette nuit dont le temps me doit envelopper.
Des siècles à venir je m'occupe sans cesse.
Ce qu'ils diront de moi m'agite et m'intéresse.
Je veux m'éterniser; et dans ma vanité
J'apprends que je suis fait pour l'immortalité.
De tout bien qui périt mon âme est mécontente.
Grand Dieu, c'est donc à toi de remplir mon attente!
Si je dois me borner aux plaisirs d'un instant,
Falloit-il pour un peu m'appeler du néant?

Et si j'attends en vain une gloire immortelle,
Falloit-il me donner un cœur qui n'aimât qu'elle?
Que dis-je? Libre en tout, je fais ce que je veux;
Mais dépend-il de moi de vouloir être heureux?
Pour le vouloir, je sens que je ne suis plus libre;
C'est alors qu'en mon cœur il n'est plus d'équilibre,
Et qu'aspirant toujours à la félicité,
Dans mon ambition je suis nécessité.
Quoi, l'homme n'est-il pas l'ouvrage d'un bon maître?
Puisqu'il veut être heureux, il est donc fait pour l'être.
Sur la terre, il est vrai, je vois dans le malheur
La vertu gémissant, et le vice en honneur;
Mais j'élève mes yeux vers ce maître suprême,
Et je le reconnois dans ce désordre même.
S'il le permet, il doit le réparer un jour.
Il veut que l'homme espère un plus heureux séjour.
Oui, pour un autre temps, l'Etre juste et sévère,
Ainsi que sa bonté réserve sa colère.

 Pères des fictions, les poètes menteurs,
De ces dogmes, dit-on, furent les inventeurs;
Et sitôt que la Grèce, ivre de son Homère,
Eut de l'empire sombre admiré la chimère,
Le peuple qu'effrayoient Tisiphone et ses sœurs,
D'un charmant Elysée espéra les douceurs.

 Pluton fut leur ouvrage, et leurs mains, je l'avoue,
Etendirent jadis Ixion sur la roue.
L'onde affreuse du Styx qui couloit sous leurs lois,
Ferma les noirs cachots qu'elle entoura neuf fois.
Ils livrèrent Tantale à des ondes perfides,
Qui s'échappoient sans cesse à ses lèvres arides.

Par l'urne de Minos, et ses arrêts cruels,
Ils jetèrent l'effroi dans l'âme des mortels.
Ils leur firent entendre une ombre malheureuse,
Qui poussant vers le ciel une voix douloureuse,
S'écrioit : « Par les maux que je souffre en ces lieux,
» Apprenez, ô mortels, à respecter les dieux. »
Hardis fabricateurs de mensonges utiles,
Eussent-ils pu trouver des auditeurs dociles,
Sans la secrète voix, plus forte que la leur,
Cette voix qui nous crie au fond de notre cœur,
Qu'un juge nous attend, dont la main équitable
Tient de nos actions le compte redoutable?
Il ne laissera point l'innocent en oubli.
Espérons et souffrons; tout sera rétabli.

   L'attente d'un vengeur qui console Socrate,
Lui fait subir l'arrêt de sa patrie ingrate.
Proscrit par l'injustice, il expire content,
Et je l'admirerois jusqu'au dernier instant,
S'il ne me nommoit pas, ô demande frivole,
La victime qu'il veut que pour lui l'on immole!
Que notre esprit est foible et s'égare aisément!

   Mais, que dis-je? Le mien s'égare en ce moment :
De l'immortalité tes promesses pompeuses,
A moi-même, ô raison, me deviennent douteuses!
Quoi, cette âme sujette à tant d'obscurité,
Peut-elle être un rayon de la Divinité?
Dieu brillant de lumière, est-ce là ton image?
O parfait ouvrier, l'homme est-il ton ouvrage?
Dans un corps, il est vrai, je suis emprisonné;
Mais pour quel crime affreux y suis-je condamné?

## CHANT II.

Cruellement puni sans me trouver coupable,
Et toujours à moi-même énigme inconcevable,
Qu'ai-je fait? Par pitié, raison, sois mon soutien:
Réponds-moi. Mais, hélas, tu ne me dis plus rien!
A mon secours enfin j'appelle tous les hommes.
Je demande où l'on va, d'où l'on vient, qui nous sommes?
Et tous sont occupés, sans songer à mes maux,
De ces amusemens qu'ils nomment leurs travaux.
On détruit, on élève, on s'intrigue, on projette;
Sans cesse l'on écrit, et sans cesse on répète.
L'un jaloux de ses vers, vain fruit d'un doux repos,
Croit que Dieu ne l'a fait que pour ranger des mots.
L'autre assis pour entendre et juger nos querelles,
Dicte un amas d'arrêts qui les rend éternelles.
Cent fois j'ai souhaité, j'en fais l'aveu honteux,
Pouvoir de mes malheurs me distraire comme eux;
Et risquant sans remords mon âme infortunée,
Attendre du hasard ma triste destinée.
Quelques-uns, m'a-t-on dit, cherchant la vérité,
Dans un savant loisir ont long-temps médité;
Et leurs veilles ont fait la gloire de la Grèce:
Dans l'école d'Athène habita la sagesse.
Puisse, pour m'exposer ce merveilleux tableau,
Raphaël prendre encor son sublime pinceau!

 Que de héros fameux! Quels graves personnages!
Que vois-je? La discorde au milieu de ces sages;
Et de maîtres entr'eux sans cesse divisés
Naissent des sectateurs l'un à l'autre opposés.
Nos folles vanités font pleurer Héraclite;
Ces mêmes vanités font rire Démocrite.

Quel remède à nos maux que des ris ou des pleurs !
Qu'ils en cherchent la cause, et guérissent nos cœurs.
Habitant des tombeaux, que t'apprend leur silence?
« Les atômes erroient dans un espace immense;
» Déclinant de leur route ils se sont approchés;
» Durs, inégaux, sans peine ils se sont accrochés;
» Le hasard a rendu la nature parfaite :
» L'œil au-dessous du front se creusa sa retraite;
» Les bras au haut du corps se trouvèrent liés;
» La terre heureusement se durcit sous nos pieds.
» L'univers fut le fruit de ce prompt assemblage;
» L'être libre est pensant en fut aussi l'ouvrage. »
Par honneur, Hyppocrate, ou par pitié du moins,
Va guérir ce rêveur si digne de tes soins.
C'est à l'eau dont tout sort que Thalès nous ramène.
L'air seul a tout produit, nous dit Anaximène.
Et l'éternel Pleureur assure que le feu,
De l'univers naissant mit les ressorts en jeu.
Pirrhon qui n'a trouvé rien de sûr que son doute,
De peur de s'égarer, ne prend aucune route.
Insensible à la vie, insensible à la mort,
Il ne sait quand il veille, il ne sait quand il dort;
Et de son indolence, au milieu d'un orage
Un stupide animal est en effet l'image.
Orné de sa besace, et fier de son manteau,
Cet orgueilleux n'apprend qu'à rouler un tonneau.
Oui, sa lanterne en main Diogène m'irrite :
Il cherche un homme; et lui n'est qu'un fou que j'évite.
 C'est assez contempler ces astres si parfaits,
Anaxagore : enfin dis-nous qui les a faits?

Mais quelle douce voix enchante mon oreille?
Tandis qu'en ces jardins Epicure sommeille,
Que de voluptueux répètent ses leçons,
Mollement étendus sur de tendres gazons!
Malheureux, jouissez promptement de la vie:
Hâtez-vous, le temps fuit; et la Parque ennemie
D'un coup de son ciseau va vous rendre au néant:
Par un plaisir encor volez-lui cet instant.
Votre austère rival, pâle, mélancolique,
Fait de ses grands discours résonner le Portique;
Je tremble en l'écoutant; sa vertu me fait peur;
Je ne puis comme lui rire dans la douleur;
J'ose la croire un mal; et le crois sans attendre
Que la goutte en fureur me contraigne à l'apprendre.
L'Académie enfin par la voix de Platon
Va dissiper en moi tout l'ennui de Zenon;
Mais de Platon lui-même, et qu'attendre et que croire,
Quand de ne rien savoir son maître fait sa gloire?
Incertain comme lui, n'osant rien hasarder,
Il réfute, il propose, et laisse à décider.
Par quelques vérités à peine il me console:
Il s'arrête, il hésite, il doute, et me désole.
Son disciple jaloux, prompt à l'abandonner,
Se retire au Lycée, et m'y veut entraîner.
Mais à l'homme inquiet, le maître d'Alexandre
Du terrible avenir ne daigne rien apprendre.
Que me fait sa morale et tout son vain savoir,
S'il me laisse mourir sans un rayon d'espoir?
Loin des longs raisonneurs que la Grèce publie,
Le mystique Vieillard m'appelle en Italie:

La mort, si je l'en crois, ne doit point m'affliger :
On ne périt jamais, on ne fait que changer ;
Et l'homme et l'animal, par un accord étrange,
de leurs âmes entr'eux font un bizarre échange ;
De prisons en prisons renfermés tour-à-tour,
Nous mourons seulement pour retourner au jour :
Triste immortalité ! Frivole récompense
D'une abstinence austère, et de tant de silence !

  Philosophes, que dis-je, antiques discoureurs,
C'est prêter trop long-temps l'oreille à vos erreurs.
Ainsi donc étourdi de pompeuses paroles,
Plus troublé que jamais, je sors de vos écoles.
Vous promettez beaucoup : de vos grands noms frappé,
J'attendois tout de vous, et vous m'avez trompé.
Du seul fils d'Ariston je n'ai point à me plaindre :
Ennemi du mensonge, il m'apprend à le craindre ;
Il tremble à chaque pas, et vers la vérité
Je sens qu'il me conduit par sa timidité ;
D'un heureux avenir je lui dois l'espérance ;
D'un Dieu qui me chérit j'entrevois la puissance ;
Mais s'il m'aime ce Dieu, dans un désordre affreux
Doit-il laisser languir un sujet malheureux ?
Pourquoi de tant d'honneur et de tant de misère,
Réunit-il en moi l'assemblage adultère ?
Prodigue de ses biens, un père plein d'amour
S'empresse d'enrichir ceux qu'il a mis au jour.
L'être toujours heureux, rend heureux ses ouvrages :
Il s'aime, son amour s'étend sur ses images.
Il nous punit : de quoi ? Nous l'a-t-il révélé ?
La terre est un exil : pourquoi suis-je exilé ?

# CHANT II.

Qui suis-je ? Mais hélas, plus je veux me connoître,
Plus la peine et le trouble en moi semblent renaître !
Qui suis-je ? Qui pourra me le développer ?
Voilà, Platon, voilà le nœud qu'il faut couper.
Platon ne parle plus, ou je l'entends lui-même
Avouer le besoin d'un oracle suprême,
Platon ne parle plus, quel sera mon secours ?
Il faut donc me résoudre à m'ignorer toujours.
Dans ce nuage épais quel flambeau peut me luire ?
Dans ce dédale obscur quel fil peut me conduire ?
Qui me débrouillera ce chaos plein d'horreur ?
Mon cœur désespéré se livre à sa fureur.
Vivre sans se connoître est un trop dur supplice.
Que, par pitié pour moi, la mort m'anéantisse.
O ciel, c'est ta rigueur que j'implore à genoux !
Daigne écraser enfin l'objet de ton courroux.
Montagnes, couvrez-moi ! Terre, ouvre tes abymes !
Si je suis si coupable, engloutis tous mes crimes ;
Et périsse à jamais le jour infortuné
Où l'on dit à mon père : « Un enfant vous est né. »

    De mon état cruel quand je me désespère,
Et sens avec Platon qu'il faut qu'un Dieu m'éclaire,
J'apprends qu'un peuple entier garde encore aujourd'hui
Un livre qu'autrefois le ciel dicta pour lui.
Ah, s'il est vrai, j'y cours ! Quelle route ai-je à suivre ?
Où faut-il s'adresser : à quel peuple, à quel livre ?
Si Dieu nous a parlé, qu'a-t-il dit, je le croi.

    Pour chercher de ce Dieu la véritable loi,
Parmi tant de mortels je trouve à peine un guide.
Ensevelis, hélas, dans un repos stupide,

Ou plongés presque tous dans de frivoles soins,
Leur plus grand intérêt les occupe le moins!
Montaigne m'entretient de sa douce indolence :
Sait-il de quel côté doit pencher la balance?
Ce n'est pas vers le but que Bayle veut marcher :
C'est l'obstacle qu'il aime, il ne veut que chercher.
Pour toi, coupable auteur d'un ténébreux système,
Qui de tout réuni formes l'Etre suprême,
Et qui m'éblouissant par tes pompeux discours,
Anéantis ce Dieu dont tu parles toujours;
Caché dans ton nuage, impénétrable asile,
A l'abri de mes coups, tu peux rester tranquille.
Qu'à sonder l'épaisseur de ton obscurité,
Tes hardis sectateurs mettent leur vanité,
Et jaloux d'un honneur où je n'ose prétendre,
Se disputent entr'eux la gloire de t'entendre.
Le déiste du moins me parle sans détours :
Content de sa raison qu'il me vante toujours,
Elle seule l'éclaire; il marche à sa lumière.
 Ouvre les yeux, ingrat; connois-la tout entière.
Cette même raison m'éclaire comme toi :
Tu la verras bientôt me conduire à la foi.
Au jour dont j'ai besoin elle-même m'appelle,
Et m'apprend à chercher un guide meilleur qu'elle.
D'une Religion je lui dois le désir.
C'est avec elle encor que je vais la choisir.

## CHANT TROISIEME.

Cette ville autrefois maîtresse de la terre,
Rome, qui par le fer et le droit de la guerre
Domina si long-temps sur toute nation;
Rome domine encor par la religion
Avec plus de douceur, et non moins d'étendue.
Son empire établi frappe d'abord ma vue.
Ces Peuples que l'erreur rendit ses ennemis,
Contre elle révoltés, à son Dieu sont soumis.
Tout le Nord est Chrétien, tout l'Orient encore
Est semé de mortels que ce grand titre honore.
Je vois, le fer en main, le superbe Ottoman
Opposer à ce nom celui de Musulman.
Il me semble d'abord que l'un et l'autre en guerre,
Mahomet et le Christ, se disputent la terre.
Mais de la Mecque en vain le fameux fugitif
Sous ses bizarres lois tient l'Orient captif;
En vain près du tombeau dont Médine est si fière,
Turc, Arabe, Persan, tout baise la poussière.
Le livre, dont l'aspect fait trembler le turban,
Et qui rend le muphti respectable au sultan,
Que dicta, nous dit-on, la colombe au prophète,
M'apprend qu'il n'est du ciel qu'un second interprète;
Que le Christ avant lui, premier ambassadeur,
Vint de l'homme tombé relever la grandeur.
Oui, le rival du Dieu que les Chrétiens m'annoncent
Rend hommage lui-même à ce nom qu'ils prononcent.

O Chrétien, je t'admire, et je reviens à toi :
L'un et l'autre hémisphère est rempli de ta loi.
Des oracles du ciel es-tu dépositaire ?
De ta religion quel est le caractère ?

    Si tu veux, répond-il, chercher sa vérité,
Remonte seulement à son antiquité.
L'histoire t'apprendroit sa naissance et son âge,
Si de l'homme en effet sa gloire étoit l'ouvrage.
Mais avec l'univers son âge prend son cours :
Elle naquit le jour que naquirent les jours.
A peine du néant l'homme venoit d'éclore,
Déja couloit pour lui le pur sang que j'adore.
Et mes premiers écrits, annales des humains,
Des mains du premier peuple ont passé dans mes mains.
Quand le ciel eut permis qu'à la race mortelle
Un livre conservât sa parole éternelle,
Aux neveux d'Israël ( Dieu les aimoit alors )
Moïse confia le plus grand des trésors.
Son Histoire est la leur. Elle ne leur présente
Que traits dont la mémoire étoit alors récente;
Et leur historien ne leur déguise pas
Qu'ils sont murmurateurs, séditieux, ingrats.
Son livre cependant fut le précieux gage
Qu'un père à ses enfans laissoit pour héritage.
Dans ce livre par eux de tout temps révéré,
Le nombre des mots même est un nombre sacré.
Ils ont peur qu'une main téméraire et profane
N'ose altérer un jour la loi qui les condamne :
La loi qui de leur long et cruel châtiment,
Montre à leurs ennemis le juste fondement,

## CHANT III.

Et nous apprend à nous par quels profonds mystères,
Ces insensés ( hélas, ils ont été nos pères ! ),
Ces Gentils, qui n'étoient que les enfans d'Adam,
Ont été préférés aux enfans d'Abraham.
Du Dieu qui les poursuit annonçant la justice,
Ils vont porter partout l'arrêt de leur supplice.
Sans villes et sans rois, sans temples, sans autels,
Vaincus, proscrits, errans, l'opprobre des mortels,
Pourquoi de tant de maux leur demander la cause ?
Va prendre dans leurs mains le livre qui l'expose.
Là tu suivras ce peuple, et liras tour à tour
Ce qu'il fut, ce qu'il est, ce qu'il doit être un jour.

   Je m'arrête, et surpris d'un si nouveau spectacle,
Je contemple ce peuple, ou plutôt ce miracle.
Nés d'un sang qui jamais dans un sang étranger,
Après un cours si long, n'a pu se mélanger ;
Nés du sang de Jacob, le père de leurs pères,
Dispersés, mais unis, ces hommes sont tous frères.
Même religion, même législateur :
Ils respectent toujours le nom du même auteur ;
Et tant de malheureux répandus dans le monde
Ne font qu'une famille éparse et vagabonde.
Mèdes, Assyriens, vous êtes disparus ;
Parthes, Carthaginois, Romains, vous n'êtes plus ;
Et toi, fier Sarrasin, qu'as-tu fait de ta gloire ?
Il ne reste de toi que ton nom dans l'histoire.
Ces destructeurs d'états sont détruits par le temps,
Et la terre cent fois a changé d'habitans,
Tandis qu'un peuple seul, que tout peuple déteste,
S'obstine à nous montrer son déplorable reste.

TOME I.                            L

« Que nous font, disent-ils, vos opprobres cruels,
» Si le Dieu d'Abraham veut nous rendre immortels?
» Non, non : le Dieu vivant, stable dans sa parole,
» A juré; son serment ne sera point frivole.
» Il n'a point déchiré le contrat solennel
» Qu'il remit dans les mains de l'antique Israël.
» Sur ses heureux enfans une étoile doit luire,
» Et du sang de Jacob un chef doit nous conduire.
» En vain par son oubli Dieu semble nous punir :
» Nous espérons toujours celui qui doit venir.
» Fidèles au milieu de nos longues misères,
» Nous attendons le roi qu'ont attendu nos pères.
» Le grand jour, il est vrai, qui leur fut annoncé,
» Devroit briller sur nous, et son terme est passé.
» Gardons-nous toutefois, trop hardis interprètes,
» De supputer les temps marqués par les prophètes.
» Maudit soit le mortel par qui sont calculés
» Des jours cent fois prédits, dès long-temps écoulés.
» Non que de ses sermens l'Eternel se repente;
» Mais puisqu'il a voulu prolonger notre attente,
» L'esclave avec son maître a-t-il droit de compter?
» Ce calcul insolent vous osez le tenter,
» Sacriléges Chrétiens, jaloux de nos richesses,
» Qui croyez posséder l'objet de nos promesses.
» Hélas, de quelle ardeur, si ce Maître eût paru,
» Sous ses nobles drapeaux tout son peuple eût couru!
» Qu'il vous feroit gémir sous le poids de ses armes,
» Et payer chèrement l'intérêt de nos larmes ! »
   Ainsi parlent les Juifs. Terrible aveuglement,
D'un crime inconcevable étrange châtiment!

Leur roi promis du ciel, s'il n'en veut point descendre,
Si son terme est passé, pourquoi toujours l'attendre?
Ils attendront toujours : cet oracle est rendu.
Le voile tant prédit est sur eux étendu.
Des antiques auteurs de ce fameux volume,
Dieu, qui seul sait les temps, a donc conduit la plume.
Sans doute il est sacré ce livre dont je voi
Tant de prédictions s'accomplir devant moi.
Respectant désormais sa vérité divine,
De la religion j'y cherche l'origine.
 Je l'ouvre, et vois d'abord un ouvrier parfait
Dont, au commencement, la parole a tout fait.
Le premier des humains qui lui doit sa naissance,
Par son souffle inspiré, fait à sa ressemblance,
Et que doivent servir tous les êtres divers,
Comme dans son domaine entre dans l'univers.
Il ne put sans orgueil soutenir tant de gloire,
A l'ange séducteur il céda la victoire,
Et perdit tous ses droits à la félicité :
Droits qu'il auroit transmis à sa postérité;
Mais que révoqua tous la suprême justice.
L'immuable décret d'un éternel supplice
Régloit déjà le sort de l'ange ténébreux.
Coupable, comme lui, toutefois plus heureux,
Quand tout pour nous punir s'armoit dans la nature,
L'homme entendit parler d'une Grâce future;
Et dans le même arrêt dont il fut accablé,
Par un mot d'espérance il se vit consolé.
A cet instant commence et se suit d'âge en âge,
De l'homme réparé l'auguste et grand ouvrage;

Et son réparateur alors comme aujourd'hui,
Ou promis, ou donné, réunit tout en lui.
   On peut donc l'expliquer par ce livre admirable,
Aux Platons comme à moi l'énigme inconcevable.
Le nuage s'écarte, et mes yeux sont ouverts.
Je vois le coup fatal qui change l'univers;
J'y vois entrer le crime et son désordre extrême.
Enfin je ne suis plus un mystère à moi-même :
Le nœud se développe; un rayon qui me luit,
De ce sombre chaos a dissipé la nuit.
   Mais l'enfant innocent peut-il pour héritage.....
Ce doute seul, hélas, ramène le nuage,
Et ce n'est plus encor qu'un chaos que je voi!
Dieu, l'homme et l'univers, tout y rentre pour moi.
Quand je crois, la lumière aussitôt m'est rendue :
Dieu, l'homme et l'univers, tout revient à ma vue.
L'ouvrage fut parfait, il est défiguré.
Apprenons à quel point l'homme s'est égaré.
   Le père criminel d'une race proscrite
Peupla d'infortunés une terre maudite.
Pour prolonger des jours destinés aux douleurs,
Naissent les premiers arts, enfans de nos malheurs.
La branche en longs éclats cède au bras qui l'arrache;
Par le fer façonnée elle alonge la hache;
L'homme avec son secours, non sans un long effort,
Ebranle, et fait tomber l'arbre dont elle sort;
Et tandis qu'au fuseau la laine obéissante
Suit une main légère, une main plus pesante
Frappe à coups redoublés l'enclume qui gémit.
La lime mord l'acier, et l'oreille en frémit.

## CHANT III.

Le voyageur qu'arrête un obstacle liquide,
A l'écorce d'un bois confie un pied timide.
Retenu par la peur, par l'intérêt pressé,
Il avance en tremblant : le fleuve est traversé.
Bientôt ils oseront, les yeux vers les étoiles,
S'abandonner aux mers sur la foi de leurs voiles.
Avant que dans les pleurs ils paîtrissent leur pain,
Avec de longs soupirs ils ont brisé le grain.
Un ruisseau par son cours, le vent par son haleine,
Peut à leurs foibles bras épargner tant de peine ;
Mais ces heureux secours, si présens à leurs yeux,
Quand ils les connoîtront, le monde sera vieux.
Homme né pour souffrir, prodige d'ignorance,
Où vas-tu donc chercher ta stupide arrogance ?
 Tandis que le besoin, l'industrie et le temps
Polissent par degré tous les arts différens ;
Enfantés par l'orgueil, tous les crimes en foule
Inondent l'univers : le fer luit, le sang coule.
Le premier que les champs burent avec horreur,
Fut le sang qui d'un frère assouvit la fureur.
Ces malheureux tombant d'abymes en abymes,
Fatiguèrent le ciel par tant de nouveaux crimes,
Qu'enfin lent à punir, mais las d'être outragé,
Par un coup éclatant, leur maître fut vengé.
De la terre aussitôt les eaux couvrent la face :
Ils sont ensevelis ; c'étoit fait de leur race ;
Mais un juste épargné va rendre en peu de temps
A ce monde désert de nouveaux habitans.
La terre toutefois jusque-là vigoureuse
Perdit de tous ses fruits la douceur savoureuse.

Des animaux alors on chercha le secours :
Leur chair soutint nos corps réduits à peu de jours.
 Les poètes dont l'art par une audace étrange
Sait du faux et du vrai faire un confus mélange,
De leurs récits menteurs prirent pour fondemens;
Les fidèles récits de tant d'événemens :
Et pour mieux amuser les oisives oreilles,
Cherchèrent dans ces faits leurs premières merveilles.
De là ces temps fameux qu'ils regrettent encor :
Doux empire de Rhée, âge pur, siècle d'or,
Où, sans qu'il fût besoin de lois ni de supplice,
L'amour de la vertu fit regner la justice :
Siècle d'or, sous ce nom puisqu'ils ont célébré
Ce siècle plus heureux, où l'or fut ignoré !
Sobre dans ses désirs, l'homme pour nourriture
Se contentoit des fruits offerts par la nature.
La mort tardive alors n'approchoit qu'à pas lents.
Mais las de dépouiller les chênes de leurs glands,
Il essaya le fer sur l'animal timide.
La flèche dans les airs chercha l'oiseau rapide;
L'innocente brebis tomba sous sa fureur;
Et ce sang au carnage accoutumant son cœur,
Le fer devint bientôt l'instrument de sa perte;
Et de crimes enfin la terre étoit couverte,
Lorsqu'un déluge affreux en fut le châtiment.
Tout nous rappelle encor ce grand événement :
Fable, histoire, physique, ont un même langage.
Au livre des Hébreux ainsi tout rend hommage;
Et même l'on diroit que pour s'accréditer,
La Fable en sa naissance ait voulu l'imiter.

Laissons-la toutefois s'égarer dans sa course,
Et de la Vérité suivons toujours la source.
   La terre sort des eaux, et voit de toutes parts
Reparoître les fruits, les hommes et les arts.
Tout renaît, nos malheurs et nos crimes ensemble.
Sous des toits chancelans d'abord on se rassemble.
La crainte fait chercher des asiles plus surs :
On creuse les fossés, on éleve les murs.
Qu'une tour des mortels soit l'immortel ouvrage.
Dieu descend pour la voir, et confond leur langage.
Ne pouvant plus s'étendre, il se faut séparer.
Ils se rechercheront, mais pour se massacrer.
D'un importun voisin on jure la ruine.
On attaque, on renverse, on pille, on assassine.
Homme injuste et cruel, que dans son repentir
Le Dieu qui t'avoit fait voulut anéantir,
Malheureux dont il vient d'abréger la carrière,
Pourquoi brille ce fer dans ta main meurtrière ?
Le ciel t'a-t-il encore accordé trop de jours ?
Mais qui va de leur rage entretenir le cours ?
Quel intérêt les forme au grand art de la guerre ?
Egaux et souverains, tous maîtres de la terre,
Ils la possèdent toute, en n'y possédant rien.
« Il est à moi ce champ, ce canton c'est le mien.
» Ce ruisseau.... de mon bras il faut que tu l'obtiennes;
» S'il couloit sous tes lois, qu'il coule sous les miennes.»
On s'empare d'un arbre, on usurpe un buisson.
De roi, de conquérant le vainqueur prend le nom.
Dans son vaste domaine il met cette rivière :
Bientôt cette montagne en sera la frontière.

4

Alexandre s'avance, et n'est plus un brigand :
C'est l'heureux fondateur d'un empire puissant,
Que d'un nouvel empire alarme la naissance.
Provinces, nations, royaumes, tout commence.
La terre sur son sein ne voit que potentats,
Qui partagent sa boue en superbes états ;
Et sur elle on prépare aux majestés suprêmes,
Pourpre, trônes, palais, sceptres et diadêmes.
　Mais lorsque par le fer leur droit est établi,
Le droit du ciel sur eux tombe presque en oubli ;
Et recherchant ce Dieu dont la mémoire expire,
L'homme croit le trouver dans tout ce qu'il admire.
De l'astre qui pour lui renaît tous les matins,
Ainsi que la lumière il attend ses destins.
Aux feux inanimés qui roulent sur leurs têtes,
Les peuples en tremblant demandent des conquêtes.
Des dons de leurs pareils bientôt reconnoissans,
Ils adorent des arts les auteurs bienfaisans.
Devant son Osiris l'Egypte est en prière :
Vainement un tombeau renferme sa poussière ;
Grossièrement taillée, une pierre en tient lieu.
D'un tronc qui pourrissoit le ciseau fait un Dieu.
Du hurlant Anubis la ridicule image
Fait tomber à genoux tout ce peuple si sage.
Je ne vois chez Ammon qu'horreur, que cruauté ;
Le sacrificateur, bourreau par piété,
Du barbare Moloch assouvit la colère
Avec le sang du fils et les larmes du père.
Près de ce Dieu cruel, un Dieu voluptueux
Honoré par un culte impur, incestueux,

Chamos, qui de Moab engloutit les victimes,
De ses adorateurs n'exige que des crimes.
Que de gémissemens et de lugubres cris !
O filles de Sidon, vous pleurez Adonis :
Une dent sacrilége en a flétri les charmes,
Et sa mort tous les ans renouvelle vos larmes.
Et toi, savante Grèce, à ces folles douleurs
Nous te verrons bientôt mêler aussi tes pleurs.
La foule de ces Dieux qu'en Egypte on adore
Ne pouvant te suffire, à de nouveaux encore
De l'immortalité tu feras le présent :
Ton Atlas gémira sous un ciel trop pesant.
Nymphes, Faunes, Sylvains, Divinités fécondes,
Peupleront les forêts, les montagnes, les ondes.
Chaque arbre aura la sienne ; et les Romains un jour
De ces maîtres vaincus esclaves à leur tour,
Prodigueront sans fin la majesté suprême.
Empereurs, favoris, Antinoüs lui-même,
Par arrêt du sénat entreront dans les cieux ;
Et les hommes seront plus rares que les Dieux.

 Terre, quelle est ta gloire, et quel temps de lumière,
Quand la Divinité se rend si familière !
Courons, l'argent en main, entourer ses autels :
Elle est prête à répondre au moindre des mortels.
Dans Delphes, dans Délos elle fait sa demeure ;
Aux sables de l'Afrique elle parle à toute heure ;
A Dodone sans peine on peut l'entretenir,
Et d'un chêne prophète apprendre l'avenir.
Pourquoi le demander, s'il est inexplicable ?
Que sert de le savoir, s'il est inévitable ?

Des maux que nous craignons pourquoi nous assurer ?
L'incertitude au moins nous permet d'espérer.
N'importe : les destins que le ciel nous prépare,
A notre impatience il faut qu'il les déclare ;
Et s'ils ne sont écrits dans le cœur d'un taureau,
Nous irons les chercher dans le vol d'un oiseau.
O gravité de Rome ! O sagesse d'Athènes !
Quel culte extravagant ! Que de fêtes obscènes !
Quels sont tous ces secrets, dont on ne peut parler ?
O mystères suspects qu'on n'ose révéler !

Tandis que sagement on cache leur folie,
Chez d'ignorans Hébreux, femme, enfant, tout publie :
« C'est de toute notre âme, et de tout notre cœur,
» Que nous devons aimer notre Dieu, le Seigneur,
» L'Être unique, qui fit le ciel, la terre et l'homme.
» JE SUIS CELUI QUI SUIS, c'est ainsi qu'il se nomme.»
Et sur l'homme et sur Dieu, sublimes vérités,
Dans un pays obscur d'où viennent ces clartés ?
Ce seul coin de la terre est sauvé du naufrage.
Le Dieu qui le protège en écarte l'orage.
L'ordre des élémens se renverse à sa voix,
La nature est contrainte à s'écarter des loix
Qu'au premier jour du monde il lui dicta lui-même,
Mais que change à son gré sa volonté suprême.
Ce peuple si sincère attestant aujourd'hui
Les prodiges nombreux que le ciel fit pour lui,
Dans ces solennités en garde la mémoire.
Je pourrois dans mes vers en retracer l'histoire.
L'on y verroit encor la mer ouvrir ses eaux,
Les rochers s'amollir et se fondre en ruisseaux,

Les fleuves effrayés remonter à leur source,
L'astre pompeux du jour s'arrêter dans sa course.
Mais frappé tout-à-coup par l'éclat glorieux
Que les prophètes saints font briller à mes yeux,
Chez un peuple qui marche au milieu des miracles
Je ne veux m'arrêter qu'au plus grand des spectacles.
   Dans un temps qu'à des jours et tranquilles et longs,
A de fertiles champs, à des troupeaux féconds,
Il semble que le ciel ait borné ses promesses,
On voit, ambitieux de plus nobles richesses,
Des hommes pleins du Dieu dont ils sont inspirés,
Errans, de peaux couverts, des villes retirés.
Ils n'y vont quelquefois, ministres inflexibles,
Que pour y prononcer des menaces terribles.
Aux rois épouvantés ils n'adressent leur voix,
Que comme ambassadeurs du souverain des rois,
Chassés, tristes objets d'opprobres et de haines,
Déchirés par le fer, maudits, chargés de chaînes,
Dans les antres cachés, contens dans leur malheur
De se rassasier du pain de la douleur;
Admirables mortels dont la terre est indigne,
Ils répètent que *Dieu rejettera sa vigne*
*Que sur une autre terre, et sous un ciel nouveau*
*Le loup doit dans les champs bondir avec l'agneau.*
Ils répètent que *Dieu las du sang des génisses,*
*Abolissant enfin d'impuissans sacrifices,*
*Verra la pure hostie immolée en tous lieux.*
*La terre produira son germe précieux.*
*Du juste de Sion, que les îles attendent,*
*Déjà de tous côtés les rayons se répandent.*

De son immense gloire ils sont environnés,
Quand par un autre objet tout-à-coup détournés,
Ce juste à leurs regards n'est plus reconnoissable:
*Sans beauté, sans éclat, ignoré, méprisable,*
*Frappé du ciel, chargé du poids de nos malheurs,*
*Le dernier des humains, et l'homme de douleurs,*
*Avec des scélérats, ainsi que leur complice,*
*Comme un agneau paisible on le mène au supplice.*
Quel autre que le Dieu qui dévoile les temps
Présentoit à leur yeux ces tableaux différens ?
Ils nous font espérer *un maître redoutable,*
*Le prince de la paix, le Dieu fort, l'admirable.*
*Son trône est entouré de rois humiliés;*
*Ses ennemis vaincus frémissent à ses pieds;*
*Son règne s'étendra sur les races futures.*
Sa gloire disparoît, *et couvert de blessures,*
*C'est le pasteur mourant d'un troupeau dispersé.*
*En contemplant celui que ses mains ont percé,*
*Saisi d'étonnement un peuple est en alarmes :*
*La mort d'un fils unique arrache moins de larmes.*
David, qui voit de loin ce brillant rejeton,
Plus sage, plus heureux, plus grand que Salomon,
*Du sein de l'Eternel sortir avant l'aurore,*
Dans l'horreur des tourmens David le voit encore.
Du roi de Babylone admirable captif,
A deux objets divers Dieu te rend attentif.
Elevé sur son trône, à son fils qui s'avance,
Il donne à haute voix l'empire et la puissance.
Mais tout change à tes yeux : ce fils est immolé;
*Le Christ est mis à mort, le lieu saint désolé;*

## CHANT III.

*Le grand-prêtre éperdu dans la fange se roule.*
Tout périt: l'autel tombe, et le temple s'écroule.
C'est ce même captif qui voit tous à leurs rangs,
Pareils à des éclairs, passer les conquérans.
Il voit naître et mourir leurs superbes empires.
Babylone, c'est toi qui sous le Perse expires.
Alexandre punit tes vainqueurs florissans.
Rome punit la Grèce, et venge les Persans.
Elle renversera toute grandeur suprême;
Et le marteau fatal sera brisé lui-même.
O Rome, tes débris seront les fondemens
D'un empire vainqueur des hommes et des temps.
 Mais ce n'est point assez qu'annonçant ces miracles,
Des prophètes nombreux répètent leurs oracles.
Tout rempli du dessein qu'il doit exécuter,
Dieu par des coups d'essai semble le méditer:
A nos yeux à toute heure il en montre une image,
Et dans ses premiers traits crayonne son ouvrage.
Que les plus tendres mains conduisent au bucher
Ce fils obéissant qui s'y laisse attacher:
Paisible sacrifice, où le prêtre tranquille
Va frapper sans pâlir sa victime immobile!
Que l'enfant le plus cher, en esclave vendu,
Et du sein de l'opprobre à la gloire rendu,
Aimé, craint, adoré des villes étrangères,
Soit enfin reconnu par ses perfides frères;
Pour le sang d'un agneau, que rempli de respect
L'ange exterminateur s'écarte à son aspect;
Que de tant de maisons au glaive condamnées,
Celles que teint ce sang, soient seules épargnées;

Qu'en attachant ses yeux sur un signe élevé,
Par un heureux regard le mourant soit sauvé;
Que le jour de tristesse où le grand-prêtre expire,
A tant de malheureux que son trépas retire
Des asiles prescrits à leur captivité,
Devienne un jour de grâce et de félicité;
Que par les criminels proscrit pendant l'orage,
Le juste en périssant les sauve du naufrage;
Qu'il revive, et ne soit victime que trois jours
Du monstre qui parut l'engloutir pour toujours :
Tout m'annonce de loin ce que le ciel projette;
Et sans cesse conduit par un peuple prophète,
J'arrive pas à pas au terme désiré,
Où le Dieu tant de fois prédit et figuré,
Doit de son règne saint établir la puissance:
Ce règne dont mes vers vont chanter la naissance.

## CHANT QUATRIÈME.

Les empires détruits, les trônes renversés,
Les champs couverts de morts, les peuples dispersés,
Et tous ces grands revers, que notre erreur commune
Croit nommer justement les jeux de la fortune,
Sont les jeux de celui qui maître de nos cœurs,
A ses desseins secrets fait servir nos fureurs ;
Et de nos passions réglant la folle ivresse,
De ses projets par elle accomplit la sagesse.
Les conquérans n'ont fait par leur ambition,
Que hâter les progrès de la religion ;
Nos haines, nos combats ont affermi sa gloire :
C'est le prouver assez, que conter son histoire.
 Je sais bien que féconde en agrémens divers,
La riche fiction est le charme des vers.
Nous vivons du mensonge ; et le fruit de nos veilles
N'est que l'art d'amuser par de fausses merveilles ;
Mais à des faits divins mon écrit consacré,
Par ces vains ornemens seroit déshonoré :
Je laisse à Sannazar son audace profane.
Loin de moi ces attraits que mon sujet condamne :
L'âme de mon récit est la simplicité.
Ici tout est merveille, et tout est vérité.
 Le Dieu qui dans ses mains tient la paix et la guerre,
Tranquille au haut des cieux, change à son gré la terre.
Avant que le lien de la religion
Soit le lien commun de toute nation,

Il veut que l'univers ne soit qu'un seul empire.
L'ambition de Rome à ce dessein conspire ;
Mais un état si vaste, en proie aux factions,
Est le règne du trouble et des divisions.
Il veut que sur la terre aux mêmes lois soumise,
Un paisible commerce en tous lieux favorise
De ses ordres nouveaux les ministres divins.
Ils pourront les porter par de libres chemins,
Si l'univers n'a plus pour maître qu'un seul homme.
C'est ce Dieu qui le veut : la liberté de Rome
Ranimant ses soldats par César abattus,
Du dernier coup frappée, expire avec Brutus.
Dans ses nombreux vaisseaux une reine ose encore
Rassembler follement les peuples de l'Aurore.
Elle fuit, l'insensée : avec elle tout fuit,
Et son indigne amant honteusement la suit.
Jusqu'à Rome bientôt par Auguste traînées
Toutes les nations à son char enchaînées,
L'Arabe, le Gélon, le brûlant Afriquain,
Et l'habitant glacé du Nord le plus lointain,
Vont orner du vainqueur la marche triomphante.
Le Parthe s'en alarme ; et d'une main tremblante
Rapporte les drapeaux à Crassus arrachés.
Dans leurs Alpes en vain les Rhétes sont cachés :
La foudre les atteint, tout subit l'esclavage.
L'Araxe mugissant sous un pont qui l'outrage,
De son antique orgueil reçoit le châtiment,
Et l'Euphrate soumis coule plus mollement.
Paisible souverain des mers et de la terre,
Auguste ferme enfin le temple de la guerre.

## CHANT IV.

Il est fermé ce temple, où par cent nœuds d'airain
La Discorde attachée, et déplorant en vain
Tant de complots détruits, tant de fureurs trompées,
Frémit sur un amas de lances et d'épées.
Aux champs déshonorés par de si longs combats
La main du laboureur rend leurs premiers appas.
Le marchand loin du port, autrefois son asile,
Fait voler ses vaisseaux sur une mer tranquille.
 Les poètes surpris d'un spectacle si beau
Sont saisis à l'instant d'un transport tout nouveau.
Ils annoncent que Rome après tant de miracles
Va voir le temps heureux prédit par ses oracles.
« Un siècle, disent-ils, recommence son cours,
» Qui doit de l'âge d'or nous ramener les jours.
» Déjà descend du ciel une race nouvelle;
» La terre va reprendre une face plus belle,
» Tout y deviendra pur; et ses premiers forfaits,
» S'il en reste, seront effacés pour jamais. »
 Tant de prédictions qui frappent les oreilles,
Font d'un grand changement espérer les merveilles.
Vers l'Orient alors chacun tourne les yeux :
C'est de là qu'on attend ce roi victorieux,
Qui sortant des climats où le jour prend naissance,
Doit soumettre la terre à son obéissance.
Jérusalem s'éveille à des bruits si flatteurs :
L'héritier de Jacob en cherche les auteurs.
Des prophètes sacrés parcourant les volumes,
Sans peine il reconnoît le siècle, dont leurs plumes
Ont décrit tant de fois les jours délicieux.
« Il est venu ce temps, l'espoir de nos aïeux,

» Où le fer, dont la dent rend les guérêts fertiles,
» *Sera forgé du fer des lances inutiles.*
» La Justice et la Paix s'embrassent devant nous.
» Le glaive étincelant d'un royaume jaloux
» N'ose plus aujourd'hui s'irriter contre un autre :
» Le bonheur des humains nous annonce le nôtre :
» Sous un joug étranger nous avons succombé,
» *Et des mains de Juda notre sceptre est tombé.*
» Mais notre opprobre même assure notre gloire :
» Des promesses du ciel rappelons la mémoire. »
    Cependant il paroît à ce peuple étonné
Un homme, si ce nom lui peut être donné,
Qui sortant tout-à-coup d'une retraite obscure
En maître, et comme Dieu, commande à la nature.
A sa voix sont ouverts des yeux long-temps fermés,
Du soleil qui les frappe éblouis et charmés.
D'un mot il fait tomber la barrière invincible,
Qui rendoit une oreille aux sons inaccessible ;
Et la langue qui sort de la captivité,
Par de rapides chants bénit sa liberté.
Des malheureux traînoient leurs membres inutiles,
Qu'à son ordre à l'instant ils retrouvent dociles.
Le mourant étendu sur un lit de douleurs
De ses fils désolés court essuyer les pleurs.
La Mort même n'est plus certaine de sa proie.
Objet tout à-la-fois d'épouvante et de joie,
Celui que du tombeau rappelle un cri puissant
Se relève, et sa sœur pâlit en l'embrassant.
Il ne repousse point les fleuves vers leur source ;
Il ne dérange pas les astres dans leur course.

## CHANT IV.

On lui demande en vain des signes dans les cieux.
Vient-il pour contenter les esprits curieux ?
Ce qu'il fait d'éclatant, c'est sur nous qu'il l'opère,
Et pour nous sort de lui sa vertu salutaire.
Il guérit nos langueurs, il nous rappelle au jour :
Sa puissance toujours annonce son amour.
Mais c'est peu d'enchanter les yeux par ces merveilles;
Il parle : ses discours ravissent les oreilles.
Par lui sont annoncés de terribles arrêts ;
Par lui sont révélés de sublimes secrets.
Lui seul n'est point ému des secrets qu'il révèle :
Il parle froidement d'une gloire éternelle;
Il étonne le monde, et n'est point étonné :
Dans cette même gloire il semble qu'il soit né;
Il paroît ici-bas peu jaloux de la sienne.
Qu'empressé de l'entendre un peuple le prévienne,
Il n'adoucit jamais aux esprits révoltés
Ses dogmes rigoureux, ses dures vérités.
C'est en vain qu'on murmure, il faut croire, il l'ordonne.
D'un œil indifférent il voit qu'on l'abandonne.
Un disciple qui vient se jeter dans ses bras,
Et qui renonce à tout pour marcher sur ses pas,
Lui demande par grâce un délai nécessaire,
Un moment, pour aller ensevelir son père.
« Dès ce moment suis-moi, lui répond-il alors,
» Et laisse aux morts le soin d'ensevelir leurs morts. »
Quittons tout pour lui seul; que rien ne nous arrête.
Cependant il n'a pas où reposer sa tête.
  D'un tel législateur quel sera le destin ?
Jadis de la vertu Platon prévit la fin:

« Que son héros, dit-il, attende avec courage,
» Tout ce que des méchans lui prépare la rage.
» S'il se montre à la terre, à la terre arraché,
» Proscrit, frappé, sanglant, *à la croix attaché.*
» Paix secrète du cœur, gage de l'innocence,
» C'est toi seule à sa mort qui seras sa défense ! »
L'oracle est accompli. Le juste est immolé.
Tout s'émeut ; et des bords du Jourdain désolé
Au Tibre en un moment le bruit s'en fait entendre.
D'intrépides humains courent pour le répandre ;
Ils volent : l'univers est rempli de leur voix.
 « Repentez-vous, pleurez, et montez à sa croix.
» Quel que soit le forfait, la victime l'expie.
» Vous avez fait mourir le maître de la vie.
» Celui que vos bourreaux traînoient en criminel,
» Est l'image, l'éclat, le fils de l'Eternel.
» Ce Dieu dont la parole enfanta la lumière,
» Couché dans un tombeau dormoit dans la poussière ;
» Mais la mort est vaincue, et l'Enfer dépouillé.
» La nature a frémi, son Dieu s'est réveillé.
» Il vit, nos yeux l'ont vu : croyez. » Parole étrange !
Ils commandent de croire : on les croit, et tout change.
 Simples dans leurs discours, simples dans leurs écrits,
Les accusera-t-on d'éblouir nos esprits ?
Ils content leurs erreurs, leur honte, leur foiblesse.
Par eux, de leur naissance apprenant la bassesse,
J'apprends aussi par eux leur infidélité,
Le trouble de leur maître, et sa timidité.
A l'aspect de la mort il s'attriste, il frissonne :
Languissant, prosterné, la force l'abandonne,

Et le calice amer qu'on lui doit présenter,
Loin de lui, s'il pouvoit, il voudroit l'écarter.
Est-il donc d'un héros d'écouter la nature ?
Socrate en étouffa jusqu'au moindre murmure.
L'imposture, féconde en discours séduisans,
Eût orné son récit de charmes plus puissans.
   Leurs écrits, direz-vous, dépouillés d'artifice,
Ne font point dans leurs cœurs soupçonner de malice.
Trop simples en effet, et séduits les premiers,
Ils ont cru follement des mensonges grossiers.
Mais s'ils ont pu les croire, ont-ils pu les écrire
Parmi des ennemis prêts à les contredire ?
A peine aux yeux mortels leur maître est disparu,
A toute heure, en tout lieu, tout un peuple l'a vu.
Qu'elle a d'autorité l'histoire, qu'en silence
Sont contraints d'écouter des témoins qu'elle offense !
Combien de ces témoins, déjà tout pleins de foi,
Juifs circoncis du cœur, ont reconnu pour roi
De la Jérusalem éternelle, invisible,
Celui qui dans la leur, traité de roi risible,
D'épines couronné par les mains d'un bourreau,
Dans les siennes pour sceptre a vu mettre un roseau !
Vrais enfans d'Abraham, hâtez donc votre fuite :
Titus accourt ; sortez d'une ville proscrite.
   En quel funeste état te découvrent mes yeux,
Ville jadis si belle, ô peuple ami des cieux !
Qu'as-tu fait à ton Dieu ? Sa vengeance est certaine.
Comment à tant d'amour succède tant de haine !
Son bras de jour en jour s'appesantit sur toi
Et tu ne fus jamais plus zélé pour sa loi !

Combien d'avant-coureurs annoncent ta ruine :
Et la guerre étrangère, et la guerre intestine,
Et les embrâsemens, et la peste, et la faim !
Que de maux rassemblés ! L'orage éclate enfin,
Le nuage est crevé, je vois partir la foudre :
Jérusalem n'est plus, et le Temple est en poudre.
Les feux, malgré Titus, prompts à le consumer,
Ces feux vengeurs, le ciel saura les rallumer,
Quand des audacieux oseront entreprendre
De relever encor ce Temple de sa cendre.
« O peuple que je plains, ton vainqueur est-ce moi ?
» C'est ton Dieu, dit Titus, qui se venge de toi;
» Oui sans doute le ciel les punit d'une offense :
» Je n'ai fait que prêter mon bras à sa vengeance. »
Ils l'ont bien mérité ce châtiment affreux.
Le sang de leur victime est retombé sur eux.
Le père a pour long-temps proscrit ses fils rebelles ;
Le maître a retranché les branches infidelles.
Il n'a point toutefois arraché l'arbre ingrat ;
Mais un nouveau prodige en a changé l'éclat.
Sur cet arbre étonné que de branches nouvelles,
Sauvages autrefois, aujourd'hui naturelles !
Que vois-je ? L'étranger dépouille l'héritier ;
Et le fils adopté succède le premier.

De ces nouveaux enfans que la mère est féconde !
Ils ne font que de naître, et remplissent le monde.
Les maîtres des pays par le Nil arrosés,
D'une antique sagesse enfin désabusés,
Ont déjà de la croix embrassé la folie.
A l'aspect d'un bois vil le Parthe s'humilie ;

Et réunis entr'eux pour la première fois,
Les Scythes vagabonds reconnoissent des lois.
A l'auteur du soleil le Perse offre un hommage,
Que l'erreur si long-temps lui fit rendre à l'ouvrage.
Des déserts libyens le farouche habitant,
Le Sarmate indocile, et l'Arabe inconstant,
De ses sauvages mœurs adoucit la rudesse.
Corinthe se réveille et sort de sa mollesse.
Athène ouvrant les yeux reconnoît le pouvoir
Du Dieu qu'elle adora long-temps sans le savoir.
Mieux instruite aujourd'hui, cet autel qu'elle honore
N'est plus enfin l'autel d'un maître qu'elle ignore.
Il est trouvé ce Dieu tant cherché par Platon :
L'Aréopage entier retentit de son nom.
Les Gaulois détestant les honneurs homicides,
Qu'offre à leurs Dieux cruels le fer de leurs Druïdes,
Apprennent que pour nous le ciel moins rigoureux,
Ne demanda jamais le sang d'un malheureux;
Et qu'un cœur qu'a brisé le repentir du crime,
Est aux yeux d'un Dieu saint la plus sainte victime.
Tes illustres martyrs sont tes premiers trésors,
Opulente cité, la gloire de ces bords
Où la Saône enchantée à pas lents se promène,
N'arrivant qu'à regret au Rhône qui l'entraîne.
Toi que la Seine embrasse, et qui dois à son tour
L'enfermer dans le sein de ton vaste contour,
Ville heureuse, sur toi brille la foi naissante.
Qu'un jour tes sages rois la rendront florissante !
Sur vos têtes aussi luit cet astre divin,
Vous que baignent les flots du Danube et du Rhin ;

Vous qui buvez les eaux du Tage et de l'Ibère ;
Vous que dans vos forêts le jour à peine éclaire.
Et vous que séparant du reste des humains,
Les mers avoient sauvés des fureurs des Romains;
Lieux où ne put voler leur aigle ambitieuse,
Je vois dans vos climats la foi victorieuse.
Au grand nom qui du monde a couru les deux bouts,
De l'Inde à la Tamise on fléchit les genoux.
La croix a tout conquis, et l'Eglise s'écrie :
« Comment à tant d'enfans ai-je donné la vie ? »
   Sur les rives du Tibre éclate sa splendeur ;
Là de son règne saint s'élève la grandeur ;
Et dans Rome est fondé son trône inébranlable :
A tout ambitieux trône peu désirable !
Sur ses degrés sanglans je ne vois que des morts :
C'étoit pour en tomber qu'on y montoit alors.
Dans ces temps où la foi conduisoit aux supplices,
D'un troupeau condamné glorieuses prémices,
Les pasteurs espéroient des supplices plus grands.
Tel fut chez les Chrétiens l'honneur des premiers rangs.
   Quel spectacle en effet à mes yeux se présente !
Quels tourmens inconnus, que la fureur invente !
De bitumes couverts, ils servent de flambeaux ;
Déchirés lentement, ils tombent en lambeaux ;
Dans ces barbares jeux, théâtres du carnage,
Des tigres, des lions on irrite la rage.
Que de feux, que de croix, que d'échafauds dressés !
Combien de bourreaux las, de glaives émoussés !
Injuste contre eux seuls, le plus juste des princes,
Par ce sang odieux contente ses provinces.

Pour eux tout empereur, Trajan même, est Néron.
Ils se nomment Chrétiens, et leur crime est leur nom.
Ils demandent la mort, ils courent aux supplices;
Les plus longues douleurs prolongent leurs délices;
Les rigueurs des tyrans leur semblent d'heureux dons;
Ils bénissent la main qui détruit leurs prisons.
Qui peut leur inspirer la haine de la vie?
D'éterniser son nom la ridicule envie,
Quelquefois, je l'avoue, en étouffe l'amour.
Lorsque sur un bûcher, Peregrin las du jour,
D'un trépas éclatant cherche la renommée,
Un cynique orgueilleux s'évapore en fumée.
Mais cet immense amas de femmes et d'enfans,
Qu'immolent les Romains, qu'égorgent les Persans,
Tant d'hommes dont les noms sont restés sans mémoire,
Couroient-ils à la mort pour vivre dans l'histoire?

« Plaignez, me dira-t-on, leur triste aveuglement.
» L'erreur a ses martyrs : le Bonze follement
» Ose offrir à son Dieu, stérile sacrifice,
» Un corps qu'a déchiré son bizarre caprice.
» Victime d'un usage antique et rigoureux,
» La veuve sans frémir s'élance dans les feux
» Pour rejoindre un époux que souvent elle abhorre.
» Chez un peuple insensé cette loi vit encore.
» Egarement cruel! Loi digne de nos pleurs!
» Que la religion enfante de malheurs! »

Respectons des mortels que Dieu même autorise.
Oui, de ses plus grands dons le ciel les favorise,
Et le ciel n'a jamais favorisé l'erreur.
Ils chassent cet esprit et de haine et d'horreur,

Cet infernal tyran, dont nos maux font la joie.
A la voix des Chrétiens abandonnant sa proie,
Des corps qu'il tourmentoit il s'enfuit consterné :
Le prince du mensonge est enfin détrôné.

Il usurpa l'empire, et sans peine et sans gloire,
Lorsque l'homme emporté par la fureur de croire,
Sans que l'art eût besoin d'éblouir sa raison,
Au plus vil imposteur se livroit sans soupçon ;
Mais ces temps ne sont plus : la Grèce la première
A su du moins ouvrir la route à la lumière.
On la cherche : Platon par ses fameux écrits
Des honteuses erreurs inspire le mépris.
Pleines de ses leçons, des écoles célèbres,
De l'enfance du monde écartent les ténèbres.
Le grave philosophe est partout révéré :
Souvent même à la cour il se voit honoré.
Son crédit peut nous perdre, et sa haine y conspire.
Mais en vain cette haine arme Celse et Porphyre :
Que peuvent contre nous leurs traits injurieux ?
Il falloit nous porter des coups plus sérieux,
Approfondir des faits récens à la mémoire,
Et sur ses fondemens renverser notre histoire.
Qui ne sait que railler, évite un vrai combat.
On traite les Chrétiens d'ennemis de l'état.
On impute le crime à ceux dont la doctrine
N'a pu que dans le ciel prendre son origine.
Ainsi que dans leurs mœurs tout est pur dans leurs lois.
C'est par eux qu'on apprend à respecter les rois ;
Et que même aux Nérons on doit l'obéissance.
« *De Dieu*, nous disent-ils, *descend toute puissance*.

» Le prince est son image, et maître des humains,
» Tient du maître des cieux le glaive dans ses mains.
» Sujets, obéissez : le murmure est un crime. »
En vain contre un pouvoir cruel, mais légitime,
Des peuples révoltés s'arment de toutes parts,
Les Chrétiens sont toujours fidèles aux Césars.

Ont-ils donc par foiblesse une âme si soumise ?
Leur pouvoir éclatant redouble ma surprise.
La nature obéit, et tremble devant eux.
Quel spectacle étonnant de miracles nombreux !
Que de tristes mourans qui fermoient leur paupière,
Sont tout-à-coup rendus à la douce lumière !
Et du fond des tombeaux que de morts rappelés !
De deux camps ennemis par la soif désolés,
Quand d'un soleil brûlant la chaleur les embrâse,
L'un périt, le ciel tonne, et la foudre l'écrase ;
Et tandis que ses feux écartent le Germain,
Un torrent salutaire abreuve le Romain ;
Le soldat demi-mort, dans une heureuse pluie
Trouve tout à-la-fois la victoire et la vie.
De ce bienfait le prince admire les auteurs,
Et le peuple obstiné les appelle *Enchanteurs.*
Enchantement divin qui commande au tonnerre !
Le charme vient du ciel, quand il change la terre.

Prodige inconcevable, un instrument d'horreur,
La croix est l'ornement du front d'un empereur !
Constantin triomphant fait triompher la gloire
D'un signe lumineux qui promit sa victoire.
Cérès dans Eleusis voit ses initiés,
Fouler robe, couronne, et corbeille à leurs pieds.

Diane, tu n'es plus; soutiens de ta puissance,
Tes orfèvres d'Ephèse ont perdu l'espérance.
Les temples sont déserts, et le prêtre interdit,
Renversant l'encensoir de son Dieu sans crédit,
Abandonne un autel toujours vuide d'offrandes.
Delphes jadis si prompt à répondre aux demandes,
D'un silence honteux subit les tristes loix.
Enfin, comme Apollon, tous les Dieux sont sans voix.
Aux tombeaux des Martyrs, fertiles en miracles,
Les peuples et les rois cherchent de vrais oracles.
On implore un mortel qu'on avoit massacré,
Et l'on brise le Dieu qu'on avoit adoré.

 A ce torrent vainqueur Rome long-temps s'oppose,
Et de son Jupiter veut défendre la cause.
Mais contre elle il est temps de venger les Chrétiens.
Du sang de tes enfans, grand Dieu, tu te souviens!
Tant de cris qu'éleva sa fureur idolâtre,
Ont assez retenti dans son amphithéâtre.
Tu vas lui demander compte de ses arrêts.
O Dieu des conquérans, tes vengeurs sont tout prêts:
Et Rome va tomber d'une chute éternelle,
Ainsi que Babylone et ta ville infidelle!

 Oui, c'est ce même Dieu qui sait à ses desseins
Ramener tous les pas des aveugles humains.
Sous d'orgueilleux vainqueurs quand les villes succombent,
Quand l'affreux contre-coup des empires qui tombent
Dans le monde ébranlé jette au loin la terreur;
Que sont tous ces héros qu'admire notre erreur?
Les ministres d'un Dieu qui punit des coupables,
Instrumens de colère, et verges méprisables.

Que prétend Attila? Que demande Alaric?
Où s'emporte Odoacre? Où vole Genseric?
Ils sont sans le savoir armés pour la querelle
D'un maître qui du Nord tour-à-tour les appelle.
Devant leurs bataillons il fait marcher l'horreur :
Rome antique est livrée au Barbare en fureur.
De sa cendre renaît une ville plus belle;
Et tout sera soumis à la Rome nouvelle.

 Je la vois cette Rome, où d'augustes vieillards,
Héritiers d'un apôtre, et vainqueurs des Césars,
Souverains sans armées, et conquérans sans guerre,
A leur triple couronne ont asservi la terre.
Le fer n'est pas l'appui de leurs vastes états;
Leur trône n'est jamais entouré de soldats.
Terrible par ses clefs et son glaive invisible,
Tranquillement assis dans un palais paisible,
Par l'anneau d'un pêcheur autorisant ses lois,
Au rang de ses enfans un prêtre met nos rois.
Ils en ont le respect et l'humble caractère.
Qu'il ait toujours pour eux des entrailles de père!

 D'une Religion si prompte en ses progrès,
Si j'osois jusqu'à nous compter tous les succès,
Peindre les souverains humiliant leur tête,
Et la suivre partout de conquête en conquête,
Quel champ je m'ouvrirois! Quel récit glorieux!
Mais que pourrois-je apprendre à quiconque a des yeux?
L'arbre couvre la terre, et ses branches s'étendent
Partout où du soleil les rayons se répandent.
De l'aurore au couchant on adore aujourd'hui
Celui qui de sa croix attira tout à lui.

Dans le temps que ce Dieu parmi nous daigna vivre,
L'aurois-je mieux connu, quand j'aurois pu le suivre
Des rives du Jourdain au sommet du Tabor?
Non, maintenant sa gloire éclate plus encor.
  Je vois à ses côtés Moïse avec Elie.
Tout prophète l'annonce, et la loi le publie.
Ses apôtres enfin sont sortis du sommeil.
Que de nouveaux témoins m'a produits leur réveil!
C'est en mourant pour lui qu'ils lui rendent hommage.
Ils sont tous égorgés : voilà leur témoignage.
Je le vois : c'est lui-même, et je n'en puis douter.
Mais c'est peu de le voir, il le faut écouter :
La voix de tout ce sang que l'amour fit répandre,
Me répète la voix que le ciel fit entendre,
Quand le Tabor brilla de l'un de ses rayons.
Oui, *c'est ce fils si cher*: écoutons, et croyons.
  « Le joug qu'il nous impose est, dit-on, trop pénible;
» Ses dogmes sont obscurs; sa morale est terrible :
» Nos esprits et nos cœurs sont en captivité. »
D'une nouvelle ardeur justement transporté,
De ces plaintes je veux repousser l'injustice.
Il n'est pas temps encor que ma course finisse :
Poursuivons le déiste en ses détours divers.
Quel sujet fut plus grand, et plus digne des vers?

## CHANT CINQUIÈME.

Le Verbe égal à Dieu, splendeur de sa lumière,
Avant que les mortels sortis de la poussière,
Aux rayons du soleil eussent ouvert les yeux,
Avant la terre, avant la naissance des cieux,
Eternelle puissance, et sagesse suprême,
Le Verbe étoit en Dieu, fils de Dieu, Dieu lui-même.
   Fils de Dieu, cependant fils de l'homme à la fois,
Peut-il toujours égal.... Je m'arrête, et je crois.
Foible et fière raison, dépouille ton audace,
Le vent souffle : qui peut en découvrir la trace ?
Etonnés de son bruit, nous sentons son pouvoir ;
Notre oreille l'entend, notre œil ne le peut voir.
Quelque trouble ici-bas que mon âme ressente,
La Foi, fille du Ciel devant moi se présente.
Sur une ancre appuyée, elle a le front voilé ;
Et m'éclairant du feu dont son cœur est brûlé :
» Viens, dit-elle, suis-moi. L'éclat que je fais luire,
» Quand tu baisses les yeux, suffit pour te conduire.
» Est-ce le temps de voir que le temps de la nuit ?
» En attendant le jour, docile à qui t'instruit,
» Tu dois à chaque pas plus adorer qu'entendre,
» Plus croire que savoir, et plus aimer qu'apprendre. »
   « Faut-il, dit le déiste, enchaîner la raison ?
» N'est-elle pas du ciel le plus précieux don ?
» Et pouvons-nous penser qu'en nous l'Etre suprême
» Veuille étouffer un feu qu'il alluma lui-même ? »

Il l'alluma sans doute ; et cet heureux présent
Par son premier éclat guidoit l'homme innocent.
Aujourd'hui presque éteinte, une flamme si belle
Ne prête qu'un jour sombre à l'âme criminelle ;
Mais la foi le ranime avec un feu plus pur.
Et d'indignes mortels l'osent trouver obscur,
Quand, par bonté pour eux un Dieu se manifeste !
Il leur en dit assez : qu'ils ignorent le reste.
Jusques au temps prescrit le grand livre est scellé.

Pour nous confondre, hélas, que n'a-t-il pas voilé !
Pourrons-nous pénétrer ses mystères sublimes,
Quand ses moindres secrets sont pour nous des abymes ?
La nature à nos yeux sans cesse vient s'offrir :
Le livre à tout moment semble prêt à s'ouvrir.
Que de siècles perdus sans que rien nous attire
A rechercher du moins ce que l'homme y peut lire !
Et lorsque nos besoins, le temps et le hasard
Nous contraignent enfin d'y jeter un regard,
Instruits de quelques faits, en savons-nous les causes ?
Attentif au spectacle, en vain tu te proposes,
Philosophe orgueilleux, d'en suivre le dessein.
En vain tu veux chercher la nature en son sein ;
Là tu trouves écrit : *Arrête, téméraire,*
*Nul de vous n'entrera jusqu'en mon sanctuaire.*
Oui, même en ces objets si présens à nos yeux
Tout devient invisible à l'œil trop curieux ;
Et celui qui captive une mer furieuse,
Borne aussi des humains la vue ambitieuse.
Pour sonder la nature ils font de vains efforts :
Il en verront les jeux, et jamais les ressorts.

Partout elle nous crie : « Adorez votre maître ;
» Contemplez, admirez, jouissez sans connoître. »
D'une attentive étude embrassant le parti,
Du sein de l'ignorance un mortel est parti.
A-t-il tout parcouru ? Pour fruit de tant de peine,
A l'ignorance encor son savoir le ramène.
Tu rougis, fier mortel ; prête à me démentir
Ta vanité murmure : il faut l'anéantir.
De tes fameux progrès cherchons quelle est la gloire :
Faisons de ton esprit l'humiliante histoire.

   L'intérêt nous donna nos premières leçons :
L'amour de nos troupeaux, le soin de nos moissons
Nous firent d'un temps cher devenir économes,
Et la nécessité nous rendit astronomes.
Pouvions-nous mieux régler nos travaux et nos jours,
Que sur ces corps brillans, si réglés dans leur cours ?
Le peuple qui du Nil cultivoit le rivage,
Les observa long-temps sous un ciel sans nuage.
Pour mieux les contempler sous différens cantons
Il les partage entr'eux, et leur cherche des noms.
Cassini, Galilée, excusez vos ancêtres :
Leurs yeux accoutumés à des objets champêtres,
Ne virent dans le ciel que chiens, béliers, taureaux ;
Vous y saurez un jour porter des noms plus beaux :
Saturne et Jupiter vanteront leur cortége.
Mais de l'antiquité, quel est le privilége !
Les noms qu'auront forgés ces grossiers laboureurs,
Imprimeront en nous d'éternelles erreurs.
O trop heureux l'enfant qui naît sous la Balance !
De son cruel voisin détestons la puissance.

Horace frémira, s'il sait que le hasard
En naissant l'a frappé de ce triste regard.
Sur la voûte des cieux notre histoire est écrite.
Dans ce livre fatal plus d'un Cardan médite :
Achetons leur faveur. Richelieu, Mazazin,
Vous-mêmes prodiguez vos bienfaits à Morin :
Ses yeux lisent un chiffre impénétrable aux vôtres :
Qu'il vous fasse trembler, faites trembler les autres.
D'une éternelle nuit le peuple menacé,
Rappelle par ses cris le soleil éclipsé.
Mais quel corps menaçant vient troubler la nature
Par son étincelante et longue chevelure ?
Qu'un si grand appareil annonce de fureur !
Vil peuple, il ne doit point te causer de terreur :
D'un important courroux ces députés sinistres,
Si ce n'est pour des rois, partent pour des ministres.
Le ciel a du loisir, ou nous fait trop d'honneur :
Le seul cri d'un hibou peut nous flétrir le cœur.
De tes astres, ô ciel, n'éteins pas la lumière :
Verrons-nous sans pâlir tomber notre salière ?
Rassurez-nous, devins, charmes, enchantemens,
Amulettes, anneaux, baguettes, talismans :
Et tant d'autres secours qu'embrasse l'ignorance,
Si folle dans sa crainte et dans son espérance.

 De toutes nos erreurs quand le nombreux essain
Dans l'Egypte produit, s'échappa de son sein,
L'amour d'un doux climat l'emporta dans la Grèce.
Un peuple qu'endormoient dans une longue ivresse
La musique, les vers, les danses et les jeux,
D'Apelle, de Scopas et d'Homère amoureux,

Consacrant aux beaux-arts ses yeux et ses oreilles,
Du ciel et de la terre oublia les merveilles.
Leurs sages rarement en parurent frappés ;
Et jamais les Romains n'en furent occupés.
Tout plein de son héros, au lieu de la nature,
Lucrèce leur chanta les rêves d'Epicure.
Ambitieux de vaincre, et non de discourir,
L'art des enfans de Mars, fut l'art de conquérir.
L'étude a peu d'attraits pour les maîtres du monde.
« Le soleil, disoient-ils, va se coucher dans l'onde ;
» La voûte dont le cercle a pour base la mer,
» Sous son dôme brillant couvre la terre et l'air,
» Et le vieux Océan, père de la nature,
» Etend autour de nous son humide ceinture. »
Tels étoient leurs progrès, lorsque du vrai savoir
La fureur des combats éteignit tout espoir.

   Foible par sa grandeur, ce n'étoit qu'avec peine
Que sur la terre encor Rome étendoit sa chaîne.
D'esclaves trop nombreux son empire accablé,
Malgré son double appui se sentit ébranlé ;
Et lorsque par les mains du conquérant Hérule
Le trône des Césars tomba sous Augustule,
Sa chute fit trembler celui des Constantins.
Le fameux imposteur suivi des Sarrasins,
Jeta les fondemens d'un pouvoir formidable,
Que sous un autre nom rendit plus redoutable,
Le peuple que l'Euxin vomit de ses marais,
Du jour que le second de ses fiers Mahomets,
La gloire du Croissant, et la terreur du monde,
Eut foudroyé enfin Byzance et Trébisonde.

Jour cruel, jour fatal où sur tant de trésors,
Antiques monumens respectés jusqu'alors,
Par la destruction signalant sa puissance,
Le barbare étendit sa stupide vengeance !
  Que nos plus beaux palais de cendres soient couverts:
Mais pourquoi tant d'écrits à nos regrets si chers,
Sont-ils brûlés par toi, vainqueur impitoyable ?
L'ignorance à tes vœux sans doute est favorable.
Que crains-tu ? Son empire est partout affermi,
Depuis que du bon sens un savoir ennemi,
Trouvant l'art d'obscurcir le maître des ténébres,
Forme dans ses écrits tous ces docteurs célèbres,
Qui, le dilemme en main, prétendent de *l'abstrait*
*Cathégoriquement diviser le concret.*
Quand viendra ton vengeur, ô raison qu'on outrage !
  De tant de mots pompeux le superbe étalage
Trouvoit de tous côtés d'ardens admirateurs,
Et la nature entière étoit sans spectateurs.
L'intérêt cependant va nous rapprocher d'elle.
Un Génois nous apprend, quelle étrange nouvelle,
Qu'au-delà de ce monde il est un monde encor,
Monde dont l'habitant abandonne tout l'or !
Nous volons. Quel que soit l'objet qui nous anime,
Comment de tant de mers franchissons-nous l'abyme ?
Si long-temps sur sa feuille attaché dans un coin
Par quel effort l'insecte a-t-il rampé si loin ?
  Un aimant ( le hasard dans l'air le fit suspendre )
En regardant le pôle, aux yeux qu'il dut surprendre,
Révéla cet amour qu'on ne soupçonnoit pas :
Amour heureux pour nous, et fatal aux Incas.

## CHANT V.

Nos flottantes forêts couvrent le sein de l'onde.
La boussole nous rend les citoyens du monde.
Des deux Indes pour nous elle ouvre tous les ports;
Et nous en rapportons par elle les trésors.
Tant d'objets différens, tant de fruits, tant de plantes,
( Que de l'esprit humain les conquêtes sont lentes! )
Donnent enfin naissance aux désirs curieux,
Et la terre ramène à l'étude des cieux.

 Foibles amas de sable, ouvrages de la cendre,
Deux verres ( le hasard vient encore nous l'apprendre ),
L'un de l'autre distans, l'un à l'autre opposés,
Qu'aux deux bouts d'un tuyau des enfans ont placés,
Font crier en Zélande, ô surprise, ô merveille!
Et le Toscan fameux à ce bruit se réveille.
De Ptolomée alors, armé de meilleurs yeux,
Il brise les cristaux, les cercles et les cieux;
Tout change : par l'arrêt du hardi Galilée
La terre loin du centre est enfin exilée.
Dans un brillant repos, le soleil à son tour,
Centre de l'univers, roi tranquille du jour,
Va voir tourner le ciel, et la terre elle-même.
En vain l'Inquisiteur croit entendre un blasphème;
Et six ans de prison forcent au repentir,
D'un système effrayant l'infortuné martyr :
La terre nuit et jour à sa marche fidelle,
Emporte Galilée et son juge avec elle.

 D'un monde encor nouveau, que d'habitans obscurs
Vous tirez du néant, illustres Réaumurs !
Pourquoi sans spectateur tout un peuple en silence
Veut-il nous dérober tant de magnificence ?

Sans un verre nos yeux ne le connoîtroient pas.
Celui qui fit ces yeux pour veiller sur nos pas,
Ne nous en donne point pour voir tous ses ouvrages;
Et lorsque nous voulons percer jusqu'aux nuages
Où s'enferme ce Dieu, de ses secrets jaloux,
Pour regarder si haut quels yeux espérons-nous?
Vers de terre, à la terre arrêtez votre vue.

 A peine sa beauté jusqu'alors inconnue,
A plus d'une merveille eût su nous attacher,
Que l'on vit en tous lieux, du soin de les chercher
Naître l'heureux dégoût des questions si folles,
Dont l'antique tyran des bruyantes écoles,
Le héros de Stagyre allumoit la fureur.
Du vuide la nature avoit encor horreur.
Rassurons-nous pourtant. Le jour commence à naître:
Nous allons tous penser, Descartes va paroître.

 Il vit toujours caché; mais ses brillans travaux
Forment ses sectateurs, ainsi que ses rivaux.
Ils tiennent tous de lui leurs armes et leur gloire,
Et même ses vainqueurs lui doivent leur victoire.
Nous pouvons aujourd'hui porter plus loin nos pas,
Nous courons; mais sans lui nous ne marcherions pas.
Si la France n'eût point produit cette lumière,
Londres de son Newton ne seroit pas si fière.

 Par eux l'esprit humain, qu'ils honorent tous deux,
Instruit de sa grandeur, la reconnoît en eux.
Mais sitôt que trop loin l'un ou l'autre s'avance,
L'esprit humain par eux apprend son impuissance.
Descartes le premier me conduit au conseil
Où du monde naissant Dieu règle l'appareil.

Là, d'un cubique amas, berceau de la nature,
Sortent trois élémens de diverse figure ;
Là ces angles qu'entre eux brise leur frottement,
Quand Dieu qui dans le plein met tout en mouvement,
Pour la première fois fait tourner la matière,
Se changent en subtile et brillante poussière.
Newton ne la voit pas; mais il voit ou croit voir
Dans un vuide étendu tous les corps se mouvoir.
Exerçant l'un sur l'autre un mutuel empire,
Par les mêmes liens l'un et l'autre s'attire,
Tandis qu'au même instant, et par les mêmes lois,
Vers un centre commun tous pèsent à la fois.
Qui peut entre ces corps de grandeur inégale
Décrire les combats de la force centrale ?
L'algèbre avec honneur débrouillant ce chaos,
De ses hardis calculs hérisse son héros.

 Vous que de l'univers l'architecte suprême
Eût pu charger du soin de l'éclairer lui-même,
Des travaux qu'avec vous je ne puis partager,
Si j'ose vous distraire et vous interroger,
Dites-moi quel attrait à la terre rappelle
Ce corps que dans les airs je lance si loin d'elle ?
La pesanteur...... Déjà ce mot vous trouble tous.
Expliquez-moi du moins ce qui se passe en vous?

 Au sortir d'un repas, dans votre sein paisible
Quel ordre renouvelle un combat invisible ;
Et quel heureux vainqueur a pu si promptement
Chercher, saisir, dompter, broyer cet aliment,
Qui bientôt liqueur douce, ira de veine en veine
Se confondre en son cours dans le sang qui l'entraîne ?

Dans un autre combat, non moins cher à nos vœux,
Comment peut une écorce, espoir d'un malheureux,
Attaquer, conquérir, enchaîner l'ennemie,
Qui tantôt en fureur, et tantôt endormie,
A fait trève avec nous le jour de son sommeil?
Mais au jour de colère, exacte à son reveil,
Elle rallume un feu qui dans nos yeux pétille.
Tous nos esprits subtils, vagabonde famille,
S'égarent dans leur course; en désordre comme eux,
L'âme même s'oublie, et dans ce trouble affreux,
La mort, prête à frapper, déjà lève sa foudre.
Que d'alarmes, quels maux appaise un peu de poudre!

 De systèmes savans épargnez-vous les frais,
Et ces brillans discours qui n'éclairent jamais.
Avouez-nous plutôt votre ignorance extrême.
Hélas, tout est mystère en vous-même, à vous-même!
Et nous voulons encor qu'à d'indignes sujets
Le Souverain du monde explique ses projets,
Quand ce corps, de notre âme esclave méprisable,
Lui cache ses secrets d'un voile impénétrable!
De la Religion si j'éteins le flambeau,
Je me creuse à moi-même un abyme nouveau.
Déiste, que pour toi la nuit devient obscure,
Et de quel voile encor tu couvres la nature!
A tes yeux comme aux miens peut-elle rappeler
Celui qui pour un temps ne veut que m'exiler?
Si la terre n'est point un séjour de vengeance,
Peux-tu dans cet ouvrage admirer sa puissance?
La peste la ravage, et d'affreux tremblemens
Précèdent la fureur de ses embrâsemens.

Le froid la fait languir, la chaleur la dévore;
Et pour comble de maux son roi la déshonore.
L'être pensant qui doit tout ordonner, tout voir,
Dans ses tristes états, aveugle et sans pouvoir,
Jouet infortuné de passions cruelles,
Est un roi qui commande à des sujets rebelles,
Et le jour de sa paix est le jour de sa mort.
Son état, tu le sais, attend le même sort :
Tout périra, le feu réduira tout en cendre.
Tu le sais dès long-temps; mais sauras-tu m'apprendre
Par quel caprice un Dieu détruit ce qu'il a fait ?
Que n'avoit-il du moins rendu le tout parfait?
S'il ne l'a pu ce Dieu, qu'a-t-il donc d'admirable?
S'il ne l'a pas voulu, te semble-t-il aimable?
Tu t'efforces en vain, toi qui prétends tout voir,
D'arracher le rideau qui fait ton désespoir.
Pour moi j'attends qu'un jour Dieu lui-même l'enlève :
Il suffit qu'un instant la foi me le soulève.
J'en vois assez, et vais t'apprendre sa leçon,
Qui console à la fois le cœur et la raison.

Oui, le tout doit répondre à la gloire du maître :
L'univers est son temple, et l'homme en est le prêtre;
Le temple inanimé, sans le prêtre est muet.
Cet immense univers, de la main qui l'a fait,
Doit par la voix de l'homme adorer la puissance,
Et rendre le tribut de la reconnoissance.
Ce tribut dura peu : l'ordre fut renversé,
Quand par le prêtre ingrat le Dieu fut offensé;
La nature perdit toute son harmonie;
Avec le criminel la terre fut punie.

De l'homme et de ses fils le déplorable sort
Fut la pente au péché, l'ignorance et la mort.
*Mais ces fils n'étoient pas; une race future....*
Lorsque le Créateur frappe sa créature,
Est-ce à notre justice à mesurer les coups?
Et ce qu'un Dieu se doit, mortels, le savez-vous?
   La terre ne fut plus un jardin de délices.
Ministre cependant de nos derniers supplices,
Et maintenant si prompte à les exécuter,
La mort, sous un ciel pur, sembloit nous respecter.
Hélas, cette lenteur à prendre ses victimes,
Ne fit que redoubler notre ardeur pour les crimes!
Une seconde fois frappant notre séjour,
Le ciel défigura l'objet de notre amour.
La terre par ce coup jusqu'au centre ébranlée,
Hideuse en mille endroits, et partout désolée,
Vit sur son sein flétri les cavernes s'ouvrir,
Les pierres, les rochers, les sables la couvrir,
Et s'élever sur elle en ténébreux nuages,
De funestes vapeurs, mères de tant d'orages.
Les saisons en désordre et les vents en courroux
Fournissent à la mort des armes contre nous;
Et toute la nature, en ce temps de souffrance,
Captive, gémissante, attend sa délivrance,
Au criminel soumise, obéit à regret,
Se cache à nos regards, et soupire en secret.
Oui, tout nous est voilé, jusqu'au moment terrible,
Moment inévitable, où Dieu rendu visible,
Précipitant du ciel tous les astres éteints,
Remplacera le jour, et sera pour ses saints

Cette unique clarté si long-temps attendue.
Pour eux-mêmes sévère, ici-bas à leur vue
Il se montre, il se cache; et par l'obscurité
Conduit ceux qu'autrefois perdit la vanité.
De quoi se plaindre? Il peut nous ravir sa lumière:
Par grâce il ne veut pas la couvrir tout entière.
Qui la cherche, est bientôt pénétré de ses traits;
Qui ne la cherche pas, ne la trouve jamais.
Ainsi de nos malheurs j'explique le mystère.
Dans un maître irrité, j'admire un tendre père:
Et je ne vois partout que rigueurs et bontés,
Châtimens et bienfaits, ténèbres et clartés.

Si ma religion n'est qu'erreur et que fable,
Elle me tend, hélas, un piége inévitable!
Quel ordre, quel éclat, et quel enchaînement!
L'unité du dessein fait mon étonnement.
Combien d'obscurités tout-à-coup éclaircies!
Historiens, martyrs, figures, prophéties,
Dogmes, raisonnemens, écrits, tradition,
Tout s'accorde, se suit; et la séduction
A la vérité même en tout point est semblable.
Déistes, dites-nous quel génie admirable
Nous fait de toutes parts si bien envelopper,
Que vous devez rougir vous-mêmes d'échapper?
Quand votre Dieu pour vous n'auroit qu'indifférence
Pourroit-il, oubliant sa gloire qu'on offense,
Permettre à cette erreur, qu'il semble autoriser,
D'abuser de son nom pour nous tyranniser?

Par quel crédit encor, si loin de sa naissance,
Ce mensonge en tous lieux a-t-il tant de puissance?

De l'Islande à Java, du Mexique au Japon,
Du hideux Hottentot jusqu'au transi Lapon,
Nos prêtres de leur zèle ont allumé les flammes;
Ils ont couru partout pour conquérir des âmes;
Des esclaves partout ont chéri leurs vainqueurs:
Que leur fable est heureuse à soumettre les cœurs!
  Si des rives du Gange aux rives de la Seine
Entraînés par l'ardeur qui vers eux nous entraîne,
D'éloquens Talapoins, munis d'un long sermon,
Accouroient nous prêcher leur Sommonokodon,
Ou que, prédicateurs au bon sens moins contraires,
L'Alcoran dans leurs mains, des derviches austères,
De par le grand prophète, en termes foudroyans,
Vinssent nous proposer d'être de vrais Croyans;
Quelle moisson de cœurs feroient de tels apôtres?
Leurs peuples cependant ont tous reçu les nôtres.
Un Dieu né dans le sein de la virginité,
Un Dieu pauvre, souffrant, mort et ressuscité,
Ne commande par eux que pleurs et pénitence.
Est-ce de leurs discours la brillante éloquence,
Qui peut à sa pagode arracher un Chinois?
Quel champ pour l'orateur que la crêche et la croix!
  Celui qui l'a prédit, opére ce miracle.
Tout peuple, toute terre entendra son oracle.
Sa loi sainte sera publiée en tous lieux:
Je me soumets sans peine à ce joug glorieux.
Quoique captive enfin la raison qui m'éclaire
N'y voit point de lumière à la sienne contraire.
Mais son flambeau s'unit au flambeau de la foi,
Et toutes deux ne sont qu'une clarté pour moi.

# CHANT V.

Le Verbe s'est fait chair; je l'adore et m'écrie,
Trois fois saint est le Dieu qui m'a donné la vie.
  De l'horreur du néant à ton ordre tout sort :
En toi seul est la vie, et sans toi tout est mort,
O Sagesse, ô pouvoir dont le monde est l'ouvrage,
Du Très-Haut, ton égal, la parole et l'image.
Quand sous nos traits cachés, tu parus ici-bas,
Les ténèbres, grand Dieu, ne te comprirent pas.
Aujourd'hui que ta gloire éclate à notre vue,
Que ta religion est partout répandue,
De superbes esprits, ivres d'un faux savoir,
Quand tu brilles sur eux, refusent de te voir.
Leur déplorable sort ne doit point nous surprendre :
Les ténèbres jamais ne pourront te comprendre.
L'aveugle environné de l'astre qui nous luit,
Couvert de ses rayons, est toujours dans la nuit.
En vain ces insensés parlent d'un premier Etre :
Sans toi, Verbe éternel, peuvent-ils le connoître ?
Ouvre leurs cœurs, mes vers ne les pourront ouvrir.
Change-les. Mais pour eux quand je veux t'attendrir,
Moi-même ai-je oublié que ton arrêt condamne
Le pécheur insolent, dont la bouche profane,
Aux hommes, sans ton ordre, ose annoncer ta loi ?
Et dois-je t'implorer pour d'autres que pour moi ?
L'impiété s'armoit d'une fureur nouvelle :
L'Arche sainte en péril m'a fait trembler pour elle;
Et j'ai cru que ma main la pourroit soutenir :
Oui, j'ai couru. Tu vas peut-être m'en punir;
Et mon zèle peut-être irrite ta colère,
Quand je crains pour ta gloire et celle de ton père.

O crainte que la foi doit chasser de mon cœur,
Tu n'as point parmi nous besoin d'un défenseur !
Du prince des enfers que la rage frémisse;
Qu'il ébranle s'il peut ton auguste édifice :
Quand mes yeux le verroient tout prêt à succomber,
L'Arche du Dieu vivant ne peut jamais tomber.

## CHANT SIXIÈME.

Non, des mystères saints l'auguste obscurité
Ne me fait point rougir de ma docilité.
Je ne dispute point contre un maître suprême.
Qui m'instruira de Dieu, si ce n'est Dieu lui-même?
Dans un sombre nuage il veut s'envelopper;
Mais il est un rayon qu'il en laisse échapper.
Que me faut-il de plus? Je marche avec courage,
Et content du rayon, j'adore le nuage.
Il a dit, et je crois. Aux pieds de son auteur
Ma raison peut sans honte abaisser sa hauteur.
 Mais pourquoi non content de ce grand sacrifice,
Ce Dieu veut-il encor que l'homme se haïsse?
Je m'aime : faut-il donc que m'armant de rigueur,
Toujours le glaive en main, j'aille au fond de mon cœur,
(Sacrifice sanglant, guerre longue et cruelle!)
Couper de cet amour la racine éternelle?
Il veut, jaloux d'un bien qu'il n'a fait que pour lui,
De nos cœurs isolés être le seul appui.
Suis-je un objet si grand pour tant de jalousie?
De l'or, ni des honneurs l'indigne frénésie
Ne lui ravira point ce cœur qu'il doit avoir.
Faut-il à si bas prix sortir de son devoir?
Mais pour quelque douceur rapidement goûtée,
Qui console en sa soif une âme tourmentée,
Croirons-nous qu'en effet il s'irrite si fort?
Et pour un peu de miel condamne-t-il à mort?

Je sais qu'il nous demande un amour sans partage.
Mais enfin la nature est aussi son ouvrage :
Et lorsqu'à tant de maux tu mêles quelques biens,
O Nature, tes dons ne sont-ils pas les siens?
Ce n'est pas qu'attendant de toi les biens solides,
Chez tes amis fameux je choisisse mes guides.
L'arbitre renommé du plaisir élégant
M'étaleroit en vain tout son luxe savant;
L'art de se rendre heureux ne s'apprend point d'un maître
Habile seulement à ne se point connoître,
Qui mettant de sang froid la prudence à l'écart,
Veut vivre à l'aventure, et mourir au hasard.
Ce rimeur enjoué m'inspire la tristesse.
Et que m'importe à moi sa goutte et sa vieillesse?
L'ennui de ses malheurs dicta ses vers badins :
Il m'y dépeint sa joie, et j'y lis ses chagrins.
Il me chante l'amour d'une voix affligée;
Et suivant mollement sa muse négligée,
Du mépris de la mort me parle à chaque pas;
Il m'en parleroit moins s'il ne la craignoit pas.
Illustres paresseux dont Pétrone est le maître,
O vous, mortels contens, puisque vous croyez l'être,
Vous me vantez en vain vos jours délicieux :
Ne me comptez jamais parmi vos envieux.
Hélas, dans ce temps même à vos cœurs favorable,
Règne affreux de Vénus, quand l'homme déplorable
Consacra ses plaisirs sous des noms empruntés,
Et de ses passions fit ses divinités,
Le sage dut toujours, honteux de sa foiblesse,
Encenser à regret les Dieux de la mollesse!

Leurs

Leurs charmes quelquefois peuvent nous entraîner.
Malheureux, sous leur joug qui se laisse enchaîner.
Mais contre un ennemi qui souvent est aimable,
Faut-il faire à toute heure une guerre implacable?
Un seul moment de paix me rend-il criminel?
Et le Dieu des chrétiens n'est-il pas trop cruel,
Quand il veut que pour lui renonçant à moi-même,
Pour lui, mettant ma joie à fuir tout ce que j'aime,
J'étouffe la nature, et maître infortuné,
Je gourmande en tyran ce corps qu'il m'a donné?
Dans sa morale enfin trouverai-je des charmes,
Quand il appelle heureux, ceux qui versent des larmes?

 Ainsi parle un mortel qui combat à regret
Une Religion qu'il admire en secret.
Frappé de sa grandeur, il la croit, il l'adore :
Troublé par sa morale, il veut douter encore.
Il repousse le Dieu dont il craint la rigueur.
Achevons le triomphe en parlant à son cœur;
Et cherchant un accès dans ce cœur indocile,
Chassons l'impiété de son dernier asile.

 A la Religion si j'ose résister,
C'est la raison du moins que je dois écouter.
A la divine loi quand je crains de souscrire,
Celle de la nature a sur moi tout l'empire.
Je veux choisir mon joug, et qu'entre ces deux loix
Mon intérêt soit juge, et décide mon choix.
Sans doute qu'indulgente à nos âmes fragiles,
La raison ne prescrit que des vertus faciles.
N'allons point toutefois les chercher dans Platon,
Et laissons déclamer Sénèque et Cicéron.

Ces fastueux censeurs de l'humaine foiblesse,
Inspirés par l'orgueil plus que par la sagesse,
Peut-être en leurs écrits remplis d'austérité
Ont suivi la raison moins que leur vanité.
Faisons parler ici des docteurs moins rigides :
Que les poètes seuls soient nos aimables guides.
De leurs vers enchanteurs où tout doit nous charmer,
La morale n'a rien qui nous doive alarmer.
Cherchons-y ces devoirs qui, tous tant que nous sommes,
Nous attachent au ciel, à nous, à tous les hommes.

« De Jupiter partout l'homme est environné.
» Rendons tout à celui qui nous a tout donné.
» Jetons-nous dans le sein de sa bonté suprême.
» Je suis cher à mon Dieu beaucoup plus qu'à moi-même.
» Notre encens pourroit-il par sa stérile odeur,
» d'un Etre souverain contenter la grandeur?
» Du méchant qui le prie, il rejette l'offrande :
» Un cœur juste, un cœur saint, voilà ce qu'il demande.
» A l'un de ses côtés la justice debout,
» Jette sur nous sans cesse un coup d'œil qui voit tout ;
» Et le glaive à la main, demandant ses victimes,
» Présente devant lui la liste de nos crimes.
» Mais de l'autre côté, la Clémence à genoux,
» Lui présentant nos pleurs, désarme son courroux.
» Quand pour moi si souvent j'implore la clémence,
» N'en aurai-je jamais pour celui qui m'offense?
» Je plains le malheureux qui prétend m'outrager,
» Et j'abandonne au ciel le soin de me venger.
» Si je n'ose haïr l'ennemi qui m'afflige,
» Que ne dois-je donc pas à l'ami qui m'oblige?

» Je donne à ses défauts des noms officieux.
» Mon cœur pour l'excuser me rend ingénieux.
» Il m'excuse à son tour, et de mon indulgence
» Celle qu'il a pour moi devient la récompense.
» Ma charité s'étend sur tous ceux que je voi.
» Je suis homme : tout homme est un ami pour moi.
  » Le pauvre et l'étranger, le ciel me les envoie,
» Et mes mains avec eux partagent avec joie
» Des biens qui pour moi seul n'étoient pas destinés.
» Les solides trésors sont ceux qu'on a donnés.
» D'une âme généreuse, ô volupté suprême,
» Un mortel bienfaisant approche de Dieu même !
» L'amour de ses pareils sera toujours en lui
» Des humaines vertus l'inébranlable appui.
» Voudroit-il, alarmant ma tendresse jalouse,
» Me faire soupçonner la foi de mon épouse ?
» O crime, qui des lois crains partout la rigueur,
» A tes premiers attraits il a fermé son cœur.
» Qui nourrit en secret un désir téméraire,
» Même dans un corps pur porte une âme adultère.
» La pudeur est le don le plus rare des cieux.
» Fleur brillante, l'amour des hommes et des Dieux,
» Le plus riche ornement de la plus riche plaine,
» Tendre fleur que flétrit une indiscrète haleine.
» L'amour, le tendre amour, flatte en vain mes désirs;
» L'hymen, le seul hymen en permet les plaisirs.
  » Des passions sur moi je réprime l'empire.
» Le monde à mes regards n'offre rien que j'admire.
» Libre d'ambition, de soins débarrassé,
» Je me plais dans le rang où le ciel m'a placé;

» Et pauvre sans regret, ou riche sans attache,
» L'avarice jamais au sommeil ne m'arrache.
» Je ne vais point, des grands esclaves fastueux,
» Les fatiguer de moi, ni me fatiguer d'eux.
» Faux honneurs, vains travaux, vrais enfans que vous êtes
» Que de vuide, ô mortels, dans tout ce que vous faites !
» Dégoûté justement de tout ce que je voi,
» Je me hâte de vivre et de vivre avec moi.
» Je demande et saisis avec un cœur avide
» Ces momens que m'éclaire un soleil si rapide :
» Dons à peine obtenus qu'ils nous sont emportés,
» Momens que nous perdons, et qui nous sont comptés !
» L'estime des mortels flatte peu mon envie.
» J'évite leurs regards, et leur cache ma vie.
» Que mes jours pleins de calme et de sérénité,
» Coulent dans le silence et dans l'obscurité :
» Ce jour même des miens est le dernier peut-être :
» Trop connu de la terre, on meurt sans se connoître.
» Je l'attends cette mort sans crainte ni désir :
» Je ne puis l'avancer, je ne puis la choisir.
» L'exemple des Catons est trop facile à suivre.
» Lâche qui veut mourir, courageux qui peut vivre. »
  Voilà donc cette loi si pleine de douceurs,
Cette route où j'ai cru marcher parmi les fleurs !
Quoi, je trouve partout la morale cruelle !
Catulle m'y ramène, Horace m'y rappelle.
Tibulle m'en réveille un triste souvenir,
Lorsque de sa Délie il croit m'entretenir.
La règle de mes mœurs, cette loi si rigide,
Est écrite partout, et même dans Ovide.

## CHANT VI.

Oui, c'est dans ces écrits dont j'étois amoureux,
Que la raison m'impose un joug si rigoureux.
Que m'ordonne de plus, à quel joug plus pénible
Me condamne le Dieu qu'on m'a peint si terrible?
Mon choix n'est plus douteux, je ne balance pas.
Et quoi, de la vertu respectant les appas,
L'amour de mon bonheur me pressoit de la suivre!
Doux, chaste, bienfaisant, pour moi seul j'allois vivre.
O grand Dieu, sans changer j'obéis à ta loi!
Doux, chaste, bienfaisant, je vais vivre pour toi.
Loin d'y perdre, Seigneur, j'y gagne l'assurance
De tant de biens promis à mon obéissance.
Que dis-je? La vertu qui m'avoit enchanté,
Sans toi que m'eût servi de chérir sa beauté?
De ses attraits, hélas, admirateur stérile,
J'aurois poussé vers elle un soupir inutile!

Qu'étoit l'homme en effet, qu'erreur, illusion,
Avant le jour heureux de la Religion?
Les sages dans leurs mœurs démentoient leurs maximes.
Quand Lycurgue s'oppose au torrent de nos crimes,
Législateur impur il en grossit le cours.
Ovide est quelquefois un Sénèque en discours :
Sénèque dans ses mœurs est souvent un Ovide.
A l'amour qui ne prend que sa fureur pour guide,
Des mains de Solon même un temple fut construit.
De tes lois, ô Solon, quel sera donc le fruit?
Et quel voluptueux rougira de ses vices,
Quand ses réformateurs deviennent ses complices?
Toute lumière alors n'étoit qu'obscurité,
Et souvent la vertu n'étoit que vanité.

Je déteste ces jeux d'où Caton se retire,
En méprisant Caton qui veut que je l'admire.
  De l'humaine vertu reconnoissant l'écueil,
Quand l'homme n'est qu'à lui, tout l'homme est à l'orgueil.
Il n'aime que lui seul ; dans ce désordre extrême
Il faut pour le guérir l'arracher à lui-même.
Mais qui pourra porter ce grand coup dans son cœur ?
De la Religion le charme est son vainqueur.
Elle seule a détruit le plus grand des obstacles :
Reconnoissons aussi le plus grand des miracles.
  Le cœur n'est jamais vuide. Un amour effacé,
Par un nouvel amour est toujours remplacé ;
Et tout objet qu'efface un objet plus aimable,
Sitôt qu'il est chassé, nous paroît haïssable.
L'homme s'aimoit ; Dieu vient, il nous dit : « Aimez-moi,
» Aimez-vous : l'Amour seul comprend toute ma loi. »
Nouveau commandement. Le maître qui le donne,
Allume dans les cœurs cet amour qu'il ordonne.
L'homme se sent brûler d'une ardeur qui lui plaît.
Plein du Dieu qui l'enchante, aussitôt il se hait.
Tout en lui jusqu'alors lui parut admirable :
Tout en lui maintenant lui paroît méprisable.
Il s'abaisse : du sein de son humilité
Sort un homme nouveau qu'a fait la Charité,
Et ce n'est plus pour lui, mais pour son Dieu qu'il s'aime ;
Il se réconcilie alors avec lui-même.
Sitôt que par l'amour l'ordre fut rétabli,
Des plus grandes vertus l'univers fut rempli.
Et qu'est-ce que l'amour trouveroit de pénible ?
Les supplices, la mort n'ont rien qui soit terrible :

## CHANT VI.

D'innombrables martyrs se hâtent d'y courir.
Dieu ne veut plus de sang : amoureux de souffrir
Les saints s'arment contre eux de rigueurs salutaires;
Les déserts sont peuplés d'exilés volontaires,
Qui toujours innocens se punissent toujours;
A la Virginité l'un consacre ses jours :
Le corps n'a plus d'empire, et l'âme toute pure
Impose pour jamais silence à la nature.
Deux cœurs tendres qu'unit la main qui les a faits,
Goûtent dans leurs plaisirs une innocente paix,
Et leur chaîne est pour eux aussi sainte que chère.
Le pauvre et l'orphelin dans le riche ont un père.
Au plus juste courroux qui peut s'abandonner,
Quand le prince lui-même apprend à pardonner?
Théodose est en pleurs, Ambroise en est la cause :
J'admire également Ambroise et Théodose.
  A ces traits éclatans reconnoissons les fruits,
Que fertile en héros, l'amour seul a produits.
Un culte sans amour n'est qu'un stérile hommage :
L'honneur qu'on doit à Dieu n'admet point de partage.
Ses temples sont nos cœurs. « Quel terme, direz-vous,
» Doit avoir cet amour qu'il exige de nous? »
Si vous le demandez, vous n'aimez point encore.
Tout rempli de l'objet dont l'ardeur le dévore,
Quel autre objet un cœur pourroit-il recevoir ?
Le terme de l'amour est de n'en point avoir.
Ne forgeons point ici de chimère mystique.
Comment faut-il aimer? La nature l'explique.
De toute autre leçon méprisant la langueur
Ecoutons seulement le langage du cœur.

» La grandeur, ô mon Dieu, n'est pas ce qui m'enchante,
» Et jamais des trésors la soif ne me tourmente.
» Ma seule ambition est d'être tout à toi :
» Mon plaisir, ma grandeur, ma richesse est ta loi.
» Je ne soupire point après la renommée.
» Qu'inconnue aux mortels, en toi seul renfermée,
» Ma gloire n'ait jamais que tes yeux pour témoins.
» C'est en toi que je trouve un repos dans mes soins.
» Tu me tiens lieu du jour dans cette nuit profonde.
» Au milieu d'un désert tu me rends tout le monde.
» Les hommes vainement m'offriroient tous leurs biens :
» Les hommes ne pourroient me séparer des tiens.
» Ceux qui ne t'aiment pas, ta loi leur fait entendre
» Qu'aux malheurs les plus grands ils doivent tous s'attendre.
» O menace, mon Dieu, qui ne peut m'alarmer !
» Le plus grand des malheurs est de ne point t'aimer.
» Que ta croix dans mes mains soit à ma dernière heure,
» Et que les yeux sur toi, je t'embrasse et je meure. »
C'est dans ces vifs transports que s'exprime l'amour.
   Hélas, ce feu divin s'éteint de jour en jour :
A peine il jette encore de languissantes flammes !
L'amour meurt dans les cœurs, et la foi dans les âmes.
Qu'êtes-vous devenus, beaux siècles, jours naissans,
Temps heureux de l'Eglise, ô jours si florissans ?
Et vous, premiers Chrétiens, ô mortels admirables,
Sommes-nous aujourd'hui vos enfans véritables ?
Vous n'aviez qu'un trésor et qu'un cœur entre vous ;
Et sous la même loi nous nous haïssons tous.
Haine affreuse, ou plutôt impitoyable rage,
Quand par elle aveuglés, nous croyons rendre hommage

## CHANT VI.

Au Dieu qui ne prescrit qu'amour et que pardon.
Dieu de paix, que de sang a coulé sous ton nom!
N'ont-ils jamais marché que sous ton oriflamme?
Imprimoient-ils aussi ton image en leur âme,
Tous ces héros croisés, qui d'infidelles mains
Ne vouloient, disoient-ils, qu'arracher les lieux saints?
Leurs crimes ont souvent fait gémir l'infidèle.
En condamnant leurs mœurs, vantons du moins leur zèle;
Mais détestons toujours celui qui parmi nous
De tant d'affreux combats alluma le courroux.
Quels barbares docteurs avoient pu nous apprendre,
Qu'en soutenant un dogme, il faut pour le défendre,
Armés du fer, saisis d'un saint emportement,
Dans un cœur obstiné plonger son argument?
 A la fin de mes chants je me hâte d'atteindre,
Et si je ne sentois ma voix prête à s'éteindre,
Vous me verriez peut-être attaquer vos erreurs,
Vous qui de l'hérésie épousant les fureurs,
Enfans du même Dieu, nés de la même mère
Suivez un étendard au nôtre si contraire.
Unis tous autrefois, maintenant écartés,
Qui l'a voulu? C'est vous qui nous avez quittés.
Vos pères ont été les frères de nos pères,
Vous le savez: pourquoi n'êtes-vous plus nos frères?
Avez-vous pour toujours rompu des nœuds si chers?
Accourez, accourez: nos bras vous sont ouverts.
De coupables aïeux déplorables victimes,
Ils vous ont égarés : vos erreurs sont leurs crimes.
Revenez au drapeau qu'ils ont abandonné :
Par le père commun tout sera pardonné.

Songez, songez que même à nos aînés perfides,
Aux restes odieux de ses fils parricides,
Ce Dieu tant outragé doit pardonner un jour :
Contre toute espérance, espérons leur retour.

    Oui, le nom de Jacob réveillant sa tendresse,
Il se rappellera son antique promesse.
Il n'a point épuisé pour eux tout son trésor :
L'arbre long-temps séché, doit refleurir encor.
Ils sont prédits les jours, où par des pleurs sincères
L'enfant effacera l'opprobre de ses pères.
Tremblons à notre tour : ils sont aussi prédits
Les jours où l'on verra tous nos cœurs refroidis ;
Ce temps fatal approche. O liens salutaires,
Vous captivez encore quelques âmes vulgaires ;
Mais un sublime esprit vous brave hautement,
Et se vante aujourd'hui de penser librement.
Il doute, il en fait gloire, et sans inquiétude,
Porte jusqu'au tombeau sa noble incertitude.
Tout étoit adoré dans le siècle païen ;
Par un excès contraire on n'adore plus rien.
Il faut qu'en tous ses points l'oracle s'accomplisse :
Il faut que par degrés la foi tombe et périsse,
Jusqu'au terrible jour tant de fois annoncé,
Ce jour dont l'univers fut toujours menacé :
Jour de miséricorde, ainsi que de vengeance.

    Déjà je crois le voir, j'en frémis par avance.
Déjà j'entends des mers mugir les flots troublés ;
Déjà je vois pâlir les astres ébranlés ;
Le feu vengeur s'allume, et le son des trompettes
Va réveiller les morts dans leurs sombres retraites.

Ce jour est le dernier des jours de l'univers.
Dieu cite devant lui tous les peuples divers ;
Et pour en séparer les Saints, son héritage,
De sa Religion vient consommer l'ouvrage.
La terre, le soleil, le temps, tout va périr,
Et de l'éternité les portes vont s'ouvrir.
　Elles s'ouvrent : le Dieu si long-temps invisible,
S'avance, précédé de sa gloire terrible;
Entouré du tonnerre, au milieu des éclairs,
Son trône étincelant s'élève dans les airs,
Le grand rideau se tire, et ce Dieu vient en maître.
Malheureux, qui pour lors commence à le connoître!
Ses anges ont partout fait entendre leur voix.
Et sortant de la poudre une seconde fois,
Le genre humain tremblant, sans appui, sans refuge,
Ne voit plus de grandeur que celle de son juge.
Ebloui des rayons dont il se sent percer,
L'impie avec horreur voudroit les repousser.
Il n'est plus temps : il voit la gloire qui l'opprime,
Et tombe enseveli dans l'éternel abyme,
Lieu de larmes, de cris et de rugissemens.
Dans ce séjour affreux quels seront vos tourmens,
Infidèles Chrétiens, cœurs durs, âmes ingrates,
Quand, malgré leurs vertus, les Titus, les Socrates,
(Hélas, jamais du ciel ils n'ont connu les dons!)
Y sont précipités ainsi que les Catons?
Lorsque le Bonze étale en vain sa pénitence ;
Quand le pâle Bramine, après tant d'abstinence,
Apprend que contre soi bizarrement cruel
Il ne fit qu'avancer son supplice éternel?

De sa chute surpris le Musulman regrette
Le Paradis charmant promis par son Prophète,
Et loin des voluptés qu'attendoit son erreur,
Ne trouve devant lui que la rage et l'horreur.
Le vrai Chrétien lui seul, ne voit rien qui l'étonne,
Et sur ce tribunal que la foudre environne,
Il voit le même Dieu qu'il a cru sans le voir,
L'objet de son amour, la fin de son espoir.
Mais il n'a plus besoin de foi, ni d'espérance :
Un éternel amour en est la récompense.

SAINTE RELIGION, qu'à ta grandeur offerts
Jusqu'à ce dernier jour puissent durer mes vers !
D'une Muse toujours compagne de ta gloire,
Autant que tu vivras fais vivre la mémoire.
La sienne.... Qu'ai-je dit ? Où vais-je m'égarer ?
Dans un cœur tout à toi l'orgueil veut-il entrer ?
Sois de tous mes désirs la règle et l'interprète ;
Et que ta seule gloire occupe ton poète !

FIN.

# NOTES
## DU POËME DE LA RELIGION.
### CHANT PREMIER.

*Page 126, vers 2.*

Le prophète lui-même est souvent ébranlé.

Suivant ces paroles du pseaume 72 : *Mei autem penè moti sunt pedes, penè effusi sunt gressus mei..... pacem peccatorum videns.*

*Page 127, vers 1.*

Quel bras peut vous suspendre, innombrables étoiles ?

Les anciens qui croyoient voir toutes les étoiles, en croyoient aussi pouvoir fixer le nombre ; mais depuis que le télescope nous en a tant fait connoître, que nos yeux seuls ne peuvent découvrir, les astronomes avouent que les étoiles sont innombrables.

*Même page, vers 7, etc.*

Toi qu'annonce l'aurore, admirable flambeau, etc.

La grandeur des corps célestes nous paroît inconcevable. Saturne, disent nos astronomes, est quatre mille fois plus gros que la terre; Jupiter huit mille fois ; le Soleil un million de fois. Notre imagination se perd dans l'espace immense qui renferme tous ces grands corps. « C'est une sphère infinie, » dit M. Pascal, dont le centre est partout, la circonférence » nulle part. » La petitesse des animaux que le miscroscope nous fait découvrir est également inconcevable : en sorte que nous nous trouvons placés entre deux infinis, l'un en grandeur, l'autre en petitesse, et que notre imagination se perd dans tous les deux.

*Même page, vers 11.*

Tous les jours je t'attends, tu reviens tous les jours:

Il rend et retire sa lumière insensiblement, parce que s'il

nous la rendoit tout-à-coup, nos yeux seroient éblouis; et s'il disparoissoit tout-à-coup, l'horreur des ténèbres nous alarmeroit. S'il étoit plus ou moins grand, ou plus ou moins éloigné, nous serions brûlés ou glacés. Qui donc a réglé, suivant nos besoins, la grandeur, la distance et la marche de ce globe de feu?

*Page 127, vers 13 et 14.*

Et toi dont le courroux veut engloutir la terre,
Mer terrible, etc.

Quelque grande idée que les astres nous donnent de la puissance de Dieu, nous devons encore dire avec l'auteur du pseaume 92 : *Mirabiles elationes maris, mirabilis in altis Dominus.* Ces flots qui dans leur colère menacent si souvent la terre d'un nouveau déluge, viennent se briser à un grain de sable; et quelque furieuse que soit la mer en approchant de ses bords, elle s'en retire avec respect, et courbe ses flots pour adorer cet ordre qu'elle y trouve écrit : *Usque huc venies, et non procedesampliùs.* Job 38.

Les philosophes ont cherché quelles causes retenoient ainsi la mer. *Quæ mare compescant causæ... curve suos fines altum non exeat æquor,* disent Horace et Properce. Quelle autre cause que l'ordre d'un Dieu?

*Même page, vers 23 et 24.*

Hommage que toujours rend un cœur effrayé
Au Dieu que jusqu'alors il avoit oublié.

Quand l'homme voit de près la mort, dit Pline le jeune, c'est alors qu'il se souvient qu'il y a des Dieux, et qu'il est homme : *Tunc Deos, tunc hominem esse se meminit.* Plus d'un esprit fort a changé de langage dans ce moment, et a fait dire de lui :

Oculis errantibus, alto
Quæsivit cœlo lucem, ingemuitque repertâ.

*Même page, vers 30.*

Les présens qu'il me fait, c'est à toi qu'il les donne :

Pline dit que la nature nous vend bien cher ses présens. *Ho-*

*minis causâ videtur cuncta alia genuisse natura, magnâ et sævâ mercede contrà tanta sua munera; ut non sit satis æstimare parens melior homini, an tristior noverca fuerit.* La nature est devenue marâtre, depuis que l'homme est devenu rebelle à Dieu : ce que Pline ne savoit pas.

*Page* 128, *vers* 1.

Je me pare des fleurs qui tombent de sa main ;

Dans la moindre fleur, la moinde feuille, la moindre plume, Dieu, dit saint Augustin, n'a point négligé le juste rapport des parties entr'elles. *Nec avis pennulam, nec herbæ flosculum, nec arboris folium, sine partium suarum convenientiâ reliquit.*

*Même page, vers* 9, *etc.*

Mon suc dans la racine à peine répandu, etc.

Le suc de la terre circule dans les arbres et dans les plantes, comme le sang dans le corps des animaux.

*Même page, vers* 16, *etc.*

Si tu sais découvrir leur vertu salutaire, etc.

La cendre de la fougère, du chardon, et d'autres herbes qu'on méprise, sert à faire le verre, le cristal et les glaces. L'ortie est un remède; et elle est hérissée de dards, parce que, suivant la réflexion de Pline le naturaliste, la nature protège les plantes salutaires contre les insultes des animaux. *Ne se depascat avida quadrupes, ne procaces manus rapiant, ne insidens ales infringat, his muniendo aculeis telisque armando, remediis ut salva sit.* Il faut avouer cependant que cette réflexion de Pline est plus ingénieuse que solide. Le chardon a beau crier *ne se depascat avida quadrupes*, l'âne ne l'entend point. Nous ignorons pourquoi telle plante plutôt qu'une autre est hérissée de pointes.

*Page* 128, *vers* 19 *et* 20.

Toute plante en naissant déjà renferme en elle,
D'enfans qui la suivront une race immortelle :

La fécondité des plantes prouve le dessein du Créateur, qui non-seulement veille à la conservation de l'espèce, mais au besoin de tant d'animaux qui se nourrissent de graines. Ceux qui ont des terres, disent souvent que l'abondance du blé est un malheur, parce qu'il ne se vend pas. Dieu qui n'écoute point ces plaintes de notre cupidité, prodigue le grain nécessaire aux hommes. Isaac, *Gen.* 26, retira le centuple du blé qu'il sema près de Gerare. Pline le naturaliste, liv. 18, assure qu'un boisseau de blé en produit quelquefois cent cinquante, et qu'un gouverneur envoya à Néron trois cent soixante tuyaux sortis d'un seul grain; ce qui lui fait faire cette réflexion, qu'il n'y a point de grain plus fertile que le blé, parce qu'il est le plus nécessaire à l'homme. *Tritico nihil fertilius : hoc ei natura tribuit, quoniam eo maximè alat hominem.* Par la même raison, c'est le grain qui se conserve le plus long-temps. On a mangé du pain fait avec un blé qui avoit plus de cent ans. Pline qui savoit si bien admirer les merveilles de la nature, chose étonnante, en oublia l'auteur ! Cependant elles ramènent si nécessairement à un Dieu, que la philosophie, comme dit saint Cyrille, est le catéchisme de la Foi. *Philosophia catechismus ad fidem.*

*Page* 129, *vers* 3.

O toi qui follement fais ton Dieu du hasard,

Les matérialistes ne se servent pas du nom de *hasard*, mais de celui de *nécessité*. Les personnes éclairées comprennent aisément que je puis également me servir de l'un ou de l'autre de ces termes, puisqu'ils désignent la même chose, c'est-à-dire, des effets sans cause.

Le *hasard* d'Epicure, la *nécessité* de Spinosa, la *vertu plastique* de Cudworth, la *raison suffisante* de Leibnitz, sont tous mots qui signifient la même chose, parce qu'ils ne signifient rien.

# NOTES.

*Page 129, vers 6.*

À l'aide de son bec maçonne l'hirondelle !

Cicéron admire la prudence des oiseaux : *Aves quietum requirunt, ad pariendum, locum, et cubilia sibi nidosque construunt, eosque quàm possunt mollissimè substernunt.* De Nat. Deor.

*Même page, vers 15 et 16.*

Et la tranquille mère, attendant son secours,
Echauffe dans son sein le fruit de leurs amours.

Rien ne naît que par le concours des deux sexes :

Nil nisi conjugio sexus utriusque creatur.

Et tout animal a eu, comme l'homme, ses aïeux, excepté le premier, comme dit encore le cardinal Polignac. Anti-L.

Nullus avis, atavisque caret, si exceperis unum,
Quem sator omnipotens ullo sine semine finxit,
Semina concredens olli evolvenda per ævum.

*Même page, vers 18.*

Et dans de foibles corps s'allume un grand courage.

Les plus timides sont courageux alors. Les poules mêmes veulent attaquer l'homme. Cette tendresse finit sitôt que les petits n'ont plus besoin de secours : les pères et les enfans ne se reconnoissent plus. Pline, à la vérité, liv. 8., prétend que les rats nourrissent tendrement leurs pères accablés de vieillesse : *Genitores fessos senectâ alunt insigni pietate.* On n'est pas obligé de l'en croire.

*Même page, vers 20.*

Aux fils qui naîtront d'eux rendront le même amour.

On trouve dans le Spectateur, discours 47, une réflexion qui mérite d'être rapportée. « Si nous ne supposons pas,
» dit-il, que la sagesse infinie d'un Etre suprême nous gou-
» verne, comment expliquer cette exacte proportion qu'il
» y a dans toutes les grandes villes entre ceux que l'on y voit
» naître et mourir, aussi-bien qu'à l'égard des garçons et
» des filles qui viennent au monde ? Qui est-ce qui fourni-

TOME I. P

» roit à chaque nation des recrues si exactement propor-
» tionnées à ses pertes, et qui est-ce qui partageroit ce nou-
» veau surcroît d'habitans avec tant dégalité entre l'un et
» l'autre sexe ? Le hasard ne pourroit tenir d'une main si
» ferme, la balance toujours égale. Si un souverain inspec-
» teur ne régloit toutes choses, tantôt nous serions accablés
» sous la multitude, et tantôt nos villes seroient réduites en
» déserts : nous serions quelquefois, suivant l'expression de
» Florus, *populus virorum*, et une autre fois un peuple de
» femmes. Nous pouvons étendre cette réflexion à toutes les
» espèces de créatures vivantes, qui depuis plus de cinq
» mille ans se conservent. Si nous avions des billets mor-
» tuaires de tous les animaux dans tous les continens, que
» dis-je, dans chaque bois, marécage ou montagne, quelles
» preuves étonnantes n'y verrions-nous pas d'une Providence
» qui veille sur tous ses ouvrages ? »

*Page 129, vers 25 et 26.*

Innombrable famille, ou bientôt tant de frères
Ne reconnoîtront plus leurs aïeux ni leurs pères.

Dans la fécondité des animaux on trouve le même dessein du Créateur que dans celle des plantes. Il veille non-seulement à la conservation des espèces, mais à leur nourriture. Les petits animaux, qui servent de nourriture aux autres, sont ceux qui multiplient le plus. Si les animaux sauvages multiplioient comme les animaux domestiques, les hommes bientôt ne seroient plus les maîtres de la terre. A l'égard des hommes, suivant les calculs faits en Angleterre, il règne toujours une proportion à-peu-près égale entre les morts et les naissances : de façon qu'une génération passe, une autre vient, et la terre ne peut être ni surchargée, ni déserte.

*Même page, vers 27, 28, 29 et 30.*

Ceux qui de nos hivers redoutant le courroux,
Vont se réfugier dans des climats plus doux,
Ne laisseront jamais la saison rigoureuse
Surprendre parmi nous leur troupe paresseuse.

Un auteur Anglois, amateur d'opinions singulières, a avancé

sérieusement que les oiseaux de passage s'envoloient dans la Lune. Il est certain que plusieurs passent les mers, les autres restent engourdis dans le creux des rochers.

*Page* 130, *vers* 12.

Plus l'auteur s'est caché, plus il est admirable.

La nature, dit Pline, n'est jamais si entière que dans les petites choses; et sa majesté comme resserrée à l'étroit, n'en devient que plus admirable : *Natura nunquam magis quàm in minimis tota.... in arctum coarctata naturæ majestas, nullâ sui parte mirabilior.* Elle s'y réunit comme dans un point; c'est-là qu'elle se retranche tout entière.

*Même page*, *vers* 13.

Quoiqu'un fier éléphant, malgré l'énorme tour

Nous admirons, dit Pline, ces épaules des éléphans, chargées de tours, *turrigeros elephantorum miramur humeros*; mais quelle perfection incompréhensible dans ces petits animaux, qui ne sont rien : *in his tàm parvis, atque tàm nullis, quàm inextricabilis perfectio!*

*Même page*, *vers* 18, *etc.*

Toi que souvent ma haine écrase avec raison, etc.

Le traducteur allemand de ce poëme s'écrie ici dans sa note: « Qu'a donc fait à M. Racine le pauvre limaçon? » Les dégâts qu'il fait dans nos jardins justifient ma haine; mais quoiqu'odieux, sa machine est admirable. Aristote avoit avancé que les animaux à coquille n'avoient pas d'yeux. Le microscope a fait revenir de cette erreur. Les cornes du limaçon sont des nerfs optiques, au haut desquels chaque œil est placé. C'est ce que nous assurent plusieurs célèbres observateurs. D'autres, à la vérité, en doutent, aussi-bien que des greniers des fourmis : les observateurs ne sont donc pas toujours d'accord. Dans mon cinquième Chant, en parlant de notre ignorance dans les secrets de la nature, je dis que nous en savons quelques faits, jamais les causes. Les faits même ne sont pas toujours certains, parce que Dieu qui nous donne des yeux pour nous conduire, ne *ne nous en donne pas pour voir tous ses ouvrages*. Mais nous en voyons assez pour connoître l'ouvrier, et l'admirer.

*Page* 130, *vers* 23 *et* 24.

C'est dans un foible objet, imperceptible ouvrage,
Que l'art de l'ouvrier me frappe davantage.

Comme dit le cardinal de Polignac :

Miracula magna
In minimis. . . . . . .
Maximus in minimis certè Deus, et mihi major
Quàm vasto cœli in templo, astrorumque catervâ.

Galien a fait la même réflexion, aussi-bien que Pline, que j'ai déjà cité.

*Même page*, *vers* 30.

Où par eux en monceaux sont élevés ces grains,

On a prétendu même que les fourmis en rongeoient le germe pour prévenir l'inconvénient de l'humidité. Aldrovandus dit avoir vu leurs greniers. Derham en rapporte plusieurs autres particularités étonnantes. Cependant M. de Réaumur prétend que les fourmis dorment tout l'hiver, et ne mangent point; que les grains qu'on leur voit emporter, ne servent qu'à la construction de leurs édifices : voilà donc tous leurs magasins détruits. Mais en attendant que la nouvelle observation soit généralement connue, on peut parler suivant l'opinion ancienne, qui est autorisée non-seulement par Salomon, mais par plusieurs naturalistes. Si les fourmis n'ont plus de greniers, il faut du moins admirer leurs édifices, qui sont toujours une preuve de leur prévoyance de l'avenir. Enfin Derham parle de petits animaux qu'on trouve dans l'Ukraine, qui passent tout l'hiver sous terre, après avoir pendant l'été amassé leurs provisions.

*Page* 131, *vers* 8.

Chez ses frères rampans qu'il méprise aujourd'hui,

L'auteur du Spectacle de la Nature appelle les papillons, *les ressuscités du peuple chenille*. Ils ravissent aux fleurs un suc qui semble destiné aux abeilles. Ovide n'étoit pas bien instruit des merveilles de cette résurrection, lorsqu'il s'est contenté de dire, L. 15.

> Agrestes tineæ, res observata colonis,
> Ferali mutant cum papilione figuram.

Ce qui fait dire au Dante, que nous sommes des vers nés pour être changés en anges.

> Noi siam vermi
> Nati à formar l'angelica farfalla.

*Page 131, vers 22.*

Mais ce n'est qu'à Virgile à chanter les abeilles.

Il en débite des nouvelles, souvent fausses; mais celles qu'en débitent nos modernes observateurs ne sont pas moins étonnantes : elles sont même encore plus admirables dans MM. Maraldi et Réaumur que dans Virgile.

*Même page, vers 23.*

Le roi pour qui sont faits tant de biens précieux,

Cette proposition, que tout est fait pour l'homme, est vraie dans un sens, et fausse dans un autre. Tout n'est pas fait pour lui directement, puisqu'il ne connoît pas même une partie des biens de la terre ; mais tout ce qu'elle renferme en entretient ou la beauté ou la conservation : en ce sens, tout se rapporte indirectement à l'homme ; et comme il est le seul être raisonnable, et que par son esprit et son industrie, il sait s'approprier tous les biens de la terre, il en est justement nommé le roi.

*Même page, vers 24.*

L'homme élève un front noble, et regarde les cieux.

On oppose quelques animaux qu'on dit marcher droits comme l'homme, et le poisson dont parle Galien, qu'il nomme *uranoscope*, parce que ses yeux sont tournés vers le ciel. On oppose encore les oiseaux à long col, qui ont plus de facilité que l'homme à regarder le ciel. Ces objections sont puériles : on ne prétend pas attribuer à l'homme un privilége unique. Il paroît même que ses yeux sont plutôt faits pour regarder en-bas qu'en-haut, puisqu'il a sa paupière supérieure plus grande que l'inférieure. Mais il est le seul dont l'épine du dos soit en ligne directe avec les os des cuisses : dans tous les animaux elle forme un angle. La posture droite, qui est la plus noble, est donc sa posture naturelle; et Ovide a eu raison de dire :

> Os homini sublime dedit, cœlumque tueri
> Jussit, et erectos ad sidera tollere vultus.

On oppose que les enfans marchent à quatre pieds. Oui, mais par foiblesse, et parce que les deux colonnes sur lesquelles leur corps doit porter, ne sont point encore affermies.

#### Page 131, vers 25.

Ce front, vaste théâtre où l'âme se déploie,

Nous avons plusieurs parties communes avec les animaux; mais nous en avons qui ne conviennent qu'à un être créé pour regarder le ciel, marcher debout, parler, etc. Telles sont les parties du front, celles des mains, celles qui servent à la voix. Galien observe que les animaux carnaciers ont des ongles pointus et des dents aiguës; au lieu que l'homme a des ongles plats, et n'a qu'une dent canine de chaque côté, *parce que*, dit cet auteur, *la nature savoit bien qu'elle formoit un animal doux, qui devoit tirer sa force, non de son corps, mais de sa raison.*

#### Page 132, vers 1.

Un mot y fait rougir la timide pudeur;

Sur l'artifice admirable du corps humain, on peut lire Galien, Ray, Nieuwentyt et Derham. L'ouvrage de ce dernier est le précis des sermons qu'il avoit composés pour la chaire fondée par M. Boyle en Angleterre, et destinée aux preuves de l'existence de Dieu. Il est étonnant qu'on ait été obligé de fonder une pareille chaire chez des Chrétiens. Pour Galien, il n'est pas surprenant qu'il se soit tant appliqué à faire remarquer le dessein du Créateur dans ses ouvrages : il avoit à confondre les Epicuriens, qui attribuoient tout au hasard.

NOTES.

*Page 132, vers 7, etc.*

A me servir aussi, cette voix empressée, etc.

La parole, signe certain de la pensée, n'est donnée qu'à l'homme. Plusieurs animaux ont comme nous les organes de la voix, et nous les instruisons à prononcer quelques mots; mais leur imitation de la parole n'est qu'une imitation machinale, et jamais les mots qu'ils prononcent ne sont en eux des signes de pensée.

*Même page, vers 11.*

Quelle foule d'objets l'œil réunit ensemble!

Nous avons deux yeux sans voir les objets doubles, afin que l'on puisse réparer la perte de l'autre. Les araignées en en ont 4, 6 et 8, parce que n'ayant point de cou, et ne pouvant remuer la tête, la multiplicité des yeux supplée au défaut de ce mouvement. Le dessein du Créateur paroît en tout. C'est ainsi que les dents ne viennent aux enfans qu'après l'âge où ils sont à la mamelle, parce que si les dents venoient plus tôt, elles seroient préjudiciables aux nourrissons et aux nourrices.

*Même page, vers 15 et 16.*

D'innombrables filets, ciel, quel tissu fragile!
Cependant ma mémoire en a fait son asile,

Que de choses différentes renfermées dans le spacieux magasin de la mémoire! Tout se présente au premier signal; et quand ce que nous n'appelons pas, se présente malgré nous, nous savons l'écarter. *Quædam statim prodeunt, quædam requiruntur diutiùs, quædam catervatim proruunt.* S. AUG. Conf. l. 10.

*Même page, vers 21 et 22.*

Là ces esprits subtils toujours prêts à partir
Attendent le signal qui les doit avertir;

Je veux parler; que de mouvemens dans ma langue, dans mes lèvres, dans mes poulmons! Suivant que je regarde de loin ou de près, ma prunelle se dilate ou se resserre : ma volonté n'y contribue pas; elle ne peut suspendre ou précipiter ma respiration, ce qui est avantageux pour parler. Cependant quand je dors, je respire sans le savoir et sans le vouloir : ce qui prouve que si notre âme a un empire sur notre corps, elle ne tient pas cet empire d'elle-même, mais d'une puissance plus grande que la sienne.

*Page 133, vers 4 et 5.*

Les portes des canaux destinés à son cours,
Ouvrent à son entrée une libre carrière,

Les veines et les vaisseaux lymphatiques ont d'espace en espace des valvules, qui font l'office d'une soupape dans une pompe; c'est-à-dire, qui s'ouvrent d'un côté et se ferment de l'autre, pour ouvrir le passage à la liqueur et l'empêcher de retourner vers les parties d'où elle vient.

*Même page, vers 11.*

Est-ce moi qui préside au maintien de ces loix ;

De toutes les extravagances dont l'esprit humain est capable, celle des Epicuriens paroît la plus grande : ils s'imaginoient que le hasard avoit tout fait; que les parties de notre corps n'avoient point été destinées à quelque usage, mais que nous en avions fait usage parce que nous les avions trouvées; que les premiers hommes naquirent de la terre échauffée par le soleil. « La Terre, dans sa jeunesse, dit Lucrèce, l. 5, enfanta des hommes et des animaux; depuis elle devint stérile comme une femme le devient par l'âge ». Cette opinion, qui commença en Egypte, paroissoit vraisemblable aux anciens, à cause de ces grenouilles qu'ils s'imaginoient voir naître de la terre dans le temps de pluie. Nos physiciens nous ont appris à rire de cette erreur.

*Même page, vers 13 et 14.*

. . . . . . Une attentive adresse
Tous les jours m'en découvre et l'ordre et la sagesse.

L'anatomie, qui s'est beaucoup perfectionnée dans ces derniers temps, nous doit rappeler à Dieu, autant que l'astronomie. M. Fontenelle, après avoir parlé dans ses Eloges, de la piété de M. Cassini, et de celle de M. Meri, ajoute cette

judicieuse réflexion : « L'astronomie et l'anatomie sont les
» deux sciences où sont le plus sensiblement marqués les
» caractères du Souverain Etre. L'une annonce son immensité,
» l'autre son intelligence... On peut même croire que l'ana-
» tomie a quelque avantage. L'intelligence prouve encore
» plus que l'immensité. »

Page 133, vers 16.

Fut-il jamais des lois sans un législateur ?

Le traducteur Italien a rendu fidellement ce vers :

Senza legislator non fur mai leggi.

Même page, vers 17 et 18.

Stupide impiété, quand pourras-tu comprendre
Que l'œil est fait pour voir, l'oreille pour entendre ?

L'objection du mal physique et du mal moral, donna naissance à l'ancienne opinion des deux principes, renouvelée
par les Manichéens. On ne peut répondre à cette objection,
que par la Religion chrétienne. Bayle qui, dans l'article des
Manichéens et dans celui des Pauliciens, se plaît à étendre
cette difficulté, avoue qu'on n'y peut répondre que par la
révélation, qui nous apprend la cause du désordre. Je ferai
aussi cette objection aux déistes dans le cinquième Chant ;
mais ayant à répondre aux athées dans celui-ci, il me suffit
de leur faire voir que le monde n'est pas l'ouvrage du hasard,
et que les désordres que nous y croyons voir, n'empêchent
pas de reconnoître partout une intelligence suprême.

Même page, vers 29.

Des antres, des volcans et des mers inutiles,

Les imperfections de la terre sont souvent une suite du
bouleversement général causé par le déluge, comme je le
dirai dans le cinquième Chant.

Page 134, vers 14.

Notre art des poisons même emprunte du secours.

On fait des remèdes avec la vipère, la ciguë, etc.

### Page 134, vers 18.

La mer, dont le soleil attire les vapeurs,

Soit que les rivières, dit Derham dans sa Théologie Physique, viennent des vapeurs condensées, ou des pluies; soit qu'elles viennent de la mer, par voie d'attraction, de filtration, ou de distillation; soit que toutes ces causes concourent ensemble, il est certain que les montagnes ont la plus grande part dans ces opérations. Ces excrescences énormes de la terre sont comme autant d'alambics.

### Page 135, vers 3 et 4.

Des racines des monts qu'Annibal sut franchir,
Indolent Ferrarois, le Pô va t'enrichir

Ferrare, bien différente autrefois de ce qu'elle est aujourd'hui, brilla par le commerce et les beaux arts.

### Même page, vers 5, 6, 7 et 8.

Impétueux enfant de cette longue chaîne,
Le Rhône suit vers nous le penchant qui l'entraîne;
Et son frère emporté par un contraire choix,
Sorti du même sein va chercher d'autres loix.

Le Pô, le Rhône et le Rhin ont leurs sources dans les Alpes : ces deux derniers sortent de la même montagne.

### Même page, vers 24 et 25.

Quelle main, quel pinceau dans mon âme a tracé
D'un objet infini l'image incomparable?

Locke prétend que nous formons l'idée de l'infini, par la puissance que nous avons d'ajouter toujours à l'idée du fini. Descartes, et avant lui Platon et Cicéron, ont cru que l'idée de l'infini étoit innée en nous. En effet, pourquoi trouvons-nous finis, les objets que nous voyons? Le fini suppose l'infini, comme le moins suppose le plus : ainsi nous ne nous trouvons finis, qu'à cause de l'idée de l'infini qui est en nous.

### Page 136, vers 7.

Devant l'Etre éternel tous les peuples s'abaissent :

On n'a jamais trouvé aucune nation, même dans le Nouveau Monde, qui n'eût un culte établi en l'honneur de quelque Divinité; et ce consentement de toutes les nations doit être regardé, suivant Cicéron, comme la loi de la nature : *Omni in re consensio omnium gentium lex naturæ putanda est.*

*Page* 136, *vers* 11.

Oui, je trouve partout des respects unanimes,

C'est ce que dit Plutarque contre Colotes : « Vous trouverez
» des villes sans murs, sans roi, sans théâtres; mais vous n'en
» trouverez jamais sans Dieux, sans sacrifices, pour obtenir
» des biens et écarter des maux. »

*Même page, vers* 19 *et* 20.

L'esprit humain s'égare; et follement crédules
Les peuples se sont fait des maîtres ridicules.

C'est encore Cicéron qui le dit : *Multi de Diis prava sentiunt; omnes tamen esse vim et naturam divinam censent.* L'Idolâtrie, dont je parlerai au troisième Chant, prouve que l'homme a toujours été persuadé d'une Divinité; qu'il l'a toujours recherchée; mais que plongé dans les sens, il a pris pour divin tout ce qui a frappé ses sens.

*Même page, vers* 24.

Et l'horreur suit encor le nom de Capanée.

Mezence, *contemptor Divûm*, est présenté par Virgile comme un tyran haï de tout le monde. Salmonée et Capanée furent, suivant les poètes, foudroyés à cause de leur impiété. Protagoras et Prodicus furent mis à mort pour avoir mal parlé des Dieux : on se servit du même prétexte pour faire mourir Socrate.

*Même page, vers* 27 *et* 28.

Epicure en secret médite son système,
Aux pieds de Jupiter je l'aperçois lui-même.

Dioclès voyant Epicure dans un temple, s'écria : « Jamais
» Jupiter ne m'a paru si grand que depuis qu'Epicure est
» à ses genoux. »

*Page* 136, *vers* 29 *et* 30.

Surpris de son aveu, je l'entends en effet
Reconnoître un pouvoir dont l'homme est le jouet,

Usque adeò res humanas vis abdita quædam
Obterit, et pulchros fasces sævasque secures
Proculcare, ac ludibrio sibi habere videtur.

Je donne à Epicure cette pensée de Lucrèce, parce que les ouvrages d'Epicure étant perdus, nous ne connoissons le maître que par le disciple.

Il est si étonnant que Lucrèce ait fait cet aveu, que quelques personnes soutiennent qu'il n'a entendu parler que d'un pouvoir matériel, dénué d'intelligence.

Bayle n'est pas de cet avis : « Voici, dit-il à son article, un
» philosophe qui a beau nier opiniâtrément la Providence
» et attribuer tout au mouvement nécessaire des atômes, l'ex-
» périence le contraint de reconnoître une affectation parti-
» culière de renverser nos dignités. Par conséquent son *vis*
» *abdita quœdam* est une preuve convaincante contre lui-
» même. »

*Page* 137, *vers* 5.

Quels cadavres épars dans la Grèce déserte !

Image tirée de ces belles paroles de la lettre de Sulpitius à Cicéron : *Heu, nos homunculi indignamur, si quis nostrúm interit.... cùm uno loco tot oppidorum cadavera projecta jaceant!* Et le Tasse a dit de même :

Muojono le Città, muojono j Regni.

*Même page, vers* 23.

Faut-il mon fils ? Je viens l'égorger devant toi.

Chez tous les peuples du monde, les hommes ont sacrifié leurs semblables. « L'homme, dit M. Bossuet, troublé par le
» sentiment de son crime, et regardant la Divinité comme
» ennemie, crut ne pouvoir l'appaiser par des victimes ordi-
» naires : il fallut verser le sang humain. »

# NOTES.

*Page* 137, *vers* 29 *et* 30.

Quand d'obscurs voyageurs racontent ces nouvelles,
Croirai-je des témoins tant de fois infidelles?

Bayle qui dans son livre sur la Comète, examine si l'athéisme est plus criminel que l'idolâtrie, question qui ne méritoit pas quatre volumes, rapporte, pour prouver qu'il peut y avoir des athées, les témoignages de quelques voyageurs peu fameux. Quand ces témoignages seroient véritables, que prouveroient-ils? Un sauvage est comme un enfant dans lequel la raison ne s'est point encore développée.

*Page* 138, *vers* 13.

Il est une justice, et des devoirs pour eux:

Montaigne nous apprend que toute la morale des cannibales consiste en deux loix: d'être courageux à la guerre, et d'aimer leurs femmes.

*Même page, vers* 22.

La vertu n'est qu'un nom, mon plaisir est ma loi.

Suivant le système de Hobbes, i n'y la point de distinction véritable entre la justice et l'injustice: la force fait le droit.

*Même page, vers* 27 *et* 28.

Son juge est dans son cœur: tribunal où réside
Le censeur de l'ingrat, du traître, du perfide.

 Exemplo quodcumque malo committitur, ipsi
 Displicet auctori: prima est hæc ultio, quòd se
 Judice, nemo nocens absolvitur. . . .
 Pœna autem vehemens ac multò sævior illis
 Nocte dieque suum versare in pectore testem.
         JUVENAL.

*Page* 139, *vers* 2.

Jamais un criminel ne s'absout de son crime.

Ce mot de Cicéron est admirable: *Virtutis et vitiorum, grave ipsius conscientiæ pondus est, quâ sublatâ, jacent omnia.*

Le même Cicéron dit encore: *Magna vis est conscientiæ in utramque partem, ut neque timeant, qui nihil commiserunt, et pœnam semper ante oculos versari putent, qui peccaverunt.*

## NOTES.

*Page* 139, *vers* 5.

Suspendu sur sa tête, un glaive redoutable.

Damoclès, lâche flatteur de Denys le tyran en vantoit le bonheur. Il changea de langage, lorsqu'invité par ce prince à un festin, et assis comme lui sur un lit superbe, il apperçut une épée supendue sur sa tête par un fil. Ce qui a fait dire à Horace :

> Districtus ensis cui super impia
> Cervice pendet, non Siculæ dapes
> Dulcem elaborabunt saporem.

*Même page*, *vers* 17 *et* 18.

Lui-même * étale aux yeux du sénat qu'il outrage,
De son cœur déchiré la déplorable image.

\* Tibère.

Dans cette fameuse lettre, dont le désordre fait dire à Tacite, que si on ouvroit le cœur des tyrans, on verroit comme ils sont déchirés : *Adeò facinora ipsi quoque in supplicium verterant.*

*Même page*, *vers* 21.

Ainsi de la vertu les lois sont éternelles.

*Satis enim nobis, si modò aliquid in philosophiâ profecimus, persuasum esse debet, si omnes Deos hominesque celare possimus, nihil tamen avarè, nihil injustè, nihil libidinosè, nihil incontinenter esse faciendum.* C'est ce que Cicéron répète partout, qu'indépendamment de la récompense et de la punition, on doit rechercher la justice à cause d'elle-même. Il va jusqu'à supposer qu'un homme puisse en remuant simplement les doigts, se faire mettre sur les testamens des riches. Le fera-t-il, quand même il seroit certain qu'on ne le soupçonnera jamais d'avoir un secret pareil ? Cicéron décide que non, et ajoute cette parole si belle : « Ceux à qui ceci paroît étonnant, ignorent ce que c'est qu'un honnête homme. » *Hoc qui admiratur, is se, quid sit vir bonus, nescire fatetur.* Offic. l. 3.

#### Page 139, vers 25 et 26.

Et les Romains enfans d'une impure déesse,
En dépit de Vénus admirèrent Lucrèce.

Chez les Romains qui se vantoient d'être les enfans de Mars et de Vénus, avant même qu'ils eussent des lois contre l'adultère, le malheur de Lucrèce, qui fit chasser les rois de Rome, rendit sa vertu fameuse. Tite-Live lui fait dire, avant qu'elle se tue : *Corpus est tantùm violatum, animus insons.* Pourquoi donc se tuer, comme saint Augustin l'a remarqué ? On a eu raison de louer sa douleur, mais non pas sa mort.

#### Même page, vers 27 et 28.

Je l'apporte en naissant, elle est écrite en moi
Cette loi etc.

Cicéron a parlé de la loi naturelle avec autant d'éloquence que de vérité : *Est quidem vera lex diffusa in omnes, constans, sempiterna. Huic legi non abrogari fas est, neque derogari in hâc aliquid licet, neque tota abrogari potest, neque verò aut per senatum, aut per populum, solvi hâc lege possumus... Neque si nulla erat Romæ scripta lex de stupris, idcircò non contra illam legem sempiternam Tarquinius vim Lucretiæ attulit. Erat enim ratio profecta à rerum naturâ, et ad rectè faciendum impellens, et à delicto avocans, quæ non tùm denique incipit lex esse, cùm scripta est, sed tùm cùm orta est : orta est autem cum mente divinâ.*

#### Page 140, vers 4.

Metius et Tarquin n'étoient pas moins coupables.

Le perfide Metius et le cruel Tarquin n'étoient transgresseurs d'aucune loi écrite, puisque Rome n'en avoit point encore. Ils étoient condamnés par cette loi éternelle et irrévocable, qui précède toute loi humaine.

#### Même page, vers 14.

Le vice, son rival, la respecte de loin.

Sénèque fait une réflexion très-juste, quand il dit qu'il n'y a point de criminel qui n'aimât mieux jouir des fruits du crime sans être criminel : *Neminem reperies, qui non nequitiæ præmiis sine nequitiâ frui malit.* de Benef. liv. 4.

### Page 140, vers 17.

Adorable vertu, etc.

Claudien en fait ce beau tableau :

> Ipsa quidem virtus pretium sibi, solaque latè
> Fortunæ secura nitet, nec fascibus ullis
> Erigitur, plausuque petit clarescere vulgi,
> Nil opis externæ cupiens, nil indiga laudis,
> Divitiis animosa suis. . . . . . . . . etc.

Il est certain, comme je le dirai au sixième Chant, que sans la Religion chrétienne, il n'y a point de vraie vertu; cependant chez les Païens même le secret avantage de n'avoir rien à se reprocher, *nil conscire sibi, nullâ pallescere culpâ*, faisoit goûter à un Aristide ce bonheur qu'un Catilina ne pouvoit goûter. Brutus, dira-t-on, prêt à se tuer, s'emporta contre la vertu, jusqu'à s'écrier : « O malheureuse vertu, tu n'es qu'un » nom, et moi je te servois comme si tu eusses été une réalité; » mais j'éprouve que tu n'es que l'esclave de la fortune ! » Brutus qui faisoit consister toute la vertu dans son farouche amour pour la liberté, lorqu'il vit le parti d'Antoine victorieux, parle ainsi par désespoir; mais comment peut-il dire qu'il a été au service de la vertu, lui qui a si indignement assassiné César son bienfaiteur?

### Page 141, vers 7 et 8.

Mais sur la terre, hélas, admirant tes bienfaits,

Que l'homme ouvre les yeux sur le spectacle de la nature, ou qu'il rentre en lui-même, de quelque côté qu'il tourne ses regards, Dieu vient se présenter à lui. Cependant les philosophes, ou n'ont rien vu que de matériel, ou unissant l'intelligence à la matière, ont confondu Dieu, la nature, l'âme du monde, etc., ou ont trouvé tout incertain. Les sens ne nous conduisent qu'aux choses matérielles; la raison plongée dans les sens, ne nous conduit aux choses spirituelles qu'avec incertitude. Elle ne peut donc pas, comme les déistes le veulent,

être

être notre seule règle, et nos âmes, *clausæ tenebris et carcere cæco,* ont besoin d'une autre lumière.

*Page* 141, *vers* 16:

Quand je l'aurai connu, je te connoîtrai mieux.

Si la connoissance anatomique de notre corps nous conduit à Dieu, comme je l'ai fait voir, combien y serons-nous mieux conduits par la connoissance de notre misère et de notre grandeur! « L'étude propre de l'homme est l'homme, dit » Pope. » C'est une étude cependant bien négligée; ce qui a fait dire à M. Pascal: « Les sciences abstraites n'étant pas propres » aux hommes, je leur ai pardonné de ne s'y point appliquer; » mais j'avois cru trouver au moins bien des compagnons » dans l'étude de l'homme, puisque c'est celle qui lui est » propre. J'ai été trompé. Il y en a encore moins qui l'étu- » dient que la géométrie. »

## CHANT SECOND.

*Page 142, vers 7.*

Quand je reçus la vie au milieu des alarmes,

Sur la peinture de nos malheurs écoutons d'abord le sage : *Laudavi magis mortuos quàm viventes, et feliciorem utroque judicavi qui necdum natus est, nec vidit mala quæ sub sole fiunt.* Eccles. cap. VI, vers. 2 et 3.

Ecoutons ensuite les Païens.

> Tùm porrò puer, ut sævis projectus ab undis
> Navita, nudus humi jacet infans. . . .
> Cui tantùm in vitâ restat superare dolorum.

A Lucrèce ajoutons Cicéron, cité par saint Augustin : *Hominem non ut à matre sed à novercâ natum, corpore nudo, fragili et infirmo, animo autem anxio ad molestias, in quo tamen inesset obrutus quidam divinus ignis.* Aux plaintes de Cicéron joignons celles de Pline le naturaliste, l. 7 : *Jacet manibus pedibusque devinctis flens animal cœteris imperaturum, et à suppliciis vitam auspicatur, unam tantùm ob culpam, quia natum est.* On sait cette sentence des anciens, que le premier bonheur étoit de ne pas naître, le second de mourir promptement. Elle est dans Théognis et dans Cicéron : *Primum non nasci ; alterum quàm citò mori.* C'est donc bien injustement qu'on a accusé M. Pascal d'avoir par misantropie exagéré les malheurs de l'homme : il en a parlé avec moins de vivacité que les Païens ; et à la peinture de notre misère, il a opposé celle de notre grandeur ; au lieu que Pline s'est emporté jusqu'à dire que le plus grand des présens de la nature étoit le pouvoir de nous donner la mort.

*Même page, vers 8, 9 et 10.*

Et qu'aux cris maternels répondant par mes larmes
J'entrai dans l'univers, escorté de douleurs,
J'y vins pour y marcher de malheurs en malheurs.

Ces trois vers sont heureusement rendus par le traducteur Italien :

# NOTES.

> Quando alla luce in mezzo al pianto aspersi
> Languidi j lumi, e alle materne strida
> Eco faciendo, in questa valle entrai.

*Page* 143, *vers* 1.

D'Eschine j'admirai l'éloquente colère ;

Fameux rival de Démosthène, dont l'oraison sur la couronne est si belle.

*Même page, vers* 3 *et* 4.

> De la triste Didon partageant les malheurs,
> Son bûcher fut souvent arrosé de mes pleurs.

Saint Augustin, dans ses Confessions, se reproche le plaisir qu'il avoit dans sa jeunesse à lire Virgile. « La lecture de ce » poëte, dit-il, n'alloit qu'à charger ma mémoire des erreurs » d'un certain Enée, tandis que j'oubliois les miennes. Je » pleurois la mort de Didon ; et la mort que me donnoient ces » vains plaisirs, je la regardois d'un œil sec. » *Tenere cogebar Æneæ nescio cujus errores, oblitus errorum meorum, et plorare Didonem mortuam, cùm intereà meipsum in his à te morientem, Deus vita mea, siccis oculis ferrem miserrimus.*

*Même page, vers* 14.

Tous les vieux tourbillons s'exhaloient en fumée.

M. Newton détruit les tourbillons de Descartes, et son système sur les couleurs. Suivant ses expériences, la lumière est un amas de rayons colorés. Un rayon se divise en sept parties, et le mélange des couleurs primitives produit les différentes couleurs. Mais, malgré ce qu'il dit des sept premières couleurs, M. du Fay lut à une assemblée publique de l'académie des sciences un mémoire pour prouver qu'au lieu des sept couleurs primitives que compte M. Newton, on n'en doit admettre que trois.

*Même page, vers* 27, *etc.*

Je me figure, hélas, le terrible réveil etc.

Dans ce morceau, il est aisé de reconnoître M. Pascal : c'est ainsi qu'il sait humilier l'homme. En même-temps qu'il l'abaisse, il le relève. Montaigne le jette à terre, et l'y laisse sans consolation ni espérance. S'il parle de lui-même à tout moment, ce n'est que pour se décrier. « Mon esprit, dit-il, est » si affreté à mon corps, que quand son compagnon a la co- » lique, il l'a aussi. Si la santé me rit et la clarté d'un beau » jour, me voilà honnête homme.... Ma vertu est une vertu, » ou innocence, pour mieux dire, accidentelle... L'incertitude » de mon jugement est si également balancée, qu'en la plu- » part des occurrences, je la compromettrois volontiers à » la décision du sort et des dez. » Voilà un homme qui fait bien de l'honneur à son jugement, à son esprit et à sa vertu.

*Page 144, vers 24.*

Je désire, j'obtiens, et je désire encore.

« J'apporte en naissant, dit M. Bossuet, Intr. à la philo- » sophie, cet amour du bonheur. La raison, sitôt qu'elle » commence, me le fait chercher par des moyens bons ou » mauvais; mais enfin elle cherche. Cependant je désire : ce » qui prouve que je ne possède point. Le désir et le parfait » bonheur ne peuvent se trouver ensemble. »

*Page 145, vers 2.*

Si je semble l'aimer, c'est pour moi que je l'aime.

On a reproché à M. de la Rochefoucault d'avoir dans ses Maximes anéanti nos vertus, en rapportant toutes nos actions à l'amour-propre. Il nous a peints tels que nous sommes, depuis le désordre du péché, comme je le dirai au sixième Chant :

« Quand l'homme n'est qu'à lui, tout l'homme est à l'orgueil. »

*Même page, vers 8.*

Dans son flegme anglican répondra : *tout est bien.*

Suivant Pope, dans son Essai sur l'homme, tout ce qui est, est bien; et dans le système général de l'univers, l'homme est à sa place. Sénèque avoit dit aussi, que notre état ne comporte pas de plus grands biens. Nous avons, selon lui, reçu de grandes choses; nous n'étions pas capables d'en recevoir de plus grandes : *Magna accepimus, majora non capimus.* Il est vrai que nous avons reçu de grandes choses ; mais la Religion nous apprend que nous en avons perdu de plus grandes. Du reste, ce vers, qui fit de la peine à Pope quand cet ouvrage parut, l'engagea à m'écrire la lettre qui se trouve à la suite de ce poëme avec celles du chevalier de Ramsay au sujet du système de Pope ; j'ai ajouté à ces lettres l'exposition de mes sentimens sur le poëme très-dangereux de Pope.

*Page 146, vers 13.*

Je vivrois ! Doux espoir ! Que j'aime à m'y livrer !

*Dabam me tantæ spei,* dit Sénèque, bien différent de ces esprits-forts, qui tâchent de se persuader le contraire, et qui aiment à se livrer, pour ainsi dire, à l'espérance du néant.

*Même page, vers 17.*

Le hasard nous forma ; le hasard nous détruit ;

Tel est le langage des libertins dans le livre de la sagesse : *Ex nihilo nati sumus, et post hoc erimus tanquam non fuerimus.* Et dans Sénèque le tragique :

> Post mortem nihil est, ipsaque mors nihil.
> Velocis spatii meta novissima.

*Quid habet ista res, aut lœtabile aut gloriosum,* répond Cicéron à ceux qui sont capables de dire si gaiement la chose du monde la plus triste, et qui devroit faire notre désespoir si elle étoit véritable ?

*Page 147, vers 6, etc.*

Epicure avec lui m'adresse ce langage : etc.

Lucrèce, Liv. 3.

> Præterea gigni pariter cum corpore, et unà
> Crescere sentimus, pariterque senescere mentem....
> Post ubi jam validis quassatum est viribus ævi
> Corpus, et obtusis ceciderunt viribus artus,
> Claudicat ingenium ; delirat, linguaque, mensque.

*Page* 147, *vers* 15.

Qu'en débris chaque jour le corps tombe et périt,

Dans l'Anti-Lucrèce :

> Tunc vitio primæ ceu debilitatis hebescit
> Machina, fitque senex iterum puer : unde necesse est
> Huic semel addictam rursùm puerascere mentem,
> Non per se, verùm quia paulatim organa cessant.

*Même page*, *vers* 30.

A la Divinité que tu choisis pour guide :

Vénus, que Lucrèce invoque au commencement de son poëme, et qui est, selon lui, *hominum Divûmque voluptas*

*Page* 148, *vers* 13 *et* 14.

L'amertume secrète empoisonne toujours
L'onde qui nous paroît si claire dans son cours :

Suivant l'aveu de Lucrèce :

> Usque adeò de fonte leporum
> Surgit amari aliquid, quod in ipsis floribus angat?

M. de Fontenelle, dans ses dialogues sur les morts, fait dire à la reine Elisabeth : « Les plaisirs ne sont point assez solides, » pour souffrir qu'on les approfondisse : il ne faut que les » effleurer. Ils ressemblent à ces terres marécageuses sur » lesquelles on est obligé de courir légèrement, sans y arrêter » le pied. »

*Même page*, *vers* 19 *et* 20.

Je pense. La pensée, éclatante lumière,
Ne peut sortir du sein de l'épaisse matière.

Long-temps avant Descartes, Cicéron avoit fait valoir cette preuve qu'il avoit trouvée dans Platon. Ce qui a paru vrai à ces grands hommes paroît douteux à Locke, qui ignore si la matière ne peut pas penser. Il n'y a point, comme dit Cicéron, d'opinion, quelque bizarre qu'elle soit, qui n'ait quelque philosophe pour protecteur. Locke avoue que nous ne pouvons concevoir la matière pensante : « Mais de là, dit-il, devons- » nous conclure que Dieu ne peut pas la rendre pensante? » Le recours à la puissance de Dieu n'excuse pas un pareil doute. On pourroit de même rendre incertaines toutes les vérités géométriques, en disant par exemple : Que savons-nous si Dieu ne peut pas faire un cercle quarré ?

*Page 148, vers 25 et 26.*

Je trouve donc qu'en moi, par d'admirables nœuds,
Deux êtres opposés sont réunis entr'eux :

M. Arnaud, lettre 501, remarque que Descartes, dans ce qu'il a écrit sur l'âme, semble avoir été choisi par la Providence pour confondre les libertins d'une manière proportionnée à leurs dispositions : « Il avoit, dit-il, une grandeur
» d'esprit extraordinaire, une application à la seule philo-
» sophie, ce qui ne leur est point suspect; une profession
» ouverte de se dépouiller de tous les préjugés communs, ce
» qui est fort de leur goût; et c'est par-là même qu'il a trouvé
» le moyen de convaincre qu'il n'y a rien de plus contraire à
» la raison, que de vouloir que la dissolution de notre corps,
» qui n'est autre chose que le dérangement de quelques parties
» de la matière, soit l'extinction de notre âme. Et comment
» a-t-il trouvé cela ? En établissant par des principes clairs,
» que ce qui pense et ce qui est étendu, sont deux substances
» totalement distinctes; en sorte qu'on ne peut concevoir, ni
» que l'étendue soit une modification de la substance pen-
» sante, ni la pensée une modification de la substance éten-
» due. »

*Page 49, vers 15 et 16.*

Que dis-je ? Tous ces corps dans la terre engloutis,
Disparus à nos yeux sont-ils anéantis ?

La destruction d'une substance étendue n'est que la séparation des parties. Quand on brûle du bois, rien n'en périt ; la partie la plus subtile s'envole, et s'appelle fumée ; la partie huileuse s'attache à la cheminée, et s'appelle suie ; la partie grossière reste dans la cheminée, et s'appelle cendre.

*Même page, vers 21 et 22.*

Toi, qui riche en fumée, ô sublime alchimiste,
Dans ton laboratoire invoques Trismégiste,

Mercure Trismégiste, c'est-à-dire trois fois grand,
que les alchimistes croient l'inventeur de leur science :

aussi chimérique que leur art : *Cujus principium mentiri, medium laborare, finis mendicare.*

### Page 149, vers 24.

Mais celui qui l'a fait, veut qu'il soit immortel.

Tous les êtres simples nous paroissent indestructibles par eux-mêmes : ainsi nous pouvons les appeler immortels. Mais nous ignorons si la destruction de l'univers n'ira pas jusqu'à l'anéantissement des élémens qui le composent.

### Même page, vers 25 et 26.

Prétendras-tu toujours à l'honneur de produire,
Tandis que tu n'as pas le pouvoir de détruire?

Malgré ce pouvoir de vie et de mort que les alchimistes s'attribuent, ils ne peuvent ni anéantir les corps simples, ni les produire, ni les transmuer. Quand les bonnes raisons et les mauvais succès pourront enfin leur ouvrir les yeux, ils ne chercheront plus la pierre philosophale.

### Même page, vers 29 et 30.

Qu'est-ce donc que l'instant où l'on cesse de vivre?
L'instant où de ses fers une âme se délivre.

Lucrèce lui-même a dit la même chose, si opposée à son système, dans ces trois vers que cite Lactance, en les attribuant à a force de la vérité, qui a fait parler ainsi ce poète :

Cedit enim retrò de terrâ quod fuit ante
In terram ; sed quod missum est ex ætheris oris,
Id rursùs cœli fulgentia templa receptant.

Bayle, à l'article de Lucrèce, veut donner à ces vers un sens forcé, que certainement il ne présentent pas, et la réflexion de Lactance est juste : *Lucretius oblitus quid assereret, et quod dogma defenderet, hos versus posuit; sed victus est veritate, et imprudenti ratio vera subrepsit.* L. 7. c. XII.

### Page 150, vers 4.

N'est-ce pas cet esprit plein de son origine, etc.

Quelle volupté ne nous cause pas la découverte des vérités

abstraites, volupté entièrement spirituelle ? Pythagore, pour avoir trouvé les quarrés des côtés d'un triangle, sacrifia une hécatombe en actions de grâces. Platon vante le bonheur de ceux qui peuvent contempler le beau et le bon dans leur principe. Nous ne pouvons voir des vérités éternelles et immuables, que dans une lumière éternelle et immuable. L'Etre capable d'être éclairé par une pareille lumière n'est pas matériel : *Ex hoc habet argumentum divinitatis suæ*, dit Sénèque, *quòd divina delectant, nec ut alienis interest, sed ut suis.* Cicéron, dans le Traité de la Vieillesse, fait la même réflexion : *Sic mihi persuasi, sic sentio, quum tanta celeritas animorum sit, tanta memoria præteritorum, futurorumque providentia, tot artes, tantæ scientiæ, tot inventa, non posse eam naturam, quæ res eas contineat, esse mortalem.* Et dans les Tusculanes, il dit encore que nous devons connoître notre âme que nous ne voyons pas, comme nous connoissons Dieu sans le voir, mais par ses œuvres : *Mentem hominis, quamvis eam non videas, tamen ut Deum agnoscis ex operibus ejus ; sic ex memoriâ rerum et inventione, et celeritate motûs, omnique pulchritudine virtutis, mentem agnoscito.*

*Page 150, vers 7.*

**Et revient tout chargé de richesses immenses ?**

Les plaisirs de l'esprit, dit Sherloke, ne dépendent point du corps ; or si l'âme a un bonheur indépendant du corps, elle a donc un principe de vie indépendant du corps. Or si elle est spirituelle, elle peut donc survivre au corps. « Je ne » prétends pas, ajoute-t-il, donner des preuves démonstratives » de sa spiritualité ; mais il nous est plus aisé de la prouver » que sa matérialité. »

*Même page, vers 10.*

**Pascal, que sur la terre à peine j'aperçoi ;**

Pendant une carrière si courte, accablé d'infirmités continuelles, à peine a-t-il vécu, à peine a-t-il écrit. Quel nom il a laissé !

*Page* 150, *vers* 14, 15 *et* 16.

Boileau, Corneille, et toi que je n'ose nommer,
Vos esprits n'étoient-ils qu'étincelles légères,
Que rapides clartés, et vapeurs passagères?

Cicéron fait valoir cet argument : *Quid procreatio liberorum, quid propagatio nominis, quid ipsa sepulcrorum monumenta significant, nisi nos futura cogitare?* Sur quoi Montaigne fait cette réflexion : « Un soin extrême tient l'homme
» d'allonger son être. Il y a pourvu par toutes ses pièces. Pour
» les corps sont les sépultures, pour les noms la gloire. Il a
» employé toutes ses opinions à se rebâtir, impatient de sa
» fortune, et à s'étayer. L'âme va quêtant de toute part des
» consolations, où elle s'attache et se plante. » Montaigne en devoit conclure la grandeur d'un être que rien de périssable ne peut contenter.

*Même page, vers* 25.

Je veux m'éterniser; etc.

Cette preuve frappoit Saint-Evremont : « La preuve, dit-il,
» la plus sensible que j'aie trouvée de l'immortalité de l'âme,
» est le désir que j'ai de toujours être. »

*Page* 151, *vers* 11 *et* 12.

Sur la terre, il est vrai, je vois dans le malheur
La vertu gémissante, et le vice en honneur;

*Vidi lacrymas innocentium et neminem consolatorem.*
Eccl. 4. Ce désordre a souvent fait murmurer les Païens contre la Providence. C'est ainsi que s'exprime Claudien :

Sed cùm res hominum tantâ caligine volvi
Aspicerem, lætosque diu florere nocentes,
Vexarique pios; rursus labefacta cadebat
Religio. . . . . .
Abstulit hunc tandem Rufini pœna tumultum,
Absolvitque Deos.

Cette raison est fausse : le ciel ne se justifie pas toujours de cette façon. Combien de scélérats n'ont point été punis sur la terre! Claudien en devoit conclure un autre séjour où tout sera rétabli. « Si la mort étoit la ruine de tout, disoit Platon,

» ce seroit un grand gain pour les méchans..... Mais non:
» notre âme emporte avec elle ses bonnes et ses mauvaises
» actions, qui sont la cause de son bonheur ou de son malheur
» éternel. » Voilà la réponse à toutes les difficultés sur la Providence. Dans le monde moral, comme dans le monde physique, nous accusons à tort la Providence :

    Nous ne voyons encor que le coin du tableau,
    Et nous voulons déjà juger de tout l'ouvrage.

*Page* 151, *vers* 19 *et* 20, *etc.*

Pères des fictions, les poètes menteurs,
De ces dogmes, dit-on, furent les inventeurs; etc.

Les poètes ont conservé par leurs fables la tradition universelle de l'immortalité de l'âme. C'est ce que dit Cicéron : *Permanere animos arbitramur, consensu nationum omnium; quâ in sede maneant, qualesque sint, ratione discendum est: cujus ignoratio finxit inferos.... inde Homeri tota νεχυία; inde in viciniâ nostrâ Averni lacus, etc.* Et de là aussi la description des Enfers dans Platon, qui dépeint le séjour des justes, et le séjour des méchans. Ceux qui ont commis des crimes qui peuvent être expiés par des peines passagères, n'y restent qu'un an.

*Page* 152, *vers* 5 *et* 6.

. . « Par les maux que je souffre en ces lieux
» Apprenez, ô mortels, à respecter les Dieux ! »

Virgile dépeint un impie dans le Tartare, qui s'écrie :

Discite justitiam moniti, et non temnere divos.

*Même page, vers* 18 , *etc.*

Et je l'admirerois jusqu'au dernier instant, etc.

Socrate, qui paroît si admirable dans le récit que Platon fait de sa mort, finit ses fameux discours, en demandant qu'on offre un coq à Esculape. Ceux qui ne peuvent se persuader que la dernière parole de ce héros de l'antiquité ait été si puérile, y cherchent un sens allégorique; mais ce sens est bien enveloppé; et la réponse de Criton, *nous ferons ce que vous souhaitez*, fait voir qu'il prend la parole de Socrate dans le sens naturel, c'est-à-dire, dans le sens superstitieux.

### Page 152, vers 23 et 24.

De l'immortalité tes promesses pompeuses,
A moi-même, ô raison, me deviennent douteuses !

Sénèque a ainsi appelé les preuves de l'immortalité de l'âme : *Credebam facile opinionibus magnorum virorum, rem gratissimam promittentium magis quàm probantium.* Cicéron paroît quelquefois penser de même. Ce n'est pas que la raison ne donne de cette vérité des preuves certaines ; mais comme elles sont toutes spirituelles, l'âme les oublie, quand elle retombe dans les sens, et elle y retombe souvent. Ce qui a fait dire à M. Bossuet : « L'âme dégradée par le péché, captive du » corps d'où lui viennent ses plaisirs et ses douleurs, ne pense, » pour ainsi dire, que corps, et se mêlant avec le corps qu'elle » anime, elle a peine à la fin à s'en distinguer ; elle s'oublie, » et se méconnoît elle-même. »

### Page 153, vers 1, etc.

Cruellement puni sans me trouver coupable, etc.

La douleur, l'ignorance, la concupiscence et la mort sont des supplices ; et Dieu, dont la puissance est la volonté, *cujus potestas, voluntas est*, ne veut pas punir un innocent.

### Même page, vers 10.

Sans cesse l'on écrit, et sans cesse on répète.

Suivant Juvenal, *tenet insanabile multos scribendi cacoëthes.* Ce mal est bien ancien, puisque Salomon, Eccles. 12, disoit déjà : *Scribendi plures libros nullus est finis.* Montaigne se plaignant de ce qu'il appelle l'écrivaillerie de son siècle, dit qu'on devroit faire des lois contre les écrivains ineptes et inutiles, comme on en fait contre les vagabons et les fainéans : « Alors, ajoute-t-il, on banniroit moi et cent autres. »

## NOTES.

*Page* 153, *vers* 19.

Quelques-uns, m'a-t-on dit, cherchant la vérité,

Tous les peuples ont été plongés dans les ténèbres de l'idolatrie, et tous les peuples ont eu des philosophes qui ont cherché la lumière : les prêtres en Egypte, les mages dans la Perse, les brachmanes dans les Indes, les druides dans les Gaules, et les fameux sages de la Grèce. Quelle lumière ont-ils trouvée ? S'ils en avoient trouvé une certaine, on n'eût point vu tant de systèmes et tant d'écoles.

*Même page*, *vers* 29.

Nos folles vanités font pleurer Héraclite ;

Héraclite, surnommé le pleureur, gémissoit de la folie du genre humain ; Démocrite s'en moquoit. Tous deux avoient raison, et en même-temps tous deux étoient fous de porter les choses à l'excès.

*Page* 154, *vers* 3.

Habitant des tombeaux, que t'apprend leur silence ?

Démocrite, qui se retira dans les tombeaux d'Abdère pour mieux méditer, attribuoit à la rencontre fortuite des atômes, la création du monde, et même la liberté de l'homme. Quel rapport entre la déclinaison des atômes et cette liberté ? Ce système, qui fut aussi celui d'Epicure et de Lucrèce, fait honte à l'esprit humain.

*Même page*, *vers* 13 et 14.

Par honneur, Hippocrate, ou par pitié du moins,
Va guérir ce rêveur si digne de tes soins.

Des Abdéritains, craignant que Démocrite ne devînt fou, lui envoyèrent Hippocrate pour rétablir sa santé altérée.

*Même page*, *vers* 15.

C'est à l'eau dont tu sors que Thalès nous ramène.
L'air seul a tout produit, nous dit Anaximène.

La folie des philosophes a toujours été de chercher l'origine des choses. Suivant Thalès c'étoit l'eau, suivant Anaximène c'étoit l'air, et suivant Héraclite c'étoit le feu.

*Page* 154, *vers* 23 *et* 24.

Et de son indolence, au milieu d'un orage,
Un stupide animal est en effet l'image.

Pyrrhon, dans une tempête, montra à ceux qui étoient avec lui dans le vaisseau, un pourceau qui mangeoit aussi tranquillement qu'à son ordinaire, voulant les rassurer par cet exemple. Ce philosophe, qui doutoit de tout, a donné son nom à une secte nombreuse.

*Même page, vers* 27.

Oui, sa lanterne en main Diogène m'irrite :

Diogène n'avoit ni religion, ni pudeur, ni raison. Et quand Alexandre disoit qu'il voudroit être Diogène, s'il n'étoit pas Alexandre, il faisoit voir que son envie de se distinguer du reste des hommes alloit jusqu'à la folie. Cet homme dévoué à la gloire, dont il ne connoissoit ni la nature ni les bornes, veut se distinguer à quelque prix que ce soit ; et si ce n'est en dominant sur tout, comme conquérant, ce sera en méprisant tout, comme Diogène.

*Même page, vers* 29 *et* 30.

C'est assez contempler ces astres si parfaits,
Anaxagore.

Anaxagore interrogé pourquoi il étoit né, répondit : « Pour » contempler le soleil et la lune. »

*Page* 155, *vers* 2.

Tandis qu'en ces jardins Epicure sommeille,

Epicure est appelé par Cicéron *homo voluptarius* ; par Sénèque, *magister voluptatis* ; et Horace ne prend pas cette volupté pour une joie spirituelle, quand il se nomme *Epicuri de grege porcum*.

*Même page, vers* 9 *et* 10.

Votre austère rival, pâle, mélancolique,
Fait de ses grands discours résonner le Portique.

Le fameux Portique d'Athènes, sous lequel Zenon, chef

# NOTES. 255

des Stoïciens, tenoit son école. Il se fit devenir pâle, parce que l'oracle lui avoit recommandé de prendre la couleur des morts.

*Page 155, vers 12.*

Je ne puis comme lui rire dans la douleur ;

Les Stoïciens, dans leur orgueilleuse philosophie, faisoient de leur sage un homme que rien ne pouvoit ébranler. Un d'eux dans les vives douleurs de la goutte, s'écria : « Tu as beau » faire, douleur, je n'avouerai pas que tu sois un mal ! »

*Même page, vers 19.*

Incertain comme lui, n'osant rien hasarder,

Socrate et Platon ont débité des vérités admirables, mais toujours avec un air de doute : *Suum illud, nihil ut affirmet, tenet ad extremum,* dit Cicéron de Socrate ; et il dit de Platon : *In Platonis libris nil affirmatur : in utramque partem multa disseruntur.*

*Même page, vers 23.*

Son disciple jaloux, prompt à l'abandonner,

Aristote, après avoir été long-temps disciple de Platon, se sépara de lui, et se fit chef d'une secte contraire. Il donnoit ses leçons en se promenant dans le Lycée. On ne sait ce qu'il a pensé sur l'immortalité de l'âme : ce qui est d'autant plus étonnant, qu'il a écrit sur l'âme, et a fait des Traités de Morale.

*Même page, vers 30.*

Le mystique Vieillard m'appelle en Italie :

Pythagore qui débitoit ses principes sous le voile des énigmes, ordonna à ses disciples l'abstinence et le silence. On sait son système de la métempsycose :

> Omnia mutantur, nihil interit, errat, et illinc
> Huc venit, hinc illuc, et quoslibet occupat artus
> Spiritus, èque feris humana in corpora transit ;
> Inque feras noster.                               Ovid.

*Page 156, vers 15.*

Du seul fils d'Ariston je n'ai point à me plaindre :

Platon, fils d'Ariston, a bien senti la difficulté ; ce n'est pas sa faute s'il n'a pu la résoudre : *Rem vidit, causam nescivit.* La réminiscence qu'il s'imaginoit, c'est-à-dire, l'opinion que nos âmes ont existé avant nos corps, n'y répond pas, non plus que le système fameux des deux principes. Cicéron dans son Hortensius, cité par saint Augustin, approchoit de plus près, en disant que nous naissons pour expier quelque crime commis dans une vie précédente : *Ob aliqua scelera suscepta in vitâ superiore, pœnarum luendarum causâ nos esse natos.* Mais quelle avoit été cette vie ? Bayle avoue qu'on ne peut se tirer de cette difficulté que par la révélation : « L'Histoire, dit-il,
» est le récit des malheurs et des crimes des hommes. Il n'y a
» point de ville sans hôpitaux ni potences, parce que l'homme
» est malheureux et méchant. Mais pourquoi les Païens n'a-
» voient-ils rien à dire de bon sur cela ? C'est par la révélation
» qu'on peut s'en débarrasser. »

*Même page, vers 27.*

L'Etre toujours heureux, rend heureux ses ouvrages :

C'est le grand principe que saint Augustin répète contre Julien, pour prouver le péché originel : *Sub Deo justo nemo miser nisi mereatur.* Ce principe si vrai est le fondement de deux épîtres sur l'homme, qui sont à la suite de ce poëme.

*Même page, vers 29.*

Il nous punit : de quoi ? Nous l'a-t-il révélé ?

Si nous sommes malheureux, nous sommes punis ; et si nous sommes punis, nous sommes coupables : *Ipsum qui non debet puniri, condemnare, exterum æstimas à tuâ virtute.* Sap. 12.

*Page 157, vers 5 et 6.*

Platon ne parle plus, ou je l'entends lui-même
Avouer le besoin d'un oracle suprême.

« A moins, dit-il dans le Phédon, qu'on ne nous donne
» une voix plus sûre, comme quelque promesse ou révélation
» divine,

» divine, afin que sur elle, comme sur un vaisseau qui ne
» court aucun danger, nous achevions heureusement le
» voyage de notre vie. »

*Page 157, vers 12.*
Mon cœur désespéré se livre à sa fureur.

« J'admire, dit M. Pascal, comment on n'entre pas en
» désespoir d'un si misérable état. » M. Voltaire prétend
réfuter cette pensée : « Quand je vois Paris ou Londres, je ne
» vois aucune raison pour entrer dans ce désespoir dont parle
» M. Pascal. J'y vois des hommes heureux autant que la nature
» humaine le comporte... Il y a bien de l'orgueil et de la
» témérité à prétendre que par notre nature nous devons être
» mieux que nous ne sommes? » Je le prétends sans me croire
orgueilleux ni téméraire ; et qui se console, parce qu'il voit
Paris et Londres, peut bien appeler ces objets de consolation
*solatia luctûs exigua ingentis.* Quelques agrémens que nous
puissions trouver sur la terre, nous sentons bien qu'ils sont,
comme dit saint Augustin, *solatia miserorum.*

*Page 158, vers 3 et 4.*
Montaigne m'entretient de sa douce indolence :
Sait-il de quel côté doit pencher la balance ?

Il est représenté regardant une balance suspendue en l'air,
avec cette devise : QUE SAIS-JE ?

*Même page, vers 5.*
Ce n'est pas vers le but que Bayle veut marcher :
J'en parle plus au long dans mon épître à M. Rousseau.

*Même page, vers 7.*
Pour toi, coupable auteur d'un ténébreux système,

Ceux mêmes qui se vantent d'entendre le mieux Spinosa, ne
s'entendent pas entr'eux. Bayle plus capable qu'un autre de
saisir son système, après avoir réfuté son grand principe, que
Dieu est tout, répond à ceux qui l'accusoient de réfuter Spinosa sans le comprendre : « Si je n'ai pas entendu cette pro-
» position, ce n'est pas ma faute. Je parlerois avec moins de
» confiance, si j'avois écrit contre tout le système de Spinosa :
» il me seroit sans doute arrivé plus d'une fois de n'entendre

» pas ce qu'il veut dire, et il n'y a nulle apparence qu'il se
» soit bien entendu lui-même. » Il est vrai que dans ce système
plein de confusion et de ténèbres, tout est incompréhensible
hors l'impiété. Il est dit de lui dans l'Anti-Lucrèce :

> Omnigeni Spinosa Dei fabricator, et orbem
> Appellare Deum, ne quis Deus imperet orbi,
> Tanquam esset domus ipsa, domum qui condidit, ausus.

*Page 158, vers 17 et 18.*

Le déiste du moins me parle sans détours :
Content de sa raison qu'il me vante toujours, etc.

C'est Bayle lui-même qui dans l'article des Manichéens, compare la raison à la loi de Moïse : « La loi, dit-il, suivant
» les théologiens, n'étoit propre qu'à faire connoître à l'homme
» son impuissance, la nécessité d'un Rédempteur et d'une voie
» miséricordieuse : elle étoit un pédagogue pour nous mener
» à Jésus-Christ. Disons à-peu-près de même de la raison :
» elle n'est propre qu'à faire connoître à l'homme ses té-
» nèbres, son impuissance, et la nécessité d'une révélation. »
Elle l'a fait jusqu'ici, elle va me guider encore dans la recherche
de cette révélation, en me montrant les preuves de la Religion véritable. Elle va me conduire jusqu'à celui qui guérit
les maux, de la grandeur desquels elle m'a si bien convaincu.
C'est ce qu'elle ne pouvoit faire pour les Païens. Les plus éclairés
étoient aussi convaincus par elle de ces mêmes maux ; et reconnoissant que Dieu étoit irrité contre nous, ils pouvoient comparer le supplice qu'il nous faisoit souffrir, en réunissant en
nous tant de grandeur et de misère, au supplice que ce tyran,
dont parle Virgile, faisoit souffrir à ceux qui attachés à des
corps morts, périssoient lentement dans cet embrassement
funeste :

> Mortua quin etiam jungebat corpora vivis,
> Componens manibusque manus, atque oribus ora :
> Tormenti genus ! et sanie taboque fluentes
> Complexu in misero longà sic morte necabat.

Voilà l'état affreux de l'homme depuis le péché : tel est ce
joug terrible imposé sur lui, dont parle l'Eccles. c. XI. *Occupatio magna creata est omnibus hominibus, et jugum gra-*

*super filios Adami, à die exitûs de ventre matris eorum, usque in diem sepulturæ*, etc. Les Pélagiens qui nioient le péché originel, étoient forcés de soutenir que nous étions dans le même état où Dieu nous avoit créés. Saint Augustin, en leur opposant la peinture de l'homme depuis sa naissance jusqu'à sa mort, leur demandoit comment une créature innocente pouvoit naître si malheureuse. Il faut, leur disoit-il, accuser Dieu ou d'injustice ou d'impuissance : *Sed quia nec injustus, nec impotens est Deus, restat quòd grave jugum super filios Adami non fuisset, nisi delicti originalis meritum præcessisset.* C'est donc à ce péché que la raison nous rappelle, et c'est par-là qu'elle nous fait sentir la nécessité d'une révélation.

*Page 158, vers 20 et 21.*

Ouvre les yeux, ingrat; connois-la tout entière.
Cette même raison m'éclaire comme toi :

Qui la connoît tout entière, ne se livre pas à elle seule. Elle est une lumière obscurcie : *Obrutus quidam divinus ignis*, disoit Cicéron. Sa lumière et son obscurité l'ont fait trop estimer des uns, et trop mépriser des autres. De là ces sectes si différentes entr'elles, des Stoïciens et des Pirrhoniens, qui ont pour fondement, l'une notre orgueil, l'autre notre misère : *Ut solum certum sit, nihil esse certi, nec miserius quicquam aut superbius*, disoit Pline le naturaliste. Montaigne, qui a poussé le pirrhonisme jusqu'à dire en regardant sa balance : Que sais-je? et non pas je ne sais, parce qu'il ne veut rien assurer, et qu'il doute même s'il doute, ne s'attache qu'à humilier l'homme. « L'ignorance et l'incuriosité, dit-il, sont deux doux oreillers » pour une tête bien faite. » Bayle appelle la raison un principe de destruction et non d'édification, qui ne sert qu'à des doutes. Et comme il se contredit souvent lui-même, il a mieux qu'un autre prouvé la foiblesse de l'homme. Les anciens Pirrhoniens étoient excusables. La raison alors ne pouvoit pas mieux faire pour nous. Mais depuis qu'elle nous mène à la Religion, des personnes comme Montaigne et Bayle, sont-elles excusables? «Exclure la raison et n'admettre que la raison, » dit M. Pascal, sont deux excès également dangereux. » Tout croire et ne rien croire sont aussi deux excès, qui, quoiqu'opposés, ont une même source, le défaut d'examen. Qui croit tout, prend la moindre lueur pour une véritable lumière ; qui doute de tout, prend le moindre nuage pour une véritable obscurité.

*Page 158, vers 25.*

D'une Religion je lui dois le désir.

La raison nous dit elle-même qu'elle ne peut nous donner des lumières certaines. La preuve en est dans le passage du Phédon que j'ai déjà cité. Socrate, qui y débite avec tant d'éloquence les preuves de l'immortalité de l'âme, est forcé d'avouer que ces preuves ne sont pas des assurances, mais des espérances : « Il faut cependant, dit-il, sur elles, comme sur » une nacelle, passer la mer orageuse de cette vie, à moins » que nous ne trouvions quelque promesse divine, quelque » révélation qui sera pour nous un vaisseau qui ne craint point » les tempêtes. » Ce passage d'un Païen couvre de honte nos impies. S'ils souhaitoient qu'il y eût une révélation, ils ne douteroient pas de la vérité de la nôtre. S'ils ne souhaitent pas qu'il y ait une révélation, ils n'écoutent donc pas la raison.

# ADDITION
### *A la note de la page 149, vers 24.*

J'ai dit dans cette note que *nous ignorons, etc.* C'est plutôt *incertitude* qu'*ignorance :* car la révélation en parle ; mais on dispute sur ce qu'elle en dit. *Elementa solventur,* dit saint Pierre, λυθήσονται, τήκεται : cela ne dit pas *anéantissement. Mutabis eos (cœlos), et mutabuntur,* dit le Psalmiste : le simple *changement* ne pouvoit être plus expressément marqué. Aussi saint Augustin tient-il pour le simple *changement,* lorsqu'il dit : *Mutatione rerum, non omninò interitu, transibit hic mundus... Figura præterit, non natura.* (De Civ. l. 20.) Saint Jérôme le pensoit de même. *Didici,* dit Salomon, *quòd omnia opera quæ fecit Deus, perseverent in perpetuum ;* l'Hébreu est plus fort : *erunt in perpetuum.* Eccl. III. 14. Cela seul justifie mon vers.

# NOTES.

## CHANT TROISIÈME.

*Page* 159, *vers 7 et 8.*

Ces peuples que l'erreur rendit ses ennemis,
Contre elle révoltés, à son Dieu sont soumis.

COMME dans cet ouvrage il ne s'agit pas de la catholicité de l'Eglise, mais de la vérité de la Religion chrétienne, toutes les sectes chrétiennes sont également pour moi. A la fin du sixième Chant, je parlerai de celles qui ont le malheur d'être séparées de nous.

*Même page, vers* 12.

Opposer à ce nom celui de Musulman.

Musulman, signifie vrai Croyant. C'est le titre que se donnent les sectateurs de Mahomet; mais si l'Evangile est vrai, Mahomet est un imposteur, puisqu'il établit une Religion contraire; et si l'Evangile est faux, Mahomet est encore un imposteur, puisqu'il s'en autorise, et se dit envoyé pour le confirmer.

*Même page, vers* 15.

Mais de la Mecque en vain le fameux fugitif etc.

On prétend que Mahomet indigné contre la Mecque, lieu de sa naissance, dont il avoit été obligé de s'enfuir, voulut que Médine fût le lieu de sa sépulture. C'est à Médine que son fameux tombeau attire les Musulmans, qui doivent faire ce pélerinage une fois en leur vie.

*Même page, vers* 21.

Que dicta, nous dit-on, la colombe au prophète,

On a dit que Mahomet se mettoit du grain dans l'oreille, et avoit dressé un pigeon à l'y venir prendre, pour faire croire qu'une colombe venoit lui parler par l'ordre du ciel. Il est vrai que Reland, dans son traité de la Religion Mahométane, nie ce fait avancé par Grotius. Cependant, suivant un passage de deux Maronites, cité par Bayle, art. Mahomet, on trouve dans le territoire de la Mecque des pigeons qu'on respecte comme sacrés, parce qu'on croit qu'ils descendent de celui qui parloit à Mahomet. Si ce second fait est véritable, il prouve le premier.

*Page* 159, *vers* 25.

Oui, le rival du Dieu que les Chrétiens m'annoncent etc.

Mahomet avoue que Moïse fut d'abord envoyé du ciel, et après Moïse vint le Messie, qu'il appelle le Verbe. Voici comme il parle, suivant la traduction de du Ryer : « Le Messie Jésus » fils de Marie, est prophète et apôtre de Dieu, son verbe et » son esprit. Les Juifs disent l'avoir crucifié : certainement ils » ne l'ont pas crucifié, mais un qui lui ressembloit. Dieu l'a » enlevé, et il sera témoin contr'eux au jour du jugement. » Si ce Jésus est prophète et apôtre, Mahomet ne l'est donc pas.

*Page* 160, *vers* 2.

L'un et l'autre hémisphère est rempli de ta loi.

Je ne comprends pas pourquoi Bayle, à l'article de Mahomet, avance que sa Religion est plus étendue que la chrétienne. Il ne s'agit pas de comparer l'étendue des pays mahométans à l'étendue des pays chrétiens, mais le nombre des hommes qui croient à Mahomet ou à Jésus-Christ. En réunissant toutes les sectes chrétiennes, il est certain que les Chrétiens sont en beaucoup plus grand nombre : la terre en est remplie. Les Mahométans possèdent de vastes pays, mais ils n'y sont jamais seuls. L'Eglise grecque est très-nombreuse : il y a beaucoup de Chrétiens parmi les Mahométans ; il n'y a point de Mahométans parmi les Chrétiens. Voyez Grotius, de Vera Relig. L. 2 tit. 81.

*Même page, vers* 11 *et* 12.

A peine du néant l'homme venoit d'éclore,
Déjà couloit pour lui le pur sang que j'adore.

Saint Jean, apoc. c. XIII, dit que l'Agneau a été immolé dès la création du monde : *Qui (Agnus) occisus est ab origine mundi.* Ce qui est vrai en plusieurs manières : 1°. Parce que Dieu avoit formé le décret éternel de la mort et de la passion de Jésus-Christ. 2°. Parce que les mérites de sa mort ont été appliqués aux hommes depuis Adam jusqu'à Jésus-Christ, comme ils le sont depuis Jésus-Christ jusqu'à la fin des siècles. 3°. Parce que les sacrifices des patriarches et des prêtres de l'ancienne loi, étoient des types du sacrifice du Sauveur du monde.

*Page* 160, *vers* 19 *et* 20.

Son Histoire est la leur. Elle ne leur présente
Que traits dont la mémoire étoit alors récente;

Quelques-uns sont éloignés, mais les témoins ne le sont pas, parce que les premiers hommes vivoient sept à huit cents ans. Du temps de Moïse, un homme pouvoit avoir vu Joseph, dont le Père avoit vu Sem, qui avoit vu Mathusalem, qui devoit avoir vu Adam. Si Moïse avoit voulu tromper, il n'eût point mis si peu de générations, depuis la création du monde.

*Même page*, *vers* 25.

Dans ce livre par eux de tout temps révéré,

« Ce livre qui les déshonore, dit M. Pascal, ils le conser-
» vent aux dépens de leur vie : c'est une sincérité qui n'a point
» d'exemple dans le monde, ni sa racine dans la nature. »

*Même page*, *vers* 26.

Le nombre des mots même est un nombre sacré.

Rien n'est plus surprenant que l'application et l'industrie que les Juifs ont apportée pour préserver la loi de toute corruption, qui auroit pu s'y glisser, ou par l'ignorance des copistes, ou par la malice de leurs ennemis. Ils ont inventé pour cela la Masore, qu'ils ont appelée *la haie de la Loi*, et qui consiste : 1°. A marquer par des points-voyelles, tous les mots, dont l'usage auparavant fixoit la lecture. 2°. A compter toutes les sections, les chapitres, les mots et les lettres des mots ; les *a*, les *b*, etc. de chaque livre et de tous les livres ensemble de la Loi, et de marquer la lettre du milieu du livre, comme dans la dernière Bible de Vanderhooght. R. Joseph de Crète, cité par Buxtorf dans son *Tiberias*, écrit : « Nos maîtres ont dit qu'il y avoit dans la loi 600,000 lettres, » selon le nombre des Israëlites; mais Rabbi Saadi assure » qu'il y en a environ 800,000. Je n'entreprends pas de conci- » lier ces différens sentimens. Que Dieu éclaire nos yeux par » l'avénement du Messie. *Amen.* » Voilà un beau motif du désir du Messie : pour apprendre le nombre des lettres de la loi, au lieu de désirer d'en obtenir de lui l'esprit!

*Page 161, vers 7.*

Sans villes et sans rois, sans temples, sans autels,

C'est ce que dit le prophète Osée : *Sedebunt filii Israël, sine rege, et sine principe, et sine sacrificio, et sine altari.*

*Même page, vers 12.*

Ce qu'il fut, ce qu'il est, ce qu'il doit être un jour.

Le traducteur Italien dit de même en un seul vers :

Ciò chez fù, ciò ch'egli è, ciò ch'esser deve.

*Même page, vers 29.*

Tandis qu'un peuple seul, que tout peuple déteste,

Trois choses remarquables sur les Juifs : 1°. Leur grand nombre, malgré le carnage horrible qui s'en est fait sous les empereurs romains, et dans plusieurs persécutions qu'ils ont essuyées depuis. 2°. Leur dispersion et leur durée sur toute la terre, malgré la haine de toutes les nations. 3°. Leur atta- chement à leur loi malgré la raison, qui leur dit que le temps de cette loi est passé, et malgré leur penchant. Ce peuple qui sous ses prophètes, sous ses rois, à la vue même de leur temple, étoit toujours prêt à embrasser les Religions étrangères, est resté depuis sa ruine constamment attaché à la sienne, pour être de la nôtre une preuve continuelle et vivante. Cet atta- chement à leur loi est cause de leur multiplication, parce qu'ils regardent le célibat comme un état de malédiction ; il est cause qu'ils ne se sont jamais confondus avec les autres peuples, parce que loin de s'unir à eux par le mariage, leur obligation de ne manger que les choses qu'ils ont eux-mêmes préparées, les empêche d'avoir même avec eux la société de la table. Par-là, méprisés et haïs partout, déclarés incapables de posséder des biens fonds, ils sont obligés de vivre du trafic, par conséquent d'être dispersés par tout le monde. C'est ainsi que s'accomplissent les prophéties. On voit dans ce peuple toujours écrasé, jamais anéanti, une réprobation et une conservation miraculeuse. C'est Caïn souillé du sang du juste : il est errant, mais il porte un signe, afin que personne ne le tue.

*Page 162, vers 17 et 18.*

Maudit soit le mortel par qui sont calculés
Des jours cent fois prédits, dès long-temps écoulés.

C'est le douzième des treize articles de leur foi, dressés par Rabbi Moïse, fils de Maimon, le plus raisonnable des rabbins : « Maudits soient ceux qui supputeront le temps du » Messie. »

*Page 163, vers 4.*

Le voile tant prédit est sur eux étendu.

Ce voile figuré par celui de Moïse, est resté sur les yeux des Juifs jusqu'aujourd'hui. Nous le disons encore, comme saint Paul le disoit, 2 : Cor. III. *Usque in hodiernum diem idipsum velamen manet.*

*Même page, vers 7 et 8.*

Sans doute il est sacré, ce livre dont je voi
Tant de prédictions s'accomplir devant moi.

La venue d'un Libérateur, la réprobation des Juifs, la vocation des gentils, trois grands objets des figures et des prophéties des livres saints, dont l'accomplissement frappe aujourd'hui tous les yeux. Malgré une preuve pareille de la vérité de ces livres, chercher à en douter, à cause de quelques obscurités sur la chronologie, ou de quelques différences de mots entre les anciens textes, c'est chercher à faire naufrage, et vouloir se briser contre des grains de sable, lorsqu'on ne trouve point d'écueils.

*Page 163, vers 11 et 12.*

. . Et vois d'abord un ouvrier parfait
Dont, au commencement, la parole a tout fait.

Parce qu'il n'a pas besoin, comme les autres ouvriers, de trouver la matière à laquelle il doit donner la forme. Avant la création, excepté Dieu, rien n'étoit. C'est pourquoi Moïse dit : « Au commencement Dieu créa, etc. »

*Même page, vers 25 et 26.*

Quand tout pour nous punir s'armoit dans la nature,
L'homme entendit parler d'une Grâce future ;

On ne peut donner qu'un sens prophétique à ces paroles. Ainsi dans le même moment où Dieu prononce aux hommes leur sentence de condamnation, il leur fait espérer un Libérateur.

*Page 164, vers 3 et 4.*

On peut donc l'expliquer par ce livre admirable,
Aux Platon comme à moi l'énigme inconcevable.

Pourquoi sur la terre tant de beautés et d'imperfections ? Pourquoi dans l'homme tant de grandeur et de misère ? Pourquoi dans Dieu tant de colère et d'amour ? La raison qui ne peut expliquer cette énigme aimoit mieux autrefois admettre deux principes, l'un bon, l'autre mauvais, que de n'en admettre qu'un si contraire à lui-même. La révélation nous apprend que les contrariétés ne sont point dans l'ouvrier, et ne sont dans l'ouvrage, que par le changement que le péché y a causé. L'édifice est renversé, mais ses ruines font reconnoître sa grandeur.

*Même page, vers 8.*

Enfin je ne suis plus un mystère à moi-même:

« L'homme, dit M. Pascal en parlant du péché originel, est
» plus inconcevable sans ce mystère, que ce mystère n'est in-
» concevable à l'homme. »

# NOTES.

*Page* 164, *vers* 9.

Le nœud se développe; etc.

Tout ceci suppose ce qui a été dit à la fin du second Chant.

*Même page*, *vers* 17.

L'ouvrage fut parfait, il est défiguré.

M. Bossuet dit admirablement : « L'homme est tombé en
» ruines, le comble s'est abattu sur les murailles, et les murailles
» sur le fondement; mais qu'on remue ces ruines, on trouvera
» dans les restes de ce bâtiment renversé et les traces de la fon-
» dation, et l'idée du premier dessin, et la marque de l'ar-
» chitecte. »

*Même page*, *vers* 21 *et* 22.

Pour prolonger des jours destinés aux douleurs,
Naissent les premiers arts, enfans de nos malheurs.

La Genèse en marque la naissance long-temps avant le Déluge. Lucrèce prouve que le monde n'a pas été éternel, par la naissance des arts. Pope, dans son Essai sur l'Homme, prétend que les bêtes nous ont appris les arts, l'abeille à bâtir, la taupe à labourer, les vers à faire de la toile, etc. Démocrite avoit eu la même opinion. Mais qu'en peut-on savoir ? Nous avons assez de sujets véritables de nous humilier, sans en chercher d'incertains. Il est remarquable que la Genèse donne l'invention des instrumens de musique, et l'art de fondre les métaux, à la race des méchans, à celle de Caïn.

*Page* 165, *vers* 9.

Un ruisseau par son cours, le vent par son haleine, etc.

On sait que les anciens ne connoissoient que les moulins à bras. Une ancienne épigramme grecque fait juger que les moulins à eau ont été connus du temps d'Auguste; cependant il ne paroît pas que les Romains en aient fait usage. D'abord on faisoit rôtir le blé, et on le broyoit avec une pierre; ce qui fait dire à Virgile : *Et torrere parant flammis, et frangere saxo.* L'usage des meules vint ensuite. Les moulins à vent n'ont été connus que très-tard.

*Page 165, vers 27.*

**Mais un juste épargné va rendre en peu de temps etc.**

Bérose, historien profane, cité par Joseph contre Appion, parle du Déluge universel dans les termes de Moïse. Abydenus, autre historien cité par Eusèbe, rapporte l'histoire de l'Arche qui sauva du Déluge les hommes et les animaux. Plutarque parle de la colombe qui sortit de cette Arche, et rapporta des marques du retour du beau temps. Ce passage de Plutarque est dans son traité : *Si les animaux terrestres ont plus de sagacité que les aquatiques.* Lucien dans son traité de la déesse de Syrie, parle aussi de cette histoire de l'Arche. Tant d'autorités tirées des Païens, doivent confondre ces beaux esprits, qui tournent en risée des faits éclatans dont ils n'ont point approfondi les preuves. Mais leurs railleries ne peuvent séduire que ceux qui ont comme eux l'ignorance en partage.

*Page 166, vers 1 et 2.*

**Des animaux alors on chercha le secours :**
**Leur chair soutint nos corps réduits à peu de jours.**

Le vingt-neuvième verset du premier chapitre de la Genèse a toujours fait croire qu'avant le Déluge, Dieu n'avoit pas permis aux hommes de manger de la chair des animaux, et que ceux qui furent fidèles à ses ordres, s'en abstinrent. Ce qui se rapporte à ce que disent les poètes, que dans l'âge d'or on ne mangeoit que des fruits.

*Même page, vers 3, 4, 5 et 6.*

**Les poètes, dont l'art par une audace étrange**
**Sait du faux et du vrai faire un confus mélange,**
**De leurs récits menteurs prirent pour fondemens,**
**Les fidèles récits de tant d'événemens :**

La création du monde, l'innocence des premiers hommes, et leur chute dans le crime; l'âge d'or, l'âge d'airain et de fer, un Déluge d'où un seul homme est sauvé avec sa femme, le partage de l'univers entre trois frères, une guerre des hommes contre le ciel : voilà de grands événemens dont la mémoire se trouve chez les différentes nations, ou pure, ou altérée, parce qu'ils sont arrivés avant la division des langues, quand les hommes n'étoient qu'une famille. Après leur séparation, chaque partie divisée fit un peuple à part, qui a souvent ignoré ce qui s'est passé chez les autres.

*Page 166, vers 10.*

Doux empire de Rhée, âge pur, siècle d'or,

    Aurea prima sata est ætas, quæ, vindice nullo,
    Sponte suâ, sine lege, fidem rectumque colebat.
    Pœna metusque aberant.
                        Ovid. Metam. lib. 1. 89.

*Même page, vers 17.*

La mort tardive alors n'approchoit qu'à pas lents.

Plusieurs anciens historiens, cités par Joseph, attestent la longue durée de la vie des premiers hommes. L'Ecriture Sainte, l'Histoire et les poètes disent la même chose.

*Même page, vers 25.*

Lorsqu'un déluge affreux en fut le châtiment.

Quelques impies voulant nier le Déluge universel, disent que les espèces des animaux sont en trop grand nombre pour avoir pu être renfermées dans l'Arche. On peut répondre à cette objection que les espèces primitives ne sont pas en si grand nombre qu'on le croit communément. Toutes les espèces des chiens, par exemple, peuvent venir d'un premier chien, de même que toutes les espèces de poires viennent d'un premier poirier. Les mêmes pepins produisent des poires différentes, et la même graine d'une fleur produit différentes espèces de cette fleur. La nature très-variée dans le détail de ses ouvrages, est uniforme dans sa conduite, et fait dans les animaux ce qu'elle fait dans les fruits et dans les fleurs. Ainsi les espèces primitives des animaux se sont multipliées en des espèces particulières, par des différences dans la forme extérieure seulement. Quoique l'arrangement des parties principales du corps humain, et la disposition des parties intérieures soit toujours la même, la nature, par une différence qu'elle met entre les hommes pour la grandeur, la grosseur et la couleur, composé comme différentes tribus d'une même famille, sortant d'un même père. Le temps et plusieurs causes particulières que nous ignorons, ont fait ces changemens extérieurs; ce sont des jeux de la nature, qui par tant d'autres encore semble se plaire à exercer notre curiosité pour la confondre.

*Page 166, vers 27.*

Fable, histoire, physique, ont un même langage.

Le Déluge est attesté par un grand nombre d'auteurs païens. En vain l'on veut prétendre qu'ils n'ont parlé que de déluges particuliers, à cause que plusieurs pays ont été inondés par la mer. Bérose, comme je l'ai dit plus haut, parloit d'un déluge universel, et comptoit depuis la création du monde jusqu'à ce déluge dix générations. Sa chronologie étoit conforme à celle de Moïse. La mémoire du Déluge s'est conservée dans presque toutes les nations, et même en Amérique. La nature en donne tous les jours des preuves, suivant ces paroles de M. de Fontenelle dans l'Eloge de M. de Leibnitz : « Les coquillages » pétrifiés dans les terres, des pierres où se trouvent des em- » preintes de poissons ou de plantes qui ne sont point du » pays, médailles incontestables du Déluge. » Dans les Mémoires de l'académie des sciences 1718, il est parlé de pierres dans le Lyonnois, sur lesquelles sont gravées des plantes qui ne se trouvent que dans les Indes. Et dans le volume de 1727, on trouve un amas de preuves d'un grand bouleversement arrivé sur la terre.

*Même page, vers 29 et 30.*

Et même l'on diroit que pour s'accréditer,
La Fable en sa naissance ait voulu l'imiter.

Quelques savans ont voulu expliquer cette conformité, en disant que les Païens avoient eu connoissance des livres de Moïse. Mais il suffit que la mémoire d'événemens si considérables soit toujours restée chez les hommes.

*Page 167, vers 10.*

Dieu descend pour la voir, et confond leur langage.

Nos philosophes ne peuvent nous expliquer pourquoi tant

de langages sur la terre, ni même comment a pu s'établir un premier langage. Les hommes, est-il dit dans Horace, furent d'abord muets, *mutum et turpe pecus*, jusqu'à ce qu'ils eussent trouvé des mots: *donec verba, quibus voces, sensusque notarent, nominaque invenére.* Mais pour convenir que tels sons exprimeroient telles idées, il a fallu se parler. La parole auroit donc précédé l'établissement d'une langue, ce qui ne se peut. Lorsqu'une langue a été établie, il n'a jamais été de l'intérêt des hommes de chercher à en établir d'autres. Revenons donc à la révélation : c'est Dieu qui a d'abord établi une langue sur la terre, et en a ensuite établi plusieurs pour punir leur orgueil, et les forcer de se séparer pour aller habiter la terre. Nous voyons par l'histoire tous les peuples qui ont fondé des empires partir de l'Orient. Les arts et les sciences partent aussi de l'Orient.

*Page 167, vers 11.*

**Ne pouvant plus s'étendre, il se faut séparer.**

Pour prouver que le monde n'est pas éternel, Lucrèce, L. 5, fait voir les bornes de l'histoire, par laquelle on ne peut remonter au-dessus de la guerre de Troie. Chez toutes les nations, au-delà d'un certain temps, tout n'est que fables, et même ces fables ne font pas remonter plus haut que le Déluge. Chez les Chinois tout est incertain, jusqu'à leur roi Yao, auquel Confucius fait dire, que *de son temps les eaux qui s'étoient autrefois élevées jusqu'au ciel, baignoient encore le pied des montagnes.* Le règne d'Yao, suivant M. Freret, Mémoire de l'académie des belles-lettres, tom. 10, a commencé dix ans après la vocation d'Abraham; et M. Fourmont, dans les mêmes Mémoires, tom. 13, dit que quand on remonteroit jusqu'à Fohi, qu'on croit fabuleux, ce Fohi se trouveroit au temps de Phaleg. Les observations astronomiques présentées à Alexandre à Babylone, ne remontoient pas par-delà Nemrod. Ainsi ce que l'Ecriture Sainte nous apprend du commencement du monde, du Déluge et de l'origine des peuples, n'est contredit par aucune histoire profane, ni par aucun monument.

*Page 168, vers 13 et 14.*

De l'astre qui pour lui renaît tous les matins,
Ainsi que la lumière il attend ses destins.

Suivant Platon et Diodore de Sicile, l'idolâtrie commença par le culte des astres : après les astres on adora les auteurs des arts, les rois, les conquérans, les animaux utiles ou dangereux, les uns par reconnoissance, les autres par crainte. Suivant l'auteur de la Sagesse, l'idolâtrie commença par la sculpture, un père ayant fait représenter l'image de son fils mort. L'auteur de l'Histoire du Ciel rapporte, par un système savant et ingénieux, l'idolâtrie à l'écriture symbolique des Egyptiens. Ce système vraisemblable en quelques points, ne doit pas être étendu trop loin, puisque toutes les Divinités ne sont point originaires d'Egypte. La Grèce a eu les siennes. L'idolâtrie a eu différentes origines chez les différentes nations.

*Même page, vers 19.*

Devant son Osiris l'Egypte est en prière :

Osiris, suivant l'opinion commune, donna connoissance aux Egyptiens de plusieurs arts : ce qui le fit adorer après sa mort. L'auteur de l'Histoire du Ciel, explique autrement l'origine d'Osiris, d'Isis et d'Anubis au visage de chien, qui pour cela est appelé par Virgile *Latrator Anubis*. Sans examiner ces différens sentimens, il suffit de déplorer l'extravagance humaine, dont ces Divinités sont des preuves incontestables.

*Même page, vers 27.*

Du barbare Moloch assouvit la colère etc.

Divinité des Ammonites, à laquelle on sacrifioit des enfans. Presque toutes les nations ont immolé des victimes humaines ; ce qui fait dire à saint Augustin : « Quelle aliénation d'esprit ! » Des fureurs dont les hommes dans la vengeance ne sont pas » capables ramènent les Dieux à la douceur : » *Tantus est perturbatæ mentis et sedibus suis pulsæ furor, ut sic Dii placentur, quemadmodum ne homines quidem sæviunt.*

# NOTES.

*Page 169, vers 1.*

Chamos, qui de Moab engloutit les victimes, etc.

Divinité des Moabites, dont le culte étoit très-favorable aux voluptés, et à laquelle Salomon, séduit par les femmes, fit dresser un temple sur une montagne près de Jérusalem.

*Même page, vers 4, 5 et 6.*

O filles de Sidon, vous pleurez Adonis :
Une dent sacrilége en a flétri les charmes ;
Et sa mort tous les ans renouvelle vos larmes.

Fête célèbre à Tyr et à Sidon. L'idolâtrie se communiqua des Egyptiens aux Phéniciens, de ceux-ci aux Grecs, et des Grecs à tous les autres peuples. Les fêtes d'Adonis qui se passoient à pleurer, firent dire à Cicéron : *Quid absurdius, quàm homines morte deletos reponere in Deos, quorum omnis cultus esset futurus in luctu!*

*Même page, vers 15, 16 et 17.*

. . . . . . Et les Romains un jour
De ces maîtres vaincus esclaves à leur tour,
Prodigueront sans fin la majesté suprême.

L'homme est bien insensé, dit Montaigne, il ne sauroit forger un ciron, et il forge des dieux à douzaine. Pline plaignoit l'homme de se laisser dominer par ses rêveries : *Quid infelicius homine, cui sua figmenta dominantur!*

*Même page, vers 25.*

Dans Delphes, dans Délos elle fait sa demeure ;

Les malheurs qui accablèrent les Gaulois après que, sous la conduite de Brennus, ils eurent été au temple de Delphes pour le piller, sont regardés par M. Rollin, Histoire Ancienne, comme une punition de leur sacrilége. « Dieu, dit-il, a pu » faire éclater sa vengeance contre ceux qui témoignoient un » mépris ouvert de la Divinité, afin de conserver en eux les » traits primitifs et fondamentaux de la Religion. » Mais de quelle Religion ? L'esprit de mensonge présidoit à Delphes, l'esprit de vérité a-t-il pu en prendre la vengeance, et peut-on admettre des miracles favorables à l'idolâtrie ?

*Page 169, vers 26.*

Aux sables de l'Afrique elle parle à toute heure ;

Le fameux temple de Jupiter Ammon où voulut aller Alexandre. Caton qui passoit auprès de ce temple, n'y voulut point entrer, ne croyant pas, suivant Lucain, que le ciel eût plongé la vérité dans ces sables.

Steriles nec legit arenas,
Ut caneret paucis, mersitque hoc pulvere verum.

*Même page, vers 27.*

A Dodone sans peine on peut l'entretenir,

Les chênes de Dodone étoient célèbres, aussi bien que les colombes de cette même forêt, qui, dit-on, prédisoient aussi l'avenir. Où les hommes n'ont-ils pas cherché cette connoissance qu'il leur est cependant plus avantageux de ne pas avoir, comme le dit Lucain ?

Sit cæca futuri
Mens hominum fati : liceat sperare timenti.

*Page 170, vers 12.*

Chez d'ignorans Hébreux, femme, enfant, tout publie : etc.

En même-temps que Tacite parle des Juifs avec un souverain mépris, il reconnoît qu'ils ont sur la Divinité de grandes idées. Pourquoi ce peuple ignorant, est-il le seul sur la terre qui parle d'un être unique, créateur de tout, qu'il faut aimer? Chez les autres peuples on trouve des philosophes divisés par des systèmes contraires. Chez les Juifs point de philosophes, mais des prophètes qui loin d'être divisés entr'eux se rendent témoignage les uns aux autres, s'autorisent mutuellement, et ont toujours le même objet en vue.

*Même page. vers 22.*

La Nature est contrainte à s'écarter des loix etc.

Les miracles sont des événemens extraordinaires, que la

suite des lois naturelles ne peut produire. C'est en cela qu'ils sont pour nous le langage de Dieu, parce que la suite des lois naturelles ne peut être interrompue que par celui même qui a établi ces lois. Spinosa définit un miracle, un événement rare, arrivé par des lois de la nature qui nous sont inconnues, comme s'il étoit plus difficile à Dieu de déranger les lois qu'il a établies, que d'en entretenir la continuelle exécution. Qu'il multiplie cinq pains pour nourrir cinq mille hommes, c'est un effet qu'il opére par lui seul, et par une volonté particulière; et comme il est extraordinaire, nous l'appelons *miracle*. Qu'il multiplie le blé par le concours de la terre, du soleil, des pluies, etc. c'est un effet qu'il produit par une volonté générale, et par les causes secondes; mais quelle chaîne de causes secondes, dont tous les anneaux se répondent depuis le commencement du monde ! Ces effets ne nous surprennent pas, parce que nos yeux y sont accoutumés. C'est pourquoi, quand Dieu a voulu nous réveiller, il a opéré les effets extraordinaires que nous appelons *miracles*.

*Page 171, vers 7, 8 et 9.*

Dans un temps qu'à des jours et tranquilles et longs,
A de fertiles champs, à des troupeaux féconds,
Il semble que le ciel ait borné ses promesses,

Quelques incrédules nous objectent que dans les livres de l'Ancien Testament, il n'est point parlé de l'immortalité de l'âme. La loi qui ne menoit rien à la perfection, avoit un voile que les Juifs grossiers ne pénétroient pas, et que nos Déistes ne pénétrent pas d'avantage. Moïse et les prophètes en promettant celui qui apprendroit toutes choses, ne parloient à un peuple charnel que de menaces et de récompenses temporelles; et même lorsqu'un Ange prédit à Daniel, c. XII, qu'un jour les morts se réveilleront, les uns pour une gloire, les autres pour une honte éternelle, il lui ordonne aussitôt de tenir ces paroles fermées, et de sceller le livre. Daniel lui-même ajoute : *Ego audivi, et non intellexi.* Mais malgré le silence de ces livres sur les choses spirituelles, le mépris que les patriarches et les prophètes ont fait des biens temporels montre bien qu'ils en attendoient d'autres. Les patriarches qui n'ont jamais rien possédé dans cette terre que Dieu leur avoit tant de fois promise, n'en murmurent point à la mort. Jacob qui avoit reçu de si riches bénédictions dont il n'avoit point vu l'effet, appelle les jours de son pélerinage, Gen. XLVII, des jours courts et pénibles; mais il ne s'en plaint pas. Il demande d'être transporté après sa mort dans le tombeau de ses ancêtres, pour dormir auprès de ses pères : *Dormiam cum patribus meis*. Il regardoit donc la mort comme un sommeil. Enfin Dieu s'appelle lui-même, *le Dieu d'Abraham, le Dieu de Jacob*. S'il est le Dieu des morts, ces morts ne sont donc pas anéantis.

*Page 171, vers 12.*

Errans, de peaux couverts, des villes retirés.

Elie étoit vêtu de peau; Isaïe portoit un sac; Abdias ne portoit que du pain et de l'eau aux prophètes qui vivoient dans les cavernes; Elisée refuse les présens de Naaman. Des hommes pareils ne cherchoient pas les avantages de cette vie, quoique sous une loi qui sembloit n'en promettre pas d'autres. Ils ne songeoient à plaire ni au peuple ni aux princes. Quelle différence entre de semblables prophètes, et ceux qui chez les Grecs osant prendre le même nom, vivoient dans le temple de Delphes! Leur attention à faire leur cour aux princes les plus puissans, avoit fait dire ce bon mot, qu'*Apollon philippisoit*, parce que ses oracles étoient toujours favorables à Philippe.

*Même page, vers 23.*

Que sur une autre terre, et sous un ciel nouveau

*Creo cælos novos et terram novam.... Lupus et agnus pascentur simul.* Is. 65.

*Même page, vers 27.*

Verra la pure hostie immolée en tous lieux.

*Ab ortu solis usque ad occasum... sacrificatur et offertur nomini meo oblatio munda.* MAL. I.

# NOTES.

*Page* 171, *vers* 28.

La terre produira son germe précieux.

*Aperiatur terra, et germinet salvatorem.* Is. 45.

*Page* 172, *vers* 4.

Sans beauté, sans éclat, ignoré, méprisable,

*Non est species ei, neque decor... Despectum, et novissimum virorum, virum dolorum... Sicut ovis ad occisionem ducetur... Et cum sceleratis reputatus est.* Is. 53.

*Même page, vers* 9 *et* 10.

Quel autre que le Dieu qui dévoile les temps
Présentoit à leurs yeux ces tableaux différens?

Est-il naturel de voir toujours le même objet sous deux points de vue si opposés? Cependant c'est ainsi que tous les prophètes contemplent Jésus-Christ. Lorsque Moïse et Elie sont avec lui sur le Thabor, quoiqu'ils le voient brillant comme le soleil, ils s'entretiennent avec lui de sa mort et de ses souffrances.

*Même page, vers* 13.

Son trône est entouré de rois humiliés;

*Et adorabunt eum omnes reges terræ... Conquassabit capita in terrâ multorum...* Ps. *Percute pastorem, et dispergentur oves.* Zach. 13. *Et aspicient ad me quem confixerunt, et plangent eum planctu quasi super unigenitum.* Id. 12.

*Même page, vers* 21.

David, qui voit de loin ce brillant rejeton,

Les prophètes annoncent en même-temps la gloire et l'humiliation du Messie. Ce sont, dit saint Augustin, comme deux flûtes rendant des sons contraires, quoique toutes deux remplies par le même souffle: *Duæ tibiæ quasi diversa sonantes, sed unus spiritus ambas inflat.*

*Même page, vers* 23.

Du sein de l'Eternel sortir avant l'aurore,

*Ex utero ante luciferum genui te.* Ps. 109.

*Page 172, vers 27.*

Elevé sur son trône, à son fils qui s'avance,

*Quasi Filius hominis veniebat, et usque ad antiquum dierum pervenit... et dedit ei potestatem et regnum.* Dan. 7.

*Page 173, vers 2.*

Tout périt : l'autel tombe, et le temple s'écroule.

*Occidetur Christus... et civitatem et sanctuarium dissipabit populus cum duce venturo, et finis ejus vastitas... et erit in templo abominatio desolationis.* Dan. 9. Les prophéties de Daniel sont si claires, que Porphyre les croyoit supposées. Qu'on compare à Daniel, dit Abbadie, Tite-Live, Justin et Polybe, on doutera si ce prophète ne mérite pas aussi bien qu'eux le titre d'historien.

*Même page, vers 11 et 12.*

O Rome, tes débris seront les fondemens
D'un empire vainqueur des hommes et des temps.

*In diebus autem regnorum illorum, suscitabit Deus cœli regnum quod in æternum non dissipabitur...* DAN. 2.

*Page 174, vers 12.*

Et sans cesse conduit par un peuple prophète,

Saint Augustin dit, en parlant des Patriarches, que non-seulement leur bouche étoit prophétique, mais que toute leur vie l'étoit aussi : *Illorum non tantùm lingua, sed et vita prophetica fuit.* Tertullien a dit de même : *Ut verbis ita et rebus prophetatum.* De tant de figures je ne rapporte que quelques-unes des plus éclatantes, comme Isaac, Joseph, l'Agneau pascal, le Serpent d'airain, les Villes de refuge d'où l'on ne pouvoit sortir qu'à la mort du Grand-Prêtre, et enfin Jonas. Le célèbre évêque de Rochester, qui mourut à Paris il y a quelques années, méditoit un ouvrage sur la Religion chrétienne, qu'il vouloit prouver par les types. En effet, un homme qui soutiendroit que la ressemblance qui se trouve dans les événemens arrivés à tant de personnes différentes, ne s'y trouve que par le hasard, et n'a aucun rapport à Jésus-Christ, seroit aussi peu sensé que celui qui voyant plusieurs portraits du roi faits par différens peintres, soutiendroit qu'aucun de ces peintres n'a eu dessein de représenter le roi, et que tous ces portraits ne lui ressemblent que par hasard. Les figures commencent avec le monde : Adam est le premier prophète et la première figure de Jésus-Christ. Comment entendre autrement son sommeil mystérieux, et la formation de son épouse? Il est d'abord environné d'animaux, qui ne sont attachés qu'aux choses sensibles, et ne peuvent être sa société. Il tombe dans le sommeil ; et à son reveil il trouve son image dans une épouse sortie de la plaie faite à son côté, formée de son cœur, ennoblie par son sang, digne d'être sa société, et il la rendra féconde. Jésus-Christ avant sa mort est parmi des hommes plongés dans leurs sens, et indignes d'être sa société. A son reveil, après sa résurrection, il trouve l'épouse, à laquelle l'ouverture faite à son côté a donné naissance ; elle est formée dans son cœur, ennoblie par son sang ; et il la rendra féconde. Toutes les figures se prêtent mutuellement leur lumière. L'une achève ce que l'autre a commencé ; et toutes réunies ensemble, annoncent l'humiliation et la mort de Jésus-Christ, sa résurrection, sa gloire et son Eglise.

# ADDITION

### à la note de la page 166, vers 25.

J'ai fait voir dans une note sur le Déluge, page 269, de quelle manière on pouvoit répondre à ceux qui veulent prouver l'impossibilité d'un Déluge universel, par l'impossibilité d'un bâtiment assez vaste pour contenir toutes les espèces d'animaux. J'ai avancé que les espèces primitives n'étoient pas en si grand nombre, et que la variété dans la forme extérieure des corps organisés étoit une suite des jeux de la Nature, qui fait dans les animaux ce qu'elle fait dans les fruits et dans les fleurs. C'est par-là que parmi les hommes les uns sont grands, les autres petits; les uns sont blancs, les autres noirs; les uns sont basanés, les autres sont olivâtres. Cependant, comme ces variétés accidentelles se perpétuent par la génération, les incrédules à qui tout sert de prétexte pour douter, en veulent conclure qu'il y a des espèces différentes d'hommes, et que par conséquent tous les peuples ne sortent pas d'une même tige. Quelques auteurs, qui avoient plus de piété que de philosophie, ont répondu à cette objection, que la couleur noire étoit attachée à la postérité de Canaan, comme un signe de malédiction dont Noé frappa l'un de ses fils. Il s'ensuivroit de là que tous les négres seroient de la race de Canaan, ce qui n'est point, et qu'ils seroient honteux de leur couleur. Ils sont si éloignés de la croire un signe de malédiction, qu'ils la croient la couleur de la beauté, et se figurent le diable blanc. Toutes ces variétés extérieures sont sujettes au changement : ce qui prouve qu'elles sont les effets passagers de causes passagères. Nous ne ressemblons plus aux peuples qui habitoient autrefois notre pays. Que sont devenus ces anciens Gaulois, dont les historiens font une peinture hideuse? Cette race a cessé par le mélange. Les Arabes qui demeurèrent long-temps en Espagne, et qui étoient originairement noirâtres, se retirèrent les uns vers Maroc, les autres vers Tunis. Ceux qui se répandirent sur la côte occidentale de l'Afrique, y devinrent plus noirs qu'auparavant ; ceux qui se répandirent vers Tunis y devinrent aussi blancs que les originaires du pays. Il est vrai que lorsqu'il n'y a point de mélange, la même couleur se perpétue ; mais un seul fait démontre qu'on n'en doit point conclure une différence d'espèces. Tout animal produit par deux animaux d'espèce différente, n'engendre jamais. Aucun monstre ne laisse de postérité. Or un chien produit par une levrette et un basset, produira ; il n'est donc pas la production des deux espèces différentes : il en faut dire autant de l'enfant né d'un blanc et d'une négresse. Mais pourquoi certains peuples sont-ils noirs, et dans quel temps une partie de la postérité d'Adam a-t-elle pris cette couleur? En attendant que les savans et les philosophes contentent par leurs réponses, contentons-nous de faire voir que l'objection est frivole, et de reconnoître que les incrédules sont bien méprisables, lorsqu'ils veulent opposer aux lumières de la Religion ces obscurités de la nature.

# CHANT QUATRIÈME.

*Page 175, vers 1.*

**Les empires détruits, les trônes renversés, etc.**

Quand nous regardons, avec M. Bossuet, tous les événemens du monde dans ce point de vue, l'histoire universelle devient l'Histoire de la Religion. « Tous les Empires, dit-il, ont con-
» couru au bien de cette Religion, et à la gloire de Dieu, qui
» s'en est servi pour châtier, ou pour exercer, ou pour éten-
» dre, ou pour protéger son peuple. » Ne soyons point étonnés lorsque Cyrus en détournant tout-à-coup l'Euphrate, entre vainqueur dans Babylone par un passage si extraordinaire ; ne soyons point surpris de l'heureuse témérité d'Alexandre, ni de la fortune de César. Tout cède à ces trois conquérans, parce que Dieu veut que tout leur cède, pour opérer par eux les grands changemens qu'il a résolu de faire sur la terre.

*Même page, vers 19.*

**Je laisse à Sannazar son audace profane.**

J'ai parlé dans ma préface de l'abus que Sannazar avoit fait des fictions dans son poëme *de partu Virginis*.

*Même page, vers 23 et 24.*

**Le Dieu qui dans ses mains tient la paix et la guerre,**
**Tranquille au haut des cieux, change à son gré la terre.**

Polybe et Plutarque reconnurent eux-mêmes que la fortune des Romains n'étoit pas l'effet d'une fortune aveugle, mais d'une Providence divine. Ils ne pouvoient savoir quel étoit le dessein de cette Providence. M. Bossuet nous le fait remarquer, et Origène avoit avant lui fait la même réflexion sur cet empire universel de Rome, au temps de Jésus-Christ. Le commerce de tant de peuples autrefois étrangers les uns aux autres, et depuis réunis sous la domination des Romains, fut un des plus puissans moyens dont Dieu se servit pour hâter le cours de l'Evangile.

*Page* 176, *vers* 9 *et* 10.

Si l'univers n'a plus pour maître qu'un seul homme.
C'est ce Dieu qui le veut :

Ce projet d'être seul maître de l'univers est conçu par César; et quiconque examine les obstacles qu'il avoit à surmonter, trouvera son projet contraire à toute prudence humaine. Il falloit que César fût alors entraîné, comme dit Cicéron, par quelque esprit de folie, *amentiâ quâdam raptus*. Il revient des Gaules avec une armée très-petite, si on la compare à celle qu'on peut lui opposer dans l'Italie. Il a contre lui à Rome, tous ceux qui sont les soutiens de la liberté, et quels hommes, des Caton, des Brutus, des Cicéron, des Pompée! Cependant lorsqu'au lieu d'obéir à l'ordre qu'il reçoit de congédier son armée, il lève l'étendard de la guerre civile en passant le Rubicon, ce moment de témérité est celui de son bonheur. Les provinces qui peuvent l'arrêter à chaque pas, sont saisies de frayeur. L'alarme est dans Rome; les chefs de la république s'en retirent; Pompée, au lieu d'y attendre César, entraîne avec lui hors de l'Italie toutes les forces du sénat; et du jour qu'il sort de Rome, jusqu'à la déroute de Pharsale, la conduite de cet homme autrefois si sage, et si grand homme de guerre, n'est qu'une suite d'imprudences, comme on le voit par les lettres de Cicéron. César, devenu le maître, gouvernoit avec douceur; son ambition étant satisfaite, comme il n'avoit point d'enfans, il eût pu, à la mort, rendre aux Romains la liberté. Ceux qui l'assassinèrent dans l'intention de rétablir la république, la perdirent pour jamais. Cette grande révolution étoit arrêtée dans les décrets du ciel; et quand le ciel le veut, les hommes sont aveugles.

*Même page, vers* 12.

Du dernier coup frappée ( la liberté ), expire avec Brutus.

La liberté Romaine fut frappée d'un si grand coup, que ce peuple si fier, qui avoit traité jusque-là les rois avec tant de mépris et de haine, que les poëtes appeloient *Populum latè Regem*, devint le peuple de la terre le plus esclave; et sous quels maîtres! Auguste arrive par le sang et les proscriptions au pouvoir suprême ; il le garde pendant quarante ans, fatigué des honneurs ridicules qu'on lui rend, accablé des éloges outrés que les poètes prodiguent à un prince qui les méritoit peu. Il laisse en mourant son pouvoir au fils de sa femme, dont il connoissoit tous les défauts. Son indigne successeur ennuyé bientôt de la facilité qu'il trouve à établir la tyrannie, s'écrioit en regardant les Romains : *O homines ad servitutem natos!* Qui regarde ces étonnans changemens avec des yeux éclairés par la Religion, voit la main qui les opère.

*Page 176, vers 15.*

Dans ses nombreux vaisseaux une reine ose encore etc.

Antoine qui fut mis en fuite avec Cléopâtre dans la bataille d'Actium, avoit rassemblé les forces de l'Orient :

Victor ab auroræ populis et littore rubro
Ægyptum, viresque Orientis, et ultima secum
Bactra vehit.   Enéid. liv. viii. *v.* 686.

*Même page, vers 17 et 18.*

Jusqu'à Rome bientôt par Auguste traînées,
Toutes les nations à son char enchaînées,

C'est ce magnifique triomphe chanté par Virgile :

Incedunt victo longo ordine gentes,
Quàm variæ linguis, habitu tam vestis et armis.
Hic Nomadum genus, et discinctos Mulciber Afros,
Hic Lelegas, Carasque, sagittiferosque Gelonos
Pinxerat. Euphrates ibat jam mollior undis :
Extremique hominum Morini, Rhenusque bicornis,
Indomitique Dahæ, et pontem indignatus Araxes.
         Enéid. liv. viii. *v.* 722 et suiv.

*Même page, vers 29 et 30.*

Paisible souverain des mers et de la terre,
Auguste ferme enfin le temple de la guerre.

Cette paix générale de la terre sous Auguste est décrite par Virgile :

Claudentur belli portæ : Furor impius intùs,

> Sæva sedens super arma, et centum vinctus ahenis
> Post tergum nodis, fremet horridus ore cruento.
>
> ENÉID. liv. 1. v. 298.

Elle est encore décrite par Horace :

> Tutus bos etenim rura perambulat :
> Nutrit rura Ceres, almaque faustitas :
> Pacatum volitant per mare navitæ. . . .

Et par Velleius Paterculus : *Finita bella civilia, sepulta externa, reversa pax, sopitus ubique armorum furor... Rediit cultus agris, sacris honos, securitas hominibus... etc.*

### *Page* 177, *vers* 13, *etc.*

« Un siècle, disent ils, recommence son cours, etc.

Je ne prétends pas attribuer directement au Messie, comme quelques-uns l'on fait, cette Eglogue de Virgile; mais il n'est pas non plus vraisemblable que pour Pollion, ou Marcellus, ou Drusus, le poète ait pris un ton si élevé. « Le fils de Pollion, » dit Prideaux, qui mourut neuf jours après sa naissance, n'est » pas le sujet de la prophétie; mais ce que la voix publique » divulguoit alors fut en moins de quarante ans accompli » parfaitement dans la naissance de Jésus-Christ. » Virgile dans cette Eglogue, comme le remarque Servius, plein de la grandeur d'Auguste, entre dans l'enthousiasme, et se rappelle les prédictions des Sibylles : *Cumæi carminis*. Ces prédictions « d'un maître qui viendroit de l'Orient renouveler » toutes choses, » sont rapportées dans Suétone et dans Tacite. Joseph les appliqua à Vespasien. Voici ce que dit Suétone : *Percrebuerat Oriente toto vetus et constans opinio, esse in fatis ut Judæâ profecti rerum potirentur.* Tacite y est conforme : *Pluribus persuasio inerat, antiquis Sacerdotum libris contineri, eo ipso tempore fore, ut valesceret Oriens, profectique Judæâ rerum potirentur.*

### *Même page, vers* 25.

Jérusalem s'éveille à des bruits si flatteurs :

Les Juifs étoient si persuadés que le temps du Messie étoit arrivé, que quelques-uns d'eux prirent Hérode pour le Messie.

# NOTES.

Ainsi en même-temps qu'ils attendent le grand événement prédit par leurs prophètes, les Romains de leur côté attendent un grand changement, qui, suivant leurs Sibylles, doit arriver sur la terre; et dans cette attente générale Jésus-Christ paroît.

Page 177, vers 30.

« Il est venu ce temps, etc.

*Conflabunt gladios suos in vomeres, et lanceas suas in falces.* Is. 11. vers. 14.

Page 178, vers 11 et 12.

Cependant il paroît à ce peuple étonné
Un homme, si ce nom lui peut être donné,

Les miracles de Jésus-Christ son avoués par Celse, et par Julien l'Apostat, qui s'écrie : « Qu'a-t-il fait de considérable » sur la terre, à moins qu'on ne regarde comme une grande » merveille d'ouvrir les yeux aux aveugles, de guérir les ma-» lades, etc. » Pourquoi Julien veut-il que ce ne soit pas une grande merveille ?

Même page, vers 14.

En maître, et comme Dieu, commande à la nature.

Non-seulement la nature obéit quand il lui parle, mais quand il lui fait parler ses serviteurs. Il envoie ses Apôtres prêcher en leur disant : « Allez, guérissez les malades, ressus-» citez les morts. » C'est un maître qui charge de ses commissions ceux qui lui appartiennent.

Même page, vers 27.

Celui qui du tombeau rappelle un cri puissant

Spinosa, au rapport de Bayle à son article, disoit que s'il eût pu se persuader la résurrection de Lazare, il eût déchiré son système, et se seroit fait Chrétien. Spinosa croyoit donc qu'il étoit le maître de changer son cœur ? La résurrection de Lazare redoubla la haine des ennemis de Jésus-Christ, et hâta sa mort. Les Juifs virent et ne crurent point, et Jésus-Christ en dit la raison : « Vous ne croyez point, parce que vous n'êtes pas de » mes brebis. » S. JEAN 10.

## Page 178, vers 29.

**Il ne repousse point les fleuves vers leur source, etc.**

J'ai dit au troisième Chant, que Dieu avoit, en faveur des Juifs, renversé l'ordre des élémens. La mer entr'ouverte, le soleil arrêté, sont des miracles qui paroissent plus éclatans que ceux de Jésus-Christ. Quand on lui demande des signes dans le ciel, il n'en fait point. Ce n'est pas qu'il ne soit le maître de la nature. Quant il mourra, les ténèbres couvriront la terre ; mais pendant sa vie, *pertransiit benefaciendo*. Il récompense la foi de ceux qui l'accompagnent, fait des miracles de bonté en leur faveur, et prédit que ceux qui croiront en lui en feront de plus grands.

## Page 179, vers 9.

**Par lui sont annoncés de terribles arrêts ;**

Soit que Jésus-Christ opére des miracles, soit qu'il donne à ses apôtres le pouvoir d'en faire, soit qu'il leur ordonne d'aller prêcher sa doctrine dans tout le monde, soit qu'il la prêche lui-même, soit enfin qu'il annonce l'avenir, jamais en lui ne paroît la moindre émotion. Il semble même qu'il ne songe pas à émouvoir les autres pour les persuader. Il prophétise comme il parle, sans changer de ton, ni de style. Les prophètes annonçoient l'avenir en style poétique : ils employoient les plus grandes figures ; saisis par l'Esprit Divin, dominés par une puissance supérieure à eux, et agités par une impulsion étrangère, souvent les instrumens de musique contribuoient à les soutenir dans cet état violent. Ceux qui pour les imiter se sont vantés chez les Païens d'être prophètes, entroient en fureur, quand ils annonçoient leurs oracles. Lorsque la Sibylle peinte par Virgile va prophétiser, elle lutte contre un Dieu qui la dompte enfin : *Tantò magis ille fatigat os rabidum, fera corda domans, fingitque premendo*. Les poètes ont imité l'enthousiasme des prophètes : ils disent qu'une puissance supérieure à eux leur donne la loi ; quel que soit le sujet dont ils vont parler, ils prennent toujours un ton élevé, parce qu'un Dieu les inspire. Jésus-Christ ne peut être saisi par l'enthousiasme : nulle impulsion étrangère ne peut l'agiter ; l'Esprit Divin ne s'empare point de lui, il y réside toujours ; il prédit sans s'émouvoir les événemens futurs, et quels événemens ! Les prophètes annonçoient la chute d'un prince, le châtiment d'un peuple, la ruine d'une ville. Jésus-Christ annonce la ruine de l'univers, la chute des astres, le partage des hommes, le châtiment éternel de ceux qui seront à la gauche, la récompense éternelle de ceux qui seront à la droite : *Ibunt hi in supplicium æternum, justi autem in vitam æternam.* Voilà ce qu'il prédit sans changer ni de ton ni de style. Ce n'est pas non plus un prophète qui annonce l'avenir par inspiration : c'est le Maître de l'avenir qui daigne avertir les hommes de ce qu'ils doivent faire : c'est Dieu qui parle en Dieu.

*Page* 179, *vers* 19.

C'est en vain qu'on murmure, il faut croire, il l'ordonne.

La preuve est dans le sixième chapitre de saint Jean. Quand il assure qu'il faut manger sa chair et boire son sang, plusieurs de ses disciples le quittent en murmurant, et en disant : *Durus est hic sermo.* Il se retire alors vers ses apôtres : « Et vous, » leur dit-il, voulez-vous aussi me quitter ? » Que le déiste explique cette indifférence d'un fondateur de Religion, pour s'attirer des sectateurs.

*Page* 180, *vers* 4.

Proscrit, frappé, sanglant, *à la croix attaché*.

Fameux passage de Platon appliqué à Jésus-Christ par Grotius et M. de Meaux. Cicéron et Sénèque l'ont traduit. Ce dernier, par ces mots, *extendenda per patibulum manus*, désigne clairement le supplice de la croix. Le mot grec dans Platon désigne un supplice d'esclave, dans lequel le patient étoit attaché à un pieu : ἀνασχινδυλευθήσεται.

*Page* 180, *vers* 9.

**Au Tibre en un moment le bruit s'en fait entendre.**

Les grands événemens arrivés dans la Judée, furent bientôt connus à Rome. Auguste, au rapport de Macrobe, ayant appris qu'Hérode avoit fait mourir tous les enfans au-dessous de deux ans, et n'avoit pas même épargné le sien, dit qu'il aimeroit mieux être le porc d'Hérode que son fils. Tibère, au rapport de Tertullien, proposa au sénat de recevoir Jésus-Christ au nombre des Dieux. Calcidius, philosophe platonicien, parle d'une étoile, « qui annonça, dit-il, non des » malheurs, mais la naissance d'un Dieu. » Phlegon, cité par Eusèbe, Origène et saint Jérôme, parle d'une éclipse, la plus grande qu'on eût jamais vue, et qui couvrit la terre de ténèbres : *Eum mundi casum relatum in arcanis vestris habetis,* disoit Tertullien aux Romains.

*Même page, vers* 21.

**» Il vit, nos yeux l'ont vu : croyez. » Parole étrange !**

Non-contens d'attester cette vérité, ils la scellent de leur sang. Il n'est que trop commun d'oublier après leur mort ceux qu'on a aimés le plus tendrement. Les apôtres ont abandonné et renoncé Jésus-Christ pendant qu'il vivoit. Ils meurent pour lui, quand il a été crucifié. Ils l'ont donc vu ressuscité. Cette belle réflexion est de saint Jean Chrysostôme.

*Même page, vers* 25.

**Ils content leurs erreurs, leur honte, leur foiblesse,**

Ces foiblesses confirment les témoignages que les apôtres ont rendus depuis, comme le remarque M. Foster contre Tindal, dont le livre a été réfuté par plusieurs savans et par M. l'évêque de Londres, qui au commencement de ses lettres pastorales, se plaint de ce que son « diocèse est le théâtre des attentats » contre la Religion, d'où ils se répandent partout. »

*Même page, vers* 26.

**Par eux, de leur naissance apprenant la bassesse,**

Qui les obligeoit de nous dire qu'ils étoient des pêcheurs ;

qu'au

qu'au Jardin des Oliviers ils ne purent veiller une heure avec leur Maître accablé de tristesse, et qu'ils prirent tous la fuite quand ils le virent en péril? Pourquoi nous apprendre que saint Pierre le renia trois fois?

*Page 180, vers 29.*

A l'aspect de la mort il s'attriste, il frissonne :

M. Pascal est peut-être le premier qui ait relevé cette admirable simplicité des Evangélistes. Ils ne parlent jamais en termes injurieux des ennemis de Jésus-Christ, de ses bourreaux, ni de ses juges. Ils rapportent les faits, sans y ajouter aucune réflexion. Ils ne font remarquer ni la douceur de leur Maître quand il reçoit un soufflet, ni sa constance dans le supplice dont ils ne disent que ce mot : « et ils le crucifièrent. » Le triomphe de son Ascension semble devoir finir cette histoire d'une manière éclatante. Deux évangélistes n'en parlent pas ; les deux autres disent seulement : « et il fut enlevé dans » les Cieux. » Ce caractère de simplicité et d'indifférence pour attirer l'attention des lecteurs, ne leur est commun avec aucun écrivain, et leur est commun à tous quatre, quoiqu'ils aient écrit en différens lieux et en différens temps.

*Page 181, vers 4.*

Socrate en étouffa jusqu'au moindre murmure.

L'intrépidité de Socrate devant ses juges est soutenue par sa fierté. Il ose leur dire que rien ne l'empêchera d'instruire publiquement, parce que le ciel le veut. Quelle preuve donne-t-il de sa mission et de ce génie, qu'il prétend lui être attaché dès l'enfance? Il conclut son apologie par se déclarer digne d'être nourri aux dépens de la république; et par sa hardiesse il révolte les juges qui le condamnent à mort. Jésus-Christ, qui garde le silence devant ses juges et jusqu'à la mort, n'est pas venu donner l'exemple de la constance humaine, mais de la profonde obéissance. Nous lisons dans Platon les magnifiques discours de Socrate devant ses juges et devant ses amis le jour de sa mort; Jésus-Christ dans les mêmes circonstances, *tanquam agnus coram tondente se obmutuit;* et ce silence est bien plus admirable que l'éloquence de Socrate.

*Page 181, vers 15 et 16.*

Qu'elle a d'autorité l'histoire, qu'en silence
Sont contraints d'écouter des témoins qu'elle offense !

Les Juifs avouent qu'ils ont fait mourir Jésus-Christ, dont les miracles sont attestés dans le Talmud. Pourquoi gardèrent-ils le silence quand les Evangiles parurent? Une histoire qui déshonore une nation, et n'est point contredite par elle ; une histoire écrite par quatre témoins oculaires, qui la scellent de leur sang, est une histoire véritable. Si, aux quatre évangélistes, on ajoute les quatre apôtres dont nous avons les Epîtres, on trouve huit écrivains, historiens contemporains et témoins oculaires. Nulle histoire n'est attestée comme celle de Jésus-Christ.

*Même page, vers 30.*

Et tu ne fus jamais plus zélé pour sa loi !

Leur célèbre ambassade à Caligula en est la preuve. Ils osèrent résister à un prince si terrible, qui vouloit faire mettre sa statue dans le sanctuaire de leur temple. Ce peuple autrefois si enclin à l'idolâtrie, étoit alors très-zélé pour sa loi, comme il l'est encore aujourd'hui.

*Page 182, vers 1.*

Combien d'avant-coureurs annoncent ta ruine :

Le passage de Tacite est remarquable : *Visæ per cælum concurrere acies, rutilantia arma, et subito igne nubium collucere templum; expansæ repente delubri fores, et audita major humanâ vox, excedere Deos : simul ingens motus excedentium.* Il se trouva treize cent mille personnes dans Jérusalem quand Titus l'assiégea, et jamais siége ne fut plus affreux pour les assiégés. L'histoire n'en montre point d'exemple. Quarante ans auparavant, Jésus-Christ l'avoit prédit. *Dies ultionis hi sunt... erit pressura magna et ira populo huic.* Le détail de cette terrible punition est écrit par un Historien Juif, témoin oculaire. Titus qui, lorsqu'il vit le temple en feu, crioit: « Sauvez la merveille de l'univers, » ne put empêcher qu'il ne fût entièrement consumé.

#### Page 182, vers 6.

Jérusalem n'est plus, et le temple est en poudre.

Ils ne l'ont jamais pu relever : ils l'entreprirent sous Julien l'Apostat ; mais ils furent repoussés par des flammes qui brûlèrent les hommes et les pierres. Ce fait n'est point douteux, puisqu'il est rapporté par un historien Païen, et que saint Jean Chrysostôme l'objecte plus d'une fois aux Juifs.

#### Même page, vers 11 et 12.

» O peuple que je plains, ton vainqueur est-ce moi ?
» C'est ton Dieu, dit Titus, qui se venge de toi ;

Titus, après sa victoire, au rapport de Joseph même, qui ne songe qu'à lui faire sa cour, ne voulut point recevoir les couronnes ni les congratulations, parce qu'il reconnut qu'il n'avoit été que le ministre de la vengeance divine.

#### Même page, vers 16.

Le sang de leur victime est retombé sur eux.

Ils avoient prononcé contre eux-mêmes cette imprécation, en s'écriant : *Sanguis ejus super nos et super filios nostros.* MATTH. XXVII.

#### Même page, vers 18.

Le maître a retranché les branches infidelles.

Ainsi ce peuple dépositaire de la révélation, avec qui Dieu a fait alliance, à qui il a envoyé ses prophètes et son Fils ; ce peuple, d'où sont sortis les apôtres, dispersé jusqu'aujourd'hui, se présente à nous en tous lieux pour nous rappeler ces paroles de saint Paul : *Noli altum sapere, sed time : si enim Deus naturalibus ramis non pepercit, ne forte nec tibi parcat.* ROM. XI.

#### Même page, vers 25.

De ces nouveaux enfans que la mère est féconde !

Ce n'est point ici un de ces dénombremens que grossit une imagination poétique. On le trouvera bien plus considérable dans le traité de Grotius *de vera Religione*, titre *de admirabili propagatione Religionis.*

On peut bien appliquer au triomphe de la foi, les vers de Virgile sur le triomphe d'Auguste :

> Incedunt victæ longo ordine gentes,
> Quàm variæ linguis, habitu tam vestis, etc.

Tertullien, au second siècle, soutenoit que l'empire de Jésus-Christ étoit plus étendu que ne l'avoit été celui d'Alexandre et celui des Romains. Saint Justin compte d'innombrables nations dans l'Eglise. Saint Irenée en fait un catalogue encore plus nombreux. Cent ans après, Origène et Arnobe disent que le christianisme est répandu partout où le Soleil porte sa lumière.

*Page 183, vers 6.*

Le Sarmate indocile, et l'Arabe inconstant,

M. l'abbé Desfontaines remarque sur ce vers, que les Polonois, qui sont les Sarmates de l'Europe, n'ont reçu l'Evangile que dans le dixième siècle. Ce qu'il dit est vrai de la nation en général ; mais quoiqu'elle n'ait reçu l'Evangile, aussi-bien que la Grande-Bretagne, que long-temps après Jésus-Christ, il y avoit des Chrétiens parmi tous ces peuples dès le second siècle ; et je n'avance rien que sur l'autorité de Tertullien, qui nomme les Sarmates, les Bretons, les Scythes, etc. Voici ses paroles : *Britannorum inaccessa Romanis loca, Christo verò subdita, et Sarmatarum, et Dacorum, et Germanorum, et Scytharum, et abditarum multarum gentium et provinciarum, et Insularum nobis ignotarum, in quibus Christi nomen regnat.*

*Même page, vers 8.*

Corinthe se réveille et sort de sa mollesse.

Les Epîtres de saint Paul aux Corinthiens, aux Romains, aux Ephésiens et aux Galates, prouvent les nombreuses sociétés des Chrétiens qui étoient déjà dans ces villes. Le progrès de l'Evangile fut aussi étonnant par sa rapidité, que par son étendue.

*Même page, vers 9.*

Athène ouvrant les yeux reconnoît le pouvoir

*Quod ignorantes colitis, hoc ego annuntio vobis*, dit saint

Paul dans l'Aréopage, à l'occasion d'un autel qu'il avoit trouvé dans Athènes, sur lequel étoit cette inscription: *Ignoto Deo.* Pausanias, Philostrate, Lucien ont parlé de cet autel.

*Page 183, vers 16.*

Qu'offre à leurs dieux cruels le fer de leurs Druïdes,

Les Druïdes, qui étoient les prêtres des anciens Gaulois, immoloient aux Dieux des victimes humaines: *Hominum fibris consulere Deos fas habebant.* TAC. ANN. 14.

*Même page, vers 21 et 22.*

Tes illustres martyrs sont tes premiers trésors,
Opulente cité,

Saint Pothin et saint Irenée, successeurs des disciples des apôtres, fondèrent l'Eglise de Lyon. Le nombre des martyrs fut si grand dans cette ville, que les places publiques furent pleines de morts, et les deux rivières teintes de sang.

*Page 184, vers 5.*

Lieux où ne put voler leur aigle ambitieuse,

Ils ne pénétrèrent pas fort avant dans la Germanie; ils connurent peu les peuples du Nord. A peine savoient-ils, du temps d'Agricola, que l'Angleterre étoit une île.

*Même page, vers 7 et 8.*

Au grand nom qui du monde a couru les deux bouts,
De l'Inde à la Tamise on fléchit les genoux.

Ce n'étoit pas Jésus-Christ lui-même qui devoit convertir les Gentils; il n'étoit venu que pour les brebis d'Israël. Mais son nom publié par ses apôtres, a converti les nations, comme Isaïe l'avoit prédit, chap. LXVI. *Mittam ex eis ad gentes,* etc.

*Même page, vers 9.*

La Croix a tout conquis, et l'Eglise s'écrie:

La loi, les prophètes, tout avoit disposé les Juifs à recevoir Jésus-Christ, qu'ils attendoient. Ils l'on vu, entendu et rejeté. Rien n'avoit disposé les Gentils, qui n'avoient entendu parler ni de Moïse, ni des prophétes, qui n'attendoient pas Jésus-Christ, qui ne l'ont ni vu ni entendu, et cependant ont embrassé la Religion prêchée par ses apôtres. Ce qui avoit été prédit, a été accompli.

*Page 184, vers 10.*

« Comment à tant d'enfans ai-je donné la vie ! »

*Quis genuit mihi istos... et isti ubi erant ?* Is. XLIX.

*Même page, vers 25.*

De bitumes couverts, ils servent de flambeaux;

Ce supplice, qu'on faisoit souffrir aux Chrétiens, est rapporté par Tacite : *Pereuntibus addita ludibria, ut ferarum tergis contecti, laniatu canum interirent, aut crucibus affixi, aut inflammandi, atque ubi defecisset dies, in usum nocturni luminis urerentur.*

*Page 185, vers 5.*

Ils demandent la mort, ils courent aux supplices;

M. de Voltaire a opposé l'exemple des fanatiques à cette pensée de M. Pascal : « Je crois des témoins qui se font égorger. » La comparaison ne peut être juste. Des fanatiques soutiennent non un fait, mais des opinions dont ils sont follement entêtés. Des témoins déposent d'un fait qu'ils ont vu. Or, on ne soutient pas un fait par entêtement ou par imagination : ainsi la pensée de M. Pascal est exactement vraie.

*Même page, vers 10.*

Lorsque sur un bûcher Peregrin las du jour,

Peregrin, philosophe cynique, qui après avoir été quelque temps Chrétien, se brûla par vanité aux jeux olympiques. De même Calanus, philosophe brachmane, s'étoit brûlé du temps d'Alexandre. Ces philosophes ont fait voir jusqu'où peut aller la vanité humaine.

*Même page, vers 13.*

Mais cet immense amas de femmes et d'enfans,

D. Ruinard a savamment réfuté Dodwel, qui avoit avancé

que les martyrs n'avoit pas été en grand nombre, dans un traité qu'il a intitulé : *De paucitate Martyrum*.

### Page 185, *vers* 21 et 22.

« Victime d'un usage antique et rigoureux,
» La veuve, sans frémir, s'élance dans les feux,

Bernier, très-fidèle voyageur, assure avoir été spectateur d'une de ces affreuses cérémonies.

### Même page, vers 28.

Oui, de ses plus grands dons le ciel les favorise,

Je parlerai bientôt de leurs miracles. Je ne parle ici que de leurs dons surnaturels, et de leur pouvoir sur les Démons. Ils ne sont point dans l'erreur, puisqu'ils chassent le prince du mensonge. A l'égard des dons surnaturels, comme de parler diverses langues, de les interpréter, de prophétiser, etc. ils étoient si communs et si publics, que saint Paul, 2. Corinth. XII, en fait un dénombrement. Eût-il écrit ainsi à toute une Eglise, si ces faits n'avoient pas été certains ? Un homme peut se vanter à faux d'avoir le don des miracles ; mais il ne fait point croire à d'autres qu'ils ont le même don, s'ils ne l'ont pas.

### Page 186, *vers* 3.

Des corps qu'il tourmentoit, il s'enfuit consterné :

A la vue même des Païens, comme leur dit Tertullien, *De corporibus nostro imperio excedunt inviti, et dolentes, et vobis præsentibus*. On ne parle pas en ces termes d'un fait rare ou douteux.

### Même page, vers 9 et 10.

Mais ces temps ne sont plus : la Grèce la première
A su du moins ouvrir la route à la lumière.

Le goût de la philosophie s'étoit répandu partout : le Platonisme étoit le système dominant. On ne peut pas dire que le christianisme se soit établi à la faveur de l'ignorance. Quoique les apôtres nous paroissent simples et grossiers, ne nous imaginons pas qu'ils aient persuadé des hommes simples et

4

grossiers comme eux. Dieu a voulu confondre la sagesse humaine par des hommes en qui cette sagesse ne brillât ni par l'esprit ni par la science. Mais après ce miracle accompli, combien d'illustres esprits soumis à la Religion chrétienne, en deviennent les défenseurs : on voit dans les trois premiers siècles des Cyprien, des Tertullien, des Origène, des Arnobe et des Lactance ; dans les deux siècles suivans, des Athanase, des Basile, des Grégoire de Nazianze, des Chrysostôme, des Eusèbe, des Jérôme, des Ambroise, des Cyrille; enfin un Augustin, l'un de ces rares et vastes génies qui font l'admiration de tous les siècles !

*Page 186, vers 23.*

Qui ne sait que railler évite un vrai combat.

Il est aisé de railler ce qui, selon saint Paul, est folie aux yeux des hommes. Que ces prétendus beaux-esprits, qui croient porter coup à la Religion par une raillerie, *telum imbelle, sine ictu,* fassent réflexion qu'il est glorieux pour elle de n'avoir jamais été attaquée plus solidement. Celse, Porphyre et Julien l'Apostat, malgré leur haine contre elle, malgré leur esprit et leur savoir, n'ont pu l'attaquer avec de meilleures armes.

*Page 187, vers 14.*

De deux camps ennemis par la soif désolés, etc.

Tertullien renvoie deux fois les Païens à la lettre de Marc-Aurèle sur ce miracle, que Claudien attribue aux enchanteurs, *Vis ubi nulla ducum,* etc. de 6. cons. Hon. On peut objecter que toute Religion et que toute nation se vante d'avoir des miracles, parce que, comme dit Tite-Live, *motis in religionem animis multa nuntiata, multa temerè credita.* Mais c'est ce qu'on ne peut appliquer à ceux des Chrétiens. Sans parler de celui de la légion Fulminante, qui est également certain, quand même le surnom *Fulminante,* donné à cette légion, seroit antérieur, quelle longue suite de miracles attestés par des témoins oculaires et incapables de mensonge ! D'ailleurs ces miracles sont toujours des preuves de la bonté de Dieu pour les malheureux, comme des guérisons de maladies ; au lieu que ceux que rapportent les historiens profanes, ou sont ridiculement inutiles, ce qui en prouve la fausseté, comme lorsqu'ils racontent qu'un Devin coupa un caillou en deux avec un rasoir; qu'une Vestale puisa de l'eau avec un crible percé, etc. ou ne furent réputés prodiges que par l'ignorance des causes naturelles, comme les pluies de sang dont nos physiciens rendent aujourd'hui raison, et tous ces phénomènes dans le ciel qui n'étoient souvent autre chose que des lumières boréales, très-capables d'effrayer un peuple qui n'en a aucune connoissance.

*Page* 187, *vers* 27 *et* 28.

Constantin triomphant fait triompher la gloire
Du signe lumineux qui promit sa victoire.

La figure d'une croix peut paroître dans le ciel comme d'autres figures, disent quelques physiciens en parlant des Parélies. Mais peut-on regarder comme un météore les trois mots grecs qui furent vus par Constantin et son armée? Et pourquoi chicaner ce fait, quand la conversion de Constantin est un miracle plus admirable? Comment un empereur Romain, maître du monde, a-t-il pu embrasser la Religion de l'humilité ?

*Page* 188, *vers* 2.

Tes orfèvres d'Ephèse ont perdu l'espérance.

On lit dans les Actes des Apôtres, c. xix, la sédition qu'excitèrent contre eux les orfèvres, qui gagnoient leur vie à faire de petits temples d'argent de la grande Diane d'Ephèse.

*Même page*, *vers* 8.

Enfin, comme Apollon, tous les dieux sont sans voix.

Il est certain que tous les oracles cessèrent quelque temps après Jésus-Christ, et Plutarque en a cherché la cause. Mais doit-on dire que Jésus-Christ les a fait taire en naissant, puisque ce silence n'arriva pas tout-à-coup? Pour accorder les deux sentimens, je crois qu'on peut dire que Jésus-Christ en effet fit taire les Démons, mais que les prêtres suppléèrent à ce silence par leurs fourberies, et que se lassant à la fin d'un personnage qui perd tout crédit quand il est découvert, les oracles cessèrent entièrement.

*Page* 188, *vers* 9 *et* 10.

Aux tombeaux des martyrs fertiles en miracles,
Les peuples et les rois cherchent de vrais oracles.

Après quelque temps de cette paix, la Religion essuya une persécution plus dangereuse que celles des empereurs Païens. Julien qui se vantoit de la connoître, et qui disoit : « J'ai vu, » j'ai examiné, j'ai condamné », prit contre elle, à dessein, une voie contraire à la violence. Il rappela les exilés pour la cause de l'Arianisme, afin de la rendre méprisable en y fomentant les disputes. Il ôta aux Chrétiens les biens de l'Eglise, disant que l'Evangile ordonnoit la pauvreté. Il leur défendit de plaider et d'exercer les charges, disant que l'Evangile ordonnoit de souffrir les injures, et de fuir les honneurs. Il leur défendit d'enseigner les belles-lettres, disant que des Chrétiens ne doivent pas lire les auteurs profanes. Enfin il écrivit contre eux ce livre, tant estimé par Libanius, dans lequel en soutenant qu'on n'eût jamais songé à croire Jésus-Christ un Dieu, *si le bon homme Jean* ne s'étoit avisé de le dire, il avoue les miracles de Jésus-Christ. La Religion a triomphé de cette persécution ; et ce que saint Jean a écrit, a été cru.

*Même page*, *vers* 13.

A ce torrent vainqueur Rome long-temps s'oppose,

Ce n'est point l'autorité des empereurs qui a fait tomber le paganisme, comme Jurieu l'a prétendu. Rome soutint long-temps ses dieux ; mais la chute de Rome entraîna celle du paganisme.

*Même page*, *vers* 21 *et* 22.

Et Rome va tomber d'une chute éternelle,
Ainsi que Babylone et ta ville infidelle !

La punition de ces trois villes a été différente. On ne trouve plus sur la terre aucun reste de Babylone, et l'on ignore où a été sa place. On trouve les restes de Jérusalem, mais nulle

# NOTES.

trace de son temple. Rome tant de fois ravagée subsiste avec gloire.

*Page* 189, *vers* 1.

**Que prétend Attila? Que demande Alaric?**

Alaric roi des Goths saccagea Rome en 410; Attila roi des Huns, surnommé le fléau de Dieu, ravagea en 452 plusieurs villes de l'Italie. Il alloit à Rome; mais les prières du Pape saint Léon l'arrêtèrent. Genseric roi des Vandales la prit en 455, et la livra au pillage. Odoacre roi des Hérules acheva en 476, de détruire l'empire Romain en Italie.

*Même page, vers* 17.

**Par l'anneau d'un pêcheur autorisant ses lois,**

Il n'est pas étonnant que ce morceau ait déplu au traducteur allemand de ce Poëme, puisqu'il est protestant; mais il s'est fort trompé, lorsque par *l'anneau d'un pêcheur* il a entendu *peccatoris* au lieu de *piscatoris*.

*Page* 190, *vers* 3.

**Des rives du Jourdain au sommet du Tabor?**

Je parle suivant l'opinion commune. Les Evangélistes ne nomment pas la montagne.

*Même page, vers* 7.

**Ses apôtres enfin sont sortis du sommeil.**

*Petrus verò et qui cum illo erant, gravati erant somno, et evigilantes viderunt majestatem ejus.* Luc. XIX. Jusqu'à la mort de Jésus-Christ, son Eglise représentée par les apôtres, est comme endormie. Les apôtres après la résurrection de Jésus-Christ, connurent toute la majesté de leur Maître; et le réveil de leur foi a produit à la Religion le témoignage de tant de martyrs, dont la voix est conforme à celle qu'on entendit sur le Tabor, *ipsum audite.* Mais pourquoi les apôtres, après avoir vu la transfiguration, et tant de miracles, ont-ils eu si long-temps une foi languissante? Dieu l'a permis pour assurer la nôtre. Ils ont été lents à croire, afin que nous ne le soyons pas.

Le grand événement décrit dans ce Chant est la terre devenue Chrétienne, événement incompréhensible quand on y fait attention. Parce que nous regardons aujourd'hui la Religion païenne comme un amas d'extravagances, nous nous imaginons qu'elle étoit facile à détruire. Il n'est pas facile d'arracher un peuple à ses Idoles, que soutiennent des prêtres qu'anime l'intérêt. Ceux des Païens qui dans le cœur se moquoient des erreurs du peuple, étoient philosophes, et faisoient de la raison leur divinité. Il n'étoit pas facile de les arracher à cette idole. Et comment un empereur romain, qui comme Souverain Pontife, réunissoit en lui le sacerdoce et l'empire, a-t-il pu reconnoître dans ceux des Chrétiens qui se disoient évêques, une autorité supérieure à la sienne? Pourquoi Constantin n'a-t-il pas songé à donner à la ville qu'il aimoit tant, la primauté du siége dans l'Eglise, sous prétexte que Rome étoit encore toute païenne? Mais un miracle bien plus étonnant, est la conversion de ces milliers de Juifs, qui formèrent tout-à-coup l'Eglise de Jérusalem. Ce n'étoient pas des idoles qu'ils quittoient, mais une loi que le vrai Dieu leur avoit donnée, des sacrifices qu'il avoit demandés, un temple où il avoit voulu être adoré. Il falloit que de très-charnels qu'ils étoient, ils devinssent tout-à-coup tout spirituels; qu'ils reconnussent que toutes leurs cérémonies n'avoient été que des ombres; qu'ils regardassent comme leur Dieu un homme qu'ils avoient crucifié avec des scélérats; et comme leurs frères, ces Gentils qu'ils avoient toujours méprisés. Cependant saint Pierre par un premier discours convertit trois mille Juifs, et par un autre cinq mille; tandis que saint Paul, qui dans l'Aréopage parle avec tant d'éloquence à la raison humaine, ne changea que deux ou trois auditeurs. Il ne parloit pas cependant des humiliations de Jésus-Christ dans l'Aréopage, mais d'un Dieu créateur du ciel et de la terre, et d'un premier homme dont tous les autres sont sortis, d'un Dieu qui les jugera tous, le jour qu'il ressuscitera les morts. Ces Grecs si savans et si spirituels ne peuvent comprendre ces verités, tandis

# NOTES.

qu'en écoutant saint Pierre, tant de Juifs, comme je l'ai dit, changés tout-à-coup,

    Reconnoissent pour roi
De la Jérusalem, éternelle, invisible,
Celui qui dans la leur, traité de roi risible,
D'épines couronné par la main d'un bourreau,
Dans les siennes pour sceptre a vu mettre un roseau.

## CHANT CINQUIÈME.

*Page 191, vers 1.*

Le Verbe égal à Dieu, splendeur de sa lumière,

« Dieu ne produit nécessairement que son égal : il n'a créé
» tout le reste que par sa bonté. S'il n'avoit rien créé, l'être
» manqueroit à tout ce qu'il n'auroit pas voulu faire. Mais
» rien ne lui manqueroit, parce qu'*il est celui qui est.* »

M. Bossuet.

*Même page, vers 10.*

Le vent souffle : qui peut en découvrir la trace ?

*Spiritus ubi vult spirat, et vocem ejus audis; sed nescis unde veniat, aut quò vadat.* Joan. III.

*Page 191, vers 23.*

Faut-il, dit le déiste, enchaîner la Raison ?

Ceux qui opposent aux mystères la répugnance de la raison, ne font pas attention que la certitude d'une vérité vient de sa démonstration, et non du consentement de notre raison. Or, toute vérité révélée est démontrée : sa révélation est sa démonstration ; et toute vérité qui a une démonstration, a autant de certitude qu'elle en doit avoir. C'est le principe que Locke établit dans sa troisième réplique à Stillingfleet : « La fidélité
» de Dieu est une démonstration à tout ce qu'il révèle ; et le
» manquement d'une autre démonstration ( savoir celle que
» la raison y pourroit ajouter ) ne rend pas douteuse une pro-
» position démontrée. »

*Page 192, vers 3 et 4.*

Aujourd'hui presque éteinte, une flamme si belle
Ne prête qu'un jour sombre à l'âme criminelle ;

Nous ne pouvons avoir que trois guides, les sens, la raison, la révélation. Les sens ne nous conduisent qu'aux choses matérielles, et encore avec incertitude. L'âme étant enveloppée dans le corps, la raison, qui ne nous conduit aux choses spirituelles qu'avec incertitude, ne peut être le seul fondement d'une Religion, comme les déistes le prétendent. La diversité des systèmes de métaphysique prouve l'incertitude de la raison. Il faut donc un autre flambeau à des âmes qui sont, comme dit Virgile, *clausæ tenebris et carcere cœco*.

*Page* 192, *vers* 9.

Jusques au temps prescrit le grand livre est scellé.

*Clausi sunt, signatique sermones usque ad præfinitum tempus.* DAN. XII.

*Même page, vers* 14.

Le livre à tout moment semble prêt à s'ouvrir.

Salomon, qui avoit reçu des connoissances si admirables, et qui avoit tant écrit sur les animaux et sur les plantes, fait cet aveu : *Intellexi quòd omnium operum Dei, nullam possit homo invenire rationem eorum quæ fiunt sub sole, et quanto plus laboraverit ad quærendum, tanto minus inveniat.* Nous pouvons dire aujourd'hui, ce que Salomon disoit alors. Combien de secrets sont encore cachés dans la majesté de la nature, suivant l'expression de Pline : *Omnia in majestate Naturæ abdita!* Devons-nous donc être étonnés si les secrets divins sont cachés pour nous dans la majesté de la Religion ?

*Même page, vers* 19.

Instruits de quelques faits, en savons-nous les causes ?

Les faits même ne sont pas toujours certains, lorsque pour être découverts, ils demandent du temps, de la patience, et de la sagacité. Les observateurs ne s'accordent pas toujours entr'eux.

*Même page, vers* 24.

*Nul de vous n'entrera jusqu'en mon sanctuaire.*

Les substances mélangées auxquelles nous donnons le nom de *monstrueuses*, ne produisent jamais. Voilà un fait que l'expérience rend certain, et dont la physique n'explique point la cause. Pourquoi le mulet n'a-t-il jamais de postérité ? Dieu ne le veut pas. Les substances mélangées n'existoient pas quand Dieu bénit toutes ses créatures, et leur ordonna de multiplier.

*Page 193, vers 11.*

L'intérêt nous donna nos premières leçons :

L'astronomie, la géométrie, l'arithmétique, filles de l'intérêt, commencèrent chez les Egyptiens. « Comme leur ciel étoit pur » et sans nuage, dit M. Bossuet, ils furent les premiers à ob-» server les astres; et pour reconnoître leurs terres, couvertes » tous les ans par les débordemens du Nil, ils furent obligés » de recourir à l'arpentage. »

*Même page, vers 24.*

Vous y saurez un jour porter des noms plus beaux :

Les Satellites de Jupiter furent appelés les *Médicis* par Galilée, qui vivoit sous les Médicis; M. Cassini appela *Bourbons*, les Satellites de Saturne, qu'il découvrit sous Louis XIV.

*Même page, vers 29.*

O trop heureux l'enfant qui naît sous la Balance !

Un historien a prétendu que cette raison avoit fait donner le surnom de *Juste* à Louis XIII. Nous avons vu M. le comte de Boulainvilliers ne pas regarder l'astrologie judiciaire comme une folie, quoiqu'il eût d'ailleurs beaucoup de science et d'esprit.

*Page 194, vers 1 et 2.*

Horace frémira, s'il sait que le hasard
En naissant l'a frappé de ce triste regard.

*Seu Libra, seu me Scorpius aspicit*, dit Horace. Et pourquoi cette différence si grande entre deux constellations si voisines ? La différence des noms. Les laboureurs de l'Egypte ignoroient la conséquence qu'auroient un jour tous ces noms bizarres, qu'ils donnèrent sans raison.

*Même page, vers 4.*

Dans ce livre fatal plus d'un Cardan médite :

Cardan, fameux médecin et astrologue, fut un de ces hommes qui

# NOTES.

qui en imposent aux autres avec un peu de science, et beaucoup d'effronterie. Il eut l'impiété de tirer l'horoscope de Jésus-Christ. Il avoit prédit une vie longue et brillante à son fils aîné, qui cependant à l'âge d'environ trente ans eut la tête coupée à Milan pour avoir empoisonné sa femme. Gassendi rapporte ce fait dans sa Météorologie. On prétend que Cardan, qui avoit prédit le temps de sa mort, se laissa mourir de faim quand le temps prédit arriva.

*Page 194, vers 5 et 6.*

. . . . . . Richelieu, Mazarin,
Vous-mêmes prodiguez vos bienfaits à Morin !

Astrologue qui eut accès auprès de ces deux ministres, et une pension du second.

*Même page, vers 9 et 10.*

D'une éternelle nuit le peuple menacé,
Rappelle par ses cris le soleil éclipsé.

Cette folie de vouloir délivrer le soleil par de grands cris et des bruits de chaudron, se pratique encore en Égypte. Virgile prétend que le soleil fut attristé de la mort de César, *caput obscurâ nitidum ferrugine texit*, et que cet astre nous avertit des grands événemens: *ille etiam cæcos instare tumultus sæpe monet*. Comme nos astronomies ont enfin rassuré les peuples contre les éclipses, le soleil a beaucoup perdu de son crédit; mais quel crédit ne conserve pas encore la lune !

*Même page, vers 11 et 12.*

Mais quel corps menaçant vient troubler la nature
Par son étincelante et longue chevelure ?

Au rapport de Virgile, on ne vit jamais tant de comètes qu'à la mort de César, *nec diri toties arsere cometæ*. N'étoit-il pas un homme assez important pour en mériter ? Cette ancienne opinion commence à se dissiper. Dans une compagnie cependant où l'on se moquoit d'une pareille crainte, un prince répondit fort sérieusement aux railleurs: « Il est aisé » pour vous de rire des comètes, vous n'êtes pas princes. »

Les comètes n'ont encore été fatales qu'aux philosophes, par les folies qu'elles leur ont fait débiter. Whiston prétend que ce fut une comète, qui approchant la terre de trop près, causa le Déluge universel, et que l'embrâsement général du monde arrivera par le même accident. De pareilles idées, quelqu'absurdes qu'elles soient, frappent plus certaines gens, que l'autorité de la révélation.

*Page 194, vers 18.*

Le seul cri d'un hibou peut nous flétrir le cœur.

Funeste présage pour Didon, comme le croit Virgile :

Solaque culminibus ferali carmine bubo
Sæpè quæri et longas in fletum ducere voces.

*Même page, vers 20.*

Verrons-nous sans pâlir tomber notre salière ?

Cette superstition qui passa des Grecs aux Romains, a passé des Romains jusqu'à nous. Ma note seroit longue, si à ce présage j'ajoutois tous ceux qu'il a plu aux hommes d'appeler funestes, comme les tintemens d'oreilles, les éternuemens, la rencontre d'une chienne pleine, d'une louve rousse, et les autres dont parle Horace dans l'ode *Impios partæ, etc.* Le Spectateur Anglais dit qu'il a vu un clou rouillé, une épingle crochue, faire pâlir des guerriers qui avoient plusieurs fois affronté le canon, et qu'un hibou pendant la nuit cause souvent plus d'alarmes qu'une troupe de voleurs. Dans tous les temps, dans tous les pays, la foiblesse de notre esprit nous a fait craindre :

Somnia, terrores magicos, miracula, sagas,
Nocturnos lemures, etc.            HORAT.

*Même page, vers 21 et 22.*

Rassurez-nous, devins, charmes, enchantemens,
Amulettes, anneaux, baguettes, talismans :

Depuis que Dieu s'est retiré de l'homme pécheur, il ne lui a parlé que rarement, et toujours pour le rappeler à lui, et le rendre meilleur ; cependant nous nous imaginons qu'il doit à tout moment satisfaire notre curiosité sur ses frivoles questions. De là tous ces moyens ridicules que nous avons inventés pour l'interroger : les oracles de l'antiquité dont j'ai parlé au troisième Chant, les entrailles des victimes, le vol des oiseaux, les chênes de Dodone, etc. De là les talismans, les amulettes, les anneaux, les bulles, etc. De là le crédit dans lequel se sont maintenus depuis si long-temps tous ceux qui se vantent de prédire l'avenir, ou d'avoir la propriété de la baguette ; de là tous les mystères des cabalistes. J'ai vu des gens persuadés de l'existence d'un peuple élémentaire, et de substances aériennes. Si le premier qui a avancé de pareilles chimères, les a avancées sérieusement, il avoit un grand mépris pour le genre humain. C'est la réflexion que fait Pline sur une autre espèce d'imposteurs : *Hæc serio quemquam dixisse summa hominum contemptio est.*

*Page 194, vers 25 et 26.*

De toutes nos erreurs quand le nombreux essain
Dans l'Egypte produit, s'échappe de son sein,

L'Egypte fut la mère des sciences et des erreurs. Les unes et les autres passèrent d'abord en Grèce. Je ne sais pourquoi quelques-uns de nos savans ont prétendu trouver nos nouvelles découvertes dans la physique chez les Grecs. Si l'on juge de la physique des Grecs par le traité de Plutarque *des opinions des philosophes*, quel amas d'extravagances ? Anaximènes disoit que les étoiles étoient fichées dans le cristal du ciel, comme des têtes de clou. Anaxagore débitoit que le ciel étoit de pierre, et le soleil une pierre de feu aussi grande que le Péloponèse. Quand des philosophes fameux dans une nation avancent de pareilles opinions, la nation n'est pas savante. Les sages de la Grèce occupés de la morale, négligèrent l'étude de la nature. Thalès cependant se douta que le soleil devoit être plus grand que le Péloponèse, et entrevit la rondeur de la terre.

*Page 195, vers 5 et 6.*

Tout plein de son héros, au lieu de la nature,
Lucrèce leur chanta les rêves d'Epicure.

La physique de Lucrèce, la même que celle d'Epicure, est

un amas d'erreurs grossières. Plusieurs de ces erreurs ont été honorées des vers de Virgile, toujours très-grand poète dans ses Géorgiques, mais souvent mauvais physicien.

*Page 195, vers 8.*

L'art des enfans de Mars fut l'art de conquérir.

Virgile abandonne aux autres nations la gloire de tous les arts, même celle de l'éloquence, *orabunt causas meliùs.*

*Même page, vers 10.*

« Le soleil, disoient-ils, va se coucher dans l'onde;

Quelques peuples s'imaginoient que la terre étoit portée par des éléphans. Les Grecs et les Romains croyoient que la nuit les astres s'alloient rafraîchir dans la mer; que le ciel nous couvroit comme une voûte, et que l'Océan environnoit la terre. Cosme l'égyptien débite comme l'opinion commune de son temps, que le soleil se couchoit derrière une montagne: de là l'inégalité des jours, suivant qu'il se couchoit au haut ou au bas de la montagne.

*Même page, vers 15 et 16.*

Tels étoient leurs progrès, lorsque du vrai savoir
La fureur des combats éteignit tout espoir.

Sénèque prévoyant que les siècles futurs feroient plusieurs découvertes, disoit que de son temps, on n'étoit que dans le vestibule de la nature. Nous avons avancé dans ce vestibule; mais nous y restons toujours, et nous pouvons dire comme Sénèque, Quest. nat. 7: *Natura sacra sua non simul tradit: initiatos nos esse credimus, in vestibulo ejus hæremus.*

*Même page, vers 20.*

Malgré son double appui, se sentit ébranlé;

L'empire d'Orient et d'Occident.

*Même page, vers 24 et 25.*

Le fameux imposteur, suivi des Sarrasins,
Jeta les fondemens d'un pouvoir formidable,

L'empire des Califes dont Mahomet jeta les fondemens,

devint beaucoup plus formidable par l'union des Turcs et des Sarrasins.

*Page 196, vers 5.*

Que nos plus beaux palais de cendres soient couverts :

Quand Mahomet II se rendit maître de Constantinople, les palais des empereurs, les statues, les tableaux, et des bibliothèques plus précieuses encore que tant de rares monumens de l'antiquité, furent brûlés par un peuple ennemi des arts et des sciences. Les Musulmans avoient déjà, en 641, chauffé les bains d'Alexandrie avec les livres de cette fameuse bibliothèque. Le Calife consulté sur ce qu'on devoit faire des livres, répondit : « S'ils sont contraires à l'Alcoran, il faut les brûler ; » s'ils n'y sont pas contraires, il faut les brûler encore, parce » que l'Alcoran suffit. » Que de trésors nous a enlevés cette décision !

*Même page, vers 11.*

Trouvant l'art d'obscurcir le maître des ténèbres,

Aristote, dont la longue et étonnante fortune commença par l'amour que les Arabes prirent pour ses écrits, qu'ils obscurcirent encore par leurs commentaires. Cicéron dit qu'Aristote est inconnu même aux philosophes : *Aristoteles ipsis philosophis ignotus*. Le P. Rapin qui en a fait un pompeux éloge dans ses Réflexions sur la Philosophie, avoue cependant qu'il semble n'avoir écrit que pour n'être pas entendu, et pour donner de l'exercice aux siècles suivans. Aristote n'est pas coupable de son obscurité. Ses écrits sont venus jusqu'à nous très-défigurés.

*Même page, vers 12 et 13.*

Forme dans ses écrits tous ces docteurs célèbres,
Qui, le dilemme en main prétendent etc.

Les anciens philosophes avoient négligé la nature; ceux qui les suivirent la négligèrent encore plus. Pendant plusieurs siècles on n'entendit parler que des inutiles subtilités des Scolastiques. La fameuse guerre entre les Nominaux et les Réalistes, où l'on vit d'un côté le docteur Subtil, de l'autre le docteur Invincible, ne put finir que par un édit de Louis XI.

*Page* 196, *vers* 20 *et* 21.

<pre>
Un Génois nous apprend, quelle étrange nouvelle,
Qu'au-delà de ce monde, il est un monde encor,
</pre>

Les anciens ayant toujours cru la terre une superficie plate, ne pouvoient soupçonner un autre hémisphère sous le nôtre. Il n'y a nulle apparence que Platon, par cette île Atlantique dont il parle, et sur laquelle les savans disputent, ait entendu l'Amérique. Cependant par quelque tradition dont nous ignorons l'origine, Sénèque le tragique annonce avec un ton de prophète, qu'un jour on découvrira un nouveau monde ; mais que ce jour est très-éloigné. *Venient annis secula seris quibus Oceanus vincula rerum laxet, et ingens pateat tellus.* Sur quel fondement pouvoit-il prédire ce nouveau monde, auquel on ne songeoit point quand Christophe Colomb découvrit l'Amérique; Colomb lui-même la découvrit dans le temps qu'il croyoit aller à la Chine.

*Même page, vers* 27.

Un aiman ( le hasard dans l'air le fit suspendre ) etc.

On savoit seulement que l'aiman attiroit le fer; et jusqu'au douzième siècle on a ignoré qu'étant suspendu, il tourne toujours le même côté vers le même Pole du monde. J'ai observé dans le troisième Chant, que les arts les plus utiles ont dû leur naissance au hasard. Nos plus belles découvertes dans la physique ont eu le même sort. Où l'esprit humain trouve de quoi s'élever, il trouve aussi de quoi s'humilier, parce que tout lui rappelle sa foiblesse et sa grandeur. Il semble même que pour mieux humilier ceux qui cultivent les sciences, Dieu ait permis que les plus belles découvertes ayent été faites par hasard, et par ceux qui devoient moins les faire. La boussole n'a point été trouvée par un marin, ni le télescope par un astronome, ni le microscope par un physicien, ni l'imprimerie par un homme de lettres, ni la poudre à canon par un militaire.

*Même page, vers* 30.

Amour heureux pour nous, et fatal aux Incas ;

Cette propriété de l'aiman découverte, nous procura la

boussole, avec laquelle nous entreprîmes des voyages de long cours. On connut la terre : on étudia la nature et l'astronomie. Mais les Incas qui étoient depuis six cents ans les rois du Pérou, lorsque les Espagnols y arrivèrent conduits par Pisaro, eurent bien sujet de détester la boussole et les Espagnols.

*Page 197, vers 10.*

Deux verres (le hasard vient encor nous l'apprendre), etc.

Le télescope, trouvé dans la Zélande par les enfans d'un lunetier, au commencement du dix-septième siècle, fut cause des découvertes importantes que Galilée fit dans l'astronomie. Ce fut alors qu'il vit, pour ainsi dire, un ciel tout nouveau.

*Même page, vers 19, 20 et 21.*

Dans un brillant repos, le soleil à son tour,
Centre de l'univers, roi tranquille du jour,
Va voir tourner le ciel, et la terre elle-même.

Puisqu'en poésie on appelle souvent *l'Univers* la terre seule, on peut bien donner ce nom au tourbillon qui emporte la terre et les autres planètes.

*Même page, vers 22.*

En vain l'Inquisiteur croit entendre un blasphème ;

Le malheureux Galilée, pour avoir dit que la terre tournoit et que le soleil étoit immobile, fut mis dans les prisons de l'inquisition, et fut obligé de se rétracter. On s'est enfin accoutumé à un système qui parut d'abord une hérésie.

*Même page, vers 27 et 28.*

D'un monde encor nouveau, que d'habitans obscurs
Vous tirez du néant, illustres Réaumurs !

Le microscope a fait connoître aux observateurs, et sur-tout à l'illustre M. Réaumur, un nombre infini de merveilles que nos yeux ne pouvoient découvrir sans ce secours. Nous pouvons encore dire comme Sénèque : Combien d'animaux que nous ne connoissons que depuis un temps, et combien d'autres qui ne seront connus que dans les siècles futurs! *Quàm multa animalia hoc primum cognovimus seculo? Et quidem multa venientis ævi populus, ignota nobis sciet. Multa seculis futuris reservantur.* Quæst. nat. 7.

Page 198, vers 6.

Pour regarder si haut quels yeux espérons-nous?

« Nous ne savons pas ce qui est à nos pieds, *disoit* » *Démocrite, au rapport de Cicéron ;* et nous voulons par- » courir les Cieux » : *Quod est ante pedes nemo videt, et cœli scrutamur plagas.*

Même page, vers 13.

Le héros de Stagyre allumoit la fureur.

Aristote, dont le règne a été si long, que nous pouvons dire avoir été témoins de ses derniers soupirs.

Même page, vers 14.

Du vuide la nature avoit encor horreur.

Aristote l'avoit dit, et Galilée lui-même le croyoit. Les fontainiers du Grand-Duc s'étant aperçus que dans de grands tuyaux qu'ils avoient faits, l'eau ne s'élevoit pas au-dessus de trente-deux pieds, on demanda à Galilée la raison de ce fait, que le hasard apprenoit. Il répondit gravement, que la nature n'avoit horreur du vuide que jusqu'à trente-deux pieds. Mais quand on vint à découvrir que le vif-argent ne s'élevoit que jusqu'à vingt-sept pouces, nouvel embarras. Les expériences faites par M. Pascal ont démontré la pesanteur de l'air, et on a compris enfin, qu'il valoit mieux étudier la nature dans la nature même, que dans Aristote. Ainsi jusqu'à ce hasard arrivé au temps de Galilée, on a ignoré le fait de l'eau et du vif-argent remontant à une certaine hauteur. La cause de ce fait, savoir, la pesanteur de l'air, n'a été connue que long-temps après ; et la cause de cette pesanteur est toujours inconnue. Nous savons quelques faits, jamais les causes primitives.

Même page, vers 17.

Il vit toujours caché ;

Retiré tantôt en Hollande, tantôt en Suède, où il est mort,

que de contradictions il essuya, et que d'ennemis eut à combattre parmi nous le vengeur de la raison! Lorsque ses os furent rapportés de Suède à Paris en 1667, le P. Lallemand, qui avoit préparé une oraison funèbre pour le service qui devoit se faire à Sainte-Geneviève, reçut ordre de ne la pas prononcer.

*Page* 198, *vers* 22.

Nous courons; mais sans lui nous ne marcherions pas.

Nous serions encore égarés dans la nuit des *qualités occultes*, s'il ne nous avoit appris à chercher le mécanisme de la nature. On ne le connoît que par les expériences; et si nous sommes attachés avec raison à la physique expérimentale, nous en avons l'obligation à Descartes.

*Même page*, *vers* 29 *et* 30.

Descartes le premier me conduit au conseil
Où du monde naissant Dieu règle l'appareil.

Il n'a donné lui-même son système du monde que comme une hypothèse.

*Page* 199, *vers* 1.

Là d'un cubique amas, berceau de la nature, etc.

Cet amas de parties cubiques que Dieu, suivant Descartes, fit tourner sur leur centre, d'où sortit la matière globuleuse, et la matière striée, et dont les angles en se brisant, formèrent la matière subtile, qui, poussée au centre, composa le corps du soleil.

*Même page*, *vers* 9 *et* 10.

Exerçant l'un sur l'autre un mutuel empire,
Par les mêmes liens l'un et l'autre s'attire,

Suivant le système de Newton, les corps mûs dans le vuide s'attirent entr'eux en raison directe de leurs masses, et inverse du quarré de leurs distances, et par les mêmes lois de l'attraction sont poussés vers le centre commun.

*Même page*, *vers* 13 *et* 14.

Qui peut entre ces corps de grandeur inégale
Décrire les combats de la force centrale?

Qu'on ne m'accuse point de manquer de respect ni pour

Newton ni pour Descartes. Si je ne les admirois pas, je ne prouverois pas par eux l'impuissance de l'esprit humain, quand il veut passer les bornes prescrites à ses connoissances.

*Page* 199, *vers* 17 *et* 18.

Vous que de l'univers l'architecte suprême
Eût pu charger du soin de l'éclairer lui-même,

Que de philosophes on pourroit comparer à ce roi de Castille, Alphonse X, assez hardi pour prétendre, que si Dieu, à la création du monde, l'eût appelé à son conseil, il eût reçu de lui de bons avis !

*Même page*, *vers* 21 *et* 22.

Dites-moi quel attrait à la terre rappelle
Ce corps que dans les airs je lance si loin d'elle ;

La progression de la vîtesse d'un corps qui tombe, nous est connue : nous calculons les vîtesses qu'il doit avoir dans tous les instans de sa chute. Mais pourquoi tombe-t-il ? Newton se contente de dire que la pesanteur est une première qualité que Dieu a imprimée à la matière. Nous connoissons les faits, nous raisonnons sur les causes.

*Même page*, *vers* 25 *et* 26.

Au sortir d'un repas, dans votre sein paisible
Quel ordre renouvelle un combat invisible ;

Est-ce la trituration, ou la fermentation, ou les deux ensemble ? La différence des sentimens prouve l'incertitude de la cause.

*Page* 200, *vers* 1 *et* 2.

Dans un autre combat, non moins cher à nos vœux,
Comment peut une écorce, espoir d'un malheureux, etc.

La partie de la physique où nous devrions avoir fait le plus grand progrès pour notre intérêt, est la médecine. Pendant combien de siècles les médecins n'ont-ils eu qu'une connoissance grossière de l'anatomie, de la botanique, etc ? Pendant combien de temps ont-ils ignoré la circulation du sang ? On avoit soutenu jusqu'au seizième siècle, que quand le mal est du côté droit, il faut saigner du côté gauche. Brissot osa avancer le contraire, et alluma une guerre très-vive en Espagne. On eut recours aux magistrats. Arrêt rendu portant défense de saigner contre l'ancienne opinion. Appel de cet arrêt à l'empereur Charles-Quint. Il alloit décider en faveur de l'ancienne pratique, lorsque le duc de Savoye mourut, quoique saigné dans une pleurésie, suivant cette pratique. Cette mort dérouta Charles-Quint, qui n'osa prononcer ; et le procès resta indécis. Quelle guerre n'a point causée parmi nous l'antimoine ? Arrêts obtenus tantôt pour le défendre, tantôt pour le permettre. Le quinquina qui guérissoit si promptement la fièvre, eut parmi nos médecins beaucoup d'ennemis. Ils s'opposoient à un remède si contraire aux maux dont *l'art fait son domaine*, dit la Fontaine dans son Poëme du Quinquina. L'animosité de Molière contre les médecins vint de l'entêtement que plusieurs conservoient alors pour les anciennes erreurs. On sait le sujet de l'arrêt burlesque de Boileau. La plaisanterie du poète sauva l'honneur de plus d'un philosophe, et de plus d'un magistrat.

*Page* 200, *vers* 13 *et* 14.

De systèmes savans épargnez-vous les frais,
Et ces brillans discours qui n'éclairent jamais.

Après nous être moqués des anciens philosophes, nous semblons y revenir : par ces mots d'attraction, gravitation, etc. nous rappelons les qualités occultes, les atômes indivisibles, le vuide, etc. Nous circulons de systèmes en systèmes, et nous revenons toujours au même point, qui est l'ignorance.

*Même page, vers* 29.

La peste la ravage, et d'affreux tremblemens etc.

L'origine du mal physique a toujours causé une grande difficulté. Maxime de Tyr, Platonicien, dans son Traité *d'où viennent les maux, puisque Dieu est l'auteur des biens*, dit que la peste, les incendies, etc. ne sont point dans l'intention de Dieu, mais une suite nécessaire à la conservation de son ouvrage, parce que la destruction des parties fait la conservation du tout. *Deus totum respicit, cujus causâ necesse est corrumpi partes.* Ce principe, devenu aujourd'hui si commun, borne d'une étrange façon la Puissance Divine. Tantôt nos raisonneurs en ont une foible idée; tantôt ils affectent d'en avoir une si grande, qu'ils n'osent décider si Dieu ne peut pas rendre la matière pensante. Dans quel labyrinthe on s'égare, quand on perd le fil de la Religion!

*Page* 201, *vers* 9.

Tout périra, le feu réduira tout en cendre.

L'attente d'un embrâsement général est très-ancienne, et commune à presque tous les peuples, au rapport des voyageurs. Il arrivera, disoit Sénèque, *cùm Deo visum ordiri meliora, vetera finiri.* Puisque rien n'est éternel, dit Lucrèce,

Fateare necesse est
Exitium quoque terrarum, cœlique futurum.

La terre, suivant sa conjecture, ayant par la suite des temps perdu toute son humidité, deviendra combustible par l'action du soleil sur elle:

Cùm sol et vapor omnis,
Omnibus epotis humoribus, exuperarint. L. 7.

D'autres philosophes conjecturent que les planètes trouvant une résistance continuelle à traverser l'ether, leur force centrifuge s'affoiblit peu à peu, et cet affoiblissement insensible, multiplié par la suite des siècles, sera cause que la terre et les autres planètes se précipiteront enfin sur le soleil. Ne demandons point aux philosophes si leurs conjectures sont vraisemblables ou non : demandons-leur seulement pourquoi ils les font. Qui leur a dit que le monde finiroit, et qu'il finiroit par le feu? La physique n'a jamais annoncé cet événement. Je dirai à la fin du sixième Chant, quelle a pu être l'origine de cette ancienne tradition.

*Même page, vers* 22.

L'univers est son temple, et l'homme en est le prêtre :

Montaigne veut se moquer de ce privilége que l'homme s'attribue, d'être le seul dans l'Univers qui en puisse connoître

la beauté, et en rendre grâces à l'architecte. « Qui lui a scellé
» ce privilége, dit-il? Qu'il nous montre les lettres de cette
» belle et grande charge. » Il est le seul être pensant : voilà
son privilége, et les lettres de sa charge.

*Page* 202, *vers* 1 *et* 2.

De l'homme et de ses fils le déplorable sort
Fut la pente au péché, l'ignorance et la mort.

« L'homme livré à la concupiscence, dit M. Bossuet dans
» ses Elévations, la transmet à sa postérité : sitôt que tout naît
» dans la concupiscence, tout naît dans le désordre, tout naît
» odieux à Dieu. Quel crime a commis cet enfant? Il est enfant
» d'Adam : voilà son crime. »

*Même page, vers* 5.

Est-ce à notre justice à mesurer les coups?

Nous ne devons pas juger de la justice divine par la nôtre :
la nôtre est une justice d'égal à égal ; la divine est une
justice de l'infini au fini, du Créateur à la créature. Cependant
notre justice même ne punit-elle pas quelquefois les enfans
des crimes de leurs pères, et n'avons-nous pas des lois qui
dégradent de noblesse non-seulement le criminel, mais toute
sa postérité? Ces lois ne nous paroissent pas injustes. Le traducteur allemand de ce poëme rapporte ici un passage très-
remarquable de la Bulle d'Or, sur un criminel de lèse-majesté.
« Bien qu'il fût juste de punir ses fils du même supplice, par
» une bonté particulière nous leur conservons la vie; mais
» nous voulons qu'ils soient frustrés des biens paternels, et
» qu'ils n'en puissent espérer de leurs parens et amis, afin
» qu'ils languissent dans une nécessité continuelle, qu'ils trou-
» vent leur soulagement dans la mort, et leur supplice dans
» la vie. Nous voulons que ceux qui oseront intercéder pour
» eux, soient notés d'une infamie perpétuelle. » Dieu a permis
à son Fils d'intercéder pour nous.

*Même page, vers* 7.

La terre ne fut plus un jardin de délices.

Milton, qui ne croyoit pas qu'actuellement *tout est bien*,

nous dépeint aussitôt après la désobéissance d'Adam, le péché et la mort sortant de l'enfer où ils avoient été enfermés jusqu'alors, et bâtissant un pont de communication avec notre monde : ils affermissent avec des clous et des chaînes de diamant, l'arcade de ce pont. En même temps les anges, par l'ordre de Dieu, dérangent la situation de la terre, du soleil, des astres, etc. Nous allons voir des savans soutenir que ce dérangement que Milton décrit poétiquement, arriva en effet après le Déluge. Comme je ne veux rien donner ni aux fictions poétiques, ni aux conjectures les plus vraisemblables, je n'avance rien que de certain, et ce que j'avance suffit, à ce que je crois, pour expliquer l'origine du mal physique. Dieu maudit la terre, et prédit qu'elle produiroit pour nous des ronces et des épines. Elle ne fut plus un jardin de délices : voilà son premier supplice.

*Page 202, vers 13.*

Une seconde fois frappant notre séjour,

Voilà le second supplice de la terre, le Déluge. On ne peut nier que ce bouleversement général n'ait flétri sa beauté, altéré la pureté de l'air, et n'ait été cause que la vie de l'homme a été depuis si abrégée. Mais Dieu dérangea-t-il l'axe de la terre ? Y avoit-il un équinoxe perpétuel avant le Déluge ? Et le printemps éternel dont les poètes ont parlé, *ver erat æternum*, a-t-il été véritable, comme Brunet l'a prétendu ? On lit avec plaisir tout ce que M. Pluche a écrit dans le Spectacle de la Nature, et dans la Révision de l'Histoire du Ciel, pour appuyer cette conjecture ; mais je me borne à dire que par ses sables, ses crevasses, ses exhalaison funestes, la terre nous présente en mille endroits, les marques du grand coup dont elle a été frappée ; que la nature souffre et gémit, comme le dit saint Paul, Rom. 8. *Expectatio creaturæ revelationem filiorum Dei expectat. Vanitati enim creatura subjecta est non volens... Omnis creatura ingemiscit et parturit...* L'origine du mal physique, ainsi que celle du mal moral, est donc la même, c'est-à-dire, le péché du premier homme.

*Page* 202, *vers* 17.

Vit sur son sein flétri les cavernes s'ouvrir,

Je viens de parler de nos lois qui dégradent la postérité d'un criminel. Nous en avons aussi qui dégradent sa terre, en ordonnant que la haute futaie sera coupée jusqu'à une certaine hauteur, et les fossés du château comblés, afin que ces châteaux soient comme punis du crime de leur seigneur. Pourquoi donc ne voulons-nous pas que Dieu qui avoit donné à l'homme l'empire de la terre, ait flétri la beauté de cet empire, lorsque l'homme par sa désobéissance se rendit indigne de le posséder?

*Même page*, *vers* 30; *et page* 203, *vers* 1.

Remplacera le jour, et sera pour ses Saints
Cette unique clarté si long-temps attendue.

La Jérusalem céleste *non eget sole, neque lunâ; nam claritas Dei illuminabit eam, et lucerna ejus est Agnus.* Apoc. 21.

*Page* 203, *vers* 13.

Si ma religion n'est qu'erreur et que fable, etc.

Cette pensée de la Bruyère est fameuse : « Si ma Religion » étoit fausse, voilà le piége le mieux dressé qu'il soit pos- » sible d'imaginer. Il étoit inévitable de ne pas donner tout » au travers, etc. » Cette pensée est imitée de ces belles paroles de Richard de Saint-Victor : *Domine, si error est, quem credimus, à te decepti sumus; quoniam iis signis prædita est Religio, quæ non nisi à te esse potuerunt.*

*Même page*, *vers* 29 *et* 30.

Par quel crédit encor, si loin de sa naissance,
Ce mensonge en tous lieux a-t-il tant de puissance?

Si l'on veut opposer que les conversions ont été faites par violence en Amérique, on ne peut nier que toutes celles de l'Orient n'aient été faites par voie de persuasion, et n'aient été très-nombreuses chez les Chinois si vantés pour leur esprit. Il n'est pas nécessaire que la Religion chrétienne soit partout la Religion régnante, mais qu'il y ait des Chrétiens par toute la terre.

Plusieurs souverains, quoique barbares, reçurent favorablement les premiers missionnaires. Ceux qu'en 597 saint Grégoire le Grand envoya en Angleterre, y trouvèrent un roi fort doux, qui après les avoir entendu parler d'une félicité éternelle, leur répondit : « Voilà de belles promesses, mais
» nouvelles et incertaines. Je ne dois pas tout d'un coup re-
» noncer à ce que j'ai cru jusqu'à présent. Cependant puisque
» votre zèle pour notre bonheur vous a fait venir de si loin,
» je vous recevrai bien, et je ne vous empêche pas d'attirer
» à votre Religion ceux que vous pourrez persuader. »

M. Fleury, L. 36.

*Page 204, vers 7.*
Si des rives du Gange aux rives de la Seine etc.

Cette pensée est encore dans la Bruyère. « Si l'on nous
» assuroit que le motif secret de l'ambassade des Siamois, a
» été d'exciter le Roi Très-Chrétien à renoncer au Christia-
» nisme, à permettre l'entrée de son royaume aux Talapoins,
» qui eussent pénétré dans nos maisons, pour persuader leur
» Religion à nos femmes, à nos enfans, à nous-mêmes, avec
» quelles risées et quel étrange mépris n'entendrions-nous
» pas des choses si extravagantes ? Nous faisons cependant à
» tous ces peuples des propositions qui doivent leur paroître
» très-folles et très-ridicules, et ils supportent nos religieux
» et nos prêtres... Qui fait cela en eux et en nous ? Ne seroit-ce
» pas la force de la vérité ? »

*Même page, vers 9.*
D'éloquens Talapoins, munis d'un long sermon, etc.

Prêtres des Siamois dont le Dieu, qu'ils nomment *Sommonokodon*, eut une grande guerre à soutenir contre son frère Theratat, et parvint à la divinité par ses grandes actions.

*Même page, vers 18.*
Un Dieu pauvre, souffrant, mort et ressuscité,

L'Histoire Eccl. Fleury, l. 41, rapporte que le roi des Frisons prêt à recevoir le baptême, entrant déjà dans les fonts, demanda
s'il

s'il trouveroit dans le Paradis les rois ses aïeux ? L'évêque lui ayant répondu qu'ils étoient en enfer, le roi sortit des fonts, en disant : « Je ne quitterai point la compagnie des princes » mes aïeux, pour aller dans votre Paradis chercher ces » pauvres que je ne connois point; je ne puis croire ces nou- » veautés. » Elevés dans les vérités de notre Religion, nous ne comprenons point assez la répugnance que doivent trouver à s'y soumettre, ceux qui en entendent parler pour la première fois.

*Page* 204, *vers* 21.

Qui peut à sa pagode arracher un Chinois?

Nom qu'on donne au temples des Indiens, et aux idoles adorées dans ces temples. Le peuple de la Chine a aussi ses pagodes.

*Même page, vers* 24.

Tout peuple, toute terre entendra son oracle.

Il n'est pas nécessaire que toute terre ait été convertie; il suffit qu'elle ait entendu : ce qui a été prédit est accompli.

*Même page, vers* 29.

Mais son flambeau s'unit au flambeau de la foi,

« La raison, dit Locke, est la révélation naturelle, et la » révélation est la raison augmentée par un nouveau fonds de » découvertes émanées immédiatement de Dieu. » Ces deux révélations nous apprennent ce que nous devons savoir pour le bien présent de nos corps et le bien futur de nos âmes. Quand nous voulons pousser plus loin notre curiosité, et exercer sur les ouvrages de Dieu un droit d'examen, la nature même nous apprend que nous ne l'avons pas. J'ai fait voir dans le deuxième Chant et dans celui-ci, les erreurs de ceux qui ont voulu la connoître. Ce ne sont que systèmes qui se détruisent tour à tour. Les philosophes anciens ont voulu expliquer la nature par le moyen de l'eau, de l'air, du feu, ou de quelque autre principe génératif; ensuite par les atomes, les quatre élémens, le sec et l'humide. Nos modernes ont eu recours, tantôt aux trois élémens sortis de l'écornement des cubes, tantôt à l'attraction, tantôt à des monades actives et passives, et capables de penser. Quelle contrariété dans l'esprit humain, qui sans preuves croit ces choses inintelligibles, et résiste à une Religion prouvée par une nuée de témoins! Les plus incrédules à la parole de Dieu, sont souvent les plus crédules aux folles opinions des hommes.

*Page 205, vers 18.*

Sans toi, Verbe éternel, peuvent-ils le connoître?

On ne peut connoître le Père que par le Fils. Depuis le péché, Dieu s'étant retiré de nous, nous ne pouvons revenir à lui sans être rappelés. Un sujet disgracié et exilé pourra-t-il revoir son maître, si quelqu'un ne vient de sa part lui annoncer sa grâce et son rappel? Le déiste qui ne croit ni disgrâce ni rappel, veut établir sa Religion sur la raison seule, sans révélation. La différence des Religions qui sont sur la terre, le persuade qu'elles sont toutes fausses, parce que, dit-il, si Dieu en avoit établi une, elle seroit unique. Toutes ces Religions qui lui paroissent si différentes, se réduisent à trois, qui toutes trois s'accordent à déposer contre lui, qu'il y a eu une révélation. Excepté un petit nombre d'idolâtres qui reste encore, comme pour nous rappeler les anciennes extravagances du genre humain sans révélation, que nous offrira la terre, si nous la parcourons? Ce que nous y trouverons d'hommes, seront tous ou Juifs, ou Chrétiens, ou Mahométans. Le Chrétien rappelé au Père par le Fils, respecte les prophètes qui annoncèrent ce Fils aux Juifs; il regarde sa Religion comme l'accomplissement de celle des Juifs, et toutes les deux n'en sont qu'une. Le Mahométan respecte les prophètes des Juifs, et le messie des Chrétiens, auquel il fait succéder un prophète imaginaire. Sa Religion, qui n'est ni la Juive ni la Chrétienne, mais un mélange bizarre de toutes les deux, avoue que l'une et l'autre l'a précédée, et se croit, comme elles, fondée sur la révélation. Voilà donc les trois Religions d'accord entr'elles pour confondre les déistes; voilà tous les hommes réunis pour lui dire que toute Religion doit être fondée sur la révélation, et qu'il y a eu une révélation. Ainsi le déiste qui ne reconnoît ni disgrâce ni rappel, qui croit seul suivre la raison, et honorer Dieu par elle, est encore plus éloigné de Dieu et de la raison que le Juif, et même que le Mahométan.

*Page* 205, *vers* 26.

L'arche sainte en péril m'a fait trembler pour elle;

Personne n'ignore la punition terrible d'Osa, qui voyant l'Arche préte à tomber, courut pour la soutenir.

## CHANT SIXIÈME.

*Page 207, vers 12.*

Ce Dieu veut-il encor que l'homme se haïsse ?

« Jésus-Christ, dit M. Bossuet, nous propose l'amour
» de Dieu, jusqu'à nous haïr nous-mêmes. Il nous propose
» la modération des désirs sensuels, jusqu'à retrancher tout-
» à-fait nos propres membres, renoncer à tout plaisir, vivre
» dans le corps comme si l'on étoit sans corps, quitter tout,
» vivre de peu, presque de rien, et attendre ce peu de la
» Providence. » Hist. univ.

*Même page, vers 22.*

Faut-il à si bas prix sortir de son devoir ?

*Il y a des gens*, dit M. Pascal, *qui se damnent si sottement !*
Celui que je fais parler ici, est persuadé que les plaisirs imaginaires que notre seule vanité réalise, ne méritent pas notre attachement ; il est persuadé aussi que les plaisirs des sens ne le méritent pas ; mais comme la nature nous y entraîne, il est effrayé d'une loi qui s'oppose toujours à la nature. Ainsi, quoiqu'il ne soit ni avare, ni ambitieux, ni Epicurien, ni Pirrhonien, il a de la peine à être Chrétien sincèrement.

*Même page, vers 26.*

Et pour un peu de miel condamne-t-il à mort ?

Allusion aux paroles de Jonathas : *Gustans gustavi paululum mellis, et ecce morior.*

*Page 208, vers 7.*

L'arbitre renommé du plaisir élégant, etc.

Saint-Evremont, fameux par l'esprit et par la volupté, fut appelé le Pétrone de son siècle. Dans son discours sur les plaisirs, il se vante de ne point se connoître : « Je ne veux avoir sur rien
» un commerce trop long et trop sérieux avec moi-même...

» Puisque la prudence a eu si peu de part aux actions de ma
» vie, il me fâcheroit qu'elle se mêlât d'en régler la fin. »

*Page* 208, *vers* 13.

Ce rimeur enjoué m'inspire la tristesse,

L'abbé de Chaulieu, dans les poésies qu'on a imprimées sous son nom, revient à tout moment, à son âge, à sa goutte et à son mépris pour la mort : *Plura de extremis loqui, par ignaviæ est.* TACITE.

*Page* 209, *vers* 10.

Je gourmande en tyran ce corps qu'il m'a donné ?

Les philosophes Païens avoient raisonné de plusieurs façons différentes sur le souverain bien. Jésus-Christ commença son sermon sur la montagne, par décider cette grande question : *Heureux ceux qui pleurent, heureux ceux qui souffrent,* etc. Et le premier à qui il assure, suivant la réflexion de M. Bossuet, une place dans son Paradis, est un compagnon de sa croix, mourant sur elle à côté de lui.

*Même page, vers* 17.

Il repousse le Dieu dont il craint la rigueur.

« Les hommes, dit Abadie, sont incrédules, parce qu'ils
» veulent l'être; et ils veulent l'être, parce que c'est l'intérêt
» de leurs passions. » Ce n'est point ordinairement l'incrédulité qui fait les voluptueux, c'est la volupté qui fait presque tous les incrédules.

*Même page, vers* 21 *et* 22.

A la Religion si j'ose résister,
C'est la raison du moins que je dois écouter.

*Ratio est vera lex*, disent les Spinosistes dans le *Pantheisticon* imprimé en Angleterre ; livre dont la morale, qui n'a pour but que la tranquillité de l'âme, est cependant très-sévère, puisqu'elle ordonne toujours la résistance aux passions. Bayle demande dans son Traité sur la Comète, si une société d'athées se feroit des principes de morale et de probité. Ce livre en est la preuve ; mais qui pratiqueroit sincèrement cette morale, se lasseroit bientôt de n'en espérer d'autre récompense que la tranquillité de l'âme. L'honnête homme est aisément Chrétien.

*Page* 209, *vers* 29.

« N'allons point toutefois les chercher dans Platon,

Dans la science de la nature, les anciens philosophes n'ont débité que des erreurs. Dans la science de la morale, ils ont débité les plus grandes vérités, parce que la loi naturelle grave ces vérités dans nos cœurs. Quel sévère casuiste que Cicéron dans ses offices ! Mais ces vérités se trouvent même chez les poètes, d'où l'on peut tirer un abrégé de morale, et les grands principes sur nos devoirs envers Dieu, envers les hommes et envers nous-mêmes.

*Page* 210, *vers* 11.

« De Jupiter partout l'homme est environné.

*Jovis omnia plena.* Virg. *Hinc omne principium; huc refer exitum.* Hor.

*Même page, vers* 14.

» Je suis cher à mon Dieu beaucoup plus qu'à moi-même.

*Carior est illis homo quàm sibi.* Juven.

*Même page, vers* 17.

» Du méchant qui le prie, il rejette l'offrande.

*Compositum jus, fasque animi, sanctosque recessus mentis, etc.* Perse.

*Même page, vers* 19.

» A l'un de ses côtés la Justice debout,

Cette image de la justice divine est dans Hésiode, et celle de la clémence est dans Stace. Theb. 12.

*Même page, vers* 28.

» Et j'abandonne au ciel le soin de me venger.

La vengeance, dit Juvenal, est le partage d'un petit esprit : *Infirmi est animi exiguique voluptas, ultio.*

# NOTES.

*Page 211, vers 1.*

» Je donne à ses défauts des noms officieux.

*At pater ut nati, sic nos debemus amici, etc.* Ce bel endroit d'Horace est su de tout le monde.

*Même page, vers 6.*

» Je suis homme : tout homme est un ami pour moi.

*Homo sum : humani nil à me alienum puto.* TER.

*Même page, vers 7.*

» Le pauvre et l'étranger, le ciel me les envoie,

« Les pauvres et les étrangers, dit Homère dans l'Odyssée,
» nous viennent de la part des dieux. »

*Même page, vers 10.*

» Les solides trésors sont ceux qu'on a donnés.

Fameuse épigramme de Martial : *Solas, quas dederis, semper habebis opes.*

*Même page, vers 12.*

Un mortel bienfaisant approche de Dieu même !

« Rien, dit Cicéron, n'approche plus les hommes des dieux,
» que de faire du bien. » Ceux qui, *sui memores alios fecere merendo,* sont placés par Virgile dans les Champs Elysées.

*Même page, vers 16.*

» Me faire soupçonner la foi de mon épouse ?

*Hoc fonte derivata clades, etc.* Horace attribue à l'adultère tous les malheurs qui affligent les Romains. Tacite, en décrivant les mœurs des Germains, peuples très-féroces, remarque que chez eux l'adultère étoit rare, et sévèrement puni ; ce qui lui fait dire ce beau mot : Chez eux on ne rit pas du crime, et la galanterie n'est pas appelée la mode du siècle : *Nemo illic vitia ridet, nec corrumpere aut corrumpi, seculum vocatur.*

*Page* 211, *vers* 19.

» Qui nourrit en secret un désir téméraire,

C'est Ovide qui parle ainsi de la pensée criminelle : *Quæ quia non licuit, non facit, illa facit.* Et ailleurs : *Omnibus exclusis intus adulter erit.*

*Même page, vers* 21.

» La pudeur est le don le plus rare des cieux.

Cette sentence est dans Euripide.

*Même page, vers* 24.

» Tendre fleur que flétrit une indiscrète haleine.

*Ut flos in septis secretus nascitur hortis; Sic virgo dum intacta manet.* CATULLE.

*Même page, vers* 25 *et* 26.

» L'amour, le tendre amour flatte en vain mes désirs :
» L'hymen, le seul hymen en permet les plaisirs.

Catulle dit à l'hymen : *Nil potest sine te, Venus, fama quod bona comprobet, commodi capere, etc.*

*Même page, vers* 28.

» Le monde à mes regards n'offre rien que j'admire.

*Nil admirari propè res est una,* etc. HOR.

*Même page, vers* 30.

Je me plais dans le rang où le ciel m'a placé;

*Quod sis esse velis, nihilque malis.* MART.

*Page* 212, *vers* 1.

» Et pauvre sans regret, ou riche sans attache,

C'est le sage dont parle Virgile : *Nec ille aut doluit miserans inopem, aut invidit habenti.*

*Même page, vers* 3.

» Je ne vais point, des grands esclaves fastueux, etc.

*Dulcis inexpertis cultura potentis amici; expertus metuet,* etc. HOR.

# NOTES.

*Page 212, vers 6.*

» Que de vuide, ô mortels, dans tout ce que vous faites!

*O curas hominum, ô quantum est in rebus inane!* PERS.

*Même page, vers 8.*

» Je me hâte de vivre, et de vivre avec moi.

*Sed neuter sibi vivit, heu, bonosque soles effugere atque abire sentit, qui nobis pereunt, et imputantur.* MART.

*Même page, vers 14.*

» J'évite leurs regards, et leur cache ma vie.

*Bene qui latuit, bene vixit.* Maxime d'OVIDE.

*Même page, vers 17.*

» Ce jour même des miens est le dernier peut-être :

*Omnem crede diem tibi diluxisse supremum; grata superveniet, etc.* MART.

*Même page, vers 18.*

» Trop connu de la terre, on meurt sans se connoître.

*Illi mors gravis incubat, qui notus nimis omnibus, ignotus moritur sibi.* SEN. Trag.

*Même page, vers 22.*

» Lâche qui veut mourir, courageux qui peut vivre. »

C'est Martial qui l'a dit :

Rebus in angustis facile est contemnere vitam.
Fortius ille facit, qui miser esse potest.

Platon et Cicéron, en disant qu'il n'est pas permis à une sentinelle de sortir de son poste, sans l'ordre de celui qui l'y a placée, ont condamné l'homicide de soi-même par une meilleure raison. Il n'est pas étonnant que les Païens aient condamné ce que rien ne peut justifier.

*Page 213, vers 8.*

Doux, chaste, bienfaisant, pour moi seul j'allois vivre.

Cicéron dépeint dans ses offices ce contentement d'une âme

vertueuse : *Si considerare volumus quæ sit in natura excel-*
*lentia et dignitas, intelligemus quàm sit turpe diffluere luxuriâ*
*et delicaté ac molliter vivere, quàmque honestum, parcé,*
*continenter, severé, sobriè.*

### Page 213, vers 19.

#### Les sages dans leurs mœurs démentoient leurs maximes.

On peut dire du plus sage des Païens, sans en excepter aucun, ce mot de saint Augustin : *Agebat quod arguebat, quod culpabat adorabat.* Les femmes furent communes par les lois de Lycurgue. Platon défendoit de s'enivrer, excepté aux fêtes de Bacchus. Aristote interdisoit les images déshonnêtes, excepté celles des dieux. Solon établit à Athènes le temple de l'amour impudique. « Toute la Grèce, dit M. Bos-
» suet, étoit pleine de temples consacrés à ce dieu ; et l'amour
» conjugal n'en avoit pas un ! »

### Même page, vers 23.

#### Sénèque dans ses mœurs est souvent un Ovide.

Sénèque, aussi faux philosophe que faux bel-esprit, rend sa morale haïssable par le ton fastueux avec lequel il la débite. Je pourrois citer des passages des anciens peu favorables à ses mœurs, et parler de ses richesses immenses ; mais il suffit, pour connoître ce Stoïcien si sévère en discours, de savoir qu'il étoit un servile adulateur du monstre dont il avoit été le précepteur, jusque-là qu'il fut capable de le justifier sur le meurtre de sa mère. Tacit. Ann. 15. J'ai rapporté au second Chant la parole superstitieuse de Socrate mourant. Que dire de Sénèque mourant, qui prend de l'eau de son bain, et en arrose ceux qui l'environnent, en disant : *Jovi liberatori ?*

### Même page, vers 28.

#### Quand ses réformateurs deviennent ses complices ?

Les prédicateurs de la raison humaine, les Platoniciens, les Stoïciens, ont précédé les prédicateurs de l'Evangile. Les premiers n'ont rien changé ; les seconds ont en un moment peuplé la terre de citoyens plus parfaits que ceux que Platon avoit en idée, et que le sage des Stoïciens. Tous les efforts de la raison pour réformer les hommes, ont servi de triomphe à la Grâce.

*Page 214, vers 1.*

Je déteste ces jeux d'où Caton se retire,

Les jeux de Flore se représentoient avec des licences très-scandaleuses. Caton qui y assistoit, s'apercevant que par respect pour sa présence, le peuple n'osoit demander aux acteurs leurs licences ordinaires, se retira pour laisser toute liberté ; ce qui a fait dire à Martial : « Puisque tu savois ce qui se » passoit à ces jeux, pourquoi, sévère Caton, y venois-tu ? » Tu n'y venois donc que pour en sortir ? »

> Nosses jocosæ dulce cùm sacrum Floræ,
> Festosque lusus, et licentiam vulgi,
> Cur in theatrum, Cato severe, venisti ?
> An ideò tantùm veneras ut exires ?

La réflexion de Martial est juste ; mais elle ne va pas assez loin. Caton est condamnable de venir à des jeux où la pudeur défend d'assister. Caton n'est pas moins condamnable de s'en retirer, quand il voit que sa présence contient le peuple. Son indigne complaisance est la preuve de sa vanité.

*Même page, vers 8.*

De la Religion le charme est son vainqueur.

Les hommes sont faits pour vivre en société : c'est ce que prouvent leurs besoins mutuels, et le don de la parole, qui suppose des auditeurs. Ils sont d'abord unis en société par les liens naturels ; la Religion qui perfectionne la nature, les réunit par des liens plus étroits, par le précepte de l'amour, les prières, les sacremens, et les pasteurs. Les Chrétiens ne font qu'une famille, sous un chef qui est le centre de l'unité. La raison seule ne peut donc, comme les déistes le prétendent, être le seul fondement d'une Religion, puisqu'elle ne peut même être le seul fondement de la société. L'autorité des lois soutient les états.

# NOTES.

*Page 214, vers 16 et 17.*

» Aimez-vous : l'amour seul comprend toute ma loi. »
Nouveau commandement.

Le nouveau commandement de l'amour, quoique de la loi naturelle, et renouvelé par le Décalogue, est appelé nouveau dans la loi nouvelle, parce que Jésus-Christ qui en est venu donner l'exemple, l'a gravé dans les cœurs par sa Grâce, et en nous le faisant pratiquer nous a renouvelés nous-mêmes. *Ideò novum dicitur, quia innovat.* S. Aug.

*Même page, vers 28.*

Des plus grandes vertus l'univers fut rempli.

Rien n'est difficile à l'amour, dit saint Augustin : *Ubi amatur, non laboratur; aut si laboratur, labor certè amatur.* Nous apprenons par les Païens même, combien les mœurs des premiers Chrétiens étoient admirables. La fameuse lettre de Pline à Trajan leur rend un témoignage non suspect. Lucien, qui n'épargne personne, a raillé les Chrétiens; mais ses railleries même leur font honneur. Il nous apprend dans la mort de Pérégrinus, avec quel zèle les premiers Chrétiens se secouroient les uns les autres. « Car, dit-il, leur Législateur leur
» a fait accroire qu'ils sont tous frères; de sorte qu'ils croient
» que tout est commun : ils méprisent tout, et la mort même,
» sur l'espérance de l'immortalité. »

*Page 215, vers 2.*

Dieu ne veut plus de sang :

Dans les trois premiers siècles de l'Eglise, on ne voit que supplices; dans le siècle suivant, on ne voit qu'austérités. Aux victimes des tyrans succèdent les victimes de la pénitence, dont le nombre étonne. Que d'anachorètes ou de cénobites dans l'Orient! L'Egypte en est remplie; toute la Thébaïde n'est qu'un monastère. Cette Egypte, autrefois le théâtre d'une sagesse orgueilleuse, où les savans de la Grèce alloient chercher des lumières, est peuplée d'hommes qui ne veulent que se cacher et s'anéantir, et qui ayant la seule science nécessaire, renoncent à toute autre science. C'est parmi ces hommes si

simples, que va passer quarante ans le célèbre Arsène, tandis que les deux princes dont il a été le gouverneur et le précepteur, sont les maîtres du monde; et lorsqu'on lui demande pourquoi dans ce désert il va consulter si souvent un vieux solitaire fort ignorant : « Je suis habile, répond Arsène, dans
» les lettres grecques et romaines, mais je ne suis pas encore
» à l'alphabet de ce vieillard. »

*Page 215, vers 4.*

Les déserts sont peuplés d'exilés volontaires,

Après le spectacle des martyrs, la Religion offre celui des solitaires. Il semble que Dieu ait voulu les opposer à ces philosophes qui avoient prêché à leurs disciples la retraite et le silence; mais ces disciples de Jésus-Christ, loin de chercher la science dans leur retraite, souvent ne savoient pas lire; ils ne cherchoient que les austérités, la prièr eet l'oubli du monde.

*Même page, vers 5.*

Qui, toujours innocens, se punissent toujours ;

« Le miracle des miracles, dit M. Bossuet, c'est qu'avec
» la foi, les vertus les plus éminentes et les pratiques les plus
» pénibles se sont répandues par toute la terre.... Les in-
» nocens même ont puni en eux avec une rigueur incroyable,
» cette pente prodigieuse que nous avons au péché. Les déserts
» ont été peuplés, et il y a eu tant de solitaires, que des
» solitaires plus parfaits ont été contraints de chercher des
» solitudes plus profondes. »

*Même page, vers 15.*

Théodose est en pleurs, Ambroise en est la cause :

Saint Ambroise lui imposa la pénitence publique, à cause du meurtre de Thessalonique. Théodose s'y soumit, et n'ayant pas la permission d'entrer dans le sanctuaire, resta prosterné devant la porte de l'église, dépouillé de ses ornemens impériaux, arrosant le pavé de ses larmes, et demandant miséricorde. Que doit-on plus admirer, ou de l'humilité de l'empereur, ou de la fermeté de l'évêque ?

### Page 215, vers 27.

Le terme de l'amour est de n'en point avoir.

C'est saint Bernard qui parle ainsi : *Modus amandi Deum, est amare sine modo.*

### Même page, vers 28.

Ne forgeons point ici de chimère mystique.

Ces termes de *pur amour, amour désintéressé, déluge et bouillonnement d'amour, union, liquefaction, rien de l'âme abymée dans le tout de Dieu, parfaite nudité,* et tant d'autres qu'ont inventé certains mystiques.

### Page 216, vers 16.

» Le plus grand des malheurs est de ne point t'aimer.

Un homme plein de ces sentimens est toujours heureux : ainsi la Religion seule procure cette paix de l'âme, à laquelle les Athées croient pouvoir parvenir par la raison. L'auteur du *Pantheisticon* parle ainsi à celui qu'il veut rendre heureux par son système : *Sortem tuam, quæcumque sit, æquo animo feres; stultam ambitionem et rodentem invidiam procul fugabis; perituras contemnes honores, ipse brevi periturus; jucundam deges vitam, nihil admirans aut horrescens; vitam hilaré, mortem tranquillé obeamus.* Voilà de belles maximes; mais la raison seule les fera-t-elle pratiquer? Ecartera-t-elle de nous l'ennui inséparable de tous les plaisirs et de toutes les conditions, tourment dont les voluptueux et les grands sont les premiers martyrs? Pourra-t-elle nous faire surmonter l'horreur de la nature au moment de la mort? C'est ce moment que souhaite le vrai Chrétien : les maux qui lui arrivent pendant la vie, sont des biens que Dieu lui envoie; les biens qui ne lui arrivent pas, sont des maux que Dieu lui épargne : tout est faveur du ciel pour lui. Qui peut rendre malheureux sur la terre celui qui ne veut que souffrir et mourir?

### Page 217, vers 2.

Dieu de paix, que de sang a coulé sous ton nom!

M. Flechier, dans la Vie de Théodose, en louant la bonté de

ce prince, qui tâchoit de ramener par la douceur les Hérétiques, ne voulant point de conversions forcées, ajoute ces paroles : « Cette douceur fit souvent de la peine aux catho-
» liques, qui par un zèle précipité vouloient toujours qu'on
» exterminât leurs adversaires. » Cet esprit de violence qui est dans le parti même de la vérité, que devient-il dans le parti de l'erreur? Jésus-Christ en quittant ses disciples, leur disoit qu'il leur laissoit la paix ; cependant depuis que les empereurs eurent donné la paix à l'Eglise, que voit-on dans l'Histoire Ecclésiastique? Avec quelques exemples de grandes vertus, un spectacle continuel des plus terribles passions. Quelles guerres plus furieuses que celles où l'on veut, comme dit Boileau, *dans un sein hérétique, enfoncer un poignard catholique !* Et sans parler des guerres sanglantes, quelle suite de querelles entre les Chrétiens ! On voit prêtres contre prêtres, moines contre moines, évêques contre évêques, conciles contre conciles ; on s'accuse les uns les autres devant les empereurs ; on se déchire ; on s'anathématise ; de toute manière s'accomplit la prophétie sur Jésus-Christ : *Positus est in ruinam et resurrectionem*, etc. Ce signe tant contredit, sera jusqu'à la fin du monde cause de perte ou de salut, ruine, ou résurrection.

*Page* 217, *vers* 5 *et* 6.

**Tous ces héros croisés, qui d'infidelles mains**
**Ne vouloient, disoient-ils, qu'arracher les lieux saints ?**

Les Croisades furent appelées des guerres saintes, parce qu'elles avoient pour objet la délivrance des lieux saints. C'est à cause de ce zèle, que Godefroy de Bouillon est le héros du Tasse, qui chante, dit-il, des armes pieuses :

Canto l'armi pietose, e 'l capitano
Che 'l gran Sepolcro liberò di Christo.

*Même page, vers* 9 *et* 10.

**Mais détestons toujours celui qui parmi nous**
**De tant d'affreux combats alluma le courroux.**

Julien l'Apostat disoit des fureurs des Ariens contre les Catholiques, que les Chrétiens étoient entr'eux plus cruels que des tigres. Qu'eût-il dit des fureurs des luthériens en Allemagne, et de celles des calvinistes en France?

*Page 217, vers 22.*

Qui l'a voulu? C'est vous qui nous avez quittés.

« Il y a toujours, dit M. Bossuet, ce fait malheureux contre
» les Hérétiques : ils se sont séparés du grand corps de l'Eglise.
» Mais pour nous quelle consolation de pouvoir depuis notre
» souverain pontife remonter sans interruption jusqu'à saint
» Pierre, établi par Jésus-Christ; d'où en reprenant les pon-
» tifes de la loi, on va jusqu'à Aaron et Moïse; de là jusqu'aux
» patriarches et jusqu'à l'origine du monde! Quelle suite!
» Quelle tradition! Quel enchaînement merveilleux! »

*Page 218, vers 4.*

Contre toute espérance, espérons leur retour.

Leur retour nous est annoncé par saint Paul, Rom. xi, comme M. Bossuet l'a si bien développé.

*Même page, vers 17 et 18.*

Il doute, il en fait gloire, et sans inquiétude
Porte jusqu'au tombeau sa noble incertitude.

On rapporte qu'une dame de Londres, après avoir lu un ouvrage de Sherlok sur l'Immortalité de l'Ame, se pendit dans sa chambre, et écrivit auparavant sur sa cheminée ce vers:

Sherlok, je doute encore, et je vais m'éclaircir.

La duchesse de Buckingham fait ainsi parler son mari dans l'épitaphe qu'elle a fait graver sur son mausolée à Westminster :

Pro rege sæpè, pro republicâ semper,
Dubius sed non improbus vixi.
Incertus morior, non perturbatus.

Quand on a vécu dans le doute, et qu'on meurt dans l'in-certitude, peut-on se vanter de mourir sans inquiétude? Si quelques personnes d'esprit ont eu le malheur de s'égarer à ce point, ne croyons pas que leur exemple ait été généralement suivi. Dans une note du quatrième Chant, j'ai nommé les

grands

grands hommes qui avoient illustré les premiers siècles de l'Eglise. On feroit une liste nombreuse de ceux qui dans ces derniers siècles ont édifié par une foi sincère. Je ne parle pas seulement de ces hommes rares, comme les Bossuet, et quelques autres, qui ont été attachés à l'Eglise par leur état et leurs travaux, ni de ces savans fameux, comme les Mabillon, les Renaudot, les Nicole, etc. Combien de génies illustres dans les lettres, et même dans les sciences profondes, la métaphysique, la médecine, l'astronomie, la géométrie (quoique Bayle, à l'article de M. Pascal, trouve la chose bien rare), ont été remplis d'une piété humble! Le Recueil des Eloges des illustres membres de l'Académie des Sciences, nous en fait connoître plusieurs. Les deux plus grands philosophes de l'Angleterre, Locke et Newton, ont montré par leurs écrits leur soumission à la révélation. Enfin je ne puis mieux finir cette note que par le nom de Pascal, dont la vie, *qui est plus propre*, disoit Bayle, *à désarmer les impies que cent volumes de sermons*, confirme ce qui a été dit de la Religion, qu'elle fait croire de grandes choses aux esprits les plus simples, et en fait pratiquer de petites aux esprits les plus sublimes.

*Page 218, vers 22.*

Il faut que par degrés la foi tombe et périsse,

Un géomètre Anglais, persuadé de cette vérité, a voulu y appliquer les calculs géométriques, dans son livre intitulé : *Philosophiæ Christianæ Principia Mathematica*. Sur ce principe très-faux, qu'on fait diminue de certitude par degrés, à mesure qu'il augmente en ancienneté, il a calculé quand la foi en Jésus-Christ, qui doit toujours aller en diminuant, seroit tout-à-fait éteinte, et a cru trouver par ce calcul, que le Jugement dernier arriveroit environ dans 1500 ans. Cette parole de Jésus-Christ, *Non est vestrum nosse tempora*, dérange tous ces calculs de géométrie.

*Même page, vers 24.*

Ce jour dont l'univers fut toujours menacé :

J'ai dit au cinquième Chant, que l'attente de l'embrasement général du monde est presque aussi ancienne que le monde. Les philosophes et les poëtes Païens l'annoncent, Properce, Lucrèce, Ovide :

> Una dies dabit exitio, multosque per annos
> Sustentata ruet moles, et machina mundi.
> Propert.

> Esse quoque in fatis reminiscitur affore tempus
> Quo mare, quo tellus, correptaque regia cœli
> Ardeat, et mundi moles operosa laboret.
> Ovid.

L'attente d'un pareil événement, que la physique n'a pu annoncer, doit nécessairement prendre sa source dans une ancienne tradition, dont il me paroît qu'on trouve un témoignage dans Josephe. Il rapporte (L. 1.) que les enfans d'Adam ayant été instruits que la terre devoit souffrir deux déluges, un d'eau, et l'autre de feu, pour conserver cette tradition, la gravèrent sur deux colonnes, dans l'espérance que si l'une périssoit dans le premier déluge, l'autre pourroit subsister. Si les enfans d'Adam ont eu cette connoissance, ils l'ont répandue, et elle s'est perpétuée.

*Page* 219, *vers* 14.

Et sortant de la poudre une seconde fois, etc.

Loin que la raison nous prouve l'impossibilité de la résurrection des corps, elle nous en assure la possibilité. La nature semble elle-même nous en offrir une image, dans une brillante résurrection des plus vils insectes, dont j'ai parlé au premier Chant : prodige que la physique ne peut expliquer. Celui qui peut changer une chenille en papillon; celui qui a fait le corps humain, ouvrage si admirable; celui qui a pu l'unir avec l'âme a pu rendre cette union éternelle; et s'il veut la rompre pour un temps, il peut la rétablir ensuite. La raison nous dit qu'aucune substance n'est anéantie. Dieu peut sans doute séparer celles qu'il a unies, et réunir celles qu'il a séparées. La raison nous persuade qu'il le peut, et la Religion nous assure qu'il le veut. La société entre l'âme et le corps devoit d'abord être éternelle. La mort fut la peine du péché. Dieu ordonna que la société seroit rompue pour un temps ; mais il a prédit qu'il la rétabliroit un jour. Nous avons vu dans le cours de cet ouvrage, l'accomplissement de la plus grande partie des choses prédites. Soyons donc persuadés que tout le reste de ce qui a été prédit, sera également accompli.

*Page 219, vers 27.*

Lorsque le Bonze étale en vain sa pénitence ;

Personne n'ignore les austérités presque incroyables que pratiquent les Bonzes et les Bramines, pour s'attirer la vénération et les aumônes des peuples. Ils sont les martyrs de l'erreur, de l'intérêt et de la vanité.

*Page 220, vers 1 et 2.*

De sa chute surpris le Musulman regrette
Le paradis charmant promis par son Prophète,

La Religion Chrétienne, qui ordonne une vie pénitente sur la terre, promet un paradis tout spirituel ; la Mahométane au contraire permet une vie sensuelle sur la terre, et promet un paradis tout charnel. La peinture de ce paradis est si grossière, qu'au rapport de Briot, *Empire Ottoman*, les Turcs éclairés n'osent le croire véritable ; mais la multitude n'en doute pas. Plusieurs sont assez simples pour conserver un toupet de cheveux sur leur tête, afin qu'au dernier jour Mahomet les enlève plus aisément. Il doit les sauver tous. « A la » vérité, dit-il dans l'Alcoran, les grands pécheurs seront » d'abord punis ; mais, par mon intercession, ils seront enfin » reçus dans le paradis, n'étant pas possible que les vrais » Croyans restent pour toujours dans les flammes éternelles » avec les Infidèles. »

*Même page, vers 11 et 12.*

SAINTE RELIGION, qu'à ta grandeur offerts
Jusqu'à ce dernier jour puissent durer mes vers !

Une Religion qui commence et finit avec le monde, et rappelle toute l'histoire à la sienne, son empire ayant été établi par les révolutions des autres empires; une Religion qui rappelle tous les peuples, même les Mahométans, par leur propre Religion, à cette révélation donnée au premier de tous les peuples, subsistant toujours pour l'attester toujours; une Religion enfin, qui par tant de témoignages tirés de la raison, de l'histoire et de la nature, développe l'origine des désordres du monde et de nos malheurs, et qui, quoiqu'annonçant un Dieu caché, forme un corps de lumière si éclatant, porte avec elle le caractère de la divinité. Dieu ne se montre à l'homme pécheur que sous un voile; mais les deux grands ouvrages, où brille l'utilité d'un dessein toujours suivi, le font particulièrement reconnoître. Ces deux ouvrages sont la Nature et la Religion. Les déistes, qui ne s'arrêtent qu'au premier, sont forcés d'avouer que l'homme doit adorer un Etre suprême, le Créateur du monde; et comme ils ignorent ce qu'ils en doivent espérer et craindre, ils l'adorent sans le connoître, ou plutôt ils n'adorent rien, et l'on peut dire d'eux plus justement, qu'un ancien poète ne l'a dit des Juifs: *Nil præter nubes, et cæli numen adorant.* Ceux qui connoissent un Créateur dans son ouvrage de puissance, qui est la nature, et un réparateur dans son ouvrage de justice et d'amour, qui est la Religion, sont les seuls qui connoissent et adorent l'Etre-Suprême, de la manière dont doit être connu et adoré celui qui est esprit et vérité.

La Bénédiction que Dieu a répandue sur cet ouvrage, dans un siècle où l'impiété triomphe, m'avoit engagé à y donner une nouvelle attention, pendant qu'on travailloit à cette édition,* la dernière qui sera faite, selon les apparences, du vivant de l'auteur. J'ai dans mes vers et dans mes notes fait quelques additions; et j'en aurois peut-être fait d'autres, si je n'avois pas été arraché à cette occupation, par une de ces afflictions dans lesquelles on ne peut être consolé que par la Religion. Heureux alors, non pas celui qui en parle en vers, mais celui dont le cœur en est rempli! Un fils m'étoit cher, non parce qu'il étoit unique, mais parce qu'il promettoit beaucoup. Obligé de travailler à sa fortune, il s'étoit déterminé

* L'édition de 1786.

par un choix sagement médité, au commerce maritime, où les richesses qu'on peut gagner, ne sont point, comme il me le disoit, celles *de l'iniquité*. L'espérance qu'il feroit une fortune honnête, et en honnête homme, m'avoit adouci la douleur de sa séparation, lorsqu'il partit pour Cadix, où à peine arrivé, il vient de m'être enlevé par cet affreux tremblement de terre, dont on parlera long-temps; et les circonstances qui l'ont fait périr sont si cruelles, qu'elles contribuent à le faire regretter de tout le monde, dans sa patrie et en Espagne, où il s'étoit déjà fait estimer. Dieu me l'avoit donné, Dieu me l'a ôté. Oui, Dieu me l'a ôté, et même par un de ces coups imprévus, qui rendent la mort terrible à tout âge, et sur-tout dans l'âge des passions. Cependant la vertu de mon fils, la bonté de son cœur, la droiture de ses sentimens, la sagesse de ses mœurs, tout me fait espérer que Dieu l'a pris dans sa miséricorde; et que c'est moi qu'il a frappé par ce grand coup, afin que me trouvant seul, je ne sois plus qu'à lui, et que je passe le reste de mes jours à implorer pour moi cette miséricorde, que ne mérite point une vie si peu conforme aux grandes vérités, que dès ma jeunesse j'ai eu la hardiesse d'annoncer dans ma poésie. Puisse l'affliction dans laquelle je passerai le reste de cette vie, m'être utile pour l'autre! Puisse cette Religion que j'ai chantée arrêter les larmes que la nature veut à tout moment me faire verser sur mon fils, et me faire verser les siennes sur moi-même!

FIN.

# ODES
SAINTES.

Presque tous les Pseaumes que j'ai choisis dans les Imitations suivantes, sont entièrement prophétiques. Mon dessein a été de prouver que le Messie, comme je l'ai dit dans le troisième Chant du Poëme de la Religion, a été le grand objet des Prophètes, qui l'ont considéré tout à-la-fois sous deux points de vue très-contraires : l'un d'humiliation, l'autre de gloire. Les Pseaumes vingt-un et soixante-huit contiennent le triste récit de ses souffrances ; le deuxième et le cent-neuvième annoncent sa génération éternelle ; le dix-septième, le vingt-quatrième, le quarante-quatrième et le quatre-vingt-deuxième prédisent son triomphe sur la terre, après sa Résurrection. Comme David ne pouvoit, en composant de pareils Cantiques, avoir pour objet son fils, ni aucun prince du monde, j'ai dit de lui, en parlant des Prophètes dans mon troisième chant :

> David qui voit de loin ce brillant rejeton,
> Plus sage, plus heureux, plus grand que Salomon,
> Du sein de l'Eternel sortir avant l'aurore,
> Dans l'horreur des tourmens David le voit encore.

## ODE I.

### TIRÉE DU PSEAUME 1.

*Le bonheur des Justes, et le malheur
des Méchans.*

Monde, séjour du crime, heureux qui te déteste,
Et ne s'est point assis dans la chaire funeste
Où préside l'impie avec un ris moqueur !
Heureux qui pour Dieu seul, plein d'amour et de crainte
Loin de toi, nuit et jour médite la loi sainte,
   Délices de son cœur !

Tel un arbre qu'arrose une onde toujours pure,
Ornement du rivage, amour de la nature,
Fait espérer les fruits qu'il donne dans leur temps;
Sa promesse est certaine; et sa feuille immortelle
N'a rien à redouter de la rage cruelle
   Des hivers et des vents.

Il n'en est pas ainsi de la race coupable.
Il n'en est pas ainsi de l'éclat peu durable
Qu'à nos yeux éblouis font briller les méchans:
Le temps dissipera cette grandeur si fière,
Comme le tourbillon dissipe la poussière
   Qui vole dans nos champs.

Eh, que deviendront-ils, quel sera leur refuge
Au dernier jour du monde, où le souverain juge,
Ainsi que nos vertus, doit compter nos forfaits ?
Lorsqu'il viendra des cœurs percer le sombre abyme,
Les justes brilleront ; et les enfans du crime
   Périront pour jamais *.

* Plusieurs personnes prétendent qu'il n'est point parlé dans l'Ancien Testament de l'immortalité de l'âme, ni des récompenses et punitions éternelles. La fin de ce Pseaume, et tant d'autres endroits des Pseaumes, détruisent cette objection, à laquelle j'ai déjà répondu dans le troisième Chant du Poëme de la Religion.

## ODE II.

### TIRÉE DU PSEAUME 2. *

*Vains efforts des Puissances de la terre contre Jésus-Christ et sa Religion.*

Que de frémissemens, quel trouble sur la terre !
Pourquoi les nations sont-elles dans l'effroi ?
Leurs princes réunis ont déclaré la guerre
A celui que le ciel leur a donné pour roi.

« Dérobons, ont-ils dit, dérobons notre tête
  » Au nouveau joug qu'on nous apprête.
  » Rompons, rompons ces fers affreux,
  » Et ne soyons point la conquête
  » D'un maître injuste et rigoureux. »

Mais où tend, insensés, cette rage inutile ?
Superbes ennemis, vous serez ses sujets.
  Au haut des cieux toujours tranquille
  Ce Dieu se rit de vos projets.
  De votre impuissante menace
  Reconnoissez enfin l'erreur.
  Que lui répondra votre audace,
  S'il vous parle dans sa fureur ?

* Le sens prophétique est le sens littéral de ce Pseaume : David n'a pu dire que toute la terre frémissoit contre lui, et que Dieu l'avoit engendré en l'appelant son fils, et lui avoit donné l'empire des nations.

Pour moi, qui dois remplir les hommes de sa crainte,
Moi, qu'il daigne placer sur sa montagne sainte,
  Il m'a parlé dans sa bonté.
« Ce jour est, m'a-t-il dit, le jour de ta naissance.
» Sors de mon sein, mon fils: annonce ma puissance;
  » Porte aux hommes ma volonté.

» C'est à toi que mon bras soumet la terre entière.
» D'une verge de fer frappe la tête altière
» De quiconque osera retarder mes desseins:
» Le plus fier périra comme un vase fragile,
  » Quand celui qui paîtrit l'argile
  » Brise l'ouvrage de ses mains. »

Et vous, rois, concevez enfin ce que vous êtes;
Vous qui jugez la terre, apprenez à juger.
Notre maître est le vôtre; il voit ce que vous faites:
Il se lève, il s'approche, il vient pour nous venger.

Rentrez dans le devoir, hâtez-vous : le tonnerre
Arme déjà son bras prêt à vous accabler.
Il vient dans sa fureur, jour terrible à la terre!
Heureux qui s'y prépare, et l'attend sans trembler!

## ODE III.

### TIRÉE DU PSEAUME 8.

*OEuvres admirables de Dieu, et sa bonté pour l'homme.*

O Suprême grandeur, ô sagesse ineffable,
Ton nom remplit la terre, et ta gloire admirable
   Eblouit en tous lieux !
Les Anges devant toi baissent leurs yeux timides,
Monarque, qui du haut du trône où tu résides,
   Sous tes pieds vois les cieux.

Ce stupide mortel, s'il est vrai qu'il t'ignore,
De l'enfant qu'au berceau le lait nourrit encore
   Peut prendre des leçons.
La langue de l'enfant qui tient de toi la vie,
Pour bénir ta puissance, et confondre l'impie,
   Forme ses premiers sons.

Pour moi, lorsque la nuit vient déployer ses voiles
Où tes prodigues mains ont semé tant d'étoiles,
   Je t'adresse ma voix.
Lorsque l'astre du jour rentre dans sa carrière,
Je redouble mes chants ; et c'est dans sa lumière
   La tienne que je vois.

D'ouvrages merveilleux la foule est innombrable,
L'homme n'y paroît plus que l'amas méprisable
   De la chair et du sang.
Dans ta cour toutefois que tes bontés l'honorent !
Presqu'égal aux esprits qui sans cesse t'adorent,
   Il tient le second rang.

Tu veux qu'à ses besoins ici-bas tout conspire.
Les plus fiers animaux reconnoissent l'empire
   Qu'il a reçu de toi.
Ceux qui de l'Océan parcourent les abymes,
Ceux qui fendent de l'air les campagnes sublimes,
   Tous respectent leur roi.

Que de biens tu nous fais, ô sagesse ineffable :
Ton nom remplit la terre ; et ta gloire admirable
   Eblouit en tous lieux !
Les anges devant toi baissent leurs yeux timides,
Monarque, qui du haut du trône où tu résides,
   Sous tes pieds vois les cieux.

# ODE IV.

### TIRÉE DU PSEAUME 11.

*Peinture de la corruption du siècle.*

VIENS nous tirer de cet abyme ;
Ah, Seigneur, nous sommes perdus :
La terre est l'empire du crime ;
On y cherche tes saints, et l'on n'en trouve plus !

Temps déplorables où nous sommes !
Jours d'erreurs et d'iniquités !
Oui, mon Dieu, les enfans des hommes
Ont altéré partout tes saintes vérités.

On ne voit qu'indigne artifice,
Que mensonge, que trahison ;
Et l'insatiable avarice,
Au fond de tous les cœurs a versé son poison.

Du piége des lèvres flatteuses
C'est toi seul qui nous peux sauver.
Fais taire les langues menteuses :
Bientôt contre toi-même elles vont s'élever.

Confonds ces méchans qui prétendent
Que rien ne doit leur résister.
Puissans par le crime, ils demandent
Quel maître sur la terre ils ont à redouter ?

« J'entends soupirer l'innocence ;
» Je me lève, dit le Seigneur :
» De la vertu dans l'indigence
» Il est temps de finir l'opprobre et le malheur.

» C'est à son secours que je vole. »
Il l'a dit, ne craignons plus rien.
L'or est moins pur que sa parole.
Du pauvre qu'on opprime il sera le soutien.

Tandis que dans leur folle ivresse
Il laisse égarer les humains,
Adorons toujours sa sagesse,
Qui souvent à nos yeux sait cacher ses desseins.

———

ODE

# ODE V,

### TIRÉE DU PSEAUME 12.

*Prière ardente d'une âme affligée.*

Jusques à quand, baigné de larmes,
Gémirai-je sans t'attendrir ?
O Dieu, témoin de mes alarmes,
Voudrois-tu me laisser périr ?

Jusques à quand tes yeux sévères
Seront-ils détournés de moi ?
Jusques à quand de mes misères
Viendrai-je rougir devant toi ?

Seigneur, combien de temps encore
Veux-tu me voir humilié ?
Quoi, c'est en vain que je t'implore,
Tu m'as pour toujours oublié !

De la rigueur de ton silence,
Tandis que je suis confondu,
Mon ennemi plein d'insolence
En triomphe, et me croit perdu.

Ah, Seigneur, si d'une main prompte,
Tu ne relèves ma langueur,
Publiant sa gloire et ma honte,
Il dira qu'il est mon vainqueur !

Si tu ne me rends ta lumière,
Quel sera mon funeste sort ?
Accablé d'une nuit entière,
Je m'endormirai dans la mort.

Tu m'écoutes : mon espérance
Ne m'a point flatté vainement ;
Et bientôt de ma délivrance
Je vais chanter l'heureux moment.

# ODE VI,

### TIRÉE DU PSEAUME 17.*

*Actions de grâces après la délivrance d'un grand péril.*

JE t'aimerai, Seigneur, je t'aimerai sans cesse.
O mon âme, à ton Dieu, qui pourroit t'arracher?
Il t'aime, il te protége, il soutient ta foiblesse :
Oui, mon cœur, c'est à lui que tu dois t'attacher.

A tes bienfaits, mon Dieu, ma mémoire fidelle,
De mes périls passés m'entretient tous les jours;
Et je frémis encor lorsque je me rappelle
Ce moment où j'étois perdu sans ton secours.

La mort m'environnoit de ses douleurs cruelles;
Mes ennemis vainqueurs préparoient mes tourmens;
Leur rage triomphoit, et leurs mains criminelles
Déployoient l'appareil des plus grands châtimens.

* On trouve un dessein suivi dans ce Pseaume. Tout y marche avec ordre : actions de graces pour la délivrance du péril, récit du péril, description de Dieu qui vient délivrer l'innocent, raisons qui l'y ont engagé, défaite entière des ennemis, et le triomphe éternel du Juste. La fin du Pseaume fait voir clairement que ce Juste est J. C. Sans ce grand objet, David auroit-il pu faire une description si pompeuse de Dieu, qui vient dans toute sa majesté, qui ébranle la terre, et qui jette la consternation dans toute la nature?

Je ne voyois qu'horreur et qu'images sanglantes;
J'entendois les enfers mugir autour de moi.
Vers ta demeure alors levant mes mains tremblantes,
Je t'appelai : mon cri pénétra jusqu'à toi.

    Quel bruit affreux se fait entendre !
    Les montagnes vont s'écrouler ;
    Et les rochers prêts à se fendre,
    Menacent de nous accabler.
    Le bruit redouble, tout s'ébranle :
    C'est la terre entière qui tremble;
    Toutes les mers sont en fureur.
    Dans la nature consternée,
    Et de son désordre étonnée,
    Qui répand ainsi la terreur?

    Son maître est irrité contre elle;
    De ses yeux partent les éclairs;
    Du courroux dont il étincelle,
    Les feux s'allument dans les airs.
    Il descend : un épais nuage
    S'ouvre et s'étend sur son passage;
    Le ciel s'abaisse devant lui ;
    La troupe des Anges l'escorte;
    Et son char que le vent emporte,
    A les Chérubins pour appui.

    Des ténèbres majestueuses
    Qui le cachent à nos regards,
    Que de flammes impétueuses
    Percent le sein de toutes parts!

Il a fait rouler son tonnerre ;
La voix du ciel parle à la terre ;
Mes ennemis sont renversés.
La grêle et les carreaux écrasent,
La foudre et les éclairs embrâsent
Ceux que la crainte a dispersés.

Quels coups redoutables entr'ouvrent
Le sein de la terre et des mers :
Vaste abyme où nos yeux découvrent
Les fondemens de l'univers !
Seigneur, dans cette heure dernière,
Ma foi t'adresse sa prière ;
Et si tu daignes m'écouter,
Que la nature se confonde :
Sur moi les ruines du monde
Tomberont sans m'épouvanter.

Une main qui du ciel vers moi daigne s'étendre,
De mes gémissemens interrompit le cours,
Et d'un rapide vol, soudain je vis descendre
L'Ange chargé du soin de veiller sur mes jours.

Dieu se souvint alors qu'à ses ordres fidelle,
Je marchois devant lui dans la simplicité,
Et que je nourrissois une haine éternelle
Contre toute injustice et toute impiété.

Ainsi que ses bontés, contemplant ses vengeances,
Je ne suis occupé que de ses jugemens :
Je ne me sens d'ardeur que pour ses récompenses ;
Je ne suis effrayé que de ses châtimens.

Je conserve un cœur pur et des mains innocentes ;
Des douceurs de sa loi j'aime à m'entretenir,
Et nos foibles vertus lui sont toujours présentes:
Tout ce qu'on fait pour lui, reste en son souvenir.

    Ah, Seigneur, si la foi sincère
    Trouve en toi le Dieu de l'amour,
    Le sombre et perfide détour
    Trouve le Dieu de la colère!

    Contre le pécheur obstiné
    Ton courroux est inexorable ;
    Pour le pénitent consterné
    Ta clémence est inépuisable.

    Tu renverses l'audacieux ;
    Tu relèves qui s'humilie ;
    Le pauvre que le monde oublie
    Sera toujours grand à tes yeux.

    Tu dispenses avec justice
    Tes châtimens et tes bienfaits.
    Que pour les biens que tu m'as faits,
    Ma langue à jamais te bénisse !

    C'est par toi que dans les combats
    La victoire marche à ma suite ;
    C'est par ta force que mon bras
    Sème la terreur et la fuite.

C'est toi qui répands dans mon cœur
Ce courage que rien n'étonne ;
Et c'est ton secours qui me donne
Mon infatigable vigueur.

Mes cruels ennemis vont enfin la connoître.
Que sont-ils devenus? N'osent-ils plus paroître ?
Puisqu'il les faut chercher, je me lève et je pars,
Certain de rapporter dans mes mains triomphantes
   Leurs dépouilles sanglantes,
Et les armes des morts dans la poussière épars.

Ma querelle est la tienne, et tu veux qu'ils périssent.
Ta haine qui proscrit tous ceux qui me haïssent,
Ordonne que par moi rien ne soit épargné.
Cette épée en mes mains remplira ton attente,
   Et ne sera contente
Qu'après que sa fureur aura tout moissonné.

Ils cherchent du secours! Qui voudroit les défendre?
Ils ont crié vers toi, pouvois-tu les entendre ?
Toi qui vas dissiper leurs folles factions,
Comme l'astre vainqueur des plus cruels orages
   Dissipe les nuages ;
Toi qui vas m'établir le chef des nations.

Déjà de tous côtés grossissent mon empire
Des sujets inconnus que mon nom seul attire ;
Déjà les étrangers accourent sous ma loi,
Tandis que mes enfans rejettent mes richesses,
   Trahissent leurs promesses,
Et sont tous devenus des étrangers pour moi.

4

Que les justes transports de ma reconnoissance
Célèbrent à jamais l'adorable puissance
Qui m'a comblé d'honneur et de prospérité !
Vive le nom du Dieu qui rendra ma victoire,
      Mon empire et ma gloire,
L'héritage éternel de ma postérité !

## ODE VII,

### TIRÉE DU PSEAUME 19.

*Prière pour un prince qui va à la guerre.*

Que dans le jour de nos alarmes
Le Seigneur t'exauce, ô grand roi;
Qu'il jette ses regards sur toi,
Et se déclare pour tes armes!
Que du haut du lieu saint l'arbitre des combats
Déploie en ta faveur la force de son bras!

Sensible à nos justes demandes,
Que ce Dieu daigne te benir;
Qu'il conserve en son souvenir
Tes prières et tes offrandes;
Qu'il règne en tes conseils, qu'il règle tes projets,
Et fasse à tes desirs répondre les succès!

Nous l'espérons, et de ta gloire
Tous nos cœurs sont déjà certains.
Bientôt nous leverons nos mains
Vers le maître de la victoire;
Bientôt à ses autels tu vas voir attachés
Les drapeaux aux vaincus par ton peuple arrachés.

Il te couvrira de son ombre :
Va, pars, son secours t'est promis.
Cours, vole, et de tes ennemis
Méprise l'audace et le nombre :
Leurs nombreux bataillons vont tomber à tes pieds,
Et leurs chefs orgueilleux seront humiliés.

Ils avoient mis leur assurance
Dans leurs chevaux et dans leurs chars ;
Celui qui règle les hasards
Etoit notre unique espérance.
Où sont-ils ? Tout a fui : leurs chevaux dispersés
Emportent les débris de leurs chars renversés.

O Majesté terrible et sainte,
Si nous t'implorons en ce jour,
Tu sais l'objet de notre amour :
Il est celui de notre crainte !
Propice aux vœux ardens que pour lui nous formons,
Conserve-nous, grand Dieu, le roi que nous aimons.

## ODE VIII,

### TIRÉE DU PSEAUME 21. *

*Prière de Jésus - Christ sur la Croix.*

Mon Dieu, mon Dieu, pourquoi m'avez-vous oublié ?
Contemplez à quel point je suis humilié.
Tournez vos yeux... Non, non, ils ne peuvent du crime
  Regarder la victime.

Oui, tandis que les miens sont au ciel attachés,
Tandis que je me plains, le cri de mes péchés,
Ce cri qu'entend toujours votre justice sainte,
  Est plus fort que ma plainte.

Proscrit, frappé, mourant, en ce triste abandon,
Tous mes gémissemens répètent votre nom.
Pourquoi, Seigneur, pourquoi, malgré leur violence
  Gardez-vous le silence ?

Nos pères autrefois vous savoient attendrir ;
Nos pères vous trouvoient prompt à les secourir :
Comme eux je vous implore, et ma voix lamentable
  Vous trouve inexorable.

* La première partie de ce Pseaume, qui est moins une prophétie que l'histoire de la Passion, est une prière toute de douleur ; la seconde partie est une prophétie de Jésus-Christ ressuscité, consolant ses Apôtres, formant l'Eglise, et appelant les nations à son festin.

Que suis-je ? Un ver de terre, un objet odieux,
L'opprobre et le rebut d'un peuple furieux :
Qui me voit, me méprise, et, secouant la tête,
  A m'insulter s'apprête.

« Voilà donc, disent-ils, ce que Dieu fait pour lui :
» S'il veut le délivrer, qu'il se hâte aujourd'hui ;
» Son Dieu, ce protecteur tant vanté par lui-même,
  » Qu'il le sauve s'il l'aime. »

Reçu dans votre sein, lorsque je vins au jour,
Je fus toujours, Seigneur, l'objet de votre amour :
Rappellez maintenant, rappelez, le temps presse,
  Toute votre tendresse.

Entouré de lions à ma perte animés,
De tigres furieux et de loups affamés,
Tout mon sang est glacé, ma peau devient livide,
  Et ma langue est aride.

Je sens que tout en moi se trouble et se confond :
Comme l'eau qui s'écoule et la cire qui fond,
Mon cœur qui s'abandonne à sa langueur extrême,
  Se dérobe à moi-même.

Que n'ont point sur mon corps osé ces inhumains :
Ils m'ont percé les pieds, ils m'ont percé les mains;
Ils ont compté mes os ; et sur moi de leur rage
  Ont contemplé l'ouvrage !

N'a-t-on pas vu par eux mes habits partagés,
Et les arrêts du sort par eux interrogés ?
Ma robe en fut l'objet : le sort leur fit connoître
    Quel en seroit le maître.

Sauvez-moi des fureurs de ces lions ardens :
Que l'agneau soit par vous arraché de leurs dents.
De vous seul, ô mon Dieu, mon unique espérance,
    J'attends ma délivrance.

    Mes désirs seront écoutés ;
J'annoncerai partout de sublimes mystères,
    Et consolateur de mes frères,
J'irai bientôt du ciel révéler les bontés.

    Vous que Dieu remplit de sa crainte,
Le soin de le louer est votre auguste emploi.
    Enfans d'Israël, race sainte,
Pour chanter votre Maître unissez-vous à moi.

    Enfin, d'un regard secourable
Il a daigné ce Dieu contempler mes tourmens,
    Et d'une oreille favorable
Entendre ma prière et mes gémissemens.

    Au sacrifice que j'apprête
Ses Saints de toutes parts vont être conviés :
    Les heureux témoins de ma fête,
Assis à mon festin, seront rassasiés.

Je prépare un pain délectable
Qui guérira les cœurs de toute infirmité :
Pauvres et riches à ma table
Se nourriront des fruits de l'immortalité.

L'univers rempli de ma gloire,
Retentira d'un nom par ma voix publié ;
Et les hommes, à leur mémoire
Rappelleront ce Dieu si long-temps oublié.

Environnés de sa lumière,
Et frappés d'un éclat inconnu jusqu'alors,
Ils tomberont sur la poussière,
Pour adorer celui qui réveille les morts.

Un peuple nouveau va paroître ;
Sa race couvrira la terre en un moment :
Et de l'Empire prêt à naître
La justice sera l'éternel fondement.

## ODE IX,

### TIRÉE DU PSEAUME 23.

*Triomphe de Jésus-Christ montant au ciel.*

La terre est au Seigneur : les fleuves et les mers,
Les fruits, les animaux, les astres, l'univers,
  Tout est son bien et son ouvrage.
Qui de vous donc, mortels, percera le nuage
Où ce maître terrible a voulu se cacher ?
  Et quand vous n'êtes que poussière,
Du lieu saint que remplit l'éclat de sa lumière,
  Qui de vous pourra s'approcher ?

  Celui dont la langue sincère
  Toujours d'accord avec son cœur,
  N'a jamais su tromper son frère.
Mortels, voilà celui qui verra le Seigneur.

  C'est maintenant que l'innocence
  Reçoit de lui sa récompense.
Le Juste maintenant peut paroître à ses yeux :
Tout obstacle est levé, toute dette abolie
  Par celui qui réconcilie
  La terre avec les cieux.

  Ouvrez-vous portes éternelles,
Portes que si long-temps un arrêt rigoureux
  Fermoit aux malheureux ;
  Ouvrez-vous portes éternelles :

Le roi de gloire arrive, ouvrez-vous aujourd'hui.
Et vous, esprits divins, légions immortelles,
  Accourez au-devant de lui.
  Ouvrez-vous, portes éternelles :
Le roi de gloire arrive, ouvrez-vous aujourd'hui.

Anges, vous demandez quel est ce roi de gloire ?
Celui qui triomphant après tant de combats,
  Enchaîne à son char de victoire
La Mort et le Péché qu'a terrassé son bras.
  Ouvrez-vous, portes éternelles :
Le roi de gloire arrive, ouvrez-vous aujourd'hui.
Et vous, esprits divins, légions immortelles,
  Accourez au-devant de lui.

Quel est ce roi puissant, demandez-vous encore?
  Celui que l'univers adore,
Et celui qui du ciel appaise le courroux :
Les portes désormais n'en seront plus fermées.
Ouvrez : le Roi de gloire est le Dieu des armées :
  Troupes d'Anges, prosternez-vous. *

---

 * Aben-Ezra, interprète juif, est convenu que le dernier verset de ce Pseaume devoit s'entendre du triomphe du Messie. Ce triomphe est l'objet de tout ce Pseaume si plein de poésie. Dieu est le souverain de l'univers : qui pourra paroître devant lui? L'homme juste. Il le peut depuis que Jésus-Christ a ouvert les cieux. Le prophète en ce moment voit Jésus-Christ qui y monte environné des âmes qu'il a tirées des enfers après sa résurrection. Les anges paroissent d'abord ne le pas connoître ; mais au nom du Dieu des armées, ils se prosternent, et les portes du ciel s'ouvrent.

# ODE X,

TIRÉE DU PSEAUME 44. *

*L'union de Jésus - Christ et de l'Eglise.*

Tout mon cœur s'enflamme et bouillonne,
Impatient de retenir
Ce que l'Esprit divin m'ordonne
De révéler à l'avenir.
La fureur sainte qui m'anime
M'inspire un cantique sublime
Qu'à mon prince je vais chanter :
Ma langue fidelle interprète,
Avec rapidité répète
Ce que le Ciel veut me dicter.

* Quelques commentateurs regardant ce Pseaume comme un Epithalame pareil à celui qui est dans Théocrite, Idylle 18, ont appelé des hyperboles poétiques les termes qui ne peuvent convenir à Salomon, ni à aucun autre prince. Quand ce Pseaume ne seroit qu'un Epithalame ordinaire, il seroit toujours admirable pour la poésie ; mais il l'est bien davantage quand on fait attention qu'il ne peut convenir qu'à Jésus-Christ, à qui saint Paul a appliqué le 9e verset où l'époux est appelé Dieu. L'union de Jésus-Christ et de l'Eglise est célébrée par un cantique dans la forme de ceux qu'on chantoit autrefois aux mariages des princes. Le chœur composé des filles de la nôce s'adressoit tantôt à l'époux, tantôt à l'épouse.

O le plus beau des fils des hommes,
Chef favori du roi des rois,
Qui seul de tous tant que nous sommes,
Lui parut digne de son choix !
Héros que doit craindre la terre,
Ton char est prêt : pars pour la guerre,
Prens ton arc et tes traits vainqueurs.
Que dis-je? Te faut-il des armes ?
N'es-tu pas certain que tes charmes
T'assujettiront tous les cœurs ?

Afin que tout genoux fléchisse,
Montre-toi dans ta majesté,
Et fais connoître ta justice
A qui méprise ta bonté.
Parois, et de tes mains puissantes
Fais voler tes flèches perçantes
Dans le sein de tes ennemis.
Non, non : déjà sans les attendre
A tes pieds ils viennent se rendre ;
Et l'amour te les a soumis.

Monarque, seul digne de l'être,
O Dieu, ton trône est éternel ;
Ta couronne est celle d'un maître
Dont le pouvoir est immortel.
Ton sceptre est la justice même ;
La sainteté ton diadême ;
C'est le ciel qui t'a sacré roi ;
Il a sur ton front adorable
Versé l'onction ineffable
Qui n'étoit faite que pour toi.

La canelle, l'ambre et la myrrhe
Parfument tes palais charmans ;
Tout ce que l'Arabe respire,
S'exhale de tes vêtemens.
De nos plus lointaines provinces
Les filles des rois et des princes
Viennent contempler à ta cour
L'auguste reine qui partage
Et ton empire et notre hommage,
Brillant objet de ton amour.

O fille tendrement chérie,
Maintenant je m'adresse à vous :
Oubliez parens et patrie,
Pour ne songer qu'à votre époux ;
Que votre douceur le captive,
Et ne soyez plus attentive
Qu'à lui plaire et qu'à l'honorer !
Il est le souverain suprême ;
Votre maître, votre Dieu même :
Tout l'univers doit l'adorer.

Les plus grands potentats du monde
Vont devenir vos courtisans :
Dans une humilité profonde
Ils vous offriront leurs présens.
La beauté vaine et passagère
N'est point en vous ce que révère
Un cœur de vous seul enchanté :
Votre vertu fait votre empire,
C'est dans votre âme qu'on admire
Votre véritable beauté.

Brillante reine, épouse heureuse,
Quel pompeux cortége vous suit !
Contemplez la suite nombreuse
Qui vers votre époux vous conduit.
Que de princesses étrangères
Vont pour vous oublier leurs mères !
Quel essaim de jeunes beautés !
Dans cette cour qui vous adore,
Pourrez-vous regretter encore
Les lieux que vous avez quittés ? *

Votre famille florissante
Effacera ce souvenir :
Une postérité puissante
Ne cessera de vous bénir.
Par elle je vois la victoire
Affermir partout votre gloire
Et vos triomphes éclatans.
Ce cantique qui les revèle,
Sur la terre à vos lois fidelle
Sera chanté dans tous les temps.

* Sous l'image de ces jeunes filles qui, suivant l'ancien usage, amenoient l'épouse à l'époux, sont représentées les nations idolâtres qui accourent à l'Eglise, et forment son cortége.

## ODE XI,

TIRÉE DU PSEAUME 68.*

*Jésus-Christ souffrant.*

O mon Dieu, sauvez-moi, je péris ; accourez,
Calmez ces vents cruels, contre moi conjurés ;
Repoussez promptement ces flots que la tempête
  Rassemble sur ma tête.

Mes cris et mes regards s'élèvent vers les cieux ;
Mais ma langue se lasse aussi bien que mes yeux :
Ma vue est affoiblie, et ma voix va s'éteindre
  A force de me plaindre.

Pour me perdre, Seigneur, on se croit tout permis ;
Et j'ai moins de cheveux que je n'ai d'ennemis ;
Chaque jour s'en accroît, malgré mon innocence,
  Le nombre et l'insolence.

Pourquoi fait-on payer celui qui ne doit rien ?
C'est à vous que je dois, hélas je le sais bien !
C'est à vous seul aussi, c'est à votre colère
  Que je veux satisfaire.

* Le sujet de ce Pseaume est le même que celui du 21ᵉ ; et comme la première partie est pareillement une prière de douleur, j'ai suivi la même mesure de vers, qui par son parmonie est conforme à la tristesse.

Mais ne permettez pas que vos Saints, dont la foi
Attend que votre amour se déclare pour moi,
Rougissent de ma honte; et de ma délivrance
  Perdent toute espérance.

C'est pour vous que je souffre : ils ne l'ignorent pas.
Etranger même aux yeux de mes frères ingrats,
Ils m'abandonnent tous; et le fils de ma mère
  Insulte à ma misère.

C'est vous que je veux voir chéri, craint, adoré;
D'un saint zèle pour vous mon cœur est dévoré;
Et pour vous mon amour contre moi les anime :
  Voilà quel est mon crime.

Je crois les attendrir par mon jeûne et mes pleurs:
Je gémis, je soupire : inutiles douleurs !
Sur le sac et la cendre en vain je m'humilie,
  Tout leur paroît folie.

De moi sont occupés ceux que n'occupe rien :
Je suis de leurs repas l'éternel entretien,
Le sujet des chansons et des traits de satire
  Que le vin leur inspire.

Ce n'est donc plus qu'à vous que je puis m'adresser:
Entre eux et moi, c'est vous qui devez prononcer.
Ce qu'ils m'ont fait souffrir, devant vous je l'expose:
  Grand Dieu, jugez ma cause.

Mais l'orage redouble. O moment plein d'horreur!
Les vagues et les vents raniment leur fureur;

Et jusqu'au fond des eaux dont le sein va se fendre,
Je suis prêt à descendre.

Ah, Seigneur, il s'entr'ouvre : étendez votre bras;
Que l'abyme sur moi ne se referme pas !
Voulez-vous qu'à vos yeux la mer m'ensevelisse,
Que la mort m'engloutisse ?

Protégez l'innocent qui n'espère qu'en vous,
Et ne permettez pas qu'un injuste courroux
Triomphe de celui dont le cœur vous adore,
Dont la voix vous implore.

Hélas, j'avois prévu leur rage et mon malheur,
J'avois su préparer mon âme à la douleur !
Mais pouvois-je m'attendre à l'excès incroyable
Des maux dont on m'accable ?

Un peuple tout entier en est le spectateur.
J'y demande, j'y cherche un seul consolateur ;
Et je n'y puis trouver un cœur dont la tendresse
Partage ma tristesse.

Quand d'une ardente soif j'ai senti le tourment,
Ils ont connu ma peine à mon gémissement.
Mais que m'ont-ils offert pour appaiser ma plainte ?
Du fiel et de l'absynthe !

Qu'ils soient eux-mêmes enivrés
De leur breuvage détestable,
Et qu'on leur présente à leur table
Les poisons qu'ils m'ont préparés.

Qu'ils soient privés de la lumière,
Et qu'étendant toujours les bras,
Courbés jusque sur la poussière,
Ils chancellent à chaque pas.

Que leurs provinces ravagées
Soient désertes dans tous les temps;
Que dans leurs villes saccagées,
Il ne reste plus d'habitans.

Est-il un pardon pour leur crime?
Loin de respecter mon malheur,
N'ont-ils pas sur votre victime
Ajouté douleur à douleur?

Qu'ils comblent enfin la mesure
De leurs exécrables forfaits ;
Et faites-leur avec usure
Payer tous les maux qu'ils m'ont faits.

Que d'affreux remords poursuivie
Leur race vous implore en vain;
Que son nom du livre de vie *
Soit effacé de votre main.

---

\* *Que son nom*, *etc*. Toutes ces expressions qui annoncent la plus terrible des punitions temporelles, ne doivent point s'entendre d'une réprobation éternelle, puisque le prophète prédit ensuite le rappel des Juifs, sous l'image du retour d'une captivité. Il n'a point été parlé de celle de Babylone dans tout le Pseaume.

Pour moi, pauvre et souffrant, mais rempli d'espérance,
Moi qui dans vos bontés ai mis mon assurance,
J'annoncerai bientôt mon bonheur aux mortels;
Et mes chants vous seront, Seigneur, plus agréables,
Qu'à vos yeux ne le sont ces taureaux innombrables
Dont le sang tous les jours arrose vos autels.

Vous sur qui des méchans la fureur se déploie,
Contemplez mon triomphe, et tressaillez de joie.
Quels que soient vos tourmens, cherchez Dieu, vous vivrez.
Oui, par lui quelque jour consolés de leurs peines,
Les malheureux captifs verront tomber leurs chaînes:
Ce Dieu rappellera ses peuples égarés.

Sion doit rassembler ses pierres dispersées;
Sion relevera ses villes renversées:
Leurs murs renfermeront de nouveaux citoyens;
Et Juda rétabli dans le champ de ses pères,
Si long-temps cultivé par des mains étrangères,
Laissera ses enfans héritiers de ses biens.

# ODE XII,
### TIRÉE DU PSEAUME 72.

*Doutes sur la Providence, causés par la prospérité des méchans.*

Que pour une âme fidelle
Le Seigneur a de bonté !
Le vrai bonheur est pour elle ;
Et moi j'en avois douté !
Surpris des jours agréables
Que couloient d'heureux coupables,
Mes yeux en furent troublés.
Jaloux d'un sort si paisible,
Dans ma carrière pénible,
Mes pas furent ébranlés.

Par des routes difficiles
Quand je marche avec douleur,
Quels sont ces hommes tranquilles
Que respecte le malheur ?
Fils aînés de la fortune,
Exempts de la loi commune
Qui nous condamne à souffrir,
Et pétris par la nature
D'une terre bien plus pure,
Sont-ils exempts de mourir ?

L'industrieuse élégance
Préside à tous leurs plaisirs,
Et semble à leur indolence
Epargner jusqu'aux désirs.
Dans les festins qu'elle ordonne
Tous les mets qu'elle assaisonne
Piquent leurs sens endormis;
Et la mollesse à leurs tables
Verse les vins délectables
Qui leur donnent tant d'amis.

A leur rang puis-je prétendre,
Moi pauvre, moi malheureux?
Ils savent bien me l'apprendre :
Je ne suis fait que pour eux.
De leurs dédaigneux caprices,
Salaires de mes services,
Pourquoi serois-je surpris?
Pleins de leur grandeur extrême,
Ceux qui bravent le ciel même
M'honorent de leurs mépris.

Si tu regardes la terre,
La peux-tu voir sans courroux?
Grand Dieu que fait ton tonnerre?
Qu'il parte et nous venge tous.
Hélas, en vain pour te plaire,
J'impose ta loi sévère
A mes pas obéissans !
Pardonne-moi ces murmures :

Je lave en vain mes mains pures
Au milieu des innocens.

Qu'ai-je dit? Plaintes injustes!
Je les cherche : ils ne sont plus.
Déjà nos maîtres augustes
A mes yeux sont disparus.
Que de grandeurs terrassées!
Que de pompes éclipsées!
Pompes qui m'avoient trompé,
Plus vaines que la folie
D'un vain songe, qu'on oublie
Quand le jour l'a dissipé.

Hélas, ma perte étoit prête!
Mais Dieu m'a pris par la main,
M'a tiré de la tempête,
Et m'a placé dans son sein.
Mon âme reconnoissante,
D'un tendre amour languissante,
Ne cherche plus d'autre appui :
C'est lui seul que je demande;
Et ma gloire la plus grande
Est de m'attacher à lui.

C'en est fait : des biens du monde
Je connois la vanité.
Mon Dieu, sur toi seul je fonde
Toute ma prospérité.
Je te prends pour mon partage,
Dieu de mon cœur, je m'engage

A t'aimer, à te servir.
O félicité durable,
O fortune véritable
Que rien ne peut me ravir!

## ODE XIII,

### TIRÉE DU PSEAUME 81.*

*Contre les mauvais Juges.*

Juges, ouvrez les yeux, tremblez dieux de terre,
Le Dieu du ciel arrive armé de son tonnerre :
    Nos soupirs vers lui sont montés.
Ce Dieu prête l'oreille à tous tant que nous sommes ;
Ce Dieu juge à son tour ceux qui jugent les hommes ;
    Il vient, il vous parle, écoutez :

« Serez-vous donc toujours vendus à l'injustice ?
» De votre ambition et de votre avarice,
    » Quand faut-il espérer la fin ?
» Que fait auprès de vous ce riche méprisable ?
» Pourquoi n'y vois-je point l'indigent qu'il accable ?
    » Jugez le pauvre et l'orphelin.

---

* M. Bossuet, dans sa belle préface sur les Pseaumes, faisant remarquer la grande poésie qui y règne, prend celui-ci pour exemple. Quoique très-court, que de figures, d'images et de fictions y règnent ! Le prophète annonce aux juges que Dieu va les venir juger eux-mêmes. Dieu vient ; leur parle : les juges se taisent. Le prophète étonné de leur stupidité, leur parle à son tour ; et n'ayant plus d'espérance, prie Dieu de venir lui-même établir sur la terre le siége de sa justice.

» Eh quoi, l'humble soupire, et vous êtes tranquilles !
» Quoi, de vos tribunaux, ses plus sacrés asiles,
 » L'innocent ne peut approcher !
» S'il gémit sous les mains du méchant qui l'opprime,
» S'il y périt, sa mort deviendra votre crime :
 » C'est à vous de l'en arracher. »

Que lui répondront-ils ? Hélas, pour lui répondre,
Que dis-je, pour l'entendre, et se sentir confondre,
 Leurs esprits sont trop aveuglés !
Ils se taisent, ô honte, ô stupide ignorance !
O terre, désormais tu n'as plus d'espérance,
 Tes fondemens sont ébranlés !

Vous que j'ai nommés Dieux, rentrez dans la poussière.
En vain celui qui craint votre puissance altière,
 Vous porte son encens flatteur :
Au tombeau, comme lui, vous devez tous descendre.
La mort réunira dans une même cendre,
 Et l'idole et l'adorateur.

Et toi qui vois les maux que souffre l'innocence,
Lève-toi donc, Seigneur, prends en main sa défense :
 Elle attend son secours de toi.
Ta présence peut seule adoucir son martyre ;
Nous sommes tes sujets, la terre est ton empire :
 Viens toi-même y donner la loi.

## ODE XIV,

### TIRÉE DU PSEAUME 82.

*Contre les ennemis de Dieu et de sa Religion.*

Qui peut te disputer l'empire ?
Qui se croira semblable à toi ?
Cependant, grand Dieu, l'on conspire
Contre ta puissance et ta loi.
Et tu restes dans le silence !
Et tu permets que ta clémence
Tienne ton courroux enchaîné !
C'est ton saint nom que l'on blasphême ;
C'est ta querelle ; c'est toi-même
Qu'attaque l'impie effréné.

Semblables aux mers qui mugissent
Lorsque leurs flots sont irrités,
Toujours murmurent et frémissent
Ceux que ta gloire a révoltés.
Ton peuple est l'objet de leur haine :
« Sa présence, ont-ils dit, nous gêne ;
» C'est trop long-temps la soutenir.
» Exterminons qui nous méprise ;
» Que notre vengeance en détruise
» Et la race, et le souvenir. »

N'es-tu plus ce Dieu redoutable,
Ce Dieu qui livroit autrefois,
A notre glaive impitoyable,
Tant de peuples et tant de rois,
Iduméens, Ismaélites,
Cananéens, Amalécites,
Madianites, Tyriens?
De cadavres quelles montagnes,
Dont s'engraissèrent les campagnes,
Ou que dévorèrent les chiens!

Prépare à de plus grands coupables
Un plus terrible châtiment :
Livre ces esprits méprisables
Au vertige, à l'aveuglement.
Fais que moins stable qu'une roue,
Ou que la paille dont se joue
La plus foible haleine du vent,
Voltige leur âme insensée ;
Et que de pensée en pensée
Elle s'égare à tout moment.

Fais que la discorde cruelle,
Inséparable de l'erreur,
A toute heure entre eux renouvelle
Son insatiable fureur :
Comme l'on voit dans le ravage
Que des vents excite la rage,
La flamme aux arbres s'attacher ;
D'arbre en arbre les feux s'étendent,

De branche en branche ils se répandent,
Et la forêt n'est qu'un bûcher.

Couvre leurs fronts d'ignominie ;
Que leurs yeux et que tous leurs traits,
D'un cœur dont ta paix est bannie,
Décèlent les remords secrets ;
Que l'inquiétude, la crainte,
La tristesse y soit toujours peinte ;
Qu'enfin l'opprobre et le malheur
Les contraignent à reconnoître
Que le Dieu du ciel est leur maître,
Et qu'il se nomme le Seigneur.

# ODE XV,

### TIRÉE DU PSEAUME 83.

*Transports d'une âme qui soupire pour le ciel.*

Que la demeure où tu résides,
Dieu puissant, a d'attraits pour moi ;
Et que mes transports sont rapides
Quand mon cœur s'élève vers toi !
Mon âme tombe en défaillance.
Que ma flamme a de violence !
Mon Dieu, que mon zèle est fervent !
Oui, tout plein de l'objet que j'aime,
Mon cœur se trouble ; et ma chair même
Tressaille au nom du Dieu vivant.

Dans les déserts, la tourterelle,
Loin du chasseur va se cacher,
Et trouve un asile pour elle
Dans le sein de quelque rocher.
Loin du monde où tout me désole,
C'est à ton temple que je vole :
Et dans l'ombre de ce saint lieu
Toujours caché, toujours tranquille,
Tes autels seront mon asile,
Mon Roi, mon Seigneur et mon Dieu.

Tandis que ta sainte assemblée
Y forme des concerts charmans,
Notre aride et sombre vallée
Retentit de gémissemens.
Que la carrière est longue et rude!
De tristesse et de lassitude
Que de voyageurs abattus!
Mais celui que ta main soulève,
De vertus en vertus s'élève
Jusqu'à la source des vertus.

C'est à toi-même qu'il arrive
Sur les ailes de son amour.
Quand mon âme ici-bas captive
Le suivra-t-elle en ce séjour?
Hélas, de loin je le contemple.
Un seul jour passé dans ton temple
Est bien plus cher à mes désirs
Qu'une longue suite d'années,
Aux yeux du monde fortunées,
Qu'un siècle entier de ses plaisirs!

A la porte du sanctuaire
N'être admis qu'au dernier des rangs,
Est un honneur que je préfère
A toutes les faveurs des grands.
Chez eux habitent les caprices,
Les trahisons, les injustices;
Mais dans la maison du Seigneur
Rien de souillé n'ose paroitre:

La sainte majesté du maître
En fait le temple du bonheur.

Qu'un cœur touché de tes promesses
Trouve de charmes dans ta loi !
O Dieu prodigue en tes largesses,
Heureux qui n'espère qu'en toi !
Si nous marchons dans l'innocence,
Nous recevrons ta récompense ;
Et nous ne serons point jaloux,
Qu'ornés de nos mêmes couronnes,
Les pécheurs à qui tu pardonnes,
Près de toi brillent avec nous.

# ODE XVI,

## TIRÉE DU PSEAUME 102.

*Elévations à Dieu par l'humble reconnoissance de ses bontés.*

Qu'en moi tout parle et tout s'enflamme :
Que mon cœur, ma bouche et mon âme
Bénissent le nom du Seigneur.
Oui, mon âme, bénis sa gloire :
Pourrois-tu perdre la mémoire
De celui qui fait ton bonheur ?

C'est le maître que je veux suivre :
J'étois mort, il m'a fait revivre ;
Il m'a cherché dans le tombeau.
Sa voix a ranimé ma cendre :
Des jours qu'il a voulu me rendre
Je lui consacre le flambeau.

Mon cœur à sa main s'abandonne ;
Et sa grâce qui m'environne
En écarte toute langueur.
L'aigle, au printemps, qui sur ses ailes
Voit briller ses plumes nouvelles,
Est l'image de ma vigueur.

Grand Dieu, la timide innocence
Que persécute l'insolence,
Trouve en toi son libérateur.
Que ne fis-tu point pour nos pères,
Lorsque touché de leurs misères,
Tu te montras leur protecteur ?

Par tes menaces redoutables
Tu sais effrayer les coupables ;
Mais ta colère n'a qu'un temps :
Et jamais tes justes vengeances
A la grandeur de nos offenses,
Ne mesurent les châtimens.

En vain nous t'irritons sans cesse,
Le premier remords qui nous presse
Nous rend un regard de tes yeux :
Tu pardonnes ; et ta clémence
S'étend plus loin que la distance
De la terre au sommet des cieux.

Père tendre, père adorable,
Oui je suis un enfant coupable,
Un fils indigne de ce nom ;
Mais tu sais bien ce que nous sommes :
Tu n'ignores pas que les hommes
Ne sont pétris que de limon.

Poudre légère, cendre vile,
Tout notre édifice fragile,

Au moindre souffle va périr ;
Et notre vie infortunée
Est cette fleur qu'une journée
Voit naître, briller et mourir.

Qu'au matin je la trouvois belle !
Quel éclat, que d'attraits sur elle
La nature avoit répandus !
Le soir en vain je l'ai cherchée :
Les vents cruels l'ont arrachée ;
Sa place ne se trouve plus.

Triste fleur, tu n'es pas l'image
De ces hommes dont le courage
Vers Dieu s'éleve constamment.
Sa gloire est l'objet de leur zèle ;
Et dans cette gloire éternelle,
Ils vivront éternellement.

Au haut du ciel ce Dieu réside,
Suprême arbitre qui préside
A l'empire de l'univers.
Anges, que sa majesté sainte
Pénètre d'amour et de crainte,
Elevez vers lui vos concerts.

Interprètes de ses oracles,
Exécuteurs de ses miracles,
Vous qu'environne sa splendeur,
Rendez-lui d'éternels hommages ;

Et qu'ici-bas tous ses ouvrages,
Avec vous chantent sa grandeur.

Garderai-je un ingrat silence,
Quand tout m'annonce la présence
De celui qui fait mon bonheur?
Qu'en moi tout parle et tout s'enflamme:
Que mon cœur, ma bouche, mon âme
Bénissent le nom du Seigneur.

# ODE XVII,

### TIRÉE DU PSEAUME 109.*

*Royaume de Jésus-Christ, qui commencera par la Judée; sa Naissance éternelle; son Sacerdoce, ses Conquêtes.*

LE maître de tout l'univers
A dit au maître que je sers :
« Viens t'asseoir à ma droite; attends que mon tonnerre
» Frappe et renverse sous tes pieds
» Ceux qui t'osent faire la guerre;
» Attends que mon courroux les ait tous foudroyés.

» Oui, c'est de Sion que tu dois
» A la terre donner tes lois :
» C'est de là que partout se répandra ta gloire.
» Malgré tant de fiers ennemis
» Qui te disputent la victoire,
» Ton sceptre s'étendra sur l'univers soumis.

» Dans le temps, dans l'éternité
» Réside en toi la majesté.

---

* Ce Pseaume, appliqué à Jésus-Christ par Jésus-Christ même, par saint Pierre et par saint Paul, ne peut être appliqué à aucun prince, puisqu'il annonce un roi égal à Dieu, assis à sa droite, engendré avant les astres, prêtre éternel, et vainqueur de toutes les nations.

» C'est toi qui revêtu de gloire et de puissance,
   » Rayonnant d'un éclat divin,
   » Dans mon sein reçois ta naissance
» Avant le jour, avant l'étoile du matin. »

   Ainsi t'a parlé le Seigneur.
   C'est lui qui t'élève à l'honneur
D'un sacerdoce auguste, à l'homme inconcevable;
   Et par un serment solennel,
   Dont l'arrêt est irrévocable,
Dans un ordre nouveau te fait prêtre éternel.

   Près de toi combattant pour toi,
   Il semera partout l'effroi,
Les ravages cruels, les ruines sanglantes.
   Que la terre verra d'horreur;
   Et que de têtes insolentes
Ecrasera son bras au jour de sa fureur !

   Notre intrépide conquérant, *
   Traversant le triste torrent,
Goûtera de ses eaux l'amertume cruelle;
   Mais son courage dans les maux
   Rendra sa couronne immortelle.
Son triomphe sera le prix de ses travaux.

   * *Notre intrépide conquérant, etc.* Dans ce dernier verset, moins clair que les autres, le Prophète fait entendre que celui qu'il vient de chanter, quoiqu'égal à Dieu, ne sera vainqueur de la terre qu'après avoir traversé le torrent des misères de la vie humaine.

## ODE XVIII.

*L'Ouvrage des six jours.*

L'Éternel va sortir d'un éternel silence :
Il veut créer le monde ; il l'a voulu toujours.
Rien ne commence en lui ; hors de lui tout commence,
    Et le temps, et les jours.

Les cieux ne sont encor qu'une masse imparfaite ;
La terre un sombre amas de principes confus.
Que la lumière soit. Il l'a dit : elle est faite,
    Et le chaos n'est plus.

O jour, premier des jours, où naquit la lumière,
Brillant écoulement de la divinité,
Ruisseau pur, qui répand sur la nature entière
    La vie et la beauté ;

C'est à toi, vrai rayon, sainte et céleste flamme,
Eternelle clarté, que j'adresse mes vœux !
Lumière de lumière, éclaire de mon âme
    Le chaos ténébreux.

Soumettez-vous, mortels : que votre foi détruise
Ces mondes qu'à son gré bâtit votre raison ;
Et ne rougissez pas de quitter pour Moïse,
    Descartes et Newton.

Quel spectacle pompeux ! Quelle magnificence,
Quand les eaux tout-à-coup s'élevant dans les airs,
Forment, en s'étendant comme une voûte immense
    Dont les cieux sont couverts !

Qui la soutient ? Celui qui sur nous peut suspendre
Ces nombreux amas d'eau, de nos mers attirés ;
Celui qui les enlève, et qui les fait descendre
    Dans nos champs altérés.

Qu'il nous aime bien plus, quand sa grâce féconde
De sa prodigue main descend au fond du cœur,
L'arrose, l'amollit, le pénétre, l'inonde,
    Le remplit de vigueur !

Heureux qui dans sa soif est abreuvé par elle !
Heureux qui peut puiser au torrent précieux,
Dont l'onde qui retourne à sa source éternelle
    Rejaillit jusqu'aux cieux !

Mais les flots cependant couvroient la face entière
Du séjour dont nos biens deviendront l'ornement ;
Et la mer à grand bruit rouloit sur la poussière
    De l'aride élément.

Il est temps que d'un lit la prison la resserre.
Un vaste abyme s'ouvre, elle en murmure en vain.
Dieu lui parle : elle fuit, elle y tombe ; et la terre
    Fait paroître son sein.

Tu l'embellis partout, ô verdure naissante :
Herbes, fruits, plantes, fleurs, arbres, vous croissez tous.
Ah, d'heureux habitans une race innocente
    L'orneroit mieux que vous !

Aujourd'hui condamnée à nourrir un coupable,
Cette terre en gémit, et demande en secret
Qu'on la délivre enfin du fardeau méprisable
    Qu'elle porte à regret.

Toi, que de la nature on appelle le père,
La lumière et les fruits déjà t'ont précédé.
Pourquoi ne viens-tu pas ? Celui qui nous éclaire
    Ne t'a point demandé.

Que sa grandeur éclate en brillans caractères !
Pour l'annoncer encore il t'appelle à son tour.
Viens répandre partout tes rayons salutaires ;
    Viens présider au jour.

Tu parois, ô soleil ! Ta gloire incomparable
Efface le flambeau qui préside à la nuit.
D'étoiles devant toi quelle armée innombrable
    Se dissipe et s'enfuit !

Ainsi, près des clartés, grand Dieu, que tu révèles,
Qu'est-ce que ma raison dans son jour le plus beau ?
Malheureux qui se fie aux foibles étincelles
    De ce pâle flambeau !

Tandis qu'enfans des eaux, les poissons en silence
Vont partager entre eux les fleuves et les mers;
Enfant des eaux, comme eux, l'oiseau chante et s'élance
  Dans l'empire des airs.

D'une vîtesse égale, à l'instant se répandent
Des liquides états les citoyens nouveaux,
Egalement conduits par des rames qui fendent
  Ou les airs, ou les eaux.

O terre, enfante aussi ta famille admirable;
Rampez, marchez, courez, animaux, sur son sein.
D'un ouvrier habile autant qu'inépuisable,
  Remplissez le dessein.

Que son chef-d'œuvre enfin se hâte de paroître.
Oui, Seigneur, il est temps d'accomplir ton projet.
Pourquoi délibérer? L'univers veut un maître;
  Ta grandeur un sujet.

Tu pétris une boue, et tu souffles sur elle.
L'homme en sort : sur son front ta main grave tes traits.
Puisse, hélas, sur ce front, une image si belle
  Ne s'altérer jamais!

Tu vas donc l'établir roi de la terre entière :
Qu'il règne, tu le veux; mais qu'il règne après toi.
Pourroit-il oublier, si près de sa poussière,
  Celui qui l'a fait roi?

Tout est fini : tu vois d'un œil de complaisance
Tant d'êtres différens que tu voulus créer.
Ce brillant univers, l'œuvre de ta puissance,
    Tu daignes l'agréer.

O spectacle à tes yeux plus beau, plus admirable,
Grand Dieu, lorsque ton fils viendra t'offrir un jour
Cet univers lavé dans son sang adorable,
    L'œuvre de son amour !

## ODE XIX,

### TIRÉE D'ISAIE, c. 14.

*Cantique des Juifs, à leur délivrance de Babylone.*

COMMENT est disparu ce maître impitoyable ;
Et comment du tribut dont nous fûmes chargés
      Sommes - nous soulagés !
Le Seigneur a brisé le sceptre redoutable,
Dont le poids accabloit les humains languissans :
Ce sceptre qui frappa d'une plaie incurable
      Les peuples gémissans.

Nos cris sont appaisés, la terre est en silence.
Le Seigneur a dompté ta barbare insolence,
    O fier et rigoureux tyran !
    Les cèdres même du Liban
    Se réjouissent de ta perte :
« Il est mort, disent-ils, et l'on ne verra plus
      » La montagne couverte
» Des restes de nos troncs par le fer abattus. »

Roi cruel, ton aspect fit trembler les lieux sombres :
Tout l'enfer se troubla, les plus superbes ombres
      Coururent pour te voir.
Les rois des nations, descendant de leur trône,
      T'allèrent recevoir.
« Toi-même, dirent-ils, ô roi de Babylone,

» Toi-même, comme nous, te voilà donc percé !
   » Sur la poussière renversé,
   » Des vers tu deviens la pâture ;
   » Et ton lit est la fange impure !

   » Comment es-tu tombé des cieux,
   » Astre brillant, fils de l'Aurore ?
   » Puissant roi, prince audacieux,
   » La terre aujourd'hui te dévore.
   » Comment es-tu tombé des cieux,
   » Astre brillant, fils de l'Aurore ? »

Dans ton cœur tu disois : « A Dieu même pareil,
» J'établirai mon trône au-dessus du soleil ;
» Et près de l'Aquilon, sur la montagne sainte,
   » J'irai m'asseoir sans crainte ;
» A mes pieds trembleront les humains éperdus ! »
   Tu le disois, et tu n'es plus.

Les passans qui verront ton cadavre paroître,
Diront, en se baissant, pour te mieux reconnoître :
« Est-ce là ce mortel, l'effroi de l'univers,
» Par qui tant de captifs soupiroient dans les fers ;
» Ce mortel dont le bras détruisit tant de villes,
» Sous qui les champs les plus fertiles
   » Devenoient d'arides déserts ? »

Tous les rois de la terre ont de la sépulture
   Obtenu le dernier honneur.
   Toi seul privé de ce bonheur,
En tous lieux rejeté, l'horreur de la nature,

Homicide d'un peuple à tes soins confié,
De ce peuple aujourd'hui tu te vois oublié.

Qu'on prépare à la mort ses enfans misérables:
La race des méchans ne subsistera pas ;
Courez à tous ses fils annoncer le trépas.
Qu'ils périssent : l'auteur de leurs jours déplorables
  Les a remplis de son iniquité.
Frappez, faites sortir de leurs veines coupables
Tout le malheureux sang dont ils ont hérité.

## ODE XX.

*Les Vertus Chrétiennes.*

Toi qui possèdes la puissance,
La grandeur et la majesté;
Toi qui tiens sous ta dépendance
Notre orgueilleuse volonté,
O roi des rois, maître des maîtres,
Etre par qui sont tous les êtres,
Centre et lumière des esprits,
De toi seul nos vertus descendent,
Et de ta source se répandent
Sur les hommes que tu chéris.

Dans l'horreur d'une nuit si noire,
Qui peut vers toi marcher sans toi?
C'est toi qui m'ordonnes de croire,
C'est toi qui me donnes la foi.
Dans son audace sacrilége,
Quand l'impie à toute heure assiége
Mon cœur fidèle à te servir,
Je sais sur qui je me repose,
Et dans quelles mains je dépose
Le trésor qu'on veut me ravir.

Sur nous que de vapeurs funèbres
A vomi l'abyme infernal!
De la puissance des ténèbres
Est-ce ici le moment fatal?

Que de colonnes renversées !
Que de lumières éclipsées !
Quel nuage vient nous couvrir !
Non, mon espoir ne peut s'éteindre :
La tempête n'est point à craindre
Quand le vaisseau ne peut périr.

L'homme promet, frivole attente,
Le mensonge marche après lui !
Malheur à la main imprudente
Qui d'un roseau fait son appui !
Mais Dieu soutient celui qui l'aime.
J'en crois ton oracle suprême,
Grand Dieu, tu ne trompes jamais.
Tu parles, ta parole est stable :
Mon espérance inébranlable
Attend tout ce que tu promets.

Quels sermens nous fait ta tendresse,
Et que de gages inouis !
C'en est trop : sûr de ta promesse,
Je n'espère plus, je jouis.
Mon amour me donne des ailes ;
Et vers tes clartés éternelles
Par lui je me sens emporté.
Oui, je vole jusqu'à ta gloire :
Déjà j'y suis, et je crois boire
Au torrent de ta volupté.

Ici-bas compagne fidelle
De l'espérance au front serein,

La charité marche avec elle,
Et la foi leur donne la main.
Liens sacrés, nœuds adorables,
Qui les rendent inséparables,
Et que Dieu seul peut désunir :
Le temps d'espérer et de croire
Finit au grand jour de sa gloire ;
Le temps d'aimer ne peut finir.

Oui, tu seras toujours la même,
Et ton temps est l'éternité,
Divine ardeur, vertu suprême,
Inaltérable charité.
Si toujours ton feu nous anime,
Malgré la nuit qui nous opprime,
Et malgré le poids de nos corps ;
Quand l'objet dont tu nous enflammes
Sans voile éclairera nos âmes,
Qu'il rallumera tes transports !

Quand brillera-t-il sur nos têtes
Ce jour si cher à notre espoir,
Ce grand jour que tu nous apprêtes,
Jour qui n'aura jamais de soir ?
Que sa lumière sera pure !
Nous n'en pouvons dans la nature
Trouver que d'imparfaits crayons :
Ce soleil n'a rien qui l'égale,
Quoiqu'au haut des cieux il étale
La pompe de tant de rayons.

Sur cette terre infortunée,
Quel temps cruel et ténébreux !
O détestable destinée,
Jours pénibles et rigoureux !
Mais si nous semons dans les larmes,
Que la récolte aura de charmes
Au sein de l'éternel séjour ;
Et quel prix heureux de nos peines,
Quand nous entrerons les mains pleines
Des fruits qu'aura produit l'amour !

Fais-les, Seigneur, germer et croître
Dans nos cœurs épris de ta loi.
A tes yeux nous pourrons paroître
Si tu nous rends dignes de toi.
Les vertus que tu nous commandes,
La moisson que tu nous demandes,
C'est de toi que nous l'attendons.
Le travail est notre partage ;
Mais le succès est ton ouvrage ;
Et nos richesses sont tes dons.

## ODE XXI.

*Les Larmes de la Pénitence.*

GRACE, grâce, suspends l'arrêt de tes vengeances,
Et détourne un moment tes regards irrités.
J'ai péché, mais je pleure : oppose à mes offenses,
Oppose à leur grandeur celle de tes bontés.

Je sais tous mes forfaits, j'en connois l'étendue :
En tous lieux, à toute heure ils parlent contre moi;
Par tant d'accusateurs mon âme confondue
Ne prétend pas contre eux disputer devant toi.

Tu m'avois par la main conduit dès ma naissance;
Sur ma foiblesse en vain je voudrois m'excuser :
Tu m'avois fait, Seigneur, goûter ta connoissance;
Mais, hélas, de tes dons je n'ai fait qu'abuser !

De tant d'iniquités la foule m'environne;
Fils ingrat, cœur perfide, en proie à mes remords,
La terreur me saisit; je frémis, je frissonne;
Pâle et les yeux éteints, je descends chez les morts.

Ma voix sort du tombeau; c'est du fond de l'abyme
Que j'élève vers toi mes douloureux accens :
Fais monter jusqu'aux pieds de ton trône sublime
Cette mourante voix et ces cris languissans.

O mon Dieu... Quoi, ce nom, je le prononce encore?
Non, non, je t'ai perdu, j'ai cessé de t'aimer.
O juge qu'en tremblant je supplie et j'adore;
Grand Dieu, d'un nom plus doux je n'ose te nommer.

Dans le gémissement, l'amertume et les larmes,
Je repasse des jours perdus dans les plaisirs;
Et voilà tout le fruit de ces jours pleins de charmes:
Un souvenir affreux, la honte et les soupirs.

Ces soupirs devant toi sont ma seule défense:
Par eux un criminel espère t'attendrir.
N'as-tu pas en effet un trésor de clémence?
Dieu de miséricorde, il est temps de l'ouvrir.

Où fuir, où me cacher, tremblante créature,
Si tu viens en courroux pour compter avec moi?
Que dis-je, Etre infini, ta grandeur me rassure,
Trop heureux de n'avoir à compter qu'avec toi!

Près d'une majesté si terrible et si sainte,
Que suis-je? Un vil roseau : voudrois-tu le briser?
Hélas, si du flambeau la clarté s'est éteinte,
La mêche fume encor, voudrois-tu l'écraser?

Que l'homme soit pour l'homme un juge inexorable:
Où l'esclave auroit-il appris à pardonner?
C'est la gloire du maître : absoudre le coupable
N'appartient qu'à celui qui peut le condamner.

Tu le peux; mais souvent tu veux qu'il te désarme;
Il te fait violence; il devient ton vainqueur.
Le combat n'est pas long : il ne faut qu'une larme.
Que de crimes efface une larme du cœur !

Jamais de toi, grand Dieu, tu nous l'as dit toi-même,
Un cœur humble et contrit ne sera méprisé !
Voilà le mien : regarde, et reconnois qu'il t'aime;
Il est digne de toi, la douleur l'a brisé.

Si tu le ranimois de sa première flamme,
Qu'il reprendroit bientôt sa joie et sa vigueur !
Mais non, fais plus pour moi, renouvelle mon âme,
Et daigne dans mon sein créer un nouveau cœur.

De mes forfaits alors je te ferai justice,
Et ma reconnoissance armera ma rigueur.
Tu peux me confier le soin de mon supplice :
Je serai contre moi mon juge et ton vengeur.

Le châtiment au crime est toujours nécessaire;
Ma grâce est à ce prix, il faut la mériter.
Je te dois, je le sais, je te veux satisfaire :
Donne-moi seulement le temps de m'acquitter.

Ah, plus heureux celui que tu frappes en père !
Il connoît ton amour par ta sévérité.
Ici-bas, quels que soient les coups de ta colère,
L'enfant que tu punis n'est pas déshérité.

Coupe, brûle ce corps, prends pitié de mon âme;
Frappe, fais-moi payer tout ce que je te doi.
Arme-toi dans le temps du fer et de la flamme;
Mais dans l'éternité, Seigneur, épargne-moi.

Quand j'aurois à tes lois obéi dès l'enfance,
Criminel en naissant je ne dois que pleurer.
Pour retourner à toi la route est la souffrance:
Loi triste, route affreuse... entrons sans murmurer.

De la main de ton fils je reçois le calice;
Mais je frémis, je sens ma main prête à trembler.
De ce trouble honteux mon cœur est-il complice?
Suis-je le criminel, voudrois-je reculer?

C'est ton fils qui le tient: que ma foi se rallume.
Il en a bu lui-même, oserois-je en douter?
Que dis-je, il en a bu la plus grande amertume,
Il m'en laisse le reste, et je n'ose en goûter!

Je me jette à tes pieds, ô croix, chaire sublime,
D'où l'homme de douleur instruit tout l'univers;
Autel, sur qui l'amour embrâse la victime;
Arbre, où mon Rédempteur a suspendu mes fers.

Drapeau du souverain qui marche à notre tête;
Tribunal de mon juge, et trône de mon roi;
Char du triomphateur dont je suis la conquête;
Lit où j'ai pris naissance, il faut mourir sur toi.

# ODE XXII.

*La Mort Chrétienne.*

Qu'il périsse ce corps coupable,
Ce honteux fardeau qui m'accable,
Digne victime de la mort.
Qu'il soit dévoré par la tombe;
Qu'on l'y descende, et qu'il retombe
Dans la poussière dont il sort.

O mort que nous nommons cruelle,
Tu viens frapper ce corps rebelle,
Et terminer notre tourment.
Lorsque d'un moment de souffrance
On achète sa délivrance,
Est-ce l'acheter chèrement?

A ces esclaves méprisables
Qu'enivrent des biens périssables,
Imprime une juste terreur.
Tu les dépouilles; qu'ils t'abhorrent:
Tu leur ravis ce qu'ils adorent;
C'est pour eux que tu n'es qu'horreur.

Ah, que faussement courageuse,
L'âme doit te trouver affreuse,
Quand le néant est son espoir!

Quel espoir de ne rien prétendre !
Quel bonheur de n'en point attendre !
Quel secours de n'en plus avoir !

La foi donne le vrai courage :
Pour qui la vie est un voyage,
Le terme n'est point un malheur.
A quelques trésors qu'on l'arrache,
Ce qu'il posséde sans attache,
Il l'abandonne sans douleur.

Si son cœur malgré lui soupire,
Si contre un coup qui le déchire
La nature défend ses droits,
Il est homme ; mais sa foi vive
Laisse la nature plaintive
Parler pour la dernière fois.

Puisqu'ici-bas la destinée
De notre race infortunée
Est de souffrir et de mourir,
O ciel abrège ma carrière :
Que bientôt mon heure dernière
M'épargne le temps de souffrir.

Si tu veux retarder cette heure,
S'il faut encor que je demeure,
J'accepte mes jours et mes maux.
Pour prix de mon obéissance,
Qu'une mort pleine d'espérance
Soit le terme de mes travaux.

Toi qui mourant pour le coupable,
Du haut de ta croix adorable
Ouvris les bras à l'univers,
Qu'à ce moment où ta justice
Ordonnera mon sacrifice,
Ces bras me soient encore ouverts.

# VERS

SUR

## M.<sup>me</sup> LOUISE-ADÉLAÏDE D'ORLÉANS.*

Plaisirs, beauté, jeunesse, honneurs, gloire, puissance,
Ambitieux espoir que permet la naissance,
Tout, aux pieds de l'agneau fut par elle immolé.
Elle s'immole encor dans sa retraite même :
Assise au premier rang, son cœur en est troublé.
De ce rang descendue, au seul objet qu'elle aime
En silence attachée, elle embrasse sa croix.
Victime par l'amour devant Dieu consumée,
Vierge qui jour et nuit tint sa lampe allumée,
En attendant l'époux dont elle avoit fait choix.
Dans notre siècle impie, éclatantes merveilles,
Les princes sont changés en humbles pénitens !
Et voilà par quels coups, Dieu puissant, tu réveilles,
Même en ces derniers jours, la foi des premiers temps !

* Madame Louise-Adélaïde d'Orléans, qui s'étoit faite religieuse, lorsque le crédit de Philippe d'Orléans son père, alors régent du royaume, lui donnoit les plus grandes espérances, renonça à la dignité d'Abbesse de Chelles, pour se retirer dans le monastère de la Magdeleine de Trenel, où après douze ans de retraite et de pénitence, elle mourut le 20 février 1743.

# PIÈCES RELATIVES

# AU POËME

# DE LA RELIGION.

# PRIÈRE
# DE CLÉANTE.

Cette Prière, morceau précieux de l'antiquité que Stobée nous a conservé, doit faire partie de l'extrait de la morale des Poëtes païens, qui se trouve dans le sixième Chant du Poëme de la Religion : je l'y aurois fait entrer, si elle eût été moins longue. Tout Chrétien, en ôtant le mot de *Jupiter*, pourroit dire cette Prière, et la dira plutôt que la Prière universelle de Pope.

Immortel, adoré sous tant de noms divers,
Père de la nature et roi de l'univers,
C'est toi que je salue, Être par qui nous sommes,
Qui vois en nous ta race, et qui permets aux hommes,
A ces foibles mortels rampant dans ces beaux lieux,
De t'adresser leur hymne, et de lever leurs yeux
Jusqu'à toi, dont le bras, sur les têtes coupables
Fait voler, quand tu veux, tes foudres redoutables.
L'esprit qui tout anime, esprit dont tout dépend,
Qui se mêlant partout, en tous lieux se répand,
Est dirigé par toi, grand Dieu : c'est donc toi-même,
De la terre et du ciel modérateur suprême,
Donateur de tous biens, digne objet de nos chants,
Qui fais tout, excepté ce que font les méchans;

Mais tu sais bien remettre, ô Puissance efficace,
L'ordre dans le désordre, et tout rentre à sa place.
Eux seuls sont écartés de celle où tu nous veux.
Malheureux ! Cependant ils veulent être heureux.
Comment le seront-ils, lorsque loin de t'entendre,
Par tant de passions ils se laissent surprendre,
Ou par la volupté mollement enchaînés,
Ou par l'ambition follement entraînés ?
Bienfaisant Jupiter, fais tomber leurs nuages ;
Daigne éclairer leur âme, afin qu'en tes ouvrages
Ils puissent avec nous admirer ta grandeur,
Et que te consacrant et leur voix et leur cœur,
Ils puissent célébrer la divine sagesse
Autant qu'il est possible à l'humaine foiblesse.

# LETTRES.

# EPISTOLA

## DOMINI RASSINII

# BENEDICTO XIV.

Parisiis, idibus januarii 1743.

BEATISSIME PATER,

CHRISTIANUS vates ad pedes Sanctitatis Vestræ provolutus, munus offerre audeo, si ex illo quem obtines dignitatis apice spectetur, perexiguum, si ex argumento, magnum. Versus mei laudes religionis sonant, quos ut principi Ecclesiæ pastori voveam, monet materiæ majestas, suadet permagna illius doctrinæ celebritas, invitat spectata benignitas quam à Summis Pontificibus multi jam experti sunt poëtæ religiosi. Nemo nescit à Leone X, nec non à Clemente VII, Sannazarium ob eximium poëma, litteris apostolicis fuisse remuneratum. Cui vati si carminum magnificentiâ, saltem religionis studio nequaquam cedo. In hanc enim propugnandum totus incubui adversus illos homines, qui superbiâ inflati, et inani desipientes philosophiâ, quidquid sacrâ fidei notâ signatur, fastidiosè rejiciunt.

Huic operi subjungitur aliud, quod si non multis ante annis in lucem fuisset editum, offerre Sanctitati Vestræ eodem animo ambirem. In eo quippe sanc-

# TRADUCTION DE LA LETTRE

## DE M. RACINE

# A BENOIT XIV.

A Paris, le 11 janvier 1745.

Très-saint père,

. Un poète chrétien prosterné aux pieds de Votre Sainteté, ose lui offrir un présent, que le haut degré de dignité dans lequel elle est élevée fait paroître très-médiocre, mais qui par le sujet deviendra grand à ses yeux. C'est la gloire de la religion que chantent mes vers. La majesté des choses dont je parle, m'inspire le dessein de les présenter au premier pasteur de l'Eglise : la grande réputation qu'il s'est acquise par ses lumières m'y encourage, et j'y suis invité par cette bonté que les Souverains Pontifes ont déjà témoignée aux poètes qui ont consacré leur plume à des sujets saints. Personne n'ignore que Léon X et Clément VII voulurent bien, par des Lettres Apostoliques, récompenser le fameux poëme de Sannazar. Je n'approche pas de Sannazar par la noblesse des vers ; mais je suis certain de l'égaler par mon zèle pour la religion. Je me suis livré tout entier à l'ardeur de la défendre contre ces hommes enflés d'orgueil, et aveuglés par une vaine philosophie, qui rejettent avec mépris tout ce qui est marqué au sceau divin de la foi.

Cet ouvrage est suivi d'un autre, que j'aurois la même ambition de présenter à Votre Sainteté, s'il n'avoit pas

torum Augustini et Thomæ de gratiâ doctrinæ, tot Sedis Apostolicæ decretis firmatæ, tot Maximorum Pontificum suffragiis consecratæ, carminum vim et dignitatem, juvenis adhuc addere studui.

Si quod in his duobus scriptis excidisset imprudenti mihi verbum, theologicæ diligentiæ minus, tanto judice, consonum, spondeo me libenter, Beatissime Pater, ea carmina quæ Sanctitati Vestræ displicuerint, quantumvis mihi arrideant, promptissimâ deleturum manu. Christianum minimè juvat profana laus. Mihi sit laus maxima, Christi vicario placere, et coronas, si quas merui, ante tronum sublimitatis vestræ mittere. Nulla quippe mihi sors videtur in terris optabilior, quàm illi me probare, qui celebrati meis versibus divini Ecclesiæ sponsi, gerit in terris vices, summumque illud dignitatis fastigium, ad religionis decus, plaudente christiano orbe, est consecutus. Hos animo penitùs infixos sensus habet Sanctitatis Vestræ,

Submissimus et humillimus servus
et in Christo filius,

RASSINIUS.

paru au jour depuis plusieurs années. Dans cet ouvrage, j'osai, quoique jeune encore, entreprendre d'ajouter la force et la dignité des vers à la doctrine de saint Augustin et de saint Thomas, sur la grâce; doctrine confirmée par tant de décrets du Saint Siége, et par les suffrages de tant de Souverains Pontifes.

Si dans ces deux poëmes il m'étoit échappé imprudemment quelques termes qu'un si grand juge ne trouvât pas conformes à l'exactitude théologique, je m'engage, sans peine, à effacer d'une main prompte les vers même qui flatteroient le plus mon amour-propre, s'ils avoient le malheur de déplaire à Votre Sainteté. Ce n'est point une gloire profane que doit rechercher un chrétien : ma plus grande gloire est celle de plaire au vicaire de Jésus-Christ, et de jeter mes couronnes, si j'en ai mérité quelques-unes, aux pieds de son trône. Je n'ai rien en effet à souhaiter de plus avantageux pour moi sur la terre, que l'approbation de celui qui, sur la terre, tient la place de ce divin époux de l'Eglise que j'ai célébré dans mes vers, et qui remplit si dignement la chaire dans laquelle, avec l'applaudissement de tout le monde chrétien, il a été placé pour la gloire de la religion. Tels sont les sentimens que porte profondément gravés dans son cœur, de Votre Sainteté,

TRÈS-SAINT PÈRE,

Le très-humble, très-soumis serviteur,<br>
et fils en Jésus-Christ,<br>
RACINE.

# EPISTOLA

## EMINENTISSIMI DOMINI CARDINALIS

# VALENTI GONZAGUA,

## SS. D. N. BENEDICTI PAPÆ XIV

### NOMINE AC MANDATO DATA.

Romæ, 8 febr. 1743.

ILLUSTRISSIME DOMINE,

POEMA egregium ac laboriosum, quo tu poëma religionem et res divinas intelligendi difficultate et enuntiandi periculo prope vetantes ornari se, eximiâ gallicæ linguæ dulcedine, et rarâ carminum pangendorum felicitate, mirificè pertractasti atque ornasti, missum sibi gratissimum abs te munus, et perlubenter accepit et avidissimè degustavit Pontifex Maximus, qui primùm pietatem tuam in argumento scribendi, deinde optimum iis in rebus sensum atque judicium animi tui, multâ cum voluptate perspexit, et excellentem multiplicemque doctrinam tuam, et vestræ linguæ leporem ubertatemque, et ingenium maximè tuum admiratus; multùm profectò gavisus est, hisce temporibus atque moribus, cùm tam multi licentiâ quâdam, et corruptelâ ingeniorum, carminibus abutuntur

# TRADUCTION DE LA LETTRE

## DE S. E. M. LE CARDINAL

# VALENTI DE GONZAGUE,

ÉCRITE DE LA PART

## DE SA SAINTETÉ.

A Rome, le 8 février 1743.

MONSIEUR,

Le Saint Père a reçu très-favorablement l'agréable présent que vous lui avez envoyé. Il a goûté avec avidité un poëme d'une si grande beauté et d'un travail si pénible, dans lequel vous avez admirablement développé la religion, et vous avez su, avec l'élégante douceur de la langue française, et l'heureuse harmonie de vos vers, orner des matières divines, qui semblent presque interdire tout ornement, parce qu'elles sont si élevées au-dessus de la portée de notre esprit, qu'il est toujours si difficile de les bien exposer. Le Souverain Pontife, après avoir reconnu d'abord avec un grand plaisir votre piété qui vous a fait choisir un pareil sujet, a remarqué votre sage et exact discernement dans la manière de le traiter; il a admiré l'excellence et l'étendue de votre érudition, l'art avec lequel vous savez déployer les richesses de votre langue, et surtout la beauté de votre génie. Il a été transporté de joie en voyant qu'au milieu de la corruption des temps et des mœurs, lorsqu'infectés d'une

in argumenta vitiorum et impietatis; exortum in florentissimo Galliæ regno fuisse te, qui veritatis et religionis causam assumens, Musas atque poëticam facultatem, ad pristinum celebrandæ Divinitatis officium atque institutum, conatu illustri ac felici, susceperis revocandam.

Gratias itaque multas et singulares pro tali munere et agit et habet tibi Pontifex Maximus, teque celebratissimi patris gloriam in eodem genere laudis, ingenii felicitate æmulantem, atque argumento vincentem, egregiæ suæ voluntatis vult esse certum, atque confidere, ubi se ferat occasio, Pontificem ipsum Maximum de te semper et liberaliter, et lubenter ornando cogitaturum.

Apostolicam intereà tibi benedictionem paternè ac peramanter impertitur. Ego omnia fausta precor à Deo.

Dominationis tuæ ad officia,

J. Card. VALENTI.

Cum sigillo secretarii Status, et suprà scriptum : *Illustrissimo Domino* Rassinio, *Lutetiam Parisiorum.*

contagion funeste, et entraînés par un certain libertinage d'esprit, tant d'auteurs abusent des vers pour faire triompher les vices et l'impiété, il s'étoit élevé dans le sein du florissant royaume de la France, un homme qui, prenant en main la cause de la vérité et de la religion, avoit, par un effort aussi louable qu'heureux, entrepris de rappeler la poésie à son ancienne institution, et de rendre les Muses à l'auguste emploi de célébrer la Divinité.

Le Saint Père vous remercie donc du présent que vous lui avez fait, et vous assure des sentimens de reconnoissance dont il est rempli. Charmé de ce que devenu rival d'un illustre père par vos talens dans le même genre d'écrire, vous le surpassez par le choix de la nature, il veut que vous soyez certain de sa bienveillance. Soyez donc bien persuadé que toutes les fois que l'occasion s'en présentera, le Souverain Pontife lui-même se fera un plaisir de vous prouver la manière avantageuse dont il pense de vous.

Il vous accorde sa bénédiction apostolique avec toute sa tendresse paternelle; et moi, je prie Dieu de vous protéger en tout.

Disposé à vous rendre service,

Le Card. VALENTI.

La lettre est scellée du sceau du secrétaire d'Etat, avec cette inscription : *A M.* Racine, *à Paris.*

# EPISTOLA
## EMINENTISSIMI DOMINI CARDINALIS
# VALENTI GONZAGUA,
## SS. D. N. BENEDICTI PAPÆ XIV
#### NOMINE AC MANDATO DATA.

Romæ, 4 kal. sextiles 1747.

### Clarissime Domine,

Litterarium munus, quod Pontifici Maximo nuper misisti, duobus contentum voluminibus, quorum alterum poëticos labores tuos quintò recusos, alterum verò de poëticâ facultate egregias animadversiones, exquisitumque judicium complectitur, gratum eidem summoperè atque jucundum accidit, proptereaque gratias tibi multas suo nomine rursus haberi, novoque laudis argumento eruditionem tuam honestari præcepit. Quotiescumque enim nomen tuum et carmina ipsi versantur ob oculos, reviviscit in ejus animo memoria parentis tui de re poëticâ optimè meriti, cujus viventis laudem, si nulla obscuravit invidia, mortui quoque nulla delebit oblivio. Quam igitur antea sum tibi testatus Pontificis animi benevolentiam, eandem confirmo iterùm, et apostolicæ benedictionis internuncius, fausta omnia tibi precor à Deo.

Ad officia paratus,<br>J. Card. VALENTI.

*D.* Rassinio, *Lutetiam Parisiorum.*

# TRADUCTION DE LA LETTRE
## DE S. E. M. LE CARDINAL
# VALENTI DE GONZAGUE,
#### ÉCRITE DE LA PART
## DE SA SAINTETÉ.

A Rome, le 29 juillet 1747.

MONSIEUR,

Le Souverain Pontife a reçu avec joie l'hommage littéraire que vous lui avez rendu, en lui envoyant deux volumes, dont le premier contient la cinquième édition de vos ouvrages poétiques; et le second, plein de judicieuses réflexions sur la poésie, fait connoître la délicatesse de votre goût sur cette matière. Votre présent a été si agréable à Sa Sainteté, qu'elle m'a ordonné de vous faire une seconde fois des remercîmens de sa part, et de vous donner de nouvelles preuves de l'estime qu'elle fait de votre érudition. Votre nom et vos vers, toutes les fois qu'ils paroissent à ses yeux, lui rappellent, avec l'idée du fils, le souvenir d'un père qui a fait tant d'honneur à la poésie, et dont la gloire supérieure à l'envie pendant qu'il vivoit, ne pourra jamais, après sa mort, être effacée par l'oubli. Je vous réitère donc les mêmes assurances que je vous ai déjà données de la bienveillance du Souverain Pontife; et chargé de vous transmettre sa bénédiction apostolique, je prie Dieu de vous protéger en tout.

Disposé à vous rendre service,
LE CARD. VALENTI.

*A M.* RACINE, *à Paris.*

# COPIE DE LA LETTRE

## DE S. E. M. LE CARDINAL

# VALENTI DE GONZAGUE,

### SECRÉTAIRE D'ÉTAT.

A Rome, le 8 février 1743.

MONSIEUR,

Rien de plus flatteur pour moi que le présent que vous venez de me faire : il m'a été aisé de m'apercevoir que le nom de Racine, si glorieux et si agréable aux Muses, n'étoit pas mort. Je me suis fait un plaisir singulier de présenter à notre Saint Père l'exemplaire que vous lui avez destiné. Sa Sainteté y a été fort sensible : elle m'a ordonné de vous le marquer, comme vous le verrez par la lettre ci-jointe. Agréez en même temps mes remercîmens, aussi sincères que les sentimens de considération, par lesquels je voudrois vous persuader que personne n'est à vous, Monsieur, avec un plus parfait attachement que

LE CARD. VALENTI.

# A SON ÉMINENCE

## MONSEIGNEUR LE CARDINAL

# DE VALENTI.

A Paris, le 15 mars 1743.

MONSEIGNEUR,

Jamais les Muses n'ont pu procurer à ceux qu'elles ont le plus favorisés, une gloire comparable à celle que me procure votre Eminence. La lettre dont j'ai été honoré, flatte plus mon amour-propre que tous les lauriers du Parnasse, et je me livrerois à tout l'orgueil poétique qu'elle est capable d'inspirer, si je ne me rappelois que je suis un poète chrétien, et que c'est uniquement cette qualité que votre Eminence a voulu récompenser.

Les poètes, si naturellement jaloux, auront bien sujet de l'être de mon bonheur; mais cette jalousie leur sera avantageuse, quand ils apprendront qu'en faveur de la matière que j'ai choisie, votre Eminence a bien voulu présenter mes ouvrages à Sa Sainteté, qui les a reçus favorablement, et qu'un si grand Pape a daigné jeter les yeux sur le moindre de ses enfans : ils ambitionneront une gloire pareille, qui ne s'accorde pas aux talens seuls, mais au sage emploi des talens.

La grande récompense que j'ai reçue, leur doit inspirer cette heureuse ardeur, comme elle m'inspire la vive reconnoissance, et le profond respect avec lequel je serai toute ma vie,

MONSEIGNEUR,

DE VOTRE ÉMINENCE,

Le très-humble et très-obéissant serviteur,

RACINE.

# LETTRE

DE M. LE CHEVALIER

# DE RAMSAY

A M. RACINE.

A Pontoise, le 28 avril 1742.

MONSIEUR,

Quelque charmé que je sois de votre ouvrage que je viens de lire, il ne convient pas à un étranger d'en faire l'éloge, et vous feriez peu de cas de l'encens que vous prodigueroit un inconnu.

Le principal dessein de cette lettre est de rendre justice à mon ami et à mon compatriote M. Pope. Il est très-bon catholique, et a toujours conservé la religion de ses ancêtres dans un pays où il auroit pu trouver des tentations pour l'abandonner. La pureté de ses mœurs, la noblesse de ses sentimens, et son attachement à tous les grands principes du christianisme, le rendent aussi respectable que la supériorité de ses lumières, la beauté de son génie, et l'universalité de ses talens le rendent admirable.

Il a été accusé en France de vouloir établir la fatalité monstrueuse de Spinosa, et de nier la dégradation de la nature humaine. Je le crois exempt de l'une et de l'autre de ces deux funestes erreurs, qui renversent toute morale et toute religion, soit naturelle, soit révélée.

Voici comme j'entends les principes de son Essai sur l'Homme, et je pense qu'il ne me désavouera pas.

Il est bien éloigné de croire que l'état actuel de l'homme soit son état primitif et conforme à l'ordre. Son dessein est de montrer que, *depuis la nature dégradée*, tout est proportionné avec poids, mesure et harmonie, à l'état d'un être déchu, qui souffre, qui mérite de souffrir, et qui ne peut être rétabli que par les souffrances; que les maux physiques sont destinés à guérir le mal moral; que les passions et les crimes des hommes les plus méchans sont bornés, dirigés, et réglés de façon par une sagesse souveraine, qu'elle tire l'ordre de la confusion, la lumière des ténèbres, et des biens innombrables des maux passagers de cette vie ; que cette Providence conduit tout à ses fins sans jamais blesser la liberté des êtres intelligens, et sans produire ni approuver les effets de leur malice délibérée; et que tout est réglé dans l'ordre physique, tandis que tout est libre dans l'ordre moral; que ces deux ordres sont enchaînés sans fatalité, et sans cette nécessité qui nous rend *vertueux sans mérite*, *et vicieux sans crime ;* que nous ne voyons présentement qu'une roue détachée de la vaste machine, qu'un nœud très-petit de la grande chaîne, et qu'une foible partie du plan immense qui sera dévoilé quelque jour. Alors Dieu justifiera pleinement toutes les démarches incompréhensibles de sa sagesse et de sa bonté, et s'absoudra, comme dit Milton, du jugement téméraire des mortels.

Vous avez donné une preuve éclatante de la justesse de votre esprit et de la justice de votre cœur, en avertissant le lecteur que vous n'attaquez pas les véritables sentimens de M. Pope, mais les fausses conséquences qu'on a tirées en ce pays-ci de son ouvrage, en confondant l'ordre passager de la nature degradée avec l'ordre éternel, immuable et nécessaire, auquel l'homme est destiné.

Je connois les coupables auteurs de ces calomnies répandues contre M. Pope : Spinosistes et incrédules eux-mêmes, ils ont cru qu'il leur ressembloit, persuadés qu'on ne peut avoir de l'esprit sans penser comme eux.

Notre Homère anglais, bien éloigné de l'erreur Pélagienne, dont Homère et Platon auroient eux-mêmes rougi, est persuadé que non-seulement l'homme est déchu et dépouillé, mais mortellement blessé ; non-seulement blessé, mais encore mort ; non-seulement mort, mais de plus enseveli dans le péché : de sorte que dans une force surnaturelle, sans la $\delta\upsilon\nu\alpha\mu\iota\varsigma\ \Theta\epsilon\iota\alpha$, reconnue des Païens même, il ne peut rien produire de lui-même qui soit conforme à l'ordre éternel, à l'amour du *souverain beau* pour lui-même, et de tous les êtres subalternes pour lui. Je me flatte qu'il justifiera un jour ses vrais sentimens, et qu'il imitera votre exemple en nous donnant un poëme sur la religion, fort supérieur au Paradis perdu, dont les images, souvent rampantes, sont peu dignes de la majesté du sujet ; dont le plan philosophique (1) n'égale pas le

---

(1) On ne comprend pas ce que veut dire ici le chevalier de Ramsay. Il n'y a dans ce poëme ni plan philosophique, ni ordonnance symétrique ; et l'amour de Dieu pour les hommes est bien mieux prouvé par Milton que par Pope.

génie sublime du poète, ni l'ordonnance symétrique, l'esprit créateur de Milton.

Milton écrivit son poëme pour confondre l'incrédulité de son siècle; mais, Calviniste outré, il dégrada son ouvrage par les injures puériles et insensées qu'il vomit contre l'Eglise romaine, aussi bien que par le plan borné et rétréci qu'il nous donna de la Providence, et de l'amour universel de Dieu pour ses créatures.

M. le chevalier Newton, grand géomètre, et nullement métaphysicien, étoit persuadé de la vérité de la religion ; mais il voulut raffiner sur d'anciennes erreurs orientales, et renouvela l'Arianisme par l'organe de son fameux disciple et interprète M. Clarke, qui m'avoua quelque temps avant que de mourir, après plusieurs conférences que j'avois eues avec lui, combien il se repentoit d'avoir fait imprimer son ouvrage : je fus témoin, il y a douze ans, à Londres, des derniers sentimens de ce modeste et vertueux docteur.

M. Locke, génie superficiel, qui a écrit les élémens de la philosophie, plutôt que ses principes approfondis, étoit, je crois, un Socinien décidé. Quand l'autorité ne guide plus un philosophe, et que les décisions de l'Eglise ne lui servent pas de boussole, il s'égare toujours.

Je m'étois égaré, dès ma tendre jeunesse, dans une incrédulité séduisante, mais également éloignée des horreurs du Spinosisme impie et des excès du Déisme, qui ne cherche à secouer le joug de la révélation que pour contenter les passions. Je fus ramené par le grand et sublime Fénélon, archevêque de Cambray, qui me fit comprendre non-seulement la beauté de la morale chrétienne, mais qui me démontra que, quoique nos mystères soient incompréhensibles, ils ne sont pourtant pas impossibles ; qu'ils ont un côté obscur qui humilie l'esprit humain, et un côté lumineux qui l'éclaire et le console. En sorte que je puis dire avec feu notre ami M. Rousseau :

> Tel aujourd'hui, dégagé de sa chaîne,
> N'écoute plus que la voix souveraine,
> . . . . . qui commençant sa carrière,
> Ferma long-temps les yeux à la lumière.

Je suis, Monsieur, avec, etc.

LE CHEVALIER DE RAMSAY.

# RÉPONSE
# DE M. RACINE.

A Soissons, le 15 mai 1742.

Monsieur,

Il est vrai que je n'ai pas l'honneur d'être connu de vous; mais si votre nom et vos ouvrages m'étoient inconnus, je serois étranger dans la république des lettres. La manière dont vous expliquez le système de M. Pope est si lumineuse et si conforme à la religion, que je vous demande la permission de rendre votre lettre publique. Elle servira, en attendant que M. Pope s'explique lui-même, et parle aussi clairement que vous le faites parler, à éclairer ceux qui le font penser bien différemment.

Ce que vous m'écrivez sur Milton, Newton, Clarke et Locke, fait voir que l'amour de la vérité est plus fort sur vous que l'amour pour vos compatriotes, puisque vous ne dissimulez pas leurs erreurs. Il faut avouer que les géomètres eux-mêmes, malgré cette science qui doit rendre l'esprit si juste, s'écartent souvent dans les vérités les plus importantes, lorsqu'ils ne veulent suivre que leurs lumières, parce qu'en pareille matière, la grande justesse d'esprit est la soumission à l'autorité.

Je suis, Monsieur, etc.

# SECONDE LETTRE

DE M. LE CHEVALIER

## DE RAMSAY

A M. RACINE.

Ce 10 septembre 1742.

MONSIEUR,

Je suis content, et bien persuadé que vous serez aussi content que moi, en recevant la lettre que M. Pope m'a adressée pour vous être remise.

Elle vous fera connoître que je ne m'étois pas engagé témérairement, lorsque dans la première lettre que j'eus l'honneur de vous écrire, j'ai soutenu hardiment la pureté des sentimens de mon illustre compatriote. Mais ce n'étoit pas assez qu'il fût justifié par moi : on eût put croire que l'amitié seule m'avoit fait parler. Le voici qui se justifie lui-même. Sa lettre, en vous prouvant son zèle pour la religion, et sa soumission à l'autorité de l'Eglise, fermera la bouche à ses accusateurs. Il y joint un livre fait pour sa défense par un célèbre docteur de l'Eglise anglicane, nommé Warburton. En distribuant lui-même cet ouvrage à ses amis, il l'adopte, il l'approuve et le rend précieux.

Vos soupçons contre lui étoient pardonnables. Vous aviez été ébranlé par les faux rapports de ses ennemis : il en a de plusieurs espèces. Son rare talent lui fait des envieux : *Urit enim fulgore suo*, etc. Les liaisons intimes qu'il a eues avec plusieurs grands seigneurs opposés ou accrédités à la cour, lui en ont fait d'autres. Du reste, on a des preuves certaines de sa probité et de sa vertu incorruptible.

J'ai ouï dire qu'il a été successivement, et quelquefois en même temps, ami et confident intime de plusieurs ministres. Il auroit pu faire une fortune immense en profitant de la disgrâce des uns, pour faire sa cour aux autres; mais son cœur est incapable de ces bassesses.

On m'assure aussi qu'une princesse, admiratrice de ses ouvrages, voulut, dans le temps qu'elle gouvernoit l'Angleterre, engager ce poète, non pas à abandonner la religion de ses pères, mais à dissimuler : elle vouloit lui procurer des places considérables, en lui promettant qu'il seroit dispensé des sermens accoutumés. Il refusa ces propositions avec une fermeté inébranlable. Un pareil sacrifice n'est pas celui d'un incrédule ni d'un déiste.

Ne croyez pas que les sentimens d'une amitié réciproque m'engagent à parler ainsi en faveur de M. Pope, ni que j'aie envie de lui offrir un encens adulateur. Je ne songe qu'à rendre hommage à la justice et à la vérité.

Je suis, etc.

# LETTER

## OF M. POPE

### TO M. RACINE.

London, 1 sept. 1742.

Sir,

Nothing had delayed my acknowledgement for your most obliging letter, but the expectation of that agreable present with you have honour' d me, the book itself. The only allay to the pleasure it gave me in reading it, was to find that you imputed to me principles i never was guilty of. But then again, your declaration at the end of it that you did not understand the original, that you could not be certain whether it really contained those principles or not, and thad you had done this only because others had tought they found them there : this, Sir, i must look upon as a great and extraordinary proof of your candor, your temper, your charity.

But i assure you, Sir, a total ignorance of our language has not been so fatal to me, as an imperfect knowledge of it. And all the beauties of Mons. de Resnel's versification have given less advantage to my Essay, than is continued mestakes of my doctrine and reasoning have injured id. You

# TRADUCTION DE LA LETTRE
## DE M. POPE
### A M. RACINE.

A Londres, le 1ᵉʳ septembre 1742.

MONSIEUR,

J'aurois eu l'honneur de répondre plutôt à votre lettre, si je n'avois pas toujours attendu le beau présent dont vous m'avez honoré. J'ai reçu enfin votre poëme sur la Religion. Le plaisir que me causa cette lecture eût été sans mélange, si je n'avois eu le chagrin de voir que vous m'imputiez des principes que j'abhorre. Je ne m'en suis consolé qu'en lisant l'endroit de votre Avertissement où vous déclarez que, n'entendant pas l'original anglais, vous ne pouvez pas juger de l'Essai sur l'Homme par vous-même, et que vous n'attaquez pas mes principes, mais les fausses conséquences qu'on en a tirées, et les dangereuses maximes que quelques personnes ont cru y trouver. Cet aveu est une preuve éclatante de votre candeur, de votre prudence et de votre charité.

Je puis vous assurer, Monsieur, que votre entière ignorance de notre langue m'a été beaucoup moins fatale que la connoissance imparfaite qu'en avoient mes traducteurs, qui les a empêchés de pénétrer mes véritables sentimens. Toutes les beautés de la versification de M. l'abbé du Resnel ont été moins honorables à mon

vill see them sufficiently exposed in the work i send to you (vritten by the learned author of the Divines Legation of Moses), and i flatter myself that the chevalier Ramsay, who has so warm a zeal for truth, will take the trouble of explaining it to your full satisfaction : after wich, i may trust to your own justice.

Upon the whole, i have the pleasure to answer you in the manner you most desire, a sincere avow that all my opinions are intirely different from those of Spinosa, or even of Leibnitz; but on the contrary conformable to those of Mons. Pascal and Mons. Fenelon : the latter of vhom i would most readily imitate, in submitting all my opinions to the decision of the Church.

I have the honour to be, with just regard,

SIR,

Your most humble et most obedient servant.

A. POPE.

poëme, que ses méprises continuelles sur mes raisonnemens et sur ma doctrine ne lui ont été préjudiciables. Vous verrez ces méprises relevées et réfutées dans l'ouvrage anglais que j'ai l'honneur de vous envoyer : cet ouvrage est un commentaire critique et philosophique par le savant auteur de la Divine Légation de Moïse. Je me flatte que le chevalier de Ramsay, rempli comme il l'est d'un zèle ardent pour la vérité, voudra bien vous en expliquer le contenu. Alors je m'en rapporterai à votre justice, et je me flatte que tous vos soupçons seront dissipés.

En attendant ces éclaircissemens, je ne saurois me refuser le plaisir de répondre nettement à ce que vous desirez de savoir de moi.

Je déclare donc hautement et très-sincèrement, que mes sentimens sont diamétralement opposés à ceux de Spinosa, et même à ceux de Leibnitz, puisqu'ils sont parfaitement conformes à ceux de M. Pascal et de M. l'archevêque de Fénélon, et que je ferois gloire d'imiter la docilité du dernier, en soumettant toujours toutes mes opinions particulières aux décisions de l'Eglise.

Je suis, etc.

# RÉPONSE
# DE M. RACINE
## A M. POPE.

A Paris, le 25 octobre 1742.

Monsieur,

Quelle plus grande preuve de votre religion que la douceur et l'humilité avec laquelle vous vous justifiez devant un homme qui doit se justifier lui-même de vous avoir attaqué témérairement! Vous me pardonnez ma faute sans m'en faire le moindre reproche; et plus vous m'épargnez, moins je dois m'épargner et me pardonner.

Oui, Monsieur, j'avoue qu'un zèle trop précipité m'a séduit. J'avois entendu plusieurs fois opposer à des vérités que vous respectez autant que je les respecte, des principes qu'on disoit être les vôtres, ou du moins des conséquences des vôtres. Je m'étois cru permis de m'élever contre vous. Il est vrai que, dans l'Avertissement qui précède mon Epître, je fis un aveu qui m'inspira le remords qui m'agitoit en vous attaquant. J'ai obligation de ce remords à la persuasion où j'ai toujours été que les plus grands hommes sont ceux qui sont les plus dociles à la révélation. J'avois peine à comprendre que vous fussiez du nombre des ennemis d'une religion qui n'en a jamais eu que de méprisables, et que dans un ouvrage où vous entreprenez de nous montrer la route

route du bonheur, vous fussiez capable de prêter des armes à ceux qui veulent nous en écarter.

Quoique votre lettre, qui vous fait tant d'honneur, doive me faire rougir, puisqu'elle apprend combien j'ai eu tort de vous soupçonner, je me vois obligé de la rendre publique. L'offense l'a été, la réparation doit l'être. C'est ce que je dois à vous et à moi, parce que je le dois à la justice.

Quelqu'apologie de vos sentimens que puisse contenir le livre que vous avez eu la bonté de m'envoyer, il devient inutile après la déclaration que vous faites dans votre lettre. Eh, quelle plus forte apologie que cette disposition où vous êtes de soumettre toujours vos opinions particulières à l'autorité de l'Eglise ! Ce respect que vous conservez pour elle, malgré tant de motifs qui auroient pu l'affoiblir en vous, est une grande leçon pour nous qui avons le bonheur de vivre dans son sein. Ceux qui, parmi nous, ont, comme vous, la louable ambition de mettre en vers des vérités utiles aux hommes, doivent de toute façon vous prendre pour leur modèle, et n'oublier jamais que le plus grand poète de l'Angleterre est un des plus humbles enfans de l'Eglise.

Je suis, Monsieur, etc.

# AVERTISSEMENT
# DE LOUIS RACINE.

Je n'ai pas dû répondre autrement à un homme aussi célèbre qui m'envoyoit sa profession de foi ; j'ai dû la croire sincère, par conséquent interpréter favorablement son système dans son Essai sur l'Homme, et croire qu'il avoit raison de se plaindre de ses traducteurs. Après avoir lu ce poëme dans l'anglais, loin d'en être le défenseur, je reconnois qu'il ne peut être justifié que par des explications très-forcées, et que le système qu'il présente d'abord est celui du Déisme. Il promet, en commençant, de justifier les voies de Dieu ; Milton promet la même chose dans l'exorde de son Paradis perdu : quelle différence entre ces deux défenseurs de la Providence ! Milton, qui suit la révélation, développe d'une manière admirable la suite des desseins de Dieu sur les hommes ; Pope, qui ne suit que la raison, laisse dans une entière ignorance sur ces desseins, dont il ne parle pas. Le seul mot qui ait rapport à la religion, dans son poëme, est celui-ci : « Laissez les faux zélés disputer sur la foi ; celui » qui vit bien ne peut être que dans une bonne » voie. » Il fait une description d'un âge d'or qui n'est ni celui des poètes, ni l'état d'innocence dans le Paradis terrestre. Il ne parle jamais de la chute de l'homme, ni de son Réparateur. Je suis très-

## AVERTISSEMENT.

éloigné de le soupçonner, après la lettre qu'il m'a écrite, d'avoir voulu prêcher le Déisme; mais je suis obligé d'avouer qu'on croit le trouver au milieu de tous ses raisonnemens abstraits, et même il s'y présente si naturellement, qu'on y peut attribuer la fortune rapide que ce poëme fit, peu après sa naissance, parmi nous, lorsqu'il y parut en différentes traductions, tant en prose qu'en vers.

Ce ne fut que long-temps après sa naissance, que le poëme de la Religion parut à Londres, traduit en vers anglais. Je ne parlerai ni de cette traduction, ni de celle en vers allemands, ni des deux autres en vers italiens, parce qu'elles sont imprimées ; mais je ne dois pas laisser perdre le souvenir d'une traduction en vers latins, non imprimée, la mort du traducteur ne lui ayant pas permis de la retoucher, parce que ce traducteur fut un phénomène littéraire dont il fut parlé dans les Mercures de France de 1748, où l'on inséra quelques morceaux de sa traduction.

M. le chancelier d'Aguesseau ayant entendu dire qu'un ouvrier en étamine, de la ville du Mans, avoit traduit en vers latins les six chants du Poëme de la Religion, et ayant peine à le croire, écrivit pour être assuré de ce fait, au lieutenant-général de cette ville, qui fut lui-même très-surpris d'entendre parler d'un poète de sa ville, qu'on n'y connoissoit pas. Il le fit chercher, il le découvrit, et confirma la vérité de cette nouvelle à M. le chancelier qui, instruit du triste état de ce poète, lui fit toucher une gratification.

Le sieur Etienne Bréard, c'est son nom, trèsreconnoissant de la libéralité de M. le chancelier, lui fit un remercîment en vers, dans lesquels il avoue être du nombre de ces artisans qu'il appelle *Pannorum artifices leviorum*, et il m'envoya sa traduction, qui n'étoit point encore sortie de ses mains, avec ce congé poétique :

> Quid dubitas, liber, è manibus prodire ? Dolorum
> Filius es, genuit te in fletibus ægra senectus....
> Propera, et genitus pro religionis amore
> Patris in extremis, ieris quocumque memento.

C'étoit en effet, *Patris in extremis* qu'il m'adressoit sa traduction; il mourut peu de mois après. L'indifférence qu'il eut toute sa vie pour être connu, mérite qu'il le soit après sa mort, ce qui m'engage à rapporter la lettre qu'il m'écrivit; la simplicité de son style prouve la simplicité de ses mœurs et de sa foi.

# LETTRE
## DU
# SIEUR ÉTIENNE BREARD
## A M. RACINE.

Au Mans, le 26 janvier 1749.

MONSIEUR,

Si la traduction que j'ai faite, de vos sublimes chants sur la religion, est reçu favorablement, c'est à l'auteur de la religion que j'en dois rendre grace; sans son secours, aurois-je pu réussir, lorsque j'étois dans l'indigence, et dans la vieillesse, et lorsque, sur-tout, une paralysie m'avoit jeté dans un état digne de compassion? Ce malheur cependant m'a été utile, puisque me faisant quitter la profession mécanique que j'exerçois, il m'a rappelé aux études de mes premières années.

Mon père, fabricant en étamines au Mans, me mit au collége des PP. de l'Oratoire de cette ville, où je fus assez bon écolier. Je remportois souvent des prix. Après ma philosophie je fis ma théologie, et à vingt-deux ans j'allai à la Trappe, où je portai quatre mois l'habit de novice. Je quittai un lieu si saint, mais trop austère pour moi; et le Père des novices me dit, en me donnant le baiser de paix : « Puisque vous nous » quittez, n'abandonnez pas du moins les sentimens de

» religion que nous vous avons inspirés. » Je sortis en pleurant, et je retournai au Mans, où je fus quelque temps maître d'école. J'avois l'ambition d'être prêtre, mais ne pouvant espérer d'avoir un titre, je pris le parti de revenir à la profession paternelle; c'est celle que nous nommons *Serger*, dans laquelle, comme fils d'ouvrier, je fus reçu à moins de frais. J'ai depuis l'âge de vingt-quatre ans exercé cette profession, et je n'y ai jamais, grace à Dieu, perdu de vue les sentimens qu'on m'avoit inspirés à la Trappe.

A soixante-quatre ans, étant attaqué d'une paralysie qui ne me laissoit que quelques intervalles pour m'appliquer, je me rappelai mes anciennes études, et je fis quelques vers latins que j'allai montrer à l'abbaye de Saint-Vincent, où je me fis porter pour rendre mes devoirs à don Rivet et don Dodart. Ces bons religieux, fameux dans les lettres, me félicitant de ces vers qu'ils n'attendoient pas d'un homme de mon âge et de ma profession, me donnèrent le Poème de la Religion, m'exhortant à le traduire. Je tremblai à cette proposition. Cependant j'entrepris ce travail, et avec le secours de cette Grâce que vous avez chanté, je l'ai achevé. Vous l'avez su; et c'est vous, sans doute, qui en avez parlé à M. le Chancelier, dont l'insigne bonté a su me trouver dans mon humble obscurité, et qui, par l'organe du premier et du plus illustre magistrat de notre ville, m'a fait assurer de sa protection, et m'en a fait ressentir les effets. C'est avec toute la reconnoissance que je vous dois, que je suis,

Monsieur, etc.

# RÉPONSE
# DE M. RACINE
## AU SIEUR BRÉARD.

MONSIEUR,

Je conçois quelle a été votre surprise, lorsque dans votre obscurité, vous vous êtes vu découvert par le premier magistrat du Mans, qui vous cherchoit par l'ordre du premier magistrat du Royaume. M. le Chancelier, qui a su par quelles saintes occupations vous vous consoliez dans vos malheurs, a été édifié et attendri. *Sunt hic sua præmia laudi, sunt lachrymæ rerum.* Vous croyez m'avoir quelque obligation, et vous me faites des remercîmens, lorsque je vous en dois. Vous ignorez l'honneur que votre ouvrage fait au mien, et l'amour-propre qu'il m'inspire, parce que vous ignorez, et en cela vous ne ressemblez pas à nous autres poètes, ce que c'est que l'amour-propre. Quand je songe à la peine qu'on a eue à vous trouver dans votre ville même, où vous avez sacrifié vos jours à un emploi mécanique; quand je songe que ce n'a été que l'adoucissement que vous avez cherché dans vos maux, qui vous a engagé à mettre en vers les vérités dont vous êtes pénétré, j'en conclus que vous êtes bien plus digne que moi de chanter la Religion. Vous croyez sans doute ne marcher qu'après moi, comme mon traducteur dans la carrière poétique, et moi, je vois par la manière dont vous vous êtes toujours caché, que n'ayant jamais attendu votre récompense des hommes, je ne marche que bien loin après vous dans la carrière qui doit nous conduire tous deux à l'objet de nos vers.

Je suis, Monsieur, etc.

# JUGEMENT
# DE J. B. ROUSSEAU
## SUR
## LE POËME DE LA RELIGION.

A Bruxelles, le 30 août 1737.

Quelque recommandable que soit le Poëme de la Religion, par l'importance et par la grandeur de son sujet, on peut dire qu'il n'est pas moins admirable par la manière dont il est traité; soit qu'on y considère l'assemblage, le choix et la force des preuves; soit qu'on y regarde l'économie, et la judicieuse distribution de ces mêmes preuves, qui se donnant du jour l'une à l'autre par l'art avec lequel l'auteur les a placées, composent un corps de lumière, et un tout de conviction auquel il est impossible que l'incrédulité la plus aveugle et la plus opiniâtre puisse résister. C'est ce qui doit rendre cet ouvrage aussi immortel que la religion qu'il défend.

Mais quelque solide qu'il soit, cette solidité même auroit pu nuire dans l'esprit de la plupart des lecteurs, à qui l'utile ne sauroit plaire, s'il n'est pas accompagné d'agrémens, et qui aiment mieux sacrifier l'utilité à leur plaisir, que leur plaisir à l'utilité. C'est à quoi l'auteur a bien pourvu par l'abondante et riche variété des peintures qu'il a semées dans tout son ouvrage, et par la magnificence du style dont il s'est servi pour les exprimer. En sorte que si jamais la poésie a mérité d'être appelée le langage des dieux, on peut dire que celle-ci mérite particulièrement d'être appelée le langage de Dieu, qui semble y parler lui-même par l'organe de celui qu'il a chargé de sa cause. C'est un témoignage que je dois à ma propre conscience, et à l'impression que la lecture de ce poëme a fait sur mon cœur et sur mon esprit. J'en ai suivi la conduite avec une grande attention.

On ne sauroit établir les preuves de la religion, qu'en commençant par établir celles de l'existence de Dieu. C'est ce que l'auteur a fait dans le premier Chant, où tout ce que la physique peut fournir à la poésie, et la métaphysique à la raison, se trouve décrit et développé de la manière la plus noble et la plus distincte. Ces preuves amènent naturellement la distinction des deux substances, leur union pendant la vie, et leur séparation à la mort; d'où s'ensuit la preuve de l'immortalité de l'âme. Les diverses opinions et les contrariétés des philosophes sur ce sujet, conduisent à la nécessité d'une révélation. Le troisième Chant poursuit la proposition avancée à la fin du précédent, en faisant voir par l'histoire du monde, et des Juifs en particulier, que ce n'est que dans leurs livres que la révélation se trouve; d'où résulte, par des conséquences indisputables, l'authenticité et la vérité d'une religion annoncée par les prophètes, confirmée par les miracles, et avouée par Mahomet lui-même, son plus grand ennemi.

Le quatrième Chant est parfaitement lié au troisième

par l'exposition admirable de la naissance de la religion chrétienne, des miracles de son auteur, de l'accomplissement des prophéties, de la propagation si rapide de l'Evangile, et de son établissement au milieu des persécutions et des supplices. On y voit les nations soumises, la raison humaine confondue, la folie de la croix triomphante de la sagesse du monde, et enfin Rome, le centre du paganisme, punie comme Jésusalem l'avoit été, mais relevée pour devenir jusqu'à la fin des siècles, le centre de la religion chrétienne. Après ces preuves tirées des faits, l'auteur rassure l'esprit et le cœur de l'homme; l'un contre l'obscurité des mystères, l'autre contre la sévérité de la morale. Il fait voir, dans le cinquième Chant, jusqu'où va l'ignorance de l'homme, et les difficultés auxquelles le déiste ne peut répondre; au lieu que le chrétien y trouve la réponse dans la révélation. A l'égard de la morale, ce qui m'a le plus frappé, est le parallèle également docte, solide et ingénieux de la morale des poètes mêmes, et des poètes d'ailleurs les plus corrompus du paganisme, avec celle des chrétiens.

Cette pensée, que la religion n'exige de nous que ce que la droite raison nous ordonne, et que l'Evangile, s'il est permis de parler ainsi, ne rend pas le chemin plus étroit que la simple philosophie, et les devoirs prescrits à l'honnête homme, est admirablement exprimée, et il falloit qu'elle le fût; mais il falloit aussi montrer l'avantage que la morale du Christianisme a sur toute autre morale. Cet avantage consiste dans le précepte de la charité, le plus doux de tous les préceptes, tous les autres ne s'adressant qu'à la raison, mais celui-ci s'adressant au cœur, qui est ce que Dieu demande particulièrement; et comme cette vertu est le couronnement de toutes les vertus chétiennes, l'auteur ne pouvoit mieux couronner son ouvrage, qu'en nous en faisant sentir le prix et la nécessité : et c'est ce qu'il a exécuté d'une manière si touchante et si élevée, qu'il semble que ce soit Dieu lui-même qui ait choisi le langage de l'homme pour parler au cœur de l'homme.

# AVERTISSEMENT
# DE J. B. ROUSSEAU
### SUR L'ÉPITRE SUIVANTE.

Le poëme de la Religion, dont l'auteur m'a fait l'honneur de me communiquer le manuscrit, et qui a donné lieu à l'Epître suivante, m'a paru un chef-d'œuvre de poésie, aussi bien que de piété, également admirable par la solidité des preuves qui y sont alléguées, et par l'abondance et riche variété des peintures dont il les a ornées : en sorte que si jamais la poésie a pu être nommée le langage des dieux, on peut dire que celle-ci mérite particulièrement d'être appelée le langage de Dieu, qui semble y parler lui-même par l'organe de celui qu'il a voulu charger de sa cause. C'est ce qui m'a engagé à solliciter ici l'auteur, si digne du nom qu'il porte, de donner incessamment son ouvrage au public, auquel il ne sauroit être trop tôt présenté, pour le rassurer contre le progrès de l'impiété, et de cette secte d'hommes téméraires qui, avec beaucoup d'esprit, et encore plus de libertinage, semblent n'avoir en vue que d'établir sur les ruines de la religion chrétienne, le système affreux du Spinosisme et du Matérialisme.

# ÉPITRE

# DE J. B. ROUSSEAU

## A LOUIS RACINE.

A Bruxelles, le 1<sup>er</sup> septembre 1737.

De nos erreurs, tu le sais, cher Racine,
La déplorable et funeste origine
N'est pas toujours, comme on veut l'assurer,
Dans notre esprit, facile à s'égarer;
Et sa fierté dépendante et captive
N'en fut jamais la source primitive.
C'est le cœur seul, le cœur qui le conduit,
Et qui toujours l'éclaire, ou le séduit.
S'il prend son vol vers la céleste voûte,
L'esprit docile y vole sur sa route;
Si de la terre il suit les faux appas,
L'esprit servile y rampe sur ses pas;
L'esprit enfin, l'esprit, je le répète,
N'est que du cœur l'esclave ou l'interprète;
Et c'est pourquoi tes divins Précurseurs,
De nos autels antiques défenseurs,
Sur lui toujours se sont fait une gloire
De signaler leur première victoire.
Oui, cher Racine, et pour n'en point douter

Chacun en soi n'a qu'à se consulter.
Celui qui veut de mon esprit rebelle
Dompter, comme eux, la révolte infidelle,
Pour parvenir à s'en rendre vainqueur,
Doit commencer par soumettre mon cœur;
Et plein du feu de ton illustre père,
Me préparer un chemin nécessaire
Aux vérités qu'Esther va me tracer,
Par les soupirs qu'elle me fait pousser.
C'est par cet art que l'auteur de la Grâce,
Versant sur toi sa lumière efficace,
Daigna d'abord, certain de son succès,
Toucher mon cœur dans tes premiers essais;
Et qu'aujourd'hui consommant son ouvrage,
Et secondant ta force et ton courage,
Il brise enfin le funeste cercueil
Où mon esprit retranchoit son orgueil,
Et grave en lui les derniers caractères,
Qui de ma foi consacrent les mystères.
Quelle vertu! Quels charmes tout-puissans
A son empire asservissent mes sens!
Et quelle voix céleste et triomphante
Parle à mon cœur, le pénétre, l'enchante!
C'est Dieu, c'est lui, dont les traits glorieux
De leur éclat frappent enfin mes yeux.
Je vois, j'entends, je crois: ma raison même
N'écoute plus que l'oracle suprême.
Qu'attends-tu donc? Toi dont l'œil éclairé
Des vérités dont il m'a pénétré,
Toi dont les chants non moins doux que sublimes,

Se

Se sont ouvert tous les divins abymes
Où sa grandeur se plaît à se voiler,
Qu'attends-tu, dis-je, à nous les révéler
Ces vérités qui nous la font connoître?
Et que sais-tu s'il ne te fit point naître
Pour ramener ses sujets non soumis,
Ou consoler du moins ses vrais amis?
Dans quelle nuit, hélas, plus déplorable
Pourroit briller sa lumière adorable,
Que dans ces jours où l'ange ténébreux
Offusque tout de ses brouillards affreux;
Où franchissant le stérile domaine
Donné pour borne à la sagesse humaine,
De vils mortels jusqu'au plus haut des cieux
Osent lever un front audacieux;
Où nous voyons enfin, l'osé-je dire?
La vérité soumise à leur empire,
Ses feux éteints dans leur sombre fanal,
Et Dieu cité devant leur tribunal?
Car ce n'est plus le temps où la licence
Daignoit encor copier l'innocence,
Et nous voiler ses excès monstrueux
Sous un bandeau modeste et vertueux.
Quelque mépris, quelque horreur que mérite
L'art séducteur de l'infâme hypocrite,
Toujours pourtant du scandale ennemi,
Dans ses dehors il se montre affermi;
Et plus prudent que souvent nous ne sommes,
S'il ne craint Dieu, respecte au moins les hommes.
Mais en ce siècle à la révolte ouvert,

L'Impiété marche à front découvert :
Rien ne l'étonne, et le crime rebelle
N'a point d'appui plus intrépide qu'elle.
Sous ses drapeaux, sous ses fiers étendards,
L'œil assuré, courent de toutes parts
Ces légions, ces bruyantes armées
D'esprits subtils, d'ingénieux Pygmées,
Qui sur des monts d'argumens entassés,
Contre le ciel burlesquement haussés,
De jour en jour, superbes Encelades,
Vont redoublant leurs folles escalades ;
Jusques au sein de la Divinité
Portent la guerre avec impunité ;
Viendront bientôt, sans scrupule et sans honte,
De ses arrêts lui faire rendre compte ;
Et déjà même, arbitres de sa loi,
Tiennent en main, pour écraser la foi,
De leur raison les foudres toutes prêtes.
Y songez-vous, insensés que vous êtes ?
Votre raison, qui n'a jamais flotté
Que dans le trouble et dans l'obscurité,
Et qui rampant à peine sur la terre,
Veut s'élever au-dessus du tonnerre,
Au moindre écueil qu'elle trouve ici-bas,
Bronche, trébuche, et tombe à chaque pas :
Et vous voulez, fiers de cette étincelle,
Chicaner Dieu sur ce qu'il lui révèle !
Cessez, cessez, héritage des vers,
D'interroger l'auteur de l'univers ;
Ne comptez plus avec ses lois suprêmes :

Comptez plutôt, comptez avec vous-mêmes ;
Interrogez vos mœurs, vos passions,
Et feuilletons un peu vos actions.
Chez des amis vantés pour leur sagesse,
Avons-nous vu briller votre jeunesse ?
Vous a-t-on vus, dans leur choix enfermés,
Et de leurs mains à la vertu formés,
Chérir comme eux la paisible innocence,
Vaincre la haine, étouffer la vengeance,
Faire la guerre aux vices insensés,
A l'amour-propre, aux vœux intéressés,
Dompter l'orgueil, la colère, l'envie,
La volupté des repentirs suivie ?
Vous a-t-on vus, dans vos divers emplois,
Au taux marqué par l'équité des lois,
De vos trésors mesurer la récolte,
Et de vos sens apaiser la révolte ?
S'il est ainsi, parlez : je le veux bien.
Mais non. J'ai vu, ne dissimulons rien,
Dans votre vie, au grand jour exposée,
Une conduite, hélas, bien opposée !
Une jeunesse en proie aux vains desirs,
Aux vanités, aux coupables plaisirs.
Un fol essaim de beautés effrénées,
A la mollesse, au luxe abandonnées,
De faux amis, d'insipides flatteurs,
Furent d'abord vos sages précepteurs.
Bientôt après, sur leurs doctes maximes
En gentillesse érigeant tous les crimes,
Je vous ai vus, à titre de bel-air,

Diviniser des idoles de chair;
Et mettre au rang des belles aventures
Sur leur pudeur vos victoires impures.
Je vous ai vus, esclaves de vos sens,
Fouler aux pieds les droits les plus puissans;
Compter pour rien toutes vos injustices;
Immoler tout à vos moindres caprices,
A votre haine, à vos affections,
A la fureur de vos préventions ;
Vouloir enfin, par vos désordres mêmes,
Justifier vos désordres extrêmes;
Et sans rougir, enflés par le succès,
Vous honorer de vos propres excès.
Mais au milieu d'un si gracieux songe,
Ce ver caché, ce remords qui vous ronge
Jusqu'au plus fort de vos dérèglemens,
Vous exposoit à de trop durs tourmens.
Il a fallu, parlons sans nulle feinte,
Pour l'étouffer, étouffer toute crainte,
Tout sentiment d'un fâcheux avenir;
D'un Dieu vengeur chasser le souvenir;
Poser en fait qu'au corps subordonnée,
L'âme avec lui meurt ainsi qu'elle est née;
Passer enfin de l'endurcissement
De votre cœur, au plein soulèvement
De votre esprit : car tout libertinage
Marche avec ordre ; et son vrai personnage
Est de glisser par degré son poison,
Des sens au cœur, du cœur à la raison.
De là sont nés, modernes Aristippes,

Ces merveilleux et commodes principes
Qui, vous bornant aux voluptés du corps,
Bornent aussi votre âme et ses efforts
A contenter l'agréable imposture
Des appétits qu'excite la nature;
De là sont nés, Epicures nouveaux,
Ces plans fameux, ces systèmes si beaux
Qui, dirigeant sur votre prud'hommie
Du monde entier toute l'économie,
Vous ont appris que ce grand univers
N'est composé que d'un concours divers
De corps muets, d'insensibles atômes,
Qui par leur choc forment tous ces fantômes
Que détermine et conduit le hasard,
Sans que le ciel y prenne aucune part.
Vous voilà donc rassurés et paisibles;
Et désormais au trouble inaccessibles;
Vos jours sereins, tant qu'ils pourront durer,
A tous vos vœux n'ont plus qu'à se livrer.
Mais c'est trop peu. De si belles lumières
Luiroient en vain pour vos seules paupières:
Et vous devez, si ce n'est par bonté,
En faire part, du moins par vanité,
A ces amis si zélés, si dociles,
A ces beautés si tendres, si faciles,
Dont les vertus conformes à vos mœurs
Vous ont d'avance assujéti les cœurs.
C'est devant eux que vos langues disertes
Pourront prêcher ces rares découvertes
Dont vous ayez enrichi vos esprits;

C'est à leurs yeux que vos doctes écrits
Feront briller ces subtiles fadaises,
Ces argumens émaillés d'antithèses,
Ces riens pompeux avec art enchâssés
Dans d'autres riens fièrement énoncés,
Où la raison la plus spéculative,
Non plus que vous, ne voit ni fond ni rive.
Que tardez-vous ? Ces tendres nourrissons
Déjà du cœur dévorent vos leçons.
Ils comprendront d'abord, comme vous-mêmes,
Tous vos secrets, vos dogmes, vos problêmes ;
Et comme vous, bientôt même affermis
Dans la carrière où vous les aurez mis,
Vous les verrez, glorieux néophytes,
Faire à leur tour de nouveaux prosélytes ;
Leur enseigner que l'esprit et le corps,
Bien qu'agités par différens ressorts,
Doivent pourtant toute leur harmonie
A la matière éternelle, infinie,
Dont s'est formé ce merveilleux essaim
D'êtres divers émanés de son sein ;
Que ces grands mots, d'âme, d'intelligence,
D'esprit céleste et d'éternelle essence,
Sont de beaux noms forgés pour exprimer
Ce qu'on ne peut comprendre ni nommer ;
Et qu'en un mot, notre pensée altière
N'est rien au fond que la seule matière
Organisée en nous pour concevoir,
Comme elle l'est pour sentir et pour voir :
D'où nous pouvons conclure sans rien craindre,

Qu'au présent seul l'homme doit se restreindre,
Qu'il vit et meurt tout entier, et qu'enfin
Il est lui seul son principe et sa fin.
Voilà le terme où sur votre parole,
Et sur la foi de votre illustre école,
Doit s'arrêter dans notre entendement
Toute recherche et tout raisonnement.
Car de vouloir combattre les mystères
Où notre foi puise ses caractères,
C'est, dites-vous, grêler sur les roseaux.
Est-il encor d'assez foibles cerveaux
Pour adopter ces contes apocryphes,
Du monachisme obscurs hiéroglyphes?
Tous ces objets de la crédulité
Dont s'infatue un Mystique entêté,
Pouvoient jadis abuser des Cyrilles,
Des Augustins, des Léons, des Basiles;
Mais quant à vous, grands hommes, grands esprits,
C'est par un noble et généreux mépris
Qu'il vous convient d'extirper ces chimères,
Epouventail d'enfans et de grand'mères.
Car aussi-bien, par où se figurer,
Poursuivez-vous, de pouvoir pénétrer
Dans ce qui n'est à l'homme vénérable
Qu'à force d'être à l'homme impénétrable?
Quel fil nouveau, quel jour fidèle et sûr
Nous guideroit dans ce dédale obscur?
Suivre à tâtons une si sombre route,
C'est s'égarer, c'est se perdre. Oui sans doute,
C'est s'égarer, j'en conviens avec vous,

## ÉPITRE

Que de prétendre avec un cœur dissous
Dans le néant des vanités du monde,
Dans les faux biens dont sa misère abonde,
Dans la mollesse et la corruption,
Dans l'arrogance et la présomption,
Vous élever aux vérités sublimes
Qu'ont jusqu'ici démenti vos maximes.
Non, ce n'est point dans ces obscurités
Qu'on doit chercher les célestes clartés.
Mais voulez-vous, par des routes plus sûres,
Vous élancer vers ces clartés si pures
Dont autrefois, dont encor aujourd'hui
Tant de héros, l'inébranlable appui
Des vérités par le ciel révélées,
Font adorer les traces dévoilées,
Et tous les jours, pleins d'une sainte ardeur,
Dans leurs écrits consacrent la splendeur?
Faites comme eux : commencez votre course
Par les chercher dans leur première source :
C'est la vertu, dont le flambeau divin
Vous en peut seul indiquer le chemin.
Domptez vos cœurs, brisez vos nœuds funestes,
Devenez doux, simples, chastes, modestes ;
Approchez-vous avec humilité
Du sanctuaire où gît la vérité.
C'est le trésor où votre espoir s'arrête.
Mais, croyez-moi, son heureuse conquête
N'est point le prix d'un travail orgueilleux,
Ni d'un savoir superbe et pointilleux.
Pour le trouver ce trésor adorable,

Du vrai bonheur principe inséparable,
Il faut se mettre en règle, et commencer
Par asservir, détruire, terrasser
Dans notre cœur nos penchans indociles;
Par écarter ces recherches futiles,
Où nous conduit l'attrait impérieux
De nos desirs follement curieux;
Par fuir enfin ces amorces perverses,
Ces amitiés, ces profanes commerces,
Ces doux liens que la vertu proscrit :
Charme du cœur, et poison de l'esprit.
Dès qu'une fois le zèle et la prière
Auront pour vous franchi cette barrière,
N'en doutez point, l'auguste vérité
Sur vous bientôt répandra sa clarté.
Mais, direz-vous, ce triomphe héroïque
N'est qu'une idée, un songe platonique.
Quoi, gourmander toutes nos voluptés,
Anéantir jusqu'à nos volontés,
Tyranniser des passions si belles,
Répudier des amis si fidelles !
Vouloir de l'homme un tel détachement,
C'est abolir en lui tout sentiment :
C'est condamner son âme à la torture;
C'est en un mot révolter la nature,
Et nous prescrire un effort incertain,
Supérieur à tout effort humain.
Vous le croyez; mais, malgré tant d'obstacles,
Dieu tous les jours fait de plus grands miracles.
Il peut changer nos glaçons en bûchers,

Briser la pierre et fendre les rochers.
Tel aujourd'hui dégagé de sa chaîne,
N'écoute plus que sa voix souveraine,
Et de lui seul faisant son entretien,
Voit tout en lui, hors de lui ne voit rien,
Qui comme vous commençant sa carrière,
Ferma long-temps les yeux à la lumière,
Et qui peut-être envers ce Dieu jaloux
Fut autrefois plus coupable que vous.

 Pour toi, rempli de sa splendeur divine,
Toi, qui rival et fils du grand Racine,
As fait revivre en tes premiers élans
Sa piété non moins que ses talens,
Je l'avouerai : quelques rayons de flamme
Que par avance eût versés dans mon âme
La vérité qui brille en tes écrits,
J'en eusse été peut-être moins épris,
Si de tes vers la chatouilleuse amorce
N'eût secondé sa puissance et sa force ;
Et si mon cœur, attendri par tes sons,
A mon esprit n'eût dicté ses leçons.

# AVERTISSEMENT

# DE LOUIS RACINE.

Tous les avis que mon père, dans ses lettres, donna à mon frère aîné, pour se faire à la cour des amis et des protecteurs, furent inutiles à un homme que dominoit l'amour de la solitude, et qui, sitôt qu'il fut devenu son maître, a fui le monde, quoiqu'il y fût fort aimable quand il étoit obligé d'y paroître. M. de Torcy continuant ses bontés pour lui, après la mort de mon père, l'envoya à Rome avec l'ambassadeur de France. Il y resta peu, et ayant obtenu la permission de vendre sa charge de gentilhomme ordinaire, il s'enferma dans son cabinet avec ses livres, et y a vécu jusqu'à 69 ans, sans presque aucune liaison qu'avec un ami, très-capable à la vérité de le dédommager du reste des hommes. On a bien pu dire de lui, *benè qui latuit, benè vixit*. Sans aucune ambition, et même sans celle de devenir savant, son seul plaisir fut de parcourir toutes les sciences, s'attachant particulièrement aux belles-lettres, et s'étant toujours contenté de lire, sans avoir jamais rien écrit, ni en vers, ni en prose, quoiqu'il fût très-capable d'écrire, et par ses connoissances et par son style. On en peut juger par cette lettre qu'il m'écrivit lorsque je lui fis remettre le poëme de la Religion pour l'examiner.

# JEAN-BAPTISTE RACINE

# A LOUIS RACINE.

J'ai lu votre ouvrage, rapidement à la vérité, et simplement pour me mettre au fait du tout ensemble : le projet est beau, bien exécuté, et digne d'un chrétien de votre nom. J'y ai trouvé une érudition qui me fait voir que je ne suis point votre aîné en tout. Je ne vous parlerai pas de la versification : tout le monde convient que vous savez tourner un vers ; il n'y a rien que vous ne veniez à bout de dire en vers : il semble même que la sécheresse et l'aridité des sujets échauffent votre veine, et vous tiennent lieu, pour ainsi dire, d'Apollon. Le fond des choses me fournira peut-être plusieurs observations que je vous ferai de vive voix. Je vous dirai seulement aujourd'hui que vous insistez trop dans votre sixième chant sur la conformité de la morale des Païens avec celle de l'Evangile. Comment ces deux lois, celle de l'Evangile, et la Loi naturelle, ne seroient-elles pas conformes, puisqu'elles sont toutes deux l'ouvrage du même législateur? Mais trouverez-vous dans la morale des Païens l'amour de Dieu et l'amour de la Croix, ce qui fait à la fois, et tout le pénible, et toute la beauté de la loi de l'Evangile ?

Je ne puis vous pardonner qu'un aussi grand homme que Socrate vous fasse pitié dans le plus bel endroit de sa vie, lorsqu'il parle de ce coq qu'on doit sacrifier pour lui à Esculape. Je crains bien que vous n'ayez lu cet endroit que dans le français de M. Dacier: et il n'est pas étonnant qu'un pareil traducteur vous ait induit en erreur. Socrate ne dit point à Criton de sacrifier un coq, mais simplement: *Criton, nous devons un coq à Esculape,* οφείλομεν αλεκτρυονα. Ne voyez-vous pas que c'est une plaisanterie, et que Platon, qui est toujours homérique, le fait mourir comme il avoit vécu, c'est-à-dire, l'ironie à la bouche? C'étoit une façon de parler proverbiale. Quand quelqu'un étoit échappé de quelque grand danger, on lui disoit: *Oh, pour le coup, vous devez un coq à Esculape,* comme nous disons: *Vous devez une belle chandelle,* etc. Voilà tout le mystère. Socrate veut dire: *Nous devons, pour le coup, un beau coq à Esculape; car certainement me voilà guéri de tous mes maux.* (1) Ce qui est très-conforme à l'idée qu'il avoit de la mort. Pouvez-vous croire que la dernière parole d'un homme tel que Socrate ait été une sottise? Il y a des noms si respectables, qu'on ne sauroit, pour ainsi dire, les attaquer, sans attaquer le genre humain. *Parcendum est caritati hominum,* dit si bien Cicéron. M. Despréaux, tout Despréaux qu'il étoit, essuya de la part de ses amis des critiques très-

---

(1) La manière dont il explique les dernières paroles de Socrate, est fort ingénieuse, et est peut-être véritable. Mais M. Dacier, M. Rollin, et surtout la réponse de Criton, qui prend ces mots dans le sens naturel, m'ont persuadé que j'en avois pu dire ce que j'en ai dit, d'autant plus que Socrate ne parlant même, dans ses derniers momens, que d'une façon incertaine sur l'immortalité de l'âme, m'a toujours paru un homme inconcevable.

(*Note de Louis Racine.*)

amères, sur ce qu'il avoit dit de Socrate dans son Equivoque. Il s'en sauvoit, en disant qu'il n'avoit pu immoler à J. C. une plus grande victime, que le plus vertueux homme du paganisme.

L'intérêt que je prends à ce qui vous regarde, l'emporteroit peut-être sur ma paresse, et m'engageroit à vous écrire d'autres réflexions; mais le métier de critique est un désagréable métier, et pour celui qui le fait, et pour celui en faveur de qui on le fait. D'ailleurs, je vous exhorte à chercher des censeurs plus éclairés et moins intéressés que moi.

FIN DU PREMIER VOLUME.

# TABLE EXPLICATIVE
# DES MATIÈRES

CONTENUES DANS CE VOLUME.

Éloge de Louis Racine. . . . . . . . . . . . . . Pag. 1
Préface du Poëme de la grâce. . . . . . . . . . . . 17
Poëme de la Grâce. Chant 1$^{er}$. . . . . . . . . . . . 31
Idem. Chant 2. . . . . . . . . . . . . . . . . . 42
Idem. Chant 3. . . . . . . . . . . . . . . . . . 55
Idem. Chant 4. . . . . . . . . . . . . . . . . . 67
Notes du poëme de la Grâce. Chant 1$^{er}$. . . . . . . 79
Idem. Chant 2. . . . . . . . . . . . . . . . . . 86
Idem. Chant 3. . . . . . . . . . . . . . . . . . 96
Idem. Chant 4. . . . . . . . . . . . . . . . . . 102
Préface du poëme de la Religion. . . . . . . . . . 115
Idem. Chant 1$^{er}$. . . . . . . . . . . . . . . . . 116
Idem. Chant 2. . . . . . . . . . . . . . . . . . 117
Idem. Chant 3. . . . . . . . . . . . . . . . . . 117
Idem. Chant 4. . . . . . . . . . . . . . . . . . 118
Idem. Chant 5. . . . . . . . . . . . . . . . . . 119
Idem. Chant 6. . . . . . . . . . . . . . . . . . 120
Poëme de la Religion. Chant 1$^{er}$. . . . . . . . . . 125
Idem. Chant 2. . . . . . . . . . . . . . . . . . 142
Idem. Chant 3. . . . . . . . . . . . . . . . . . 159
Idem. Chant 4. . . . . . . . . . . . . . . . . . 175
Idem. Chant 5. . . . . . . . . . . . . . . . . . 191
Idem. Chant 6. . . . . . . . . . . . . . . . . . 207
Notes du poëme de la Religion. Chant 1$^{er}$. . . . . 221
Idem. Chant 2. . . . . . . . . . . . . . . . . . 242
Idem. Chant 3. . . . . . . . . . . . . . . . . . 261

# TABLE DES MATIERES.

Idem. Chant 4.................... Pag. 281
Idem. Chant 5.................... 302
Idem. Chant 6.................... 324
Odes saintes..................... 343
Avertissement sur les Odes........ 344
Ode 1............................ 345
Ode 2............................ 347
Ode 3............................ 349
Ode 4............................ 351
Ode 5............................ 353
Ode 6............................ 355
Ode 7............................ 361
Ode 8............................ 363
Ode 9............................ 367
Ode 10........................... 369
Ode 11........................... 373
Ode 12........................... 378
Ode 13........................... 382
Ode 14........................... 384
Ode 15........................... 387
Ode 16........................... 390
Ode 17........................... 394
Ode 18........................... 396
Ode 19........................... 401
Ode 20........................... 404
Ode 21........................... 408
Ode 22........................... 412
Vers sur madame Louise-Adélaïde d'Orléans...... 415
Pièces relatives au poëme de la Religion........... 417
Prière de Cléante................ 419
Lettre de Louis Racine à Benoît XIV............ 423
Lettres du cardinal Valenti à Louis Racine....... 427
Lettres de M. de Ramsay à Louis Racine......... 
Lettre de Pope à Louis Racine................. 445
Réponse de Louis Racine à Pope................ 448
Avertissement.................... 450
Lettre du sieur Bréard à Louis Racine.......... 453

## TABLE DES MATIERES.

Réponse de Louis Racine au sieur Bréard. . . . Pag. 455
Jugement de J. B. Rousseau sur le poëme de la Religion. . . . . . . . . . . . . . . . . . . . . . . 457
Avertissement de J. B. Rousseau sur l'épître suivante. 461
Epître de J. B. Rousseau à Louis Racine. . . . . . . 463
Avertissement de Louis Racine. . . . . . . . . . . . 475
Lettre de Jean-Baptiste Racine à Louis Racine. . . . 477

FIN DE LA TABLE DU PREMIER VOLUME.

www.ingramcontent.com/pod-product-compliance
Lightning Source LLC
Chambersburg PA
CBHW050240230426
43664CB00012B/1776